精神的概念表达与话语视角的世界

·布兰顿的规范语用哲学·

刘 钢/著

人民出版社

目　录

导　论 ………………………………………………………… 1

第一章　规范语用学作为理解世界和自我的前提 ………… 13

一、哲学范式的转换：从意识哲学、规范哲学到规范的语用哲学 15

二、统一语义学和语用学 21

三、断言、推理与话语推论 27

四、规范现象主义 32

五、原初的意向性 39

六、概念实在论 44

第二章　从康德走向黑格尔 ……………………………… 51

一、认知的规范性 54

二、认知的自主性 61

三、相互承认：自我、他人与社会 66

四、语义整体论 75

五、模态实在论：主客体统一原理 82

六、通往理性主义的实用主义之路：客观唯心主义与语义整体论的结合 88

七、布兰顿的新黑格尔主义 92

第三章　推理主义的认知转向 105
一、强的推理主义 108
二、终结被给予的神话的方式 112
三、推理是一种做事 122
四、命题内容的语用优先性 125
五、实质的推理 129
六、话语承诺 138

第四章　从因果指称的世界走向规范表达的世界 147
一、替换的语义学基础 149
二、小句子的替换 154
三、单项词的多值性以及它在推理中的作用 159
四、替换与外延概念的改变 164
五、两次替换 169
六、替换与真理概念的改变 172

第五章　从词语—世界的关系走向词语—词语的关系 179
一、对象是如何被给予我们的 181
二、替换推理的三角对测量的三角的替代 185
三、用替换承诺取代存在承诺 189
四、没有回指的直指是无意义的 194
五、回指中的记号重现的认知意义 197

第六章　记　分 205
一、从达米特的判定语力的一般模式到布兰顿的记分 207
二、承　诺 214
三、资　格 218

四、不相容性 220
五、记分与直接模态语义学 224
六、责任与权威：记分在辩护的机制与交往的机制中的不同表现 231
七、默认与挑战 236

第七章 经验知识的来源 242

一、语言退入转换：意向性行动的经验反馈 244
二、语言进入转换：观察的两层次说明 249
三、可靠性概念的解释力量及其有限性 257
四、可靠性与偶然性 264
五、“意义不在头脑中”：经验知识的社会推理的性质 270
六、实践的意向性 275

第八章 何种实用主义？——话语逻辑的实用主义的本性 286

一、走向一种积极的意义—使用分析的理论 287
二、从原始的刺激反应到语义判断 294
三、语用主体的逻辑阐述和学习的能力 297
四、逻辑的语用的性质 301
五、话语的普遍的语用元词汇对一般逻辑词汇的替代 306

第九章 意义的客观性与交往 313

一、一个基于交往的三层结构：话语表征、外延与内涵 314
二、作为一种命题态度的 de re 317
三、两种命题态度的关系 322
四、消除意义的歧义性：de re 的推理替换的功能 328
五、回指与不同语境中的观点分享的可能性 333

第十章　客观性是视角的 342
一、话语的真理论的两难 343
二、“认为是真的”与“……是真的” 346
三、视角的形式性 350
四、I-thou 与 I-we 的主体间性话语 355
五、理性的穿越性视角 361
六、普通法的判例法作为视角穿越的一个实例 366
七、“在手的东西”和“手头所发生的东西” 370

结语　推理主义的限度 377

参考文献 387
索　引 390
后　记 393

导　论

自从包括塞拉斯和普特南在内的新实用主义者拒绝把真视为事物的一种性质来理解，而是坚定地把真当作一种可断言（assertibility）的命题来理解之后，有关断言主义的真理论的探究方法日益受到重视。与塞拉斯一样，布兰顿坚持基于断言的语用语言哲学，他把断言看作是最基本的言语行为，是区分语言实践和社会实践的一个标志。基于这种断言主义的立场，布兰顿的语用语言哲学所要探究的问题是：一种完全不是基于描述，而是由表达性的断言语句构成的命题内容的客观性是如何能获得的（或一种断言是否真正构成了一个命题内容）。

断言主义的认识论是话语的，因为它对知识的求证是从相关的语言实践的过程开始的。布兰顿有意识地运用这样一种认识论来抵制现代逻辑经验主义过于狭隘的知识论只关注命题的语义分析的倾向。但与此同时，布兰顿反对皮尔士把“真理”同化为科学共同体的理想的可接受性的观念，因为在他看来，皮尔士并没有指出，在具体的证明的过程中，断言的命题是如何能经得起推敲或反驳的，相反，皮尔士把我们引向的是一个没有人可以修正的（或缺少修正过程的）的真理状态。基于这一原因，布兰顿没有直接求助皮尔士的理想的科学共同体的观念，或像普特南那样建立一种理想的话语的可接受性条件，而是转向求助于黑格尔，因为他更相信黑格尔式的把社会的维度与推理和历史的维度结合在一起的话语，这就是说，他选择了像黑格尔把康德对概念的先验描述转变为内在的推理的过程的描述那样，把概念当作一种带有历史的内在性质的实在的东西。对于布兰顿而言，采用这一黑格尔式的推理主义的模式可以避免话语理论中的两种倾向：皮尔士式的理想共同体的理想的舆论一致性的倾向，以及把个人的观点视为是从属于共同体的规则的倾向（语言实用主义）。①

布兰顿的规范的语用哲学不同于皮尔士和古典实用主义的话语理论的地方正在于，它把表达某种东西、使概念清楚明白地表达出来的活动，理解为一种需要说理和进行说理的活动：一种所作出的断言在推理中既可以作为前提又能作为结论的推理活动。布兰顿十分强调这一点：说某事这样和那样（作出判断或给出相关的概念），就是采取一种特殊形式的推理性的表达活动，它把自己的断言作为一种推理的合适的前提提出，以便做进一步的推理（赋予它作为另一个推理前提的权威性），并采取一种负责任的姿态使自己作出承诺，以证明自己的推理的权威性；进而在适当的情形下，表明它是从其他类似的人们具有权限的承诺中推演出来的，最终使这种推理的结果成为一种规范的事实。换言之，要清楚明白地表达概念，就是把概念置于特殊的推理的使用中来应用：知道应用概念时，有什么东西是需要作出承诺的；知道什么是我们有资格这样去做的，什么是我们没有资格这样去做的。

由于利用了黑格尔哲学，很好地处理了实用主义与分析哲学的形式语义学的关系，布兰顿能够用一种更明确和具体的方式来处理形式语义学与规范语义学的关系。

布兰顿始终相信黑格尔的“精神科学”（Geisteswissenschaften）所显示的那种概念表达的活动。黑格尔的“精神科学”发展了一种关注于概念内容的认识的同一性理论，它否定了柏拉图—康德式的关注于对象的认识论，对它而言，真正具有认知意义的不是把心灵内在的东西转化为外在的东西这样的抽象的过程，而是把实践中隐含的东西变为公开和明确可表达的东西的过程。按照布兰顿的看法，我们可以从实用主义的角度把话语推论理解为，把我们原初只是做的事情转变为我们可以说的东西，即把某种知道如何

---

① R.B. Brandom, *A Spirit of Trust: A Reading of Hegel's Phenomenology*, The Belknap Press of Harvard University Press, 2019, P.16.

做（knowing how）的知识转化为知道是什么（knowing that）的知识形式。如果说经验作为一种所做的事情正因为它只是一种经验，那么它就仍然是隐含的、没有通过明确的理论讨论的，即还不是明确的可表达的东西（概念）。布兰顿认为，作为一种话语推论的形式，就应该把还不是概念的隐含的经验，转换为（通过话语推论的形式）明确的概念（具有客观性的概念）。——黑格尔之后的实用主义（在杜威那里发展到顶点的美国古典实用主义）传统虽然正确地看到，概念的东西既不是表征活动的结果，亦不是理性先验设置的，它来自实际的经验，但这种实用主义却错误地认为，我们可以把经验的东西直接就当作概念的东西，而没有去探究，实际经验的东西如何转变为概念的东西（在布兰顿看来，这正是黑格尔所做的和要求去做的）。

罗蒂把布兰顿的整个事业描述为是塞拉斯的思想的扩展：它使从康德向黑格尔的处理行为和思想的方法进一步的转型成为可能。① 罗蒂的这一概括是正确的。正像布兰顿自己所说的，他感兴趣的是在自然与文化之间的区分，以及在什么情境下，可以对文化的领域作出界定。布兰顿相信，黑格尔的精神科学在研究概念的使用和它使事物成为可能的方面是一个方向标，这样一种文化的活动只有具有这种精神的性质的概念的使用者才能做到。布兰顿的整个理论也可以被视为是对如此理解的文化领域的种类加以呈示。虽然文化的活动也是从自然的世界中产生的，但只有通过使用规范的词汇，文化的生产和活动才能这样清楚地显示出来。这一点正像布兰顿自己说的：

> 我主要关心的是，黑格尔称之为"精神"的特殊类型的概念表达的显现所可能促成是什么。只有通过使用在原则上不会还原为自然科学的词汇的规范的词汇，文化的生产和活动才能这样清楚地显示出来……的确，自然科学的词汇（像任何其他词汇一样）的发展，其自身也是一种文化现象，但只有在由精神科学提供的概念的视域中，它才能成为某种

① Wilfrid Sellars, *Empiricism and the philosophy of mind*, with an introduction by Richard Rorty, and a study guide by Robert Brandom, Harvard University Press, 1997, PP.8–9.

可理喻的东西。自然研究自身具有它的历史，而这种研究自身的性质(如果有的话)，是必须通过历史的研究来加以探究的。我们归功于黑格尔的正是这样一种图景和志向。①

黑格尔哲学从根本上给了布兰顿一个与感性的生命存在物完全不同的人的自我意识的观念。这也正像他在所关心的人工智能与理性的智慧主体的关联中所相信的，人类思想具有它的无限可能性，它是完全不能被形式化某种特定的类型的。② 按照布兰顿的看法，实证的语义分析是对人类思维能力的弱化。在关于概念思维的特征、概念使用和什么是概念内容方面，认识论已经有了大量的讨论和研究，但这些研究却由于上述原因而未被认知科学所承认或采纳，最主要的是，认识论没能以令人信服的方式来证明它的研究，以至于没能有足够的说服力。而这种局面是可以改变的，只要认识能以清楚的方式把人类思维在概念的使用和产生概念的认识方面的特点揭示出来，它就能给今天的认知科学以某种启迪，从而使它不至于简单地把人类思维能力等同于一种脑的知觉能力和计算能力。作为智人的人类与感性的生命存在物有着巨大的区别。有鉴于此，布兰顿打算对“语言与心灵的统一提供一种看法，以一种相对清楚的哲学的根据开始，并在细节上以一种令人信服的方式把它表达出来，以及对广泛存在的潜在的令人迷惑的现象作出足够的阐述，从而使人们在适应和掌握这一看法上有信心”。③ 布兰顿的规范的语用哲学的统一语言与心灵的方案，使他极为关心语言的断言表达的作用，即关注语言的原初的意向性表达的功能。

在黑格尔之前，康德是最早系统地研究概念表达是如何可能的哲学家。

① R.B. Brandom, *Articulating Reasons: An Introduction to Inferentialism*, Cambridge, Mass.: Harvard University Press, 2000, PP.32–33.

② “How Analytic Philosophy Has Failed Cognitive Science”, in R.B. Brandom, *Reason in Philosophy: Animating Ideas,* The Belknap Press of Harvard University Press, 2009.

③ R. B. Brandom, *Making It Explicit: Reasoning, Representing, and Discursive Commitment*, Harvard University Press, 1994, P. xxiii.

康德探究了因果、实体等综合的先验范畴，因为他把这些范畴视为概念表达和现象构造的基本条件，亦即人类认知的基本条件。

但在康德的古典的先验论和当代话语理论之间，存在两个方面的不同。首先，古典先验哲学把事实的可能性条件当作某种前历史的和不变的东西，而当代话语理论则把先已建立起来的话语视为历史的和可变的。这也就是说，当代话语理论认为，先验的条件并不是纯粹超验的，而是能为经验的事实所不断改变的。其次，古典的先验主义在某种程度上仍然是基于把自己当作世界的创造者的理想的主体性概念之上的。康德从未考虑作为规则或法则明示的规范，其规范的意义实际上是隐含于实践中的。一个规则决定一个判断是否正确，必须在具体情境中才知道，即只有把法则应用于具体情境中才知道判断的正确与否。

在针对康德哲学的先验性条件所做的去先验化运动中，黑格尔对下述问题进行了思考：我们如何判断话语推理的本性，是否一定要借助于规则、解释或证明或其他明示的概念？如果说一种概念应用的能力使我们摆脱种种约束，对正确和错误的判断和推理作出分辨，那么，它到底是一种什么样的能力？黑格尔的思考所得出的一个根本性的结论是：所有这些问题，独立于具体的规范应用的情境是无法作出回答的，也不能对它作出回答。为了揭示这一问题的本质，黑格尔引入了概念史的范畴，他把康德局限于知性认知框架中的解释，转换为一种具有历史纵深维度的“有关概念内容的确定过程的动态的解释”。① 黑格尔把康德的知性的先验范畴，即话语的先验可能性条件置于一个大的历史发展的结构中，并在社会交往的相互认同的社会共同体中，通过动态的或历史的相互认同获得概念意识（黑格尔称之为概念意识的经验）。因此，与康德不同的是，黑格尔的话语的概念推理，是不同的概念的命题内容之间的交互的推理。在这样一种推理关系中，概念的经验构成或经验的实在化便不再简单地与单个人思维联系在一起，而是与不同的概念之间的推理联系在一起。经过这一改变之后，康德在个人自我意识的层面上提

① R.B. Brandom, *Reason in Philosophy: Animating Ideas*, P.89.

出的话语的断言性推理并没有丧失其认识论意义，而是被置于一种交往性的语言活动中，它的认识论的意义是通过交往性的相互推理来实现的。

但不能不看到，布兰顿的规范的语用哲学面临着巨大的阻力。分析哲学固有的经验主义和自然主义方法论，使它仍然迷恋一种语义逻辑主义（Semantic logicism）。逻辑主义对真理概念的认识完全忽视了命题内容（断言）的提出方式和它作为真理概念的对象的可能性，它只关心真理概念与句子的关系，即关心那些存在于既定的语言实践中的句子的关系。

这种不关心断言表达的真理概念，很容易帮助我们理解这一点，即为什么语言分析学家都有把语义学视为高于语用学的习惯。认为只要逻辑可以做的，语义分析也一样可以，而且只要这样做了，需要语义分析的语义内容的真理性便有了保障。在这种类型的语义学理论中，语义学既没有把意向性内容当作其研究的对象，更没有把自己的语义学分析拓展到产生意向性内容的言语行为的意图的分析当中。语义逻辑主义的信念促使形式语义学分析从一开始就去规定语义内容与原始的解释之间的联系，特别是与语言表达式的关系。通过对每一个解释中的句法算子，规定它们能得出一种新的语义内容的相互关联的解释的演算，形式语义学就可以通过把真值与句子的词语联系起来分析。但问题是，并非每一个以数学方式在句子的结构与结构之间所形成定理，都可以称为是语义学的定理。但什么是使这些对句子的结构的描述称得上是一种语义学呢？要回答这个问题就必须从由形式语义学所控制的领域回到哲学的（实质的）语义学的领域，这样才能摆脱语义逻辑主义的羁绊。

另一方面，在实用主义的影响下，在形式语义学之外我们看到的是一种中介语义学（agent semantics）。① 这是一种保守的语义学。它的保守的观念主要体现在下述思想上：语言实践是由某种内在的、由彼此的共同信念所构成的约定（convention）促成的。这种规范直接帮助了语言交往的意图的

① 中介语义学（agent semantics）出自罗森伯格对这一阶段的语义学的基本特征的分析所使用的一个名称。参见 Jay F, Rosenberg, *Linguistic representation*, Published by D. Reidel Publishing Company, P.O. Box 17, Dordrecht, Holland, 1974。

实现：彼此的交流不必担心不能相互理解，或是否需要对各自的意图和信念作出额外的解释。这种语言观显然把语言的功能局限在表达某种意图和交流的层面。事先拥有某种语言的知识是理解或解释一个语言表达式的意义的条件。① 中介语义学基于语言的意义—使用分析的语义学的基本性质是以意义交流为目的的，实际上，所谓的中介语义学也就是从语用的角度考察意义的问题的一种语义学，即在一种语用的话语关系中寻找意义的客观性的确证。罗森伯格把这一点说得很清楚："就其基于哲学上的动机而言，中介语义学目的是对语言作为一种交往的工具的特性的解释。" ② 中介语义学并不只是研究一般的语言交流（信息或者观念的交流），它还研究语言在表达一个命题内容上的断言性的交流。中介语义学非常重视语言的以言行事的实质性的交流功能（它接受奥斯汀的语用理论）。由于担忧表象主义，中介语义学拒绝了指称同一性理论或描述的理论，它因此只接受言语活动中所使用的词语的意义，即否认我们可以拥有脱离语言使用过程的词语的意义。根据一种普遍被接受的后期维特根斯坦哲学的观点，从语言与世界的关系看，不存在表意和指称这些语言概念是什么的问题，存在的是人们如何使用表意的言语行为，以及人们如何进行对事物的指称活动的问题。脱离人们在言语行为中的表意和指称性的活动，什么是表意和指称的内容就是无法理解的。"词语的意义就是它在语言中的使用。" ③ 言语行为的主体或语言的使用者的言语行为决定了语言是什么。一切用语言表示的概念的意义都只能在语言的使用中才能得以理解。在后期维特根斯坦哲学的强烈影响下，人们开始意识到，这里的一个重要区别是，不是任何说出的句子都是断言性的或带有特定的命题内容的。从另一方面看，也不是任何一句说出的话都是意义中立的或自然的

---

① David Lewis, *Convention: A Philosophical Study, Cambridge*: Harvard University Press, 1969; Jonathan Bennett, *Linguistic Behavior, Cambridge*: Cambridge University Press, 1976; John Searle, *Speech Acts, Cambridge*: Cambridge University Press, 1969; and*Expression and Meaning, Cambridge*: Cambridge University Press, 1979.

② Jay F, Rosenberg, *Linguistic representation,* P.10.

③ Ludwig, Wittgenstein, *Philosophical Investigations,* translated by G.E.M. Anscombe, P.M.S. Hacker, andJoachim Schulte. P.25e.

(natural)，相反，它们都是有意义的，用格莱斯的术语说都是“非自然的”(non-natural)。[①] 如果是这样，指称的同一性原理（The Principle of Identification）就是行不通的或起不了作用的。虽然一个句子具有明确的所指，但意义的非自然或非中立性仍然会对理解产生巨大的障碍。即使你知道一个断言句具体指示某物，但这里仍然存在，它为什么这么指而不是那么指的理解的差异。这正像维特根斯坦所说的：“一个具体明确的定义在每一个例子中也可以有各种不同的解释。”[②] 指示词或一切专名的使用都有可能带来类似的问题；一个断言句的非自然意义所带来的后果是，使用直接指称的方式并没有想象的效果，即并不会产生意义的中立性，这里始终存在辨认的问题。任何一个指示词的指称性都会因为使用的情境条件的不同而带有不同的意思，或者说它们本身就不可能像用手指在这里或在那里这样来指示的。一个具体的描述既可以适用一个相应的具体事物，也可能适用于另一个事物的描述。因此，罗森伯格承认，维特根斯坦对具体明晰的定义的批评表明，回归指示词的同一性并不能进一步保证所提出的理解的要求可以得到满足。[③]

实用主义的中介语义学的反指称同一性原理带来了一种没有表象的实在论。斯特劳逊在奥斯汀的影响下，把“真理”当作一种行为：对“真理”或“真”一词的使用被等同于授受某种承诺，非常类似于说“我保证……”。其他一些当代的解释则把“完善”(good) 视为这样一种表达。这些说法都很像詹姆士或杜威早先提出的看法：在信念中的那些好的东西就是真理，因为作出承诺的东西对整个实践行为有益总是有意义的。在此种实用主义的意义理论中，句子并不是对“事实”作出陈述，因为没有这样一种事实存在；句子是表达我们认为正确的事情。同样地，词语也不是指称对象，词语是与句子结合用来表达一种观念的。因此，可以这么说，在实用主义思想中，真，总是认为是真的，而不是描述为真的。但失去了一个独立于心灵和语言

---

① P. Grice, “Meaning,” in Paul Grice, *Studies in the Way of Words*. Cambridge, MA: Harvard University Press, 1989. P.214.

② Ludwig, Wittgenstein, *Philosophical Investigations,* P.17e.

③ Jay F, Rosenberg, *Linguistic representation*, P.21.

的外部世界的约束的实在论的知识形式，如何避免在一种随意的观点上使用“……是真的”判断，即如何避免简单地把隐含的经验概念当作真概念？实践的意义或断言的语气能够决定我们认为什么是真的吗？毫无疑问，实用主义看待真理的方式，对我们对真理这一概念的使用作了非常有启发意义的解释，但这种观点却不像它看起来的那样站得住脚。布兰顿赞同实用主义之后的实在论对表象主义的批判，因为在实践或行动中寻找真理的条件，而不仅仅是在信念中去寻找这种条件，这个观点超出了表象主义及其符合论的观点，但在他看来，对“真”的使用需要更多的解释，不能只是把它解释为作出断言或承担一种断言性的承诺。一种真理理论不可能只因为作出承诺而完全是真的。在布兰顿看来，实用主义在真理理论上的现象主义的方法是有意义的，但它必须意识到这种方法的局限性：

> 实用主义在解释真理时引入了一种大胆的现象主义的方法，不是从真理的性质和探究什么是用于判定真理的性质的概念表达开始，而是把认为是真的（taking-true）实践的性质直接当作解释的目标，以及把真理的概念理解为是存在于由一组表达式构成的使用中的东西。这种完全关注于作为不同的语力和语用意义的认为是真的方法的具体运用是有缺陷的（特别是在运用于对某物的断言的时候）。因为“真”也用于其他语境，比如用于条件句的前件中；因此，所表达的语义内容，是无法由独立的断言使用（freestanding assertional uses）完全说清楚的。①

这也就是说，实用主义拒绝从真理的性质，以及拒绝从探究什么是用于判定真理的性质的概念开始来讨论真理是正确的，但一件事情总有两面，实用主义忽略了这一点：独立的断言的使用固然重要，但语力上的真无法替代嵌入的真，因为一个独立使用的断言句的语力仍需要处于其中的句子的真作为保障。作为独立的断言句子的一部分或嵌入的句子，尽管并没有真正

① R. B. Brandom, *Making It Explicit: Reasoning, Representing, and Discursive Commitment*, P.322.

的断言性句子的语力，但它却发挥一种条件句的前件的作用。独立的断言句子所表达的断言性的语力的“真”与内嵌的句子的断言性的内容的“真”是两码事。“实用主义的方法所提供的仅仅是由‘……是真的’形成的独立的使用的句子的说明，而不是由‘……是真的’形成的嵌入的使用的句子的说明。”① 这也就是说，仅仅依赖一种语力上的表达力量不足以表明‘……是真的’是真的，它必须在内容上具有真理性断言的力量，比如，基于条件句上的推理。布兰顿把从内容上使用真理概念的方式称为“‘真’的内嵌式的用法”(embedded uses of ‘true’)，以区别于一般冗余论的用法。② 这一用法的目的在于表明，所有的问题都与内容的表达相关，而不仅仅与依附于内容得以表达的言语行为中的语力相关。

在实用主义的理论中，意义的生成与语言使用者对世界的指称性的知识完全分离了。布兰顿不会反对“意义决定指称”这一命题，因为他的自上而下的推理语义学是从意义开始的，而不是从指称开始，但布兰顿的推理语义学的不同之处是，它从意义的生成开始，即从判断和断言开始，但并不排斥任何指称的意义，所以，对于布兰顿而言，考虑意义的问题，不能不同时考虑指称的问题。问题还在于什么是指称，如果要真正解决意义的问题，就必须对指称的问题组作出回答。——布兰顿把与指称相关的单项词和指示词都视为一种只能在间接推理中发挥推理作用的词汇，前者（单项词等）被当作等值的可替换类；后者（指示词等）被视为回指链中的一种回指的前置词。在做了这样的功能性转换之后，布兰顿就能够使用这些指称类的语言进行一种实质的推理的建构，避免了形式推理处理表征内容的形式语义学的方式（坚持意义决定指称）。通过包括单项词和谓词在内的小句子的替换，把个别性融入推理之中。通过解释由不能重复的记号开始的回指链，是如何在替换推理中作为可重复的类型发挥作用，把影响概念的因果条件下的直指式的表征的不能重复性纳入推理中。实质的推理、替换和回指就是布兰顿称之为他

---

① R. B. Brandom, *Making It Explicit: Reasoning, Representing, and Discursive Commitment*, P.298.

② R. B. Brandom, *Making It Explicit: Reasoning, Representing, and Discursive Commitment*, PP.297–298.

的推理语义学的三块基石（ISA）的具体所指。①

本书基本内容如下：第一章讨论了布兰顿回归话语理论的基本信念和理论出发点，即它的规范语用学（normative pragmatics）。第二章的主要内容是，布兰顿如何通过康德和黑格尔哲学之间的发展继承关系的分析，为处理心灵、语言与世界的关系的话语理论奠定了基础。第三章讨论了布兰顿为其话语理论所构建的语义学推理主义和逻辑表达主义。通过强调思想的命题内容的语用的优先性，布兰顿把断言置于推理的核心，为话语理论指明了一条认知主义道路。第四章通过分析含义决定指称的语义关系，表明了布兰顿的摆脱语言的因果表征的制约的规范的替换推理的方法。第五章讨论的是那些不能重复的直指式的语言记号（指示词等）如何用推理的替换的承诺打消它的存在的承诺，其中，回指是实现这一点的一个重要的原理。第六章讨论了布兰顿的话语记分。在布兰顿的记分模式中，三个因素或环节构成了一种全新的、完全不同于传统证明模式的证明，这三个要素是：承诺、资格和不相容性。承诺的环节涉及承诺—保存的推理，而资格的认定涉及交往的机制和证明的机制；而承诺与资格的认定的双方又与不相容性的概念相关，而不相容性涉及实在论的问题，它是布兰顿的模态实在论的模态算子。第七章关注布兰顿处理经验内容的方式。摆在布兰顿面前的问题是：一方面，话语的概念推理如何不失去经验的真实性；另一方面，非语言的经验内容为何需要概念的判定才能成为一种经验的知识？布兰顿相信，外在论（信念形成的外在机制的可靠性）必须与一种新型的内在论（话语的评定）结合起来。布兰顿以同样的方式处理了实践理性的实践动机的来源。第八章讨论了布兰顿对自主性的话语的存在的可能性的证明，以及他由此所表明的话语的逻辑与直接的模态语义学的关系。第九章讨论了布兰顿关于跨越附带承诺的交往如何达于相互理解，从而建立客观的社会话语的交往理论。第十章讨论了话语的视角与一个独立于视角的世界的关系所带来的难题，即话语的规范性与真实性相互对立的两难，以及布兰顿所提出的解决方案。

① R. B. Brandom, *Making It Explicit: Reasoning, Representing, and Discursive Commitment*, P.623.

布兰顿的语用哲学的系统化和综合的性质，也促使人们作出反思，它是否表现出了某种理论的极端，这个问题似乎也是布兰顿的规范的语言语用哲学本身应该考虑的。这里的反思促使本书在结语部分提出了两点质疑，即对推理主义区分纯粹观察和推理观察，以及推理主义的语义整体论是否存在语义被动性的问题提出了质疑。

第一章　规范语用学作为理解世界和自我的前提

在真理论问题上，布兰顿并不是第一个用话语的断言性的语言表达替代描述性的因果分析的哲学家，但只有在布兰顿这里，我们才能真正看到一门用规范的语用系统处理表征内容，从而使语义学与语用学以更为完整的形态结合在一起的话语理论。在布兰顿这里，就像在黑格尔那里一样，语义学与语用学的结合不是一种理论退却，因为它不像一般实用主义那样仅仅满足于意义使用的适当性。布兰顿同意，无论是哪个方面，断言性表达都必须表明它的资格的问题，即那种不是由承诺（对语境的真实性的担保）带来的自我辩护所表明规范的（不只是语境的真实性担保的）证明的问题。但布兰顿反对普遍（形式）语用学（哈贝马斯）、超验语用学（阿佩尔）和话语的理想的可接受性理论（普特南）。这主要是因为布兰顿对话语实践中的规范概念的理解有他自己的观点，在接受黑格尔哲学之后，他更相信黑格尔式的把社会的维度与推理和历史的维度结合在一起的规范的话语论证。对于布兰顿而言，采用这一黑格尔式的证明模式可以避免话语理论中的两种倾向：皮尔士式的理想共同体的理想的舆论一致性的倾向，以及把个人的观点视为是从属于共同体的规则的倾向（实用主义的倾向）。①

但布兰顿的规范语用学所建构的话语理论，有一点是与一般的现代话语理论相同的，它们分享着由古代传统形成的话语的知识论的基本观点，比如，它的反表象主义的观点。现代话语理论坚持认为，从我们作为理智的主

---

① R.B.Brandom, *A Spirit of Trust: A Reading of Hegel's Phenomenology*, P.16.

体所特有的认知能力来看，我们的认知的意向性状态就不能理解为是那种表象式的、基于直接的感知内容之上的意向性（意向对象），也不能理解为是一般的意向性，即那种处于一个特定的意向性系统中的意向性。其中，语用学具有某种主导地位是话语理论的特点，所谓的话语理论也就是对意向性的状态、态度和言语行为的语用学意味的规范特点作出叙述，它用一种语用的规范的交往的社会行动的方式寻求对真理的证明。在布兰顿看来，关注于命题内容的真理的话语推论的方法，是对启蒙运动以后的表象主义关注于描述的表征的理论的一种替代。

> 我们是理性的制造者和接受者，真理的谈论者和寻求者。聚焦于命题性的东西的方法，把针对这些可以理喻的内容的理解标示为话语的东西。这一为古代传统所遵从的概念，在启蒙运动时期受到了一种完全相反的、基于表征的概念之上的看待认知内容的方法的挑战。笛卡尔开创性地把我们当作表征者（表征的制造者和消费者），与一个只可以被表征的世界和可以表征的事物区分了开来。①

话语理论本身是笛卡尔哲学前的古代哲学的传统。回归话语理论，对于布兰顿而言，也就是回归古代哲学的传统，这意味着话语理论不再以表象主义的方式讨论语言与世界的关系，而是以一种话语交往的方式，通过语言承载命题内容的功能，在交往中把语言的认知能力与交往能力统一起来。

布兰顿深刻地意识到，语言学转向之后，思想、意义和真理都离不开语用学意义上的言语行为，比如一种人际间性的话语的言语行为，而哲学本身在经由康德到黑格尔哲学的发展，也已经显示出了它的根本性的范式转换，即从一般意识哲学的范式向规范的语用哲学范式的转换。而20世纪后半叶发展起来的实用主义则似乎印证了这种哲学范式转换的必然性，尽管此时的实用主义仍沉浸在它的经验语用学之中。对于布兰顿而言，规范语用学

① R. B. Brandom, *Making It Explicit: Reasoning, Representing, and Discursive Commitment*, P.6.

之所以是一种革命性的思想思维方式，这主要归功于它把规范与语用的言语行为结合在一起的特性。

一、哲学范式的转换：从意识哲学、规范哲学到规范的语用哲学

至少从笛卡尔开始，启蒙运动以后的认识论和语义学的主要概念是表象主义（为康德所批评的经验观念论）的，这种认识论一直保留到今天。与笛卡尔联系在一起的认识论的转向总结了如下问题：我们如何能够对我们认为可靠的知识加以确证。这一问题引向了一个有关知识的新构想。这一新构想体现在了表象这个词上。通过自我意识，也通过把我反思为自我来解释何以能够拥有对象的表象。通过这种方式，我可以把我的对象性表象再联系到客体以形成更广泛的表象，这样我就走向了一种"主体性"的内在性。就意识的范围而言，通过自我意识形成的表象和我对我的表象的给予者的反思，从一开始就是重叠在一起的。

在由康德所继承和发展的那些概念的范围内，许多方面已经表明了这一点：现象与实在不同，这里不存在笛卡尔式的物体的世界感性的同形同构关系。康德认为，自我不可能是一个同时具有物体世界的经验感受性的纯粹思维的主体。我们是使用适当的概念来解释对事物的感知，即我们用概念来解释对象世界。实际上，无论是求真还是寻求理由，也都需要使用适当的概念，它们都是一种概念的表达活动。

所以在康德那里，我们被视为是概念的创造者，因为，我们的推论的意向性活动就是使用概念。概念构造的意向性活动具有规范的特性，即无论是在认知上还是在行动上，我们作出判断和采取行动，都等于同时作了责任性的承诺或担保（确信它们是真的、有理由的）。没有承诺或担保的（确信为真的和有理由的）判断和行动是不存在的，只有感知和习惯性的行为才是这样（没有承诺或担保）。因此，康德把概念视为规则，它具体说明了什么是人们应该去做的，或有义务作出承诺的。我们是规范的、为规则制约的生

物。理解力作为一种概念的能力就是去把握规则，把握正确或错误地使用概念的区别。

在笛卡尔那里，心智或意识的作用就是呈示一种表征或对一种表象作出陈述（或两种实体的相互作用）。这也就是说，对于笛卡尔而言，意识就是具有一种关于世界中存在什么东西的对象性思维。如果这么看，布兰顿有理由认为，笛卡尔提出了一种有关对象的描述性的概念，而康德则提出了一种有关对象的规范性的或规定性的（prescriptive）概念。① 对于概念的东西而言，关键的是通过发现一种人们在使用概念时所受制约的特殊的权威（authority）；在这里，重要的不是事物的性质（properties），而是某种适当性（proprieties），即是否符合概念或规则的适当性。有了这种“权威”，对概念的表达活动，就可以按照与之相关的概念作出正确与不正确的评价。布兰顿认为，他所反对的不只是笛卡尔对意向性内容的陈述和行动的描述性的理解，他反对的还有这一点：不能把意向性当作一种没有规则或不受制于规则的对象性思维活动，相反，应把它视为是受制于规则的，因此，它总是可以就其正确性与否作出更改的（可以被驳倒的）。

以康德为代表的古典的先验哲学关注的不是具体的事实，而是事实的可能性条件。康德探究了因果、实体等综合的先验范畴，因为他把这些范畴视为现象构造的基本条件，亦即人类认知的基本条件。康德把概念称为规则，一条指导如何进行统觉的先验综合的规则。它指出，什么是一个理由，为什么提出一个理由。所使用的概念决定了什么是由一个给定的断言可以得出的结论，因此，人们为此需要作出何种承诺、承担何种责任，以及同意什么。它决定了什么是一个合理的理由或合理的证据，或相反，什么是一个反对的理由和证据。在这里，康德以他的“哲学的哥白尼革命”为话语的规范理论奠定了基础，因为在康德哲学中，我们可以清楚地看到这一作为话语的思想核心的观念：感知、思想和行动被置于某些先于任何表征或直接的意义结构的领域之上。这也就是说，我们的认知和言语行动

① Ct. R. B. Brandom, *Making It Explicit: Reasoning, Representing, and Discursive Commitment*, P.9.

只有在某种已先建立起来的（不管以何种方式）话语中才有意义。

对于康德而言，概念必须从具有其自身的规范意义的规则角度来理解，它并不是一个没有任何规定性的东西。具有规范性意义的规则使它获得一种明确的规定性，规则同时也决定了概念应该怎样正确或适当地使用。把概念的使用看作是具有规范的意义的，使康德不同于他先前的经验论者或唯理论者。概念的使用具有规范的意义同时也意味着，概念的使用包含一种责任(是否符合规范的责任)。对于康德而言，他心目中的启蒙运动的精神，就应该是正确地或合乎规范地使用概念并承担相应的责任。这也就是说，在康德看来，笛卡尔的“沉思”就应该理解为，沉思者对他的公开或正式承认的断言作出个人的担保，即随时准备对它作出回答，或通过证明来表明其作出断言的资格。——由于笛卡尔的公共表述的理论虽然不是物理主义的，但也仍带有自然主义的特征，他就不可能从根本上明确地表达这种思想，即他就不可能从这种规范的角度对认知和实践提出要求。

但康德的规范态度的理论是在他的调节主义的背景下提出的，规则在康德那里始终是被当作明示的或先于实践存在的，因此，布兰顿集中考虑了这一困难的问题，即应如何在摆脱调节主义影响的前提下，使康德的规范态度的理论与维特根斯坦对规范的语用主义的解释相结合。布兰顿像黑格尔那样，把语用的规范状态理解为一种规范的社会状态，即把所有的超验的规范建构都当作理性的社会制度性的观点来理解。这种理解带来了一种规范的话语实践从前规范状态、规范状态与规范态度分离的状态，向规范状态与规范态度结合的状态的转型：

1. 前规范状态：笛卡尔和休谟的自然的感受性状态。

2. 规范状态与规范态度分离的状态：康德的规范调节论下的规范状态。

3. 规范状态与规范态度结合的状态：黑格尔式的没有规范调节的规范状态。

关于规范状态与规范态度结合的状态，布兰顿关心得最多的是，它如何既拒绝理智主义者关于规范的调节主义，但又不至于遁入没有规范的规律主义。而关于康德式的规范理论，布兰顿关心的是如何区分作为调节主义者的康德和实际上已提出了基于判断的规范的语用哲学的康德。① 康德有两个方面的理论：第一，在理论方面是通过判断力显示的关于我们的意向性状态的理论，在实践方面是行动，它们都有规范的维度；第二，规范必须理解为是具有公开的规则性（先验制定的）。布兰顿认为，我们可以接受第一种理论，但第二种理论，从维特根斯坦的作为解释规则的倒退的规则的论辩角度看，它已被我们所拒绝。规则是隐含于行动中的，而不是明摆着的。

康德的规范理论毕竟是他的整个先验哲学体系的一部分，因此，在某种程度上，他的规范态度的理论，在许多地方是为规范作为明示的法则的理论所压制的。由于在康德的先验逻辑中，规范的确是被当作先验有效的明示的规则来看待的，因此，康德是一个规范调节主义者，即他总是把规范当作明示的法则。如果康德要摆脱抽象的规范运用的自由，他就必须区分隐含于实践中的法则和明示的或高于实践的法则。作为规则或法则，其规范的意义实际上是隐含于实践中的，这是因为一个规则决定某事是否正确（一

---

① 布兰顿把调节主义、理智主义与维特根斯坦的语用学对立起来，在这种论述中，对于一个把规范视为先验的、存在于明示的规则或规则原理中的康德，是被当作一个调节主义者来看待的。但布兰顿也指出，如果更完整地看待康德的理论，康德在某些方面又完全不是一个调节主义者或理智主义者。在《纯粹理性批判》中，康德甚至就判断力这个概念提出了与维特根斯坦相同的倒退论辩。（Immanuel Kant, *Critique of Pure Reason,* Translated by N. Kemp Smith, Macmillan and Co, Limited, 1929. A132/B171）——在布兰顿看来，这一倒退论辩似乎并没有影响黑格尔的语用主义，但它却影响了维特根斯坦的倒退论辩。但由于在康德的先验逻辑中，规范的确是被当作先验有效的明示的规则来看待的，因此，又有理由把康德当作一个调节主义者。在布兰顿这里，康德有两个方面的理论：在理论方面和实践方面通过判断力显示的关于我们的意向性状态的理论，以及把规范理解为是具有明示的规则性的（先验制定的）的理论。第一种理论是我们可以接受的，而第二种理论则是不能接受的。（R.B. Brandom, *Making It Explicit: Reasoning, Representing, and Discursive Commitment,* P.30）

个词是否该使用，钢琴是否应调弦等），必须在具体情境中才知道（康德没有考虑具体应用情境的适当性）。把法则应用于具体情境中才知道正确与否。“只有在能够确定如何应用才是正确的实践的语境中，一个规则、原理或命令的运用才具有规范的意义。”① 对于任何规则的应用，都有一种使用它们的方法。只有正确地应用，规则才能决定行为的适当性。

但如果要根据规则来确定行为的正确性，只有按照正确应用规则的情景来决定（规则的正确性不能用来决定规则应用的正确性），那么这后一种正确性应如何理解？即这种正确性是如何来的，什么是规则应用的实践的适当性？我们根据什么说，一种规则在具体实践中的应用是适当的？如果调节主义者认为所有的规范的规则都是对的，那么，对一种规则的应用本身就应该理解为是正确的，只要它的应用所根据的是另一个规则。这就要求有对规则的应用的规则。但这种属于调节主义或康德式的范导性的规则主义的观点，把规则视为一个封闭的规范体系，它等于完全排除了规则的实践的适当性问题。在对这个问题的解释上，引人注目的首先是维特根斯坦的观点。维特根斯坦提出了完全相反的看法，他并不认为，作为一种规范的规则可以不受制于它的应用情境，因为带有使用规则的规范不可能是一种语义自足的封闭的体系（即使我们可以把某些公理系统看作是封闭的或自我解释的，一旦进入使用的环节，情况仍有不同），其应用的适当性完全由规范自身所决定。如果说我们能找到一种有关规则的应用的规则的话，那么这个“规则”实际上也只是我们的一种解释或释义。因此，维特根斯坦不仅否认有一种独立于我们的应用情境的规则，而且否认我们可以通过对规则本身的解释，来表明规则应用的适当性。相反，他坚持认为，规则应用的适当性与应用情境的解释是联系在一起的，离开了具体的应用情境，规则的应用就无法证明它是适当的。这也就是说，规则总是需要有一种实践的适当性。规则不能独自使用，用一个规则解释另一个规则，也还是把规则当作可以独立使用的规范来使用。规则应用的适当性不能由这种规则

① R.B. Brandom, *Making It Explicit: Reasoning, Representing, and Discursive Commitment*, P.20.

的解释来证明。只有在能够区分正确与不正确的使用的应用情景中，我们才知道，对一个规则的应用是否是正确的。如果我们把规则的实践的适当性本身看作是由规则制约的，就会遁入规则解释的无限倒退（regress）的困境之中。

布兰顿对后期维特根斯坦的实践的规则理论予以了积极的肯定。布兰顿的一个根本的考虑是，规范实践不能因为强调规范而遁入概念柏拉图主义。在这一点上，话语的规范实践理论始终必须站在基础实用主义的立场上。实用主义给哲学带来了对其自身认识传统反思的一个重要方面是，哲学认识论作为一种元哲学的地位是否恰当。如果在具体的认识之前需要一个先于经验的概念（范畴或形式语言）作为引导，那么，这就是一种概念柏拉图主义。比如，康德—卡尔纳普的两阶段认识模式对概念的说明所规定的认识程序，就带有概念柏拉图主义的痕迹。① 对概念的说明，借助于对概念内容的先验的理解，就遁入了概念柏拉图主义。但人们可以采用完全不同的策略，从有关概念的使用活动和实践开始，并基于这种活动来形成对概念的解释；把规范的概念视为存在于具体的语用世界中的，这就是实用主义的策

① 逻辑经验主义在卡尔纳普阶段有一个明显的特征，即它相信一种有关意义和信念的二阶段的理论。该理论区分了意义与信念，即区分了语言与理论。——卡尔纳普根据一种新康德主义的方式指出，确定意义的活动在原则上要优于随后能够使用这些意义表达某种论断的活动。因此，我们必须首先确定语言，即确定与各种表达式的关联的意义或概念内容，并弄清楚使用这些表达式对世界所做的论断（理论）是如何为真的（这类似于康德对范畴或知性概念的分析）。在这第一个阶段，语言的使用者拥有绝对的权威。然后，人们回到经验世界，以便确定对哪一个概念的应用，即使用了先前引进的词汇所表达的概念是真的。但二阶段的理论设计显然与后期维特根斯坦哲学和实用主义的语言实践的理论相冲突。蒯因从其实用主义的角度批判逻辑主义的一个后果是这种两阶段的理论设计被彻底地放弃了。蒯因指出了这一理论设计的谬误：只有我们引入一种人造语言的情况下，独立于经验世界的语言理论才有可能发挥作用，面对世界的自然语言时，它根本不可能发挥作用。这也就是说，我们根本不可能像卡尔纳普那样把对语言的使用区分为两个阶段。在对语言的使用之前，并不存在其意义已经确定的或必然有某种真实的经验关联的语言，因此，也决不可能在语言使用之前，我们已拥有了可以保证我们的论断为真或帮助我们获得真实的经验判断的语言（理论规范或概念）。只有在我们对语言的使用中，语言的意义才能被确定。

略。实用主义从如何做某事的知识出发，对概念性的公共的命题或原理，直接从实践的隐含的知识中获取。实用主义从实际的断言的过程中，寻求对什么是作出的断言的东西的解释。这就是为什么维特根斯坦从一开始就否认，我们可以根据规则判定意向性状态的正确与不正确，他提出了另一种完全不同的有关意向性状态的规范性的证明方法。但后期维氏理论的缺陷是，他拒绝区分规范作为一种规范态度和规范作为一种规范状态的不同，因而完全抹去了规范实践与规范之间的张力关系。而之于布兰顿在这个问题上的理解与后期维特根斯坦的不同，见第四小节的讨论。

二、统一语义学和语用学

布兰顿的规范语用哲学首先要考虑的一个问题是语义学和语用学的关系问题。哲学的语言学转向之后，语言哲学开始关注语义学与语用学的关系。这里的基本观点是，语义学与语用学统一应该保持一种相互协调的关系，或者说，语义学与语用学的统一应该保证语用学对语义学的引导性地位，即把语义学的意义理论纳入语用学的意义理论中。布兰顿同意这一看法。但他也同时强调，在语用的使用中任何说出的话都带有说话者隐含的知识，这就是说，这里的说出的句子有它特定的命题内容，因此，语用学与语义学又处于某种地位平等的关系之中。布兰顿十分重视语义学的实质命题内容所具有的认知意义，但与此同时，他的一个根本观点是，独立的思想表达必须拥有它的语用的基础，它的命题内容的提出必须保证它在具体的语用情境条件下是适当的，而它也必须保证所说出的内容与语用情境下的接受者的关系，即考虑语用的效果。如果说句子的句法学保证有正确的句子的运用，语义学的目的是建立命题内容，那么，语用学则是表明，这种断言的语言表达是有效的（语力上有效性的）。

统一语义学与语用学的问题牵涉什么是语义学和什么是语用学。在分析哲学向实用主义变向之后，语用学获得了某种特殊的地位，比如，语用学被认为是关注于意义与使用的关系的理论，它被用于意义——使用分析的理论中。另外，固守分析哲学的语义学传统的语义学理论则把语义学视为是有关句子与其句法结构和语言的逻辑常量关系的理论。因此，布兰顿若要统一语义学与语用学，他必须首先说清楚，他要统一的是哪一种语义学和语用学。可以肯定的是，布兰顿不可能简单地接受分析哲学的语义学（形式语义学），也不可能简单地接受意义——使用分析理论的经验语用学。

布兰顿统一语义学与语用学的方案要求他杜绝看待语义学与语用学的两种态度。一种是分析哲学固有的形式语义学看待语义学的态度，另一种是实用主义和后期维特根斯坦看待语用学的态度。摆脱这两种态度，实现一种统一，要求布兰顿对什么是语义学和什么是语用学，以及统一它们的意义作出全新的定义。

（1）一般而言，形式语义学是把表征的含义当作词语、短语本身固有的一种意义来分析的；这等于认为，单个的词语或单项词和短语可以在一个句子中构成一种意义。对于这一过程，语义学可以使用公理化的公理来进行分析，一种公理可以帮助我们指明，这些词语与短语本身的意义以及由它们构成的整个句子的意义的关系。语义学分析之所以能这样做，是因为它早已把词语或短语的语义内容（意义）看成已经表征的，即是一种确定的表征。它因此可以首先从语言本身的用法或语义公理中去推导个别的词语或短语的意义。这种语义学的意义分析总要假定词语和一般短语有其字面上的意义，并把这种分析局限在这上面。由于这一点，语义学分析总是把自身的分析与说出句子的语境分析分开，这样一来，在形式语义分析中，从字面上看，词语和短语的意义就始终是表征的（因为只有在话语实践的语用学的语境中，它们才有可能是表达的），它们构成了“语义学的原始成分”，成了一种僵死的“没有解释的解释者”。① 按照布兰顿的理解，语义学的概念在语用学中的功用决定了语义学首先是通过具有命题内容的方式来进行的。这种看法可以从康德、弗雷格和维特根斯坦的思想中找到，即他们的思想都支持这种看法，反对只把与认识的判断无关的表征内容当作语义学的唯一内容。

---

① R. B. Brandom, *Making It Explicit: Reasoning, Representing, and Discursive Commitment*, P.79.

现代语义学不能简单地拒绝对带有自身的判断的命题的思考。但前康德的传统认为，语义学的一般研究顺序从概念和一般的词语开始是理所当然的，它们的意义可以独立于和先于对它们意义的判断而被理解。求助这种基本的解释方法，这种语义学的判断的学说，把概念的结合当作判断来解释，而判断是否正确则完全取决于这种概念的联结的是什么以及如何联结。语义学的这种判断的学说，最终用一种有关结论的学说把判断与推理相连，即它只在有关概念联结的前提与结论的推理中来运用判断，这样，推理是否正确也完全取决于联结的是什么以及如何联结。

这也就是说，一般语义分析偏向于逻辑，它把语义学与表达式无关的语义真值当作句子分析的唯一目标，从而完全忽略了从表达式上看的句子的断言性的（assertoric）真理与语义学的真值的区别。之所以要从一个说出的（语用的）句子分析的角度，把真理视为句子本身所固有的，或应归属于句子的，是因为只有语用的句子是在特定的语气中说的。句子不只是具有语义内容，它还带有语用（特定语境中说出的）的语气和语力，即命题内容的意谓和可接受性。真正重要的是我们“认为什么是真的”或“把某物当着是真的”语用学的态度，即我们所作出的判断或断言（asserting）的行为。而一般的语义分析中的语义“真值”（truth-value）和“指称”（reference）等语义学词汇，只具有一种辅助性的作用；按布兰顿的看法，在我们把断言性的语言中的隐含语力和含义转换为清楚表达出来的东西的推理中，它们才能发挥作用，即它们在作为这样一种工具时，才能体现它们的作用。只有句子（而不是名称或各种独立的小句子）才能表达一种判断或断言，而判断和断言所构成的就是命题内容。句子的命题内容不是单一的语义内容。命题内容可以出现在一切类似说出的句子的言语行为或表达式中。

（2）不能不看到，在后期维特根斯坦的影响下所发展起来的意义—使用分析，则完全没有积极的后期维特根斯坦哲学的特征。在消极的意义—使用分析中，语用学被彻底地经验化了，语用学不再思考所说的话语与说话者的命题态度和内容（隐含的知识）的关系，而是从语言的实际语用意义上去理解这里的话语。把语用学经验主义化的后果是，外部世界（外部实在）与内在世界（社会）之间的区别被取消了，一切外在于语用的经验的以思想认知为起点的语义学被排斥了。消极的维氏的语言游戏理论并不探讨作为一种断言活动的认知的语言实践，它关心的是语言如何进行一种社会实践的方面（knowing-how）。对于维特根斯坦而言，在经验的语用学的框架内，我们所能采纳的哲学态度只能是描述的特殊主义（descriptive particularism）、理论静默主义（theoretical quietism,）和语义悲观主义（semantic pessimism）。一般而言，意义—使用分析的理论使维特根斯坦根本不承认语言中论断性的（assertive）句子是有必要进行证明的，或必须满足有效性要求；他只承认语言的可接受性或可传达性的特征；他把真理的概念当作本质上肤浅的概念。他的真理冗余论非常类似下述图式原理的观点：对于每一个陈述"A"而言，"A"等同于"A"是正确的，因此，对句子的意义或一般陈述的形式的解释不是通过论证它的成真条件来进行，而是通过对它在具体的语言实践中的意义交换的描述来进行。

根据这种意义理论，理解一个表达式、陈述或断言，理解者所拥有的就是实践的知识（knowing-how），这里并无任何理论的命题的知识（knowing-that）存在的可能(也不需要)。这种观点的依据是，如果语言是指称性的、直接表达的（其语境总是透明的），对于理解而言，就没有外在于语言的关于语言的知识，理解者也不可能根据某种外在的"语法"或"知识"来进行语言的理解，人们对语言的掌握和运用，比如，理解它的表达式，是完全从语言内部出发的。要求人们运用额外的或非语言的知识来理解语言违背了下述事实：人类对语言的掌握是一项技能，它是一种实践的能力，就像游泳是一种实践能力，而不是理论能力一样。在消极的维特根斯坦哲学中，我们可以看到一种明显的"理论静默主义"的倾向。为了消除心理主义的联想，在许多方面滑向了否定理解者的隐含的理论知识的独立存在的行为主义一边；而一种行为主义的语言哲学必然会把自己局限在对语言的使用的外在的描述上。

后期维特根斯坦停留在对语言的现象学的外在的描述上；对他而言，理解者隐含的知识并不能构成任何真正的语言命题。但对于布兰顿而言，事情正好相反，从这种意义理论的角度看，语言使用的现象学描述虽然重要（因为它可以揭示语言的交流和使用的功能），但更重要的是，我们还需要表明语言是如何能够在具体的交流和使用中构造新的思想和意义的。因此，一种意义理论感兴趣的不应该只是一种可以从外部去观察的语言使用的现象，即我们不应认为，一种意义理论就是站在语言的外部去描述语言是如何使用的，而是应该正确地看到，意义理论乃是站在说话者一边的关于说话者的（隐含的）知识的理论。语言是如何在认知中拓展了原有的意义范围，并如何把这拓展了的意义传达出去的，对于布兰顿而言是一个十分重要的问题。

为此，布兰顿不再单独谈论语用学，而是把语用学与规范的语言实践的方式联系起来，用规范语用学的理解代替经验语用学的理解。在布兰顿看来，摆脱意向性思想无法确证的困难的唯一方法是通过规范语用学发展一种话语者相互解释或相互评价（记分）。对共同体成员的状态、态度和表达的追踪是摆脱隐含的意向性状态心理主观性的最好方法。规范语用学是解决语言与思想的隔阂，走出语言行为主义和概念柏拉图主义对立的最有效的方法。

（3）布兰顿的观点始终是，命题内容在语言中占有主要的位置是很明显的，只要人们不是简单地从语言的交流使用方面去使用语言。即使是对非语言机制的意向性解释，也同样依赖于具有命题内容的陈述或姿态和言语行为，通过给出各种信念，言语行为才显得是理性的。而且，可以作为推理理由的必然是具有命题内容的句子。这一点极为重要，给予句子以一种意向性内容，就是认为句子的言语行为是理性的，因此，命题内容具有语用学上的优先性，它不仅可以评价言语行为的意义，而且还规定了哪种非交流用途的语句是具有命题内容的。

从理论上看，我们可以把一种态度和言语行为归为一种语义学内容的表达，这样就能从它们产生的语境中决定其语用学的意义。这样也就可以弄清楚，这些语言表达式是否是恰当地使用的。只有特定的命题内容才能决定这里语用学的使用意义，所以，对命题内容做具体解释也必然是语义学解释的任务。这表明，在语言的意义分析中，命题内容的分析具有不可替代的优先性。

在形式语言中，我们可以把任何抽象的事物与形式语言的符号联系起来，但这种联系如果算得上是一种语义学的解释的话，它就必须满足一个先决条件：它能否用来确定这些符号是否得到了正确的使用。语义学和语用学，一个关心意义，另一个关心使用。现象主义对语用学的思考可以深化我们的语义学。如果我们以某种更适当的方式从现象主义的方面得出结论，而且以某种更广泛的方式对分析的计划作出阐释，两者就不仅是相互融合的，而且是相互阐明的。这种理解所带来的一个根本的不同是，作为语义学分析的原始的东西是通过语用学来处理的，它们隐含于提出理由和要求一种理由的实践中。

作为语义学分析的原始的东西是通过语用学来处理的，它们隐含于提出理由和要求一种理由的实践中。在塞拉斯的哲学的影响下，布兰顿把语用上的语言使用活动视为一种提出理由与要求理由的说理。在这种情况下，统一语义学与语用学意味着，如果它要达到一种命题内容的正确性的话，它就必须由我们的断言性的（assertive）表达所认可。推理必然是一种从具体的命题内容开始的推理，它不可能只是一种形式的推理。而这也就意味着，我们应把个人的意向性状态视为一种命题，其命题的内容应成为语言分析的出发点，即语义学应把这种命题内容当作它的研究对象。如果意向性状态是一种具有内容的意向性状态，那么，

> 语义学就是对这种内容的研究，而语用学则是对具有这种内容的意向性状态、态度和言语行为的语力或意味作出研究。因此，要对关于意向性的状态、态度和言语行为的语用学意味的规范特点的细节作出叙述，就要求对语义学的内容的性质作出探究。①

① R. B. Brandom, *Making It Explicit: Reasoning, Representing, and Discursive Commitment*, P.68.

如果能做到这一点，我们就有了一种推理主义的语义学：用一种推理主义的方式，把对意向性内容的研究与对意向性内容产生的言语行为意图的研究结合起来的语义学。这是一种与形式语义学完全不同的实质的语义学（布兰顿也称之为哲学的语义学）。形式语义学既没有把意向性内容当作其研究的对象，更没有（也不可能）把自己的语义学分析拓展到产生意向性内容的言语行为的意图和情境条件，因此它只是形式分析的，而不是推理的。从语用学的角度看，语用学在这个时候扮演着社会性地给出理由与要求理由的记分游戏的角色。理解一种言语行为或一种信念，就是能赋予言语行为和所获得的信念以适当的实践意义——要知道在不同的语境，其意义是如何能改变记分的。认为一个句子所表达的断言包含另一个句子表达的断言，就是认为只要任何人对第一个断言作出了承诺，他也就对第二个断言做了承诺。我们总是从前提和结论的关系去思考推理，而不是从命题内容的独白式的关系上去理解推理。

三、断言、推理与话语推论

从上一小节的讨论中多少可以看到，断言这一言语行为对于布兰顿具有重要的意义。① 在推理主义的语义解释中，陈述句表达的思想被视为是一种断言。把一个言语行为视为在做一种断言（思想的表达），就是把它视为是采取了或承认了某种承诺，即那种称为"信念的"或"断言的"承诺。对于布兰顿而言，分辨何种言语行为可以称得上是断言的具体标准就是看人们在做论断时做了什么。但在他看来，从后期维特根斯坦，奥斯汀、格莱斯到约翰·R. 塞尔，其对这里的问题所作出的回答都是不能令人满意的。比如，在塞尔那里，每一个断言性的陈述都表达了一个命题内容，不同的只是它们的表现方式（陈述、疑问或命令等），而至于一个陈述是如何表达它的命题

① 布兰顿最早的一篇有关话语理论的论文就是"断言"（R. B.Brandom, "Asserting", in *Noûs*, Vol. 17, No. 4, Nov., 1983, PP.637–650）。

内容的则根本没有解释。对于塞尔而言，一个陈述句的断言 p，只是承担了一种具有 p 的性质的东西。布兰顿要问的正是，一个断言性的陈述句，它所承担的是什么？确切地说，是一种什么性质的东西被承担了？（这是塞尔没有解释的问题。）布兰顿关心的正是这个从达米特开始首先被提出来的意义显示的问题。塞尔等人对言语行为片面的经验社会学的研究阻碍了人们沿着这种思路来考虑断言性陈述与命题内容的关系。

在布兰顿看来，我们甚至可以把命令句、役使句和疑问句也都当作是包含了断言性内容的语言实践。像"关上门！"这样的命令句也包含断言的成分，因为它包含了所作出的判断的因素，比如，它包含了在实际语境中对门是开着的还是关着的判断在内（因此，说"关上门"也绝不仅仅是没有断言性内容的命令句）。① 他因此认为，维特根斯坦在其《哲学研究》一书中所描述的"抛砖块"的语言活动就并不能算是一种真正的词语的（verbal）语言游戏，它只是一种只包含了口头语言的（vocal）语言游戏。在语言实践中，通过言语行为作出承诺或保证，并不只是接受某种责任去做某事；作出承诺或保证本身就是一种作出断言的行为：它是一种通过清楚地说或描述所要承担和所要做的事情的断言行为。这也就是说，不存在对自己所要承担的责任是什么不甚了解或没有清楚的认识的保证。保证使命题为真的努力，只有通过说和描述我们如何认为它为真，即对它作出断言，它才有可能为真。

布兰顿把断言看作是最基本的言语行为，是区分语言实践和社会实践的一个标志。后期维特根斯坦的语言游戏所描述的只是一种社会实践，由于没有把断言性的语句与一般的社会言语行为区分开来，它并没有真正进入布兰顿所理解的以断言为主体的语言实践领域。如果说维特根斯坦关心的是语言表达式在不同的应用情境中的适用性，那么，布兰顿感兴趣的则是语言表

---

① "命令或发号施令决不只是改变什么是可允许的或义务的范围的行为。它们是通过说或描述什么是适当的和不适当的来做具体规定的行为，而且这种清楚表达的行为是寄生于论断中的。"（R. B. Brandom, *Making It Explicit: Reasoning, Representing, and Discursive Commitment*, P.172）

达（作出某种断言）在构成命题内容上的客观性。布兰顿的语言实践理论所要探究的问题是：一种完全不是基于描述，而是由表达性的断言语句构成命题内容的客观性是如何能获得的（或一种断言是否真正构成了一个命题内容）。

但一旦放弃了语言在认识上具有描述的或直接指称的功能的观点，把断言视为语言的认识功能，就不可能有任何经验的真值条件可以作为断言式表达句的客观性的辩护手段。——而在经验语用学和形式语义学的意义理论中，语言的描述或直接指称的功能被视为是可能的，因此它们可以求助于经验（语言的实际用法）和真值条件的语义分析（甚至对于可靠论者而言也是如此，只要它仍然把存在直接的外在经验视为理所当然，它就能用自身的方法为自身观点做某种辩护）。为了解决这个难题，布兰顿使用塞拉斯和黑格尔哲学的方式，通过给出理由与要求理由的语言游戏，把概念的经验构成当作一种复合的（人际间的）推理。在这种说理的模式中，一个断言者作出断言的理由，必须可以成为另一个断言者的断言的理由，即为他人所接受。正因如此，断言性的语言表达是用来进行一种特殊的推理的："带有断言性的语力或意义说出一个句子，就是把它当作一个潜在的理由提出。断言就是给出理由，它并不一定是针对某种特别的问题、事情或某个特定的个人而给出的理由，而是表明这样一种看法，它的断言作为其他人的理由，是使他们的断言具有说服力的根本。断言在本质上是适合于推理的。断言的功能就是使句子可以用来作为推理的前提。"①而这就意味着，如果一种社会化断言性表达的陈述必须是他人的推理的前提，那么，在社会化的语言实践中，断言的客观性是通过相互的推理来表明的。这也表明，一种可以作为他人的推理前提的断言，可以因为获得同意而传续下去：一方面，一个推理借助于另一个推理而获得认可；另一方面，获得认可的推理又可以成为新推理的一个前提。一种断言性承诺可以为另一种断言性承诺所承认，反过来也如此。在这一推理链中，断言性的推理并不是空洞的或主观的，而总

① R.B. Brandom, *Making It Explicit: Reasoning, Representing, and Discursive Commitment*, P.168.

是客观的和有内容的。①

布兰顿把推理视为意向性内容由其隐含的形式显示出来的唯一方式，即所有的断言（出自意向性状态的命题内容）都只能是一种推理的表达，不存在推理表达之外的断言。而正由于推理是服务于断言的，推理是全方位的或全面的，即它不会把一些概念形式视为自明的或不需要推理的，它也把原子论的构成主义的推理视为完全偏离了认知方向的推理。对于布兰顿而言，作出推理，实际上也就是提供一种理由，或者也可以反过来说，在提出理由和要求理由的游戏中所包括的推理也就是一种断言。只有断言才能在给出理由与要求理由的语言游戏中走出一步。“给出理由和要求理由的实践必须被看作是包含断言在内的，因为……给出一种理由总是作出一种断言。”②布兰顿认为，只有在这种情况下，断言的承诺，才有可能满足这一要求：既作为其他推理的“证明物”，又是提出要求其他推理作出证明的主体。由此才能构成一种语言的社会实践的关系。断言性的语言活动是由断言性的推理活动而成为社会性的语言实践的；因此，也可以这么说：只有在社会实践中，才能确定一种断言的内容是否有意义。一般陈述性的语句（declarative sentences）都是被置于这种断言性的推理活动中的，也只是在这种断言性的语言实践中，一种陈述性的表达才可以被确定为是具有命题性的内容的。

对于布兰顿而言，作出断言推理是整个话语理论中十分重要的环节。传统意义上的信念（belief）这一概念按照一种目的在于作出一种推理的承诺来理解。在推理中，信念不再与进行断言性的推理上的承诺分开；我们不是只拥有一种信念，而没有推理性表达断言的承诺。布兰顿知道，只有把信念置于断言性的推理表达的活动中，才能摆脱表象主义和非认知的语言本

① “要使言语行为发挥这种作用或具有这种意义，需要对某事作出断言性的同意或承诺，把一种同意赋予或促使它转嫁给另一种同意。对这种承诺的断言性承诺和获取资格的语用学意义，取决于它们可以继承的（heritable）方式；它们的传续性是为推理式的表达所采取的一种形式，通过这种方式，它们被看作是在语义学上有内容的。”（R.B. Brandom, *Making It Explicit: Reasoning, Representing, and Discursive Commitment*, P.168）

② R.B. Brandom, *Making It Explicit: Reasoning, Representing, and Discursive Commitment*, P.158.

体论的立场。布兰顿把他的这种承诺称为“推理的信念的或断言性的承诺”(doxastic or assertional commitments)。① 这种解释改变了推理承诺的一般性质：现在，推理承诺被视为是与话语推论的承诺（discursive commitment）一致的，甚至被等同于话语推论的承诺。② 话语推论承诺的意义在于，它可以帮助我们对什么是一种有内容的断言而什么不是作出分辨。一种断言也可能只是表面上的，它带有信念或带有自身特定的语力，但可能根本算不上是一种断言，因为它很可能缺少真正的断言所需要的那种断言的内容。而一种有内容的断言，必须是那种可以成为话语实践的对象的东西，否则就很难理解断言的内容是什么。从这个意义上说，布兰顿所说的实质性的命题内容，指的正是这种有内容的断言，因为，所谓的实质性的命题内容，就是那种能够成为话语实践的对象、在话语实践中可以推论的内容。在话语实践中，推理不可能是一种独白式的推理，推理只能是一种在人际间的语境中进行的推理，它是在人际间的相互推理中，由提出理由和要求理由的语言游戏构成的。“……是什么东西使我们按照实践所做的事情（比如，作出一种言语行为或掌握一种状况），可以算得上是**推理**？这里所作出的回答是，推理必须被看作是在给出理由和要求理由的游戏中所走出的一步。这样说就等于认为，应该在人际间的语境中，把推理当作交往的主要的**社会**实践的一个方面来理解。”③

这也就是说，塞拉斯的给出理由与要求理由的语言游戏即是推理的，也是话语推论的（记分的）。表明道义的社会实践的记分模式如何能够使断言变得可理解的关键是塞拉斯的给出和要求理由的游戏的概念。作为断言承诺的公开承担的行为，断言在最基本的情况下就是要求什么理由，以及给出一种理由总是取决于什么。宣称所做的某种类型的断言是有关某物的一种表达的承诺，就是需要一种理由（因此也总是会要求一种理由）的某种东西，

---

① 布兰顿用 doxastic（一般翻译为“信念的”）这个词，显然是因为这个词指的是与推理和认知有关的一种信念，因此，它不同于一般的信念。

② R. B. Brandom, *Making It Explicit: Reasoning, Representing, and Discursive Commitment*, P.157.

③ R. B. Brandom, *Making It Explicit: Reasoning, Representing, and Discursive Commitment*, P.158.

而且它也是可以提供来作为一种理由的东西。这就是促使我们用目前的方法把断言性的承诺与其他种类的承诺作出分辨的原理。①

从第一人称视角来看，个人的意向性状态或内容无疑也可以进行推理，但只有当它与第三人称的视角结合，才有可能获得命题内容。“表达了这种内容的推理实践（包括实践说理），不仅包含了第一人称的说理，它还包含了对这种说理所做的第三人称视角的认定和评价——这两者对于说理来说都是不可缺少的。”②推理离开了进行断言的话语推论活动就不能理解，而作出断言，正是把自己置入社会的语言实践中。作出推言，实际上就是提供一种理由，或者也可以反过来说，在提出理由和要求理由的游戏中所包括的推理也就是一种断言。当我们就某物作出一种断言或论断，我们就是在承担某种承诺。只有在一种相互作出承诺的话语结构中，才能确定一种断言是否有意义。一方面，断言者自己给自己打分，以确定自己在何种程度上做了承诺并在何种程度上具有（作出断言的）资格——充分考虑和理解了自己所说的和说某物的责任；另一方面，由于断言不可能是独自进行，它总是在一个语言共同体中向另一个可能的断言者作出断言，因此，断言者针对彼此的断言相互打分，以确定彼此是否真正作出了承诺并是否有资格作出断言。正像布兰顿多次指出的，打分是针对断言承诺的，它并不针对与此无关的其他种类的承诺，而断言承诺首先又以是否提供了断言的理由为条件。

四、规范现象主义

规范现象主义是一个黑格尔哲学的名称。在布兰顿的话语理论中，有关一种断言的意义的客观性证明最终都要回到规范的语用实践上来，因此，规范的语用实践是如何可能的或它能够以何种方式展开就是一个不能忽略的问题。布兰顿关于他所讨论的规范语用学的概念规范有一个著名的说法，即

① R. B. Brandom, *Making It Explicit: Reasoning, Representing, and Discursive Commitment*, P.167.

② R.B. Brandom, *Making It Explicit: Reasoning, Representing, and Discursive Commitment*, P.158.

"我们与规范相遇，规范是我们的"。[①] 在这一公式性的表达中可以看出，对于布兰顿而言，"与规范相遇"是一个特殊的情境，因为在这个时候，我们站在已有的规范面前。在这种情况下有两种选择，即要么按眼前的规范去做，要么对眼前的规范作出反思性的批判的使用。布兰顿认为，作为一个具有规范态度的人，在这个时候总是反思性地运用规范，决不会把规范视为不能更改的神秘之物。在这种情况下，大家会以一种符合规范的方式（记分的方式）评判彼此对规范的运用而提出的新观点。道义的相互记分的话语规范是服务于这一种状态下的话语认知的。

"规范是我们的"则表达了另一层意思。从一种规范概念形成史的角度看，这个定义表明，规范是我们规范态度历史性形成的。——这就是为什么黑格尔称一切先验的概念构造都是社会性的制度（institution）的原因。我们的规范态度与规范状态是统一在一起的，两者并没有分离，不存在有规范态度却没有规范状态的情形，或者拥有一种规范状态，却没有相应的规范态度的情形。比如在康德那里，规范状态与规范态度在总体上是分离的，由于没有把规范视为是我们自己的规范，康德总是要求用一种规范态度来表明规范状态，以此来表明一种规范的存在。也正是意识到这一点，黑格尔和后期维特根斯坦从一开始就拒绝康德意义上的完全根据规则判定意向性状态的正确与不正确的规范概念，他们提出了另一种完全不同的有关意向性状态的规范性的证明方法。在布兰顿看来，黑格尔和维特根斯坦在这个问题的看法上当然是正确的，在现代哲学中主要是以康德的规范概念为代表的规范主义是有问题的，它会带来一种不能自圆其说的规范调节主义，尽管康德在先验判断力的理论上对此做了弥补。

布兰顿很清楚后期维特根斯坦关于规范的理论的意义，求助于共同体的规范可以避免怀疑主义，也可以避免规范来自何处的难题。但这么做也存在一个问题，即如果我们只是求助于共同体的规范，把共同体的规范视为仅仅是可以直接挪用的东西，那么，这里就失去了话语理论很重要的分

① R. B. Brandom, *Making It Explicit: Reasoning, Representing, and Discursive commitment*, P.639.

辨正确的和不正确的言语行为的认知意义。布兰顿在规范的问题上，区分了两种规范实践的形式，即 I-thou 和 I-we 的规范的话语。在第一种规范的话语中，规范可以想象为是由话语者的规范状态和规范态度构成的，只有在这一规范实践中，规范实践可以表现出分辨话语者言语行为对错的功能。布兰顿在许多场合都强调这一点，以一种记分的方式对待他人，这就是采取一种规范的态度。每一个记分者因此都是具有规范态度的，而不仅仅具有规范状态。在理想的情况下，规范状态是需要规范态度来显示，否则，规范状态很可能会坍缩为一种规律性的自然状态（合乎规范蜕变为合乎规则）。缺少规范态度的后果是，规范评价成为了一种单方面的评价。比如，这里只有单向的记分，一些话语者总是作为被记分者，而另一些话语者总是作为记分者的局面。这种情况存在于 I-we 的话语中，在这个时候，话语是不存在解释的平衡的，因为一些观点事先被认为是正确的。布兰顿的记分的话语理论需要尽可能填平不平衡（不对等）的记分与平衡（对等）的记分之间的沟壑。① 以话语推论的记分方式彼此对待，即平等地相互解释（保持一种解释的平衡，而不是以社会评价的方式展开的不平衡的言谈）。布兰顿称之为规范现象主义策略就是要实现尽可能对规范实践的规范的解释。规范现象主义的看法是，一种规范状态也可以应该被区分为正确的规范状态和不正确的规范状态。如果认为话语者接受了他（她）生活于其中的共同体的规范，就认定此人具有规范状态是不正确的，此人可能只是挪用规范而从未思考过接受一种规范意味着什么（或者完全弄错了什么是规范）。实际上每一个人都处于共同体的规范中，没有人可以走出这一共同体的规范，但这里还是有被认为是正确的规范状态和不正确的规范状态的区别，或用布兰顿的话说，这里存在着是否适当地拥有一种规范状态的问

① 这是一个表达的完善性的问题，断言者只有加入了一个提出理由和要求理由的理想的话语游戏（idealized Sprachspiel）中，即 *I-thou* 的话语中，断言者才能被视为是能够说自己想做什么的人：他能以明确的方式把隐含的实践的适当性表达出来，并且因此他可以表达任何事情。（R. B. Brandom, *Making It Explicit: Reasoning, Representing, and Discursive Commitment*, P.641）

题。[①] 试想一下那个极端的情形：拿了女王的先令却不知道所应尽的义务是什么的年轻人的状况。[②] 因此，布兰顿的规范现象主义要求在康德的规范理论与后期维特斯坦的规范理论之间实现一种调和，它要求话语的记分在两个不同的领域中运用，即规范现象主义必须处理语用实践不同的两个方面的问题，它表现出了布兰顿的一种特殊的意图：

> 我们在这里所一直追求的（规范的）现象主义的策略，目的是通过规范态度理解规范状态，也就是通过适当地认为某物为真或正确与不正确的方式达到这一理解的目的。这一策略指向了两个有关记分实践的适当性的问题，第一个是现象主义有关规范的问题，人们应该如何做，才算得上把共同体视为一个处于隐含的规范的社会实践中的共同体，特别是出于道义状态的建构、富有内容的概念表达的话语记分中的共同体？第二个问题涉及作为一种规范现象主义，什么是实际的行为表现，倾向性和由感性存在物相互接触所展示出来的规律，它可以使行动者正确地或适当地采用这种态度去解释他们的行为？即可以通过相互判定是否加入了隐含的规范的话语实践的态度对它们的行为作出解释？[③]

布兰顿提出这种顾及两面的规范现象主义的策略背后的真正原因是，布兰顿需要处理话语的意向性的两种表现形式。这里第一种表现形式是“现象主义有关规范的问题”，它指的是原初的话语的意向性（original discursive intentionality），它是一个独立的环节（它总是通过I-thou的话语形式来开展）；而这里提到的第二种表现形式则指外来的话语的意向性（derivative discursive intentionality）。

原初的话语的意向性是基于我们每一个人都是思想的存在物这一点之上的。每一个话语者都有自己的独一无二的命题态度。规范现象主义之所以

---

① R. B. Brandom, *Making It Explicit: Reasoning, Representing, and Discursive Commitment,* P.627.

② R. B. Brandom, Making It Explicit: Reasoning, Representing, and Discursive Commitment, P.163.

③ R.B. Brandom, *Making It Explicit: Reasoning, Representing, and Discursive Commitment,* P.628.

是现象主义的，乃是因为规范出自下述“事实”：一方面，我们是一个独立的、富有命题内容的说话者，但我们又是一个社会存在物，其中每一个说话者都把他人视为像他（她）自己一样做了认知承诺和归属（评价）的人。但另一方面，我们的规范的话语的意向性也可以是外来的，它不像前一种原初的话语的意向性那样是完全自主的；我们处于一个独立于我们态度的世界之中，在这个时候，我们是一种社会规范的存在物，即在这个时候，我们倾向于一种和解，把我们的规范态度视为来自规范状态，而不是相反。

因此，对于规范的语用实践而言，这里存在两种规范实践的形式：一种是带有强烈的规范态度的实践主体，它们完全从一种规范态度出发。在这种情况下，每一个话语者都展示一种规范的状态和规范态度，并以一种规范记分的方式对待每一个其他的话语者。加入一个具有其自身隐含的规范的社会性的话语记分实践（给出理由与要求理由的语言游戏）是每一个话语者的身份的表现。根据彼此的推理承诺，按照给出理由与要求理由的游戏，彼此对推理的承诺和资格作出记分评价，而且每一个人都以话语记分的立场对待他人。话语者以这种方式表明自己进入了一种规范的状态。每一人都把他人视为命题内容的制造者和消费者。在这种情况下，整个社会共同体中的每一个人都既处于规范状态中，又具有规范态度。作为命题内容的制造者，话语者作出了一种担当，他（她）对一个断言的命题内容做了担当（承认）；而作为消费者，他（她）则对一个命题内容做了归属（接受），并把它作为自己的推理的前提。在每一个人既是记分者又是被记分者的社会，必然是一个命题内容的制造者和消费者同时存在的社会。在这一阶段，在记分的游戏中，没有人可以扮演裁判的角色，因此，也没有人可以对他人断言作出适当与不适当的解释，他只是接受或不接受。在这里，记分者所能做的只是一种相互解释，即话语的意向性的领域是一个对他人的话语进行解释的领域（试想一个戴维森的那句被广泛引用的话：“一个人只有作为他人的话语的解释者，他才有思想”）。对于布兰顿而言，把每一个话语者都同时看作是记分者这一点很重要，作为记分者意味着，话语者总是以规范的方式对命题内容作出归属，接受或拒绝。

但一个卷入它自身的世界所展现出来的实践的意向性，是一个带有简单的意向性立场的行为。采用一种简单的意向性的立场，就是把某个东西解释为简单的或实践的意向性体系。① 这里的话语的意向性的相互评价不像在第一种规范的语言游戏中那样，大家自主地以道义的方式记分，因为在第二种情况下，记分的主体不是想象为作为具有自主的加入规范的给出理由与要求理由的游戏的人，而是为社会规则、习惯或倾向性（dispostion）所支配的人。

每一个话语者的意向性表达（断言）是通过社会性的相互评价的记分来显示的，它是一种规范的说理活动。在第一种记分解释中，共同体中的每一个人既是解释者又是被解释者，每一个话语者既是命题内容制造者又是命题内容的消费者（这意味着，记分者同时要做两件事）。在第二种涉及外来的话语的意向性的记分实践中，不存在话语者为另一个话语作出归属即消费这一项，即这个时候话语者不再是消费者，隐含的相互评价式的记分已为公开的评价记分所替代了。② 因为这里起决定作用的是记分的解释者，而不是被记分者，那种在第一种无条件的记分解释中，记分者和被记分者的平等关系消失了。也只有在第一种无条件的或原初意向性的话语记分中，真正的命题内容才能建构起来，这还包括如何拥有具有客观表征的概念内容（如何赋予概念内容以表征的性质）。

原初的话语的意向性是一个环节，外来的话语的意向性则是另一个环节。但无论是涉及说话者的规范状态和规范态度的记分评价，还是针对不同的概念内容的记分都是视角的，这就是说，意向性表达的断言的概念内容的客观性是视角的，③ 因此，没有单一的适当与不适当的标准；一切都是根据每一个断言者的观点来定的，这也就是说，断言的适当性只是不同的视角或记分相互关联（可以相互理解）的一种结果。

从根本上说，规范现象主义从规范态度去表明规范状态，并把规范态

① R. B. Brandom, *Making It Explicit: Reasoning, Representing, and Discursive Commitment*, P.629.

② R. B. Brandom, *Making It Explicit: Reasoning, Representing, and Discursive Commitment*, P.629.

③ 关于断言的概念内容的客观性是视角的具体讨论见第十章。

度与规范状态视为不能分离的同时存在的，这就是说，规范现象主义认为，规范状态没有了规范态度也就失去了规定性，但规范态度总是显示出一种规范状态。当然，这也意味着，我们只能从规范态度上去理解一种规范状态，没有规范态度的规范状态是不存在的（它就不是一种真正的规范状态）。规范态度有它自己的规范，它隐含于实践中，在布兰顿这里就是给出理由与要求理由的道义的语言游戏。在这里，话语者的规范态度是决定性的，因为只有通过说话者的规范态度，比如，说话者把自己视为一个他人的话语的评判者并作出相应的评判活动，我们才能知道他(她）是否处于一种规范状态中，因此，通过规范态度理解规范状态是规范现象主义的策略。①

规范现象主义承认这里的理性话语的规范主体是生活在一个经验的语用环境中的，他（她）不能脱离历史具体的经验的社会实践（不能真正避开它）。由社会历史的社会实践所构成的经验的语用世界本身就是一个规范的语用世界（布兰顿在这一点上同意后期维特根斯坦的观点），不同的是，经验的语用世界的规范是语用的经验实践构成的，它是社会的经验实践自己的规范，如果我们没有犯规律主义的错误把这里的规范自然主义化为一种规律的话。因此，问题在于，一个理性的、自主的话语实践者如何正确地面对他（她）所处的语用的世界？按照布兰顿的标准，经验语用世界的规范可以作为一种被反思的对象与话语者发生关系。为此，布兰顿批评了那种认为隐含的语用规范必须直接加以遵循的意义—使用分析的理论。

布兰顿要求我们注意，规范并不是一种固定不变的法则性的东西，“尽管这种语言实践的规范性是不可消除的，但却不能把它们当作原始的和不可释义的东西。”② 这就是说，我们不应非反思地依赖语言的规范性概念（以一种自然主义的态度看待它）。如果只是非反思地使用规范会剥夺对规范性概念进行释义的权力。一旦规范概念仅仅被视为与原始的生活形式相关的概念，与命题内容的表达联系在一起的语言表达式的意义就丧失了。意义与使

① R. B. Brandom, *Making It Explicit: Reasoning, Representing, and Discursive Commitment,* P.628.

② R. B. Brandom, *Making It Explicit: Reasoning, Representing, and Discursive commitment,* P.xiii.

用的规范关系只有在特定的词语的表达语境中才会有清楚的含义。在某种情况下，使用决定意义的规范定义是清楚的，比如在“用‘不’这个词来表达否定”或“用恺撒个词语来指称恺撒”这种情况下。但在另一种完全相反的情况下则完全不是如此，如果此时的语言是在描述物质粒子的运动，那么使用中的规范就不可能决定意义，无论是如此刻画的语言还是其他，它的意义都不能简单地在语言的使用中显示出来：因为这里是在探求一个完全不同的未知的领域。在这种情况下，词语的使用也不可能使用语义分析的或意向性的词汇或使用纯粹自然主义的词汇，“相反，这里必须使用规范的语言。表达了命题内容和其他概念内容的实践，隐含地带有规范的考虑：如何正确地使用表达式，在何种情形下，行使各种言语行为是适当的，以及这些言语行为会有什么适当的后果。”①

布兰顿对经验语用实践中的规范概念的理解（规范现象主义的运用）带来了一个积极的变化：这里不存在被动地遵循语言使用规范的情形，这就是说，即使是第二种类型的规范实践也不完全是被动的，而是在接受这一使用规则的情况下反过来对其作出规范解释的自主行为。布兰顿的规范现象主义成功地避开了要么倒向规范调节主义的规范建构主义的一端，要么倒向把经验中的规范当作规则的规律主义的一端的两难。规范调节主义和规律主义要么把规范当作是“外来的”（独立于经验建构的），要么，把规范直接视为一种规则。规范现象主义通过它对我们的规范实践特性的理解，回答了什么是规范，规范来自何处的难题。这对于话语实践具有重要的指导意义。

五、原初的意向性

布兰顿以断言的言语行为的客观性为宗旨的话语理论，需要断言者拥有原初的意向性。这里的原初的意向性是一个先验的自我吗？因为，哲学的语言学转向之后，一种理论认为，我们无法知道什么是原初的意向性，我们

① R. B. Brandom, *Making It Explicit: Reasoning, Representing, and Discursive commitment*, P.xiii.

所能知道的充其量只是一些有内容的意向性，即大家彼此拥有的、可以为语言所解释和具有交往性质的意向性（这基本就是格莱斯的观点）。但根据达米特最早的看法，如果我们承认，语言并非只是交流 – 意图的工具，那么，在语言表面的言辞的知识（verbalisable knowledge）之外，必然还存在隐含的知识（implicit knowledge），即存在那种与公开的言辞的知识不同的隐含知识。而隐含的知识是一种代表说话者和理解者潜在具有的引导他作出正确的理解和判断的知识。这种隐含的知识不仅与命题的知识的正确理解有关，而且是说话者能否在语言中表达一个正确的命题或思想的基本条件。

布兰顿讨论和关注命题内容时与达米特拥有共同的立场：他认为命题内容是建立在原初的意向性所构成的断言之上的，而这里的"原初的意向性"正是达米特称之为"隐含的知识"的东西。布兰顿的原初的意向性不是一种被认定的意向性，因为出自生活形式或固有的概念系统的意向性表达没有任何的原初性可言，原初的意向性是完全独立于所有外在因素的。在这里布兰顿提出规范语用的实践的根本考虑是：如何能够在假定心灵与语言是不同的两个方面的条件下表明，心灵的原初的意向性表达一定是它的语言所表达的东面。换言之，如何在不排除原初的意向性理论的情况下，表明语言（所作出的断言）一定具有它所表达的命题内容？

但在维特根斯坦之后，通过格莱斯的理论，意向性被认为是与认知系统（记忆、逻辑等）相互作用的产物，它有它的基本的可分辨的条件。德纳特(D.C.Dennett）也持相同的观点，只不过是换了一种说法。① 德纳特认为，只要我们把某种行动的体系视为一个意向性系统，那么，它就是一个适当的意向性系统，决不存在我们把它视为一个意向性系统是否适当的问题。这样一来，人们是首先把某个行动体系视为一个意向性系统，然后再对这个系统中的意向性是什么作出说明。并不存在作为一个意向性系统，与作为被认为是一个适当的意向性系统的差别，因为我们无法作出此区分。对于布兰顿而言，德纳特的这种立场将把意向性完全等同于一个被认为是意向性系

① D.C.Dennett, "Intentional Systems", in *Journal of Philosophy* 68, No. 4 (1971).

统的意向性，即一个意向性系统所决定的应该怎么做的意向性。如果这么认为，原初的、真正属于那个理性的意向性主体的人的意向性是不存在的，因为一切被认为是应该怎么做的意向性，无非就是意向性系统中所展示的意向性。

布兰顿在关于规范的语用学如何区分具有命题内容的意向性与直接感知的意向性的问题上，做了下述两点的论证：(1) 我们是具有推理能力的理性的主体。(2) 具有命题内容的意向性（而不是直接感知的意向性）才是真正地具有认知意义的意向性。作为理性的人，我们受制于规范。当我们从这种意义上说"我们"，也就是把我们自己与他人一块放在理性的范围内。以这种方式看待我们自己，就是把我们自己当作认知的存在物：我们把外在对象给予我们的刺激当作可以成为理由或需要理由的信念（beliefs），把我们的行为当作是可以提供一种理由或需要一种理由的行动（actions）。我们求真，并且能够把握真理的一般的成真条件："我们是信念者，而拥有信念就是认为某物为真。我们是能动的主体（agents）……作为智人，就是去拥有像信念、意愿和意向性这样的状态，就问题可以在信念、意愿和意向性可能为真的情况下适当地提出而言，它们都是有内容的。理解这样一种内容，就是把握使它们为真的必要的和充足的条件。"①

把对意向性状态的解释，看作只是一种出自某一种意向性体系的解释，将使意向性完全失去意向性的那种原初的，即真正属于理性的个人思想的属性。原初的意向性并不受制于某一种意向性体系，否则它就不叫"原初的意向性"了。人的意向性系统不是一个简单的意向性系统，比如动物或一种能下棋的电脑系统。只有这类简单的意向性是基于可以理解和解释它们的更复杂的意向性系统之上的，但人类的意向性只有从其最初的本源上去追踪，才能真正确定其意向性。布兰顿相信，借助于共同体成员所做的规范承诺，共同体的成员可以对各自的意向性状态作出分辨，我们可以通过围绕这一过程的记分的方式，确定这种具有独创性的原初的意向性。布兰顿认为，他"在

① R. B. Brandom, *Making It Explicit: Reasoning, Representing, and Discursive Commitment,* P.5.

这本著作（《使隐含之物显现》——引者注）所发展的理论，可以认为是对归属原初的意向性的立场做一种说明。”①原初的意向性就是作为不同的说话者在其陈述、行动和某种态度中所表达的一种具有真正的命题内容（propositional content）的意向性，它不同于只有在某种意向性体系或明示的规则中才可以辨认的意向性。由于这个特点，必须有不同的方式来看待它。

从规范的话语归属（评判）的角度看，个人的原初意向性是不同的话语者所认定的。这也就是说，原初的意向性实际上是共同体成员相互认定的产物，在话语的社会性的评价或记分的实践之外，意向性状态就不存在，它不是一种与记分的话语无关的意向性状态。因此，布兰顿指出：“就此而言，只有共同体，而不是个体，才可以解释为具有原初的意向性。”②把原初的意向性视为共同体所赋予的，实际上也就完成了对维特根斯坦的另外两个承诺的承认：意向性状态的规范意义只有从实践中建立，而不是从明示的规则上建立，以及对意向性状态的规范意义的确证必须从社会的角度来进行。维氏理解规范的语用主义的承诺，以及对这些规范本质上的社会特性的揭示，构成了布兰顿的理论的视角和出发点。当然，正像我们前面已指出的，维特根斯坦的理论静默主义阻止了他做这种需要一种完整的理论（规范的语用学的理论）才能完成的工作。用布兰顿的术语来说，这样一种认知的规范实践在本质上包含了对下述社会认知关系的区分：“承担一种承诺”（undertaking a commitment）的态度与“归属（认定）一种承诺”（attributing a commitment）的态度的区分。前者是认知者自己基于认知信念之上的认知承诺，即他所相信的东西是有根据的（基于某种信念）；后者是认知者对他人类似的认知承诺的承认或认定：认为他人具有一种认知的信念。通过这种认知关系，认知者把自身既当作认知者又当作评价者，因为这里的关系是交互的：第一种态度的规范性需要他人的认定。承担某种认知的承诺的规范状态与认定某种承诺的规范态度是相互联系在一起的，离开了一个，另一个就不能理解。特别

① R. B. Brandom, *Making It Explicit: Reasoning, Representing, and Discursive Commitment*, P.61.

② R. B. Brandom, *Making It Explicit: Reasoning, Representing, and Discursive Commitment*, P.61.

是，承担一种承诺，其目的也是能够更好地或更恰当地使承诺被认定，即作出一种认知承诺，目的是获得他人的承认。以推理的表达为基本方式的规范的合理性，就是由承诺和认定这些带有社会的观点的规范态度组成的（这方面的具体讨论见第六章）。

从这个角度看，“认定一种意向性状态，也就是认定一种规范状态。”① 布兰顿始终认为，我们不能用那些只有在包括断言活动的具体情境中才能在原理上变得可理解的概念（类似信念，意向性和期望）来帮助自己，至少我们不应自己使用它们，似乎它们是事先可以理解的。信念、意向性和期望只有置于适当地提出情境并获得适当的可接受的后果才是可理解的，而这样做正是求助于一种推理的根据（承诺）和它的可接受性（资格）这种规范行动。

布兰顿用“归属”或“认定”（attributing）这个词来指这种确定一种意向性的行为。这也就是说，在布兰顿看来，规范的实践的一个很重要的方面是认知者保持认知的状态，即始终作出认知的承诺，在此基础上，认知者相互检查，以确定彼此是否作出了承诺。布兰顿认为，在维特根斯坦的实践观中实际上已经包含了这种思想，他的上述想法正是根据维氏的思想得出的，他所做的进一步的阐释，也就是要把这种思想充分显示出来：“按照这种想法进行详尽的解释就是追寻维特根斯坦所赋予的三个主题：坚持语言和意向性具有规范的特性，从实践上而不是完全从规则上理解这些规范的语用主义的承诺，以及对这些规范的本质上的社会的特性的承认。”② 这种思想的第一个主题的优点是，通过把语言和意向性视为规范的、不是心理或主观的，可以摆脱有关它们的解释的心理主义的不确定性的弊端。一旦从规范的角度去理解语言的使用以及所表达的意向性，它们就是可确定的，即我们能明确它们的客观意义。这也就是说，只有通过他人相关的解释，一种通过语言的使用显示的意向性才能被确定。意向性的意义不是直接呈现于我们的，它只

① R. B. Brandom, *Making It Explicit: Reasoning, Representing, and Discursive Commitment*, PP.16–17.

② R. B. Brandom, *Making It Explicit: Reasoning, Representing, and Discursive Commitment*, P.55.

能通过解释才能确定其意义。因此，意向性的解释就成了我们确定一种意向性状态的方法。

六、概念实在论

布兰顿的规范现象主义如何处理实在论的问题？一般而言，作为一种规范现象主义的理论，它是不可能坚持一种实在论的。但实在论是一个严肃的话题，放弃实在论需要对其理由作出解释。人们一般认为，这里不会有令人满意的解释。布兰顿对这个棘手的问题的应对方法是，求助于黑格尔哲学，把概念本身视为是实在的。这就是他的引起较多关注的概念实在论（conceptual realism）。布兰顿的规范的语用哲学具有黑格尔哲学的元素，这使得他能够在实在论这个棘手的论题上走出传统实在论的藩篱。布兰顿并不反对用实用主义对康德的概念／直观的二元论的解构，他本身也像麦克道尔一样否认我们可以像康德那样区分概念与直观，因为把概念视为一种实在的东西，即一种自我规定的东西。经验主义者把概念视为构成性的东西，它由感知归类构成，但布兰顿认为，概念是概念归类的产物（具体讨论见第三章）。从这个意义上说，概念是实在的，概念之外别无他物，概念是没有界限的；作为概念的东西正是被确定为一种真论断的东西。布兰顿的这一立场表明了他对实在论的理解完全不同于一般的理解。在这里，布兰顿似乎完全走向了一种反实在论。按照实在论的观点，概念的东西不能独立于经验的外部实在而具有自身的客观性，但现在，布兰顿完全不承认存在概念的内在性与可经验实在的外在性的关系。对于许多习惯于认为实在论或至少是那种经验实在论是不能取消的常识的人，布兰顿的观点是难以接受的。实际上，布兰顿从未公开表明他是一个反实在论者，而且概念实在论本身只是对实在论做完全不同的理解，而不需要反实在论。布兰顿的概念实在论是他对黑格尔的现象主义哲学运用的结果。因为黑格尔最早明确地认为，作为“精神”的特殊类型的概念表达（conceptually articulated）一种形式，概念本身就是自我规定的，这里只有间接的经验的关系，没有任何直接的关系。布兰顿在回应哈贝马斯对其概念实在论的批评时承认，他同意哈贝马斯的概括，即他同意，他的概念实在论来自黑格尔哲学（甚至是黑格尔的客观唯心主义哲学），尽管他否认概念实在论会带来语义被动性。① 但不管怎样说，布兰顿在实在论上的观点是激进的，对他来说，虽然一个超越我们态度的客观表征的世界不可否认地存在，但客观表征的世界并不是一种实在。② 从一个对象世界的概念开始，并对与它们相关的事实（包括重要的模态的和规范的事实）包含了什么作出一种合理的说明是布兰顿的推理主义所反对的。布兰顿强调，世界首先可以理解为是由一系列的事实(facts) 构成的，而不是由事物(things)构成的。因此，概念之外别无他物，因为它是我们不能讨论的东西，我们所能讨论只是事实，而事实恰恰在它们原理上是可以陈述的。事实是一种真的论断（因而它可以称为是规范的事实）。③

布兰顿与麦克道尔一样认为，如果我们一方面坚持一种概念实在论，把概念视为独立的，自身融贯的，它不受当下的感知经验的任何限制；另一方面承认在概念之外有一个终极的实在，而概念在此意义上又不可能是不受限制的，那么，我们就始终逃不出“被给予的神话”的魔圈。感觉经验虽然具有清晰的直接性，但它们决不可能独立地存在于理性思维的空间之外；表征性的经验内容只有在思维中才能发挥一种规范的作用。布兰顿甚至在这一点上与麦克道尔一样引用了后期维特根斯坦对常识实在论的批评（他们两者

---

① R.B. Brandom, “Fact, Norms, and Normative Facts: A Reply to Habermas”, in *European Journal of Philosophy* 8:3. MIE, P.333.

② 布兰顿的“合理性约束”并不是指外部经验的约束，而是指，一个超出任何断言者的态度的客观表征的存在的约束，“客观的表征”的世界是独立于每个人的视角的，这意味着：个人的视角只可以指向它或趋向它，但永远不可能“代表”它！因为个人的视角永远是主观的，所以需要话语的记分（理性的自我约束），以便使主体的视角接近客观表征的世界。布兰顿在实在论问题所真正承认的只是这一点：这里有一个独立于某个人或某个视角的客观的表征的世界。这种客观表征的世界是“超越态度的”。(transcends attitudes)。(R.B.Brandom, *Articulating Reasons: An Introduction to Inferentialism*, P.189，P.198)

③ R. B. Brandom, *Making It Explicit: Reasoning, Representing, and Discursive commitment*, P.333. R.B. Brandom, “Fact, Norms, and Normative Facts: A Reply to Habermas”, in *European Journal of Philosophy* 8:3.

在对实在论的批评上拥有相同的立场）。[①] 常识实在论是一种顽强的意识。后期维特根斯坦对此做过辛辣的批评。尽管人们意识到了感觉经验的有限性，人们仍然像是得了强迫症那样不由自主地把感觉内容理解为一种限制理性思维的外在原因，即把它们当作限制理性的语言表达的一种"指证"。但这样的"强迫性的思维"是自相矛盾的，因为按照这一思维的逻辑，我们所做的陈述的意义完全由我们决定，而我们所表达的信念的真理性则不是由我们决定（它有赖于外部的条件）。维特根斯坦在分析哲学的语境中嘲笑了这种"强迫性的思维"。比如他写道："'思想一定是非常特殊的东西。'当我们说和意指（mean）如此这般的事情是实际存在的，我们以及我们的意思除了基于事实，不会根据任何其他情况，但我们又意指：事情是这样的。但这种悖论也可以这样来表示：思想可以是不真实的。"[②] 这就是说，其实在人类的实践中，思想总是基于事实之上的，但我们又奇怪地对我们的思想抱有强烈的怀疑，我们又总是想通过强调"事情是这样的"，以显示我们的思想是真实的或是一种事实。对于维氏而言，这多少是可笑的。我们总是担心，"思想可能并非是真实的，"这样的顾虑阻止我们把实践中的思想视为具有非凡能力的。我们相信，我们要通过刻意的意指（比如，建构一种真理理论）才能表达一种事实。这样，我们只相信意指，而不相信实际的实践中的思想。因此我们总是刻意地去意指，"我们觉得似乎通过意指实在，我们才能在网中捕获它。"[③]

概念实在论也是布兰顿追随黑格尔哲学，彻底斩断笛卡尔的主客二元论与实在论的联系的结果。世界就是概念表达的世界，这里不存在概念表达之外的事物的世界，因为如果没有一个精神心灵的概念表达，世界是什么是我们不知道的，尽管这个世界仍然存在。概念实在论可以让布兰顿设想一个事实的世界而不是设想一个对象的世界，而事实的观念可以在不明确地求助于对象的情况下，在一种语言中得到说明。这就是布兰顿通过追寻由断言和

---

① R. B. Brandom, *Making It Explicit: Reasoning, Representing, and Discursive commitment*, P.333.

② L.Wittgenstein, *Philosophical Investigation,* Oxferd: Basil Blackwell，2009，P.44e.

③ L.Wittgenstein, *Philosophical Investigation,* P.127e.

推理的话语实践开始的语用学的策略，即对我们谈什么（about）不做任何明确的说明，而是通过说理给出的理由和要求理由的游戏作出清楚的阐释。这也从一个侧面证明了，作为话语者的主体的“我们”的规范态度的重要性，因为，世界终究是通过具有自主性的心灵的主体的表达来呈示的。在概念规范的世界中，规范早已存在（它是我们的规范，我们与它们相遇），而话语的概念表达的很大一部分工作就是把这一规范世界的隐含状态以清楚的命题方式显示出来（making it explicit）。

针对一些批评，布兰顿强调，真不是对象的一种性质，真并不是谓词的一部分。对于布兰顿而言，哲学的语言学转向之后，经验主义或表象主义的那种可直面的赤裸裸的实在已不再认为是一个认知的对象，这里只有语言和概念的体系所指涉的对象，这就是说，哲学的语言学转向彻底地实现了维特根斯坦关于我们语言的界限就是世界的界限的断言。如果这么认为，那么，概念的规范来源的问题也就解决了，在否定了概念的规范出自外在经验的证明这一经验主义实在论后，也不必再像康德那样回到一个先验领域去寻求概念规范的来源。

布兰顿的概念实在论处理概念规范的方式是他对黑格尔客观唯心主义做了新的释义的结果（具体讨论见下一章）。布兰顿认为，他是两条腿走路（就像黑格尔的客观唯心主义是两条腿走路一样），他相信，规范的客观性来自概念自身的推理表达，但与此同时，话语的主体也不是被动地接受它所相遇的概念规范，所以，概念实在论并不等于话语主体放弃自己的观点，恰好相反，概念实在论所需要的正是话语主体的规范的实践态度。布兰顿并不认为黑格尔没有看到这一点，即概念实在依赖于话语主体意识的“意识的依赖性”（见下一章）。根据这一理解，在他看来，只有通过客观唯心主义（客观观念论），[①] 才能表明概念实在的意识的依赖性，或用黑格尔哲学的语言说，建立逻辑与意识的联系。——而所谓“客观唯心主义”也就是这个意思。

---

① 本书把黑格尔的“objective idealism”译为客观唯心主义是考虑中文语境的习惯，用“客观观念论”这一译法无疑更好。

重要的是，布兰顿的概念实在论还与他的模态实在论相关。进一步理解布兰顿的概念实在论要对他所发展的黑格尔的模态实在论有所了解（具体讨论放在下一章）。因为有这层关系，布兰顿的概念实在论非常不同于一般的语言实用主义的内在世界的概念。布兰顿的模态实在论是基于不相容性的模态算子之上的，而不是基于可能世界的模态算子之上的，这一模态实在论同样来自他对黑格尔哲学的理解。概念实在论使我们推理具有了一种不一样的性质，推理可以处于一种语义整体论的关系之中。谈什么从什么当中得出（正确的概念是什么）以及谈论什么论断是真的（什么是事实），它们一个与另一个是不可分离地联系在一起的。我们是在接受（undertake）承诺的意义上作出我们的承诺的。① 任何语言的使用者都总是处于特定的语境中，他也总是处于特定的概念关系中。语言的使用者对事物的指称总是带有先在的概念，他不可能不带任何特定理论的眼光看事物，相反，他对事物的指称是建立在对事物的前理解（概念）之上的。也可以说，对于说话者而言，语言本身就包含着对事物的"前理解"（模态）的概念。

另一个有助于理解布兰顿的概念实在论的方法是，把它与麦克道尔的概念实在论进行比较。布兰顿接受语义紧缩论（semantic deflationism），把观察可能有的表征的语义意义限定在可推理的范围之内，但并没有因此否定观察。麦克道尔对感知的实在性所做的先验论辩，使他采用了析取理论的"第三种先验论辩"，麦克道尔认为，感知对经验内容的把握完全在概念的能力范围之内，即感知经验只存在于它为概念所把握的范围，没有脱离概念的感知经验（最低限度的经验主义）；并不存在这种情形：我们可以用一种概念性的感知能力把我们的感知与其他自然存在物的感知区分开来。但布兰顿坚持认为，对于人类的感知（观察等对事物的第二性质的把握）而言，它与其他存在物的无概念感知反应并没有本质区别，但这种纯粹的感知在大多数情况下都是有缺陷的，或者说不是自明的，正是这种缺陷或非自明性推动了人类建构了概念的说明。这种观点是布兰顿无法接受的，相反，他坚持一种概

① R. B. Brandom, *Making It Explicit: Reasoning, Representing, and Discursive commitment*, P.360.

念归类的理论，他否认麦克道尔的概念析取的理论正确地解释了概念与外部世界的关系。布兰顿既没有像麦克道尔所做的那样，把表征直接还原为特定语境中概念所把握的经验，从而取消表征内容与概念的差异或对立，也没有用自然主义的方式来处理表征内容。在区分了纯粹刺激性的反应与作为一种断言形式的推理之后，他用社会性的话语来处理表征内容。布兰顿认为，他对新的经验概念的理解符合塞拉斯的看法。① 而这里的新的经验概念的建构有赖于一种方法论视角的改变。

在包括塞拉斯和普特南在内的新实用主义者坚定地把真理命题当作一种可断言性（assertibility）的命题来理解之后，这种话语探究方法日益受到重视。布兰顿规范的语用哲学是这一哲学范式转换的产物，尽管在语用学上布兰顿坚持他的黑格尔的理性主义的实用主义立场，但他同样坚持把断言看作是最基本的言语行为，把断言看作是区分语言实践和社会实践的一个标志。布兰顿的语言语用哲学所要探究的问题与这一话语理论传统是一致的，它们的根本问题是：一种完全不是基于描述，而是由表达性的断言语句构成的命题内容的客观性是如何能获得的（或一种断言是否真正构成了一个命题内容）。布兰顿的规范现象主义使他的话语的规范语用学带有自己的特点。如果做一个简单的总结，那么，布兰顿的规范语用学有这样几个基本特征：

（1）真理是通过陈述性的言语行为来获得的。陈述性的行为是我们就某物、某事态或事实提出真理性断言（给定一个命题）的言语行为。不存在图像式的事实之符合的真，也不存在句子的等价的真（在一种特定语言中的真），真理是通过陈述性的言语行为来辩护的，它的标准就是一种内部的或社会的可接受性或适切性。

（2）如果真理不是事物的一种相关的性质，那么，存在论的真理符合论

① 如果我们可以把由塞拉斯开创的匹茨堡学派分为左派和右派的话，那么，布兰顿可以算是一位自称的右派，因为他认为，他的新的经验概念在根本上是塞拉斯的，而麦克道尔则属于这里的左派，因为他始终认为，在构建新的经验概念上必须放弃塞拉斯的观点，因为按他的理解，塞拉斯似乎仍陷入在传统的经验概念之中。

或因果理论是行不通的。这里不存在一个存在论意义上的实在。命题与事实（所有事实构成的实在）之间的符合只有通过命题的方式来显示，与外在实在的相似性这样的概念是没有的。“实在”一词，我们除了赋予它命题的真理这一意谓之外，它不可能有其他的意谓。“实在”就是我们认为的或得到确定的“真命题”；事实就是真判断。不存在可表征的“实在”，尽管我们可以表征些什么，但现象与实在不是同一个东西。因此，我们也只是在指“真命题”时才使用“实在”一词。实在是使真陈述成为可能的所有事态的总和。

（3）规范语用学与一般的经验语言学不同；它的目的不是获得一种完全依赖语境的经验，这是经验的语用学所能满足的要求，而是为断言推理提供一种客观性的证明。

（4）断言出自说话者原初的意向性状态，这种原初的意向性状态必须以某种可交流的方式显示出来。把某人视为我们当中的一员，就是承认他有某种意向性状态。但把某人视为我们当中的一员，同样要求他必须是一个意向性（思想或观点）的解释者，即他能理解和解释他人的意向，而不仅仅是一个具有意向性的主体。作为一个能对他人的意向性作出解释的人，我们可以称他为具有把某种意向归属于某人的能力的人。这表明，我们还是一种可以相互归于对方以一种意向性的主体。

（5）布兰顿追随黑格尔把一切概念的规范都视为是社会的惯例（institution）。在他看来，那种外在于具体的语言实践之外的规范建构没有意义，言语行动者的概念运用不能理解为是一种先于实践的行为，概念的规范不可能先于经验而存在，相反，真正具有概念的规范意义的东西隐含于具体的实践中，脱离具体的实践，我们就不知道什么是概念的规范。一旦看到这里的“我们与规范相遇，它是我们的规范”的深层的内在关系，什么是规范，规范来自何处的问题也就迎刃而解。这里只有一种规范，看起来它似乎是一个与我们的自主的规范思维对立的社会性的规范，但它实际上正是我们自己的规范实践所带来的规范（“它是我们的规范”），它来自我们作为理性的规范存在物的本性，但只有自主的话语规范是存在的，实践中存在的规范才是我们自己的规范。

第二章　从康德走向黑格尔

现代语言哲学的两种语言学转向的一般基础是：洪堡的德国语言哲学的传统和弗雷格—盎格鲁—美国的传统。这两种语言哲学传统都提出了意义和指称的区别。因为它们都意识到，语言符号与其他符号不同的地方是，它以不同的方式来指称同一个事物。正因为与其他符号体系不同，它不仅可以指派对象而且可以对它们作出分类。比如，把不同的对象归于同一项目中和把相同的对象归于不同的项目中。语言因此具有世界揭露（Welterschlieβung）的功能。即语言使我们对世界有一个一般的解释。这是语言的一种重要的功能，如果没有这种功能，不管何种语言学转向都是不可能的。因此，洪堡的德国语言哲学的传统认为意义决定指称。以洪堡为代表的德国语言哲学对通过特定的历史过程发展起来的自然语言感兴趣。与此相反，弗雷格则按照莱布尼茨的完美的语言（具有普遍性的语言）来进行。达米特、布兰顿、阿佩尔和哈贝马斯都拥有一个共同的观点，即应一方面保护语言的世界指称（Weltreferenz）的关系，因为这种指称关系是表明我们虽然观点不同但拥有同一个世界的根据；但另一方面，不能因为坚持语言的世界指称的关系而否定语言的世界揭露的功能。

但要做到这一点，依赖弗雷格—盎格鲁—美国的语言哲学的传统就不够了。尽管在这一传统中有普特南的内在实在论试图回答这种挑战，但大部分的语言哲学是自然主义、因果论的或形而上学实在论的。它们对语言学转向中对语言的世界揭露的功能的理解是有阻碍作用的。只有借助于德国传统的语言学哲学，才有可能帮助我们避免没有相关语言的世界揭露功能的片面性。德国传统的语言哲学对语言的世界揭露功能做了深入的探讨，它与各种自然主义和因果论完全不同。如果说洪堡通过康德批判，提出一种语用学转向的康德主义的语言认知理论，那么，布兰顿则借助于黑格尔对康德的批评，提出了一种黑格尔主义的规范的语用哲学。

布兰顿很清楚他努力的方向。摆在布兰顿面前的任务是：保留那种可以对规范的命题作出解释，从而指导我们认知和交往的实践的实在论视角，与此同时，又把它融入也能对这些活动和创造性的特征作出解释的一般语用学策略中。这就是说，把有关语言的世界指称功能的语义学解释，与语用主义的有关语言的世界揭露功能的解释结合起来，而不只是单方面地发展语言的一种功能。如何把实在论的有关语言的指称功能的语义学解释，与语用主义的有关语言实践的世界揭露的功能的解释结合起来，而不只是单方面地发展语言的一种功能？布兰顿代表著作《使隐含之物显现》的主标题“使隐含之物显现”本身就是一个黑格尔式的语用主义的口号或标题，它是把语言的世界指称功能同时视为世界揭露功能的一种运用。

布兰顿重返康德哲学，一个重要原因就是，他认为康德用理性主义的推理的方式很好地处理了表征的难题，不仅没有犯理性主义的智性主义错误，而且避开了经验主义和自然主义的表征概念的矛盾。在布兰顿看来，康德哲学实际上已为如何用推理主义的方式处理表征的问题提供了一个典范。康德认识到，概念的因果的经验来源和应用的后果都是重要的，若缺少推理它们就不会有意义，只有在推理的环节中才能真正形成概念的内容。这就是说，康德已经表明，表征的内容并不是某种基础性的东西，即并不是断言性的命题内容的基础。

在接受了康德处理表征的语言的方式之后，布兰顿之所以又要求从康德哲学走向黑格尔哲学，乃是因为他认为，康德哲学仍然有它的局限性，它必须与黑格尔哲学相结合才能走出自身的局限性。康德哲学的局限性是：康德正确地把概念视为具有判断的规范引导作用的东西，但他在概念的资格来源的问题上却陷入了规范调节主义。在康德的理论中，概念的范导作用是通过先验的理性意识外加具体的科学成功的范例来显示的。但这种互补性的证明是一种极为矛盾的组合：在这里，康德的范导性概念不仅不是与具体的科学实践相统一的，反倒成为外在于科学的东西（因而回过头来它又需要成功的科学给予证明）。布兰顿追随黑格尔的脚步，一方面对康德概念规范调节主义进行彻底的去先验化还原，即把概念的规范引导作用从整个理性实践的角度加以理解，剥离其与任何先验的理性意识架构的关系；另一方面，按照黑格尔哲学提供的理论，在理性实践的社会性话语推论中构建规范概念，彻底放弃任何调节主义意义上的概念使用。

在推进这里的思维范式的转换中，布兰顿是把黑格尔当作一位理性主义的实用主义者来看待的，而不是简单地视黑格尔为传统意义上的实用主义者。① 布兰顿极为欣赏的一点是，精神现象学的概念意识生成史的分析给了黑格尔一个标准的语用学的准则，使他能在概念发展的隐含的背景下处理概念断言的过程（避免了调节主义）。由于有一个语用的规则，他以特殊的方式使逻辑（规范概念）与自我意识建立了联系，因而使概念表达成为可能。这是黑格尔哲学的一个至关重要的方面，它通过对特定的逻辑词汇的应用，提供了一种对意识、自我意识和理性的人的感知的解释。

布兰顿认为，黑格尔通过去先验化统一了个人与社会、概念与概念的经验史，以及通过相互承认的概念对康德的认知的规范性概念做了新的解释，并重释了或重新定义了主客体的关系或心灵与世界的关系，彻底摆脱了康德在实在论问题上的摇摆。黑格尔还提出了一种类似于蒯因的本体论承诺，即发展了一种语义整体论，把社会和历史的观念带进了认识的领域，并把语义整体论与客观唯心主义结合在一起，表明了一种理性主义的实用主义：它赋予了意义与“使用”的关系以一种更完整的意义。黑格尔哲学的贡献改变了康德把认识论局限在知性（理论理性）的认知结构领域的惯例，从

① 黑格尔哲学在美国古典实用主义时期就被当作一种实用主义的哲学来看待：杜威、詹姆士和皮尔士都把黑格尔视为实用主义的同道。（R. J. Bernstein, *The Pragmatic Turn*, Cambridge: Polity Press,2010, P.89ff）但美国古典实用主义对黑格尔哲学革命的理解完全忽略了黑格尔哲学的理性主义的一面。布兰顿也因此批评了古典美国实用主义，并强调黑格尔的实用主义的不同之处。

而为现代意义上的话语理论摆脱它的古典形态成为可能。在讨论布兰顿眼中的黑格尔哲学所带来的改变之前，我们将首先讨论布兰顿认为的康德认知理论所作出的贡献，即他在反表象主义时提出的认知的规范性与认知的自主性这两种革命性的思想。

一、认知的规范性

在上一章第一小节中，我们多少了解到了，康德为何发起了对笛卡尔心智的意识哲学革命的原因。康德的先验观念论一个已为人熟知的基本原则是，世界是什么与我们认为世界是什么是不同的两回事，即在事物实际上为真与事物看起来为真之间存在着不可取消的区别。在这里根本不存在经验观念论者（笛卡尔和洛克等）所认为存在的那种相似性或一致性。针对这里的问题，康德详尽探讨了可能的概念的运用以及综合的统觉的反思能力，他的目的就是把一种出自原初的意向性状态的判断与规范概念的运用联系起来。康德颠倒这一顺序，用布兰顿的话来说，就是从关注外在相似性关系的认识论走向关注内在判断的语义学。换言之，"康德看到，认识论的问题是以语义学的问题为前提的。"① 康德以这种语义学转向进一步表明了他称之为的经验观念论的错误，因为该理论相信实在的直接性，并接受了表征的被给予性（在这里，看起来为真被直接等同于实际上为真）。

这一切都是因为康德从意向性出发，他所探讨的是声称的表征（representational purport），亦即带有意图的表征。为此，康德提出了一种语义怀疑主义。② 语义怀疑主义立场基于下述观念之上：物体不可能以直观的方式呈现给我们，而只能通过它们与直观结合的法则为我们所认识。所以是我们

① R.B. Brandom, *Tales of the Mighty Dead: Historical Essays in the Metaphysics of Intentionality*, Cambridge, Mass.: Harvard University, 2002, PP.22–23.

② R.B. Brandom, *Tales of the Mighty Dead: Historical Essays in the Metaphysics of Intentionality*, P.23.

运用法则于自然，甚至是我们使自然成为可能。[①] 尽管知识为经验的对象所限制，但知识并非来自经验。纯粹直观（其感受性）和知性纯概念都是知识的组成部分，都是先验的。因此，世界是什么与我们认为世界是什么是不同的两回事，即在事物实际上为真与事物看起来为真之间存在着不可取消的区别。在这里根本不存在经验观念论者（笛卡尔和洛克等）所认为存在的那种一致性或相似性。[②] 康德的分析表明了这样一个事实，即我们无法绕过"事物看起是真的"与"……是真的"这一事物呈现的逻辑，因此，自笛卡尔以来就一直令人苦恼的显现（appearance）和现象实在之间的区别的问题是存在的（笛卡尔试图否认这里的区别）；表面的显示与实在的区别是由"看起来是"和"……是"之间的区别规定的，因此这里始终存在现象性的感知反应层面与概念思维的层面。这也就是为什么我们看到，布兰顿把表征视为一种带有命题态度的"表达"。这也是为什么布兰顿认为"表征的声称性"（representational purport）是一种规范的现象，表征的内容必须通过它来理解。[③]——表征不是第三人称意义上的身体的反应（被刺激），相反，它是出自与（心）联系在一起的感知，因此，它总是带有一种命题态度（不带命题态度的表征是无法解释的）。如此看来，我们多少可以理解为什么布兰顿把规范与自我和概念联系在一起，并认为这种联系是康德哲学给我们的一个最大的教益。

康德的一个最为深刻和最有创见的观点是……智性存在物在作出判断和意向性行为方面，与非智性存在物的行为不同的并不是它涉及某些特别的心智的过程，而是它们作为认知者和行动者所表现出的一种负责任的方式。判断的行动涉及承诺，它是作出许可和运用权威。责任、承诺、同意和权威都是规范的观念。判断和行动使认知者和行动者能够对

① Immanuel Kant, *Critique of Pure Reason,* Translated by N. Kemp Smith, Macmillan and Co, Limited,1929, B158–160, P.170.

② 这也是布兰顿坚持一种强的推理主义的原因。

③ R.B. Brandom, *Reason in Philosophy: Animating Ideas*,P.35.

> 规范的评价作出说明。康德的一个最根本的观念是，区分心灵的存在物与非心灵的存在物的标准不是事实上的本体论的区别（是否能呈现心灵的东西），而是一种规范的去本体论的区别。这就是心灵存在物的心智中的规范的性质。①

在康德之前，笛卡尔把作为主体的我视为一个内省性思维的主体，这种看法仍带有自然主义和物理主义的特征，因为这显然只是一种意向性思维的描述性的概念，而康德则把自我视为一个能够展示某种规范行为的规范主体。笛卡尔的意向性思维的描述性概念关注于确定性，而康德的意向性思维的规范概念则集中考虑必然性。对于康德而言，重要的是如何理解概念规则，如何理解它的权威性，约束性或有效性，他把这些规范性的要求当作一种必然性。——康德的先验哲学有一个极为重要的方面是对认知内容（实质的命题内容）的追求，它不能接受一般逻辑所带来的认知的空洞性和形式性。传统的一般逻辑把判断视为谓词推断，康德通过先验逻辑彻底地与这种基于意识归类理论之上的逻辑告别了。对于康德而言，判断亦是一种“我思”，它也可以伴随一切可表征的表象，但它的表征活动是以规范判断的形式表现出来的（不是寻找相似性）：它关注的是实质的命题内容，因此，这里不可能采用谓词推断的方式，而只能是一种规范的判断的方式。

由于为对象意识所约束，笛卡尔和所谓的经验观念论者（用康德给表象主义者取得名称），都不可能也不需要把规范的认知行动置于认知的核心位置上，即使一般逻辑动用了判断这个概念，他们关心的只是不同的表象概念之间的连接（一种原子论意义上的语义构成性），因此，这里只有程式化的东西，而没有达于对事物理解的判断的规范原则。我们为表象的感觉所捆绑（所迷信），为程式化的公式所限制，在这种情况下没有规范自我意识的存在，也不需要规范的自我意识。但康德的规范认知理论改变了这一切。

对于康德而言，什么是作出判断？判断就是统觉原初综合统一（ the

① R.B. Brandom, *Reason in Philosophy: Animating Ideas*, PP.32–33.

original synthetic unity of apperception）的综合行为，统觉的综合明确了什么是一个能够作出判断的主体或自我（因为不是任何智性存在物都能做判断），以及这个主体或自我应该做什么。统觉的综合能力是一种特殊的能力，因为它不是经验的综合，统觉的综合可以形成一个事物的概念，而一般的经验综合则不能（它只能形成一种组合）。在康德这里，"原初的"也就是先验的，即先于经验的，所以，统觉不是一种经验的综合能力（对表象杂多的组合不可能带来一个对象的综合），统觉是一种先验的综合，① 但这里的"先验的"（a priori），也就是按规范去做，而不是根据经验去做的意思。

按照规范去做的第一件事是，找出承诺中的不相容性，即找出不相容的承诺，拒绝那些与之前已经作出的承诺不相容的承诺（要么取消已作出的承诺接受目前的承诺，要么相反，取消现在的承诺接受已作出的承诺），按照规范去做还应该从一个承诺中得出实质的推理的结果，这包括新的承诺，在辅助性的假设和附带的前提所提供的语境下做。因为每一个承诺都来自先前所接受的其他承诺，这些承诺是作出承诺的人在追随每个承诺时隐含承认的，因此，必须给出接受它的理由。按照规范去做还可以通过引用先前的承诺对目前所做的承诺提供某种修正的理由。第一种规范行动的目的是保持承诺的一致性（融贯性），第二种规范行动的目的是使承诺成为一个完整的系统（不会因为只有一种承诺而缺少另一种承诺），第三种规范行动的目的是获得正当性，保证所做的承诺都有它的理由。我们可以把这种规范行动称为批判性的、扩展性的和证明性的。② 统觉的原初综合把不同的规范承诺融入一个系统中。

> 之所以是统觉的**原初**的综合统一体，乃是因为不同的承诺综合在一起的行为融入了这个统一体当中。这是一个**统觉的原初的**综合体，因为使一件事或行为成为一种**判断**，首先是它受制于把自己融入系统

① Immanuel Kant, *Critique of Pure Reason*, B132 P.153.

② R.B. Brandom, *Reason in Philosophy: Animating Ideas*, PP.26–37.

地联合为一个全体之中的规范要求，统觉（智人的而不是感性存在物的）意义上的意识就是判断（统觉的行为就是做判断）。①

可以这么说，统觉的原初的综合体是一个规范的统一体，因为主体（“我”）以一种规范的方式把自己的统觉（意识）与它的规范要求联系在一起。② 康德把知性的认知对象视为综合的目标，即康德对于规范地形成判断的说明包括了如何在判断中形成概念内容这一点。一个认知者对自己担负一种责任，这个责任与认知者所表征的实在对象有关，这里的责任指的是：要使自己对这一表征对象作出解释，使自己的规范意识算得上是思考某物（谈论或对之作出判断）。这一点之所以重要，乃是因为只有具有概念内容，统觉的综合的统一体才配得上称为统觉的先验的统一体。因为按照康德的用法，先验逻辑不同于一般逻辑的地方在于处理内容的方式上，而不只是在于它们的形式上或判断上。

康德的认识的规范理论，还可以从他对范畴的客观性的处理方式中看出。康德的十二范畴都是一种语义的规则。康德所谓范畴的先验性质只不过是它们作为规范的模态的一种性质而已。康德是最早提出模态理论并相信只有模态的过程（诸如，条件句的运用或其他一些知性纯概念的运用）才能对认识作出说明的哲学家，而范畴的概念本身就是发挥一种规范的模态的作用。从这个意义上说，范畴只有语义上的先验性，而没有认识论上的先验性。任何具有规范意识的主体(统觉的自我意识的主体）都可以使用它们(它们不代表先验的能力，也不代表先验综合的知识）。对于康德而言，一切概

① R.B. Brandom, *Reason in Philosophy: Animating Ideas*, P.37.

② 康德的“我”也就是一个规范的结构，正是规范的行为使处于自然因果世界的我成为规范的“我”(把我视为“我”的规范结构的一员）。规范的重要性，犹如思维的确定性在近代哲学认知模式中的重要性。从自我这个理性的认识主体的角度看，笛卡尔把作为主体的自我视为一个内省性思维的主体，而康德则把自我视为一个能够展示某种规范行为的规范的主体，因为这里的主体需要把表征以规范的判断的形式表现出来。根据这里的解释，能够把判断的内容表达出来的方式就是规范的方式，或者说，规范就是把判断内容表达出来的一种方式。

念范畴都是道义模态（这实际上也是一切概念的使用都是规范性的使用的意思）。道义模态通过规范的实践态度和规范的事实获得必然性。一方面规范涉及一个主体的世界，一个知道如何规范地进行判断的主体的方面；但另一方面，这里的语义的规范的构成性也指向一个客体的世界（也正因为如此，判断的主体既要为对象的表达真实性负责，又要为自己负责）。

> 这样的做法可以使主体与客体两方都变得是可理解的：比如谁对所做的判断负责和判断对什么东西负责的双向责任。这种思想的核心在黑格尔那里是被解释为他的观念论的。从统觉的角度看，意识在主体与客体之间，是必须通过一个自我的综合的过程（这也就是一个自我意识的过程）来解释或作为前提条件的。①

康德的这种寻找主体判断的必然性或客观性的方法正是布兰顿所力图建构的一种方法：布兰顿希望能以这种康德的方式，发挥模态逻辑的两个方面的作用（同时使用道义模态与真势模态的逻辑词汇），并以这种方式来说明作为一种规范存在物的主体如何与客体发生一种关系。②

统觉的原初的综合统一作为一个规范的行动（判断）系统，还回答了另一个对于从意向性出发的认知主义十分重要的问题，即什么是概念的问题。如果我们排除受调节论干扰的康德哲学，那么，可以从康德哲学中找到的回答是：概念就是一种具有模态性质的东西，概念就是一种规范，它帮助形成判断（“按康德的用法，一个概念就是帮助形成判断的一种规则”③），也可

---

① R. B. Brandom, *Reason in Philosophy: Animating Ideas*, P.49.

② 康德对作为规范和规范意识的条件的概念与客体世界之间模态关系的解释，到了黑格尔那里，这种“一枚硬币的两面”的关系被发展为一种彻底的模态实在论。黑格尔显然把康德有关理性与概念世界都具有规范的性质的观点彻底化了：黑格尔使它成为一种具有本体论意义的经验。但不管怎么说，康德所发展的这一模态的认识的关系，不仅是黑格尔的模态实在论的基础，同时成为布兰顿的模态推理主义的根据。

③ R. B. Brandom, *Reason in Philosophy: Animating Ideas*,P.47.

以说，“表明判断内容的规范就是概念”。[1] 判断的规范性质本身便是概念的，它有一套规范要求以显示概念的性质。康德在规定判断的规范性质时，考虑的正是如何帮助判断的形成。而这里的形成判断的方式具有实用主义色彩。布兰顿的这一看法，赋予了康德哲学释义以一种从未有过的新视角，或许这一看法会有争议，但或许是僵化的康德哲学释义的程式长期没有变化带来的习惯性的思维，它促使人们看不到康德在对自我与概念的规范关系的说明中所表现出来的现代实用主义的观念。

但可以肯定的是，在康德哲学中，我们可以清楚地看到一条通向话语理论的思想核心观念的道路：感知、思想和行动是基于某些先于任何表征或直接的意义结构的领域之上的，这也就是说，我们的认知和言语行动只有在某种先已建立起来的（不管以何种方式）规范中才有意义。“康德是第一位公开作出下述表态的思想家，他是根据我们能够对各种规范的评价负责，从而把他的工作视为对我们作为话语推论的生物（discursive creatures）的特性的一种解释。”[2] 在康德那里，一个在使用概念和运用概念的规范的空间中行动的主体，就是话语的生物。[3] 结合康德对话语理论的贡献，布兰顿写道：

> 康德关于判断的行动或如何进行判断的想法，决定了他必须如何理解所做的判断的内容。把语义学所说明的内容基于语力（弗雷格意义上的）的语用学的说明之上……康德展示了一种方法论的实用主义。从这个意义上说，语用学并不是表现在实践的话语行动优于理论的话语行动上，而是表现在对行动的解释优于对内容的解释之上（在理论理性领域和实践理性领域皆如此）。康德对统觉的综合的统一的强调，对后来的德国唯心主义产生了重大的影响，特别是为费希特和黑格尔所信奉并

① R. B. Brandom, *Reason in Philosophy: Animating Ideas*, P.38.

② R.B. Brandom, *Tales of the Mighty Dead: Historical Essays in the Metaphysics of Intentionality*, P.22.

③ R.B. Brandom, *Reason in Philosophy: Animating Ideas*, P.33.

做了发展。①

康德对作出判断的行动的关注超出了他对判断的内容的关注，这是因为，康德意识到，一种出自意向性的判断所带有的断言的内容，离开了它的整个判断的语用行为将无法获得真正的解释。从语义学上看，句子的内容是断言者所表达的，但内容本身的意义或语力则不是语义学可以说明的，这种说明完全由语用学的规范行动所决定。上述提到的由统觉的综合统一所带有的规范行动（批判性的、扩展性的和证明性的）正是这一说明的最有力的方式。布兰顿在其理论的核心部分还有大量关于认知的规范性意义的讨论，其中也包括规范的语用行动如何在语义的含义与语用的语力之间作出区分。康德关于规范认知意义的理论无疑是布兰顿理论的一个出发点。

二、认知的自主性

在上述关于康德的自我与概念世界的规范性质的讨论中，我们已经看到，一旦认识到人类与外部世界认识关系的本质，放弃人与外部世界的因果反应和因果解释关系，那么，就必须把认识的主体当作一个规范的自我或一个康德意义上的“我”（一个统觉的先验综合体）。作为康德意义上的“我”的一个最大不同是，他（她）拥有规范的自主性，即理解和使用概念规则的能力。这种能力在经验主义那里完全被否定，而在笛卡尔的理性思想的证明性条件中也被肢解了（规范意识被压缩或还原为一种规则的意识）。如果把自然因果的规则当作自我所能接受的一种概念的规则，那么，自我就不可能是（也不必是）一个主体上的自我，如此理解的自我实际上是一个客体的自我：我们把自己视为一个客体（一个与自然因果律拥有同一性质的自我），而不是把自我视为主体（一个拥有概念的规范理解力的自我）。但康德揭开

① R. B. Brandom, *Reason in Philosophy: Animating Ideas*, PP.39–40.

了真相，自我是一个主体，自我作为主体正是他（她）自己意识到的东西，如果自我不能意识到它自己是一个主体，它就不可能是一个主体。而在这种自我的自我意识中，他（她）恰恰是因为看到自身与对象客体的不同而意识到自己是作为一个主体而存在的。

人类横跨两大领域：作为本体世界的一员的同时又是现象的自然世界的一部分。从这个角度看，我们并没有理由认为，人总是把自己置于本体的领域，用规范意识指导它的行动，或按照规范的要求把自己只当作本体世界的一个自我，因为那样的话，人似乎就成为一个总是把摆在面前的自然现象的世界视为规范反思的对象，而不是站在其作为现象世界的自然的人的角度，把自己置于由现象世界的规律所主导的世界内的人。当然，这本身就是一个康德问题，而且康德是最早试图在这个问题上找到一个可以支撑规范存在物的自主性的主体的观念。康德试图表明，作为一个规范的存在物是一种选择，它不是偶然的事情。从这种意义上说，康德哲学的哥白尼革命可以理解为是一种对真相的揭露：无论在哪个领域，即无论在理论理性的领域，还是在实践理性的领域，我们都做了选择，即我们都选择以一种道义的方式运用真势模态的词汇指称对象。在理论理性的领域，道义的模态通过承诺和资格这样的规范的实践态度来获得必然性，而不是以真势模态的方式追寻一种事实的必然性或必然的可能性。康德推翻了用真势模态词汇来解释一切与人类自由相关的问题的做法，这也就是说，他把人视为一个作为主体的存在物，而不是把人视为一个作为客体的存在物。

> 传统哲学，特别是它的分支经验主义，把与人类自由相关的一系列问题用真势模态的词汇来理解。决定论把意向性表达看作是必然的东西，一个没有意向性的具体说明的先决条件的东西……决定论所考虑的问题是去解释人类所作所为受制于自然世界而服从法则的方式。虽然对于康德而言，这种类型的服从法则的探讨适合于意向性联合体的客体性的一端，即适合被表征的对象事物的领域。而实践的自由是主体性一边的话语推论实践的自发性的方面，即进行表征的主体的领

域。用来描述和说明这个维度的模态方式不是真势的（alethic），而是道义的（deontic）。①

康德在其实践哲学中专门讨论了自由这个问题。对知性纯概念运用能力的证明，从实践哲学的角度看稍有不同，但实质上是相同的。在理论哲学中，运用概念而不是依赖表征的经验，这本身就可以理解为是一种自由，这就像在实践哲学中，不是把自己完全与传统捆绑在一起，而是能够运用自己的思维去理解存在于传统中的规范，因而可以理解为拥有一种自由一样。自由这个思想观念来自启蒙运动对人的行动和思想的理解。对卢梭的契约法思想的追随，使康德对启蒙运动采取了解释中的激进立场。康德表明启蒙运动就是要放弃下述状态：一个没有动用概念的规范思考、把自我视为一个自然的客体或附属性的主体（从属于他物）的非启蒙状态。这里的自主性是启蒙运动对规范服从的理性态度的不同理解中的卢梭版本，即只肯定积极的自由的版本。康德视卢梭为他心目中的英雄，因此，他对于消极的自由的解释版本采取了否定的态度。启蒙运动中的理性契约论者把自我从属于规范，他们把这样的规范态度视为理性的态度，因为我们只服从那些可以视为是社会规范的规范。这一版本的自由是消极的，它的缺陷是，它有可能把权威（authority）不对称地树立起来（树立服从规范要求的权力而剥夺认定什么是规范的权力）。康德跟随卢梭，他根本不可能在一个规范行为的领域把自由仅仅视为消极的东西，即把一种对规范的服从当作一种没有自我规范意识的服从。积极的自由牵涉到我们对规范的理解，只有那些我们认为是自己需要的或我们愿意接受的规范，我们才会服从，我们才有可能把自己与规范捆绑在一起。完全基于自己的规范态度之上的规范的服从才是真正的规范意识。康德相信，“自然界中的任何事物都是按照法则行事。只有理性的存在物具有按照对法则的表述来行事的能力，即按照原理行事或拥有一种意志。”② 这

① R.B. Brandom, *Reason in Philosophy: Animating Ideas,* PP.58–59.

② Immanuel Kant, *Groundwork of the Metaphysics of Morals,* Cambridge University Press.1998, P.24.

里的“对法则的表述”的意思是对法则性的规范进行解读或解释，规范的遵从者把自己视为规范内容的代言人（规范代表了他的想法和愿望），在这里，规范的行为并不表明一种简单地同意或接受。康德相信，使用概念进行推论的存在物拥有的是一种积极的自由。康德很清楚，服从规范或在规范的可允许条件下作出某种承诺和负责任，这样的自由属于消极的自由（它只在规范允许的范围内行使一种自主性）。

如果说自由对于人类而言就是具有运用概念的法则的能力（不自由意味着它只能站在现象的因果世界上），那么，这意味着它就是一个可以作出选择的规范存在物，而让自己成为一个规范的存在物，不是受制于自然因果世界的法则，也就不会把规范视为一种约束。规范的存在物把自己置于规范之下，但不是在与规范不相容的情况下使自己服从规范（这仍然是消极的自由），而是成为规范的存在物。使用概念的规范看待事物评价事物，一切以给出理由作为一种承诺，只接受可以为理由所证明的观念，不管是他人的观点还是自己的观点，都把提供理由的评价置于首要位置。“当一根铁管在雨中锈了，它是在某种程度上对它的环境做了一个一般的归类，而并没有什么让人惊奇的对其环境的意识。所以，为了对事物有一个知觉，一个人只有首先早已拥有概念。”[①] 人与一根在雨中生锈的铁管不同的地方正是它不是无意识地感知外部世界或对外部世界做一种无意识的感受，人在感知它的外部世界时动用了概念，这就是说，在对外部世界进行感知之前，它已拥有了相关的概念。一旦从这个角度看我们的认知，如何运用概念或是否运用了概念便是一个规范的问题。在这里，布兰顿特别关心是规范意识，即概念运用的自主性，这是因为，规范的运用会有两种情况，一种规范运用只是在把自己从属于规范的情况下的运用，在这个时候，规范可能只发挥着一种调节作用从外部成为你的引导，另一种情况则完全基于规范意识，它基于你的规范态度，它必须体现出一种自主的观念。如果一种规范是你自己没有做了充分认可或充分认同的，那么，你对这种规范的遵循便没有任何自主性可言，即你

① R.B. Brandom, *Reason in Philosophy: Animating Ideas*, P.65.

就没有真正的规范意识。规范行为并不等于你知道有规范的存在，或你知道你需要遵守哪些规范。

为什么康德的自主性如此重要？有这样两个原因：(1) 如果康德意义上的自主性是真实存在的，那么，实用主义的保守策略中的语用主体便不足以说明整个认知活动的性质；(2) 丧失了自主性，意味着语用的主体只能因果地受制于或因果地理解所面对的世界，从而只能接受被给予性的神话。对于布兰顿而言，康德认识论的哥白尼革命的革命性意义也就表现在这里：它从作为人类的意向性活动的判断去讨论心灵与世界的关系，把人类视为一个充满了意向性的主体，把心灵与世界的关系视为意向性活动（判断）与意向性对象的关系。心灵与世界的关系不再是一个单纯"感知的主体"与外部世界的关系（康德从来不认为人类能以这种方式与世界发生一种关系）。从康德的角度看，作为一个具有自由的判断的主体，它运用概念的能力是无界的，因为意向性充满了概念。

毫无疑问，从今天的哲学的角度看，这一归功于康德哲学的自我的理论面临着各种挑战。在一般实用主义的理论中，认识的主体是被卷入到整个经验的语用实践中的，这里不存在康德意义上的自我。实用主义的经验观念开始于经验的语用世界也终止于经验的语用世界，这就是说，它认为所有的人类语言语用实践都是经验的，即都处于具体的经验条件下，并为工具性的操作和效果所制约。但如果正确理解康德自我概念的话，那么不难看出，康德试图突破的或试图打开的正是这个封闭的界限，它试图让感观主义者和沉浸于语用实践的人们意识到这一点：只有当你知道并能够把所获得的经验知识清楚地说出来（making it explicit），你才真正发挥了一个认识主体的作用。布兰顿在抵制实用主义去认识化的观念时，运用的正是这种康德式的方式：他试图用一种带有把隐含的实践内容明确地表达出来的概念推理的方式，使语用实践超出仅仅是表征和仅仅具有工具性的效果的经验的界限。

把语用的主体视为一个具有这样的语义推理能力的主体有许多复杂的要求，其中根本的一个要求是他（她）必须知道什么是法则或什么是概念的法则，从而是一个拥有规范意识的主体（在上述论述中，布兰顿只是假定规范意识是每一个理性的存在物隐含地拥有的)。认知者必须是一个能按照一种概念性的规范作出推理承诺和证明自己拥有资格的主体。对于布兰顿而言，这里所面对的最大难处是，如何表明一个经验的语言语用主体一定有能力把自己置于概念的规范之下按照概念的规范行动。此外，如果语言语用主体按照一种规范概念进行语义推理，他（她）应在何种情况下遵循规范，遵循规范的行动是否就是按照一种规则去做，还是说它有什么特别的要求。布兰顿一直认为，康德已经对这里的问题做了一种回答。按照康德的看法，为事物贴标签的分类法达不到对事物的真正的认识，依赖这种方法是被动的：它只是对我们作为一种感性的自然存在物天性的依赖。只有从语义学上，而不是从经验上，才能对实在的概念进行一种思考。这也正是康德谈论了许多有关自主性认识意义的话题的原因。

如果康德的分析是正确的，那么，这就说明了为什么我们可以把自然描述中的"是"通过理解转换为一种非自然描述的"应该"(它们两者不存在真正的分界线)，以及为什么我们可以在偶然性中分辨出必然性。从理论哲学的角度看，我们在认识之前已经有概念的知识，这正是模态理论的基础和来源，也是话语理论的来源。如果我们在经验认识面前已经有了许多概念，那么，要求对概念在经验的解释中发挥作用就成为了一种需要提供理由的活动。而这种需要提供理由的概念思考活动也必然会涉及承诺和责任等规范意识或态度。任何一个合理的动因，任何一个可以以意向性的方式行动的人，都必须在实践中理解什么是为某种理由行动。从这个角度看，把康德视为话语理论的先锋一点也不为过。

三、相互承认：自我、他人与社会

根据布兰顿的解释，康德之所以按照卢梭的激进启蒙观念把规范意识的自主性理解为一种纯粹的规范态度，完全是因为他认为，规范的概念只能是我赞同或支持的一种规范概念。对于启蒙时代的主体性意识的逻辑来说，这样的想法完全符合要求，我把自己的行动（话语）置于它们之下完全是我的选择，它完全基于我对规范概念的认同，这没有任何商量的余地。用布兰顿的话来说，这种规范自主性是一种完全基于态度之上的（attitude dependence）规范自主性。但完全基于态度上的自主性有它的潜在风险，因为它太偏向于对态度的依赖。“自主性”（autonomy）这个词本身就分两个部分，一个“自主”（autos），另一部分是“规范”（nomos）。“把我们与一种规范、规则和法则捆起来绑在一起的自主性，相对于‘自主’与‘规范’有两个部分，一个是让自己受制约，另一个是让自己为什么所制约。”① 自主性的行为是让自己符合规范，它是一种规范意识，而不是任何其他的自主性意识。概念作为一种规范本身具有语义的实在性，但在运用上却可能会出错。因此，一旦我们考虑规范概念的运用，这种完全由态度决定的自主性就受到了怀疑：人们会怀疑它的由态度决定的规范概念运用本身是否也来自一种态度，而不是那个客观的概念规范，它也可能是主观的或不切实的或与经验世界格格不入的一种概念运用。规范概念的客观性（它的经验实在性）肯定不应是一种由态度决定的东西，它只能是一种独立于态度的（attitidue independance）、由它自身的内在性所决定的东西。康德的规范自主性在这里表现为一种不对称性：它的规范自主性完全偏向自主性这一边，忽视了规范这一边。但在康德的时代，一些理性契约论者提出更为稳健的策略，但这里的“稳健的”策略也在某些方面走过了头：启蒙运动中的理性契约论者提出了一种无需自主性的理性服从的规范理论，它仅仅需要服从，它把消极的自由视为理性的，如果做法则所允许的事可以理解为一种服从，规范服从者的自主性规范理解就是多余的。

规范自主性的不对称问题在启蒙运动时期并没有被有意识地认识到，尽管启蒙运动时期的一些理性契约论者（普芬多夫等人）似乎同时接受了两种规范解读，即他们既可以接受规范自主性的解释，也可以接受理性的规范服从的解释，但规范自主性的不对称性并没有真正被打破。最理想的情形应该是：规范自主性的自主性完全是依赖于态度，而规范自主性中的规范则应

---

① R. B. Brandom, *Reason in Philosophy: Animating Ideas*, P.64.

独立于态度。因此，这需要我们表明，规范概念是实在的或具有经验的客观性基础。不对称只能带来两种后果，要么是激进的以主体的个人为中心的个人主义，要么是没有主体的集体主义。这种不对称性的意义和后果等问题已在政治哲学和法律哲学的讨论中被充分地注意到，因此有许多关于它们的优缺点的讨论以及相关的理论，但启蒙运动中的这种规范意识的不对称性理论在认识论中的影响却从来没有为人所注意，更遑论有相关的讨论了。① 布兰顿是第一个把规范意识的对称与不对称性问题与认识论联系在一起的哲学家。他不仅重视这一个问题，而且从中看出了从康德到黑格尔的认识论发展的认知范式转换的端倪。

黑格尔把康德的统觉的综合能力置于相互认同的社会共同体中，通过相互认同的交流获得康德式的认知判断（黑格尔称之为概念意识的经验）。如果我们对照性地阅读黑格尔下述一段话，那么不难看出，他提供的是一个完全对称的规范意识的结构，其中，那个著名的相互之间的承认（Anerkennens）概念第一次得到了完整的表述：

> 自我—意识自在自为的存在，这是因为它事实上是以此种方式为它者而存在；这就是说，它仅仅以一种被承认的方式而存在。……在这个时候，它一方面是严格地相互分开的，另一方面，在它的区分中也被视为和显示为是没有区别的……它的生成将会在精神统一体的观念中的具体展示中，以一种承认的过程呈现给我们。②

① 对康德的规范自主性的不对称性结构的回应，之所以没有引起人们的注意，主要是因为人们把问题的讨论都集中在实践哲学的领域了，如果人们充分注意到，康德的统觉中的规范结构所涉及的规范的和意向性的问题，既是理论哲学也是实践哲学的问题，那么，人们就不会忽视了它与认识论（理论理性）的关系。这一规范结构还包括它运用概念的语用的方式，它也是理论哲学的问题（R.B. Brandom, *Reason in Philosophy: Animating Ideas*, P.68, footnote 40）。

② G. W. F. Hegel, *Phenomenology,of Spirit,* Translated by A. V. Miller with Analysis of the Text and Foreword by J. N. Findlay, F.B.A., F.A.A.A.S.Oxford University Press 1977, P.111.

在这里承认的过程中，人们彼此把对方视为一个有责任的或有权威的“他者”，以及彼此把对方视为拥有规范状态的人的一种规范的社会状态；而这里的相互承认涉及不同的方面，其中的一个重要方面是人际间的相互承认。每一个人通过对他人的承认获得他人的承认。[①] 在这种情况下，你既是一个承认者又是一个被承认者，而你就处于这种关系中，你是一个负有责任的主体（你必须接受他人的评价或服从一种规范），但与此同时，你又是一个拥有权威的主体（自我决定和评价他人的主体）。但黑格尔的相互承认既是横向的也是纵向的，即相互理解不仅仅指当下的话语共同体中的对话者之间的一种相互承认的关系或要求，而且指历史上的任何一个可能的对话者与当下的话语者的相互承认的关系。这也就是说，自我意识的生成将会在精神统一体的观念的具体展示中，以一种承认的过程呈现给我们，相互承认的观念不仅是当下不同的个人观点之间的和解，同时也是当下的自主性意识与历史惯例（规范）之间的一种和解。[②] 黑格尔的相互承认指当下的话语者与过去的话语者的关系，或者说一种自主性与规范存在的关系，甚至也包含今天的话语者与可能存在的未来话语者相互承认的关系（你必须想象你的断言是否能为将来的话语者接受的问题，而不只是考虑它与前人的相互承认的关系）。

这个认识论范式的变化所带来的新形态是，由统觉的规范自主性的不对称的“我”的结构向一种相互承认的对称性的互主体结构转化，康德的概念规范认识的问题被置于整个理性的历史领域中来理解。而这意味着，打破不对称性的两种方式是相互关联的，它们都避免规范运用的主观性，即都避免单方面地行使自由的权力；认知的规范实践者把自己视为一个需要被检查的对象，不是自我检查（自我检查仍不足以帮助我们走出可能存在的自我中

---

① 按照这样的理解，每一个人既是主人又是奴隶：当你从自我的角度去看待他人时，你这个时候显示为一种主人状态（因为别人是什么只有你能评价，“他”不能自己评价自己），但当你是一个他人眼中的另一他人时，这个时候你显示为是一个奴隶，即是服从于他人的，你只是一个由他人的评价决定的“我”。

② R.B. Brandom, *Tales of the Mighty Dead: Historical Essays in the Metaphysics of Intentionality*, PP.231–232. 按照更为流行的解读，黑格尔的“相互承认”的观念被认为专门指当下社会中个人之间的相互承认。

心主义)，而是由他人作出检查。而一旦我们接受这一个观点，即意味着，我们把自己视为一个特定历史—社会的一员。一种真正的规范状态的获得与一种对称的或交互承认的规范态度密不可分，这也可以反过来说，一种对称的规范态度的获得需要一种彼此相互承认的社会状态的存在。因此，黑格尔"提供了一个由相互承认的关系建构的规范状态的社会模式，按照这一承认模式，每一种承认关系（承认他人和被承认）对于那些被承认或承认的人而言，都包含把责任和权力结合起来的方面"。①

布兰顿看到，黑格尔对康德的规范自主性理论的回应既有实践哲学的意义又有理论哲学的意义。黑格尔的承认的结构模式回答了下述一直让人多少处于迷惑中的问题，即是先有规范态度还是先有规范状态的问题。人们是因为开始以规范的方式看待彼此，因而造就了一个人们彼此生活于其中的规范的社会（如果是这样的话，那么，我们就应该接受康德的不对称的模式，把积极自由视为规范自主性的核心)，还是说，首先存在一个具有规范状态的社会，所以人们才有可能按照规范的方式彼此对待（如果是这样的话，一些启蒙运动中的理性服从的模式就是正确的)？黑格尔的承认的结构模式表明，这是一个伪问题，规范态度与规范状态是同时存在的，因为不可能在缺少一方存在的情况下想象另一方的存在。黑格尔对基于规范态度之上的规范定义，结合了他对规范状态的考虑，即结合了人类处于世界中本身便需要一种规范实在论才能理解人类作为理性存在物是什么的考虑。布兰顿接受了这一观点，他明确地表示，我们只能把规范态度和规范状态结合起来考虑，规范态度与规范状态是同时存在的：

> 一方面，我说过，权威、责任和承诺不是非人类或前人类世界的东西。直到人类开始每一个都相互把对方视为拥有权威、责任和承诺的人等，即直到人类开始接受相互以一种规范态度看待彼此的规范态度之前，它们并不存在。这一说法只是认为，规范态度对于规范状态是一个

① R.B. Brandom, *Reason in Philosophy: Animating Ideas*,P.76.

> 必然条件。但我也认为，这种规范态度和使他们采用这种规范态度成为可能的社会实践，建构了规范状态。①

依赖态度的规范实践可以独立于社会规范状态吗？对态度的依赖是一种什么样的依赖关系？态度本身是规范状态的必然条件？还是说，规范的社会状态仍有它自身的某种独立性？唯一可能的回复是，它们是互为条件的(尽管我们只能从规范态度去了解一个人的规范状态)。态度是一种只能发生在社会中的行为，这说明人们已经拥有一种规范状态，因而正是这里的规范状态使人们能够以规范的方式彼此看待对方，即拥有一种规范态度。这里显然不存在谁先谁后，即不存在是先有规范态度再有规范状态，还是先有规范状态然后才有规范态度的问题，也不存在哪一个更重要或哪一个是必不可缺的问题，它们是同时发生和同时存在的。从这个角度看，这里总是存在一种张力关系：社会规范状态的独立性和社会规范态度的依赖性，即独立于态度和依赖于态度的张力。黑格尔式的对称性原理说明了一个深刻的问题，即为康德所大力弘扬的自主性的规范态度不是一个从天而降的东西，它本身是社会中人与人彼此相互承认的产物，没有一个只能在相互承认的关系中存在的理性的社会，也就不可能有规范自主性的存在，而黑格尔已经表明，我们正是这样一种本质上就是社会存在物的理性存在物。

从理论哲学（认识论）的角度看，相互承认的模式的启发意义是，单个人的认知需要置于相互承认的互主体性关系中来处理，个人不能把自己封闭在知性的概念规范的世界。在不考虑认知的社会性的情况下，单个个人的认知是没有意义的。这也就是说，在这里，我们必须迈过传统的知识证明模式这道坎，即迈过把知识的真理性证明置于知性的证明模式来进行的这道坎，转而接受以相互承认为轴心的理性的证明模式。这里没有其他道路可以选择。任何人都可以使用词语表达他（她）的意思，而且使用什么词语或如何说都可以由说话人决定，但你试图表达的意思则不是你自己（说话人）所能

① R.B. Brandom, *Reason in Philosophy: Animating Ideas*, P.69.

决定的。正像下棋，你可以选择一个棋子并选择如何出棋，但这里的棋子和出棋在游戏中到底是否有意义却不是你能决定的，这与你说一句话和使用一个词可以是你决定的，但词语的意义和所表达的语句的意义并不是你决定的一样。但这并不是知识证明的被动性，而是证明中的资格问题。断言者之间的承认和同意的模式可以有许多具体的表现，比如，在一个判断中使用何种概念是我决定的，在判断硬币是银的还是铜的时候，如果我用了铜这个概念下判断，概念是我选定的，但这个判断的概念的内涵意义则不是我决定的，或者说，我用这个概念所做的承诺不是由我决定的，一些概念早已存在，当你进入一个语言共同体中，你便无法不使用这些概念。当我在使用这些概念时，他人和某个方面的专家是我所使用的概念的监督。所以，我使用一个概念也就是授权他人作出判定，以证明我是否按照我本身是没有权力自我判定的概念使用一个概念。

当然，在这里，问题的核心是如何在自主性与概念的社会性之间取得某种调和（保持张力的平衡），概念的约束关系并不是限制个人自主性，相反，一旦自主性融入它与概念的关系中，它获得的是一种合理的规定，个人的自主性会因此而保留下来。因此问题总是两个方面，一方面是一个概念的语言世界，任何一句话或一个语言的使用都不能独自代表这一概念，自我的规范自主性在这里有一个临界点，它没有权力来独自证明自己的观点是正确的；但另一方面，每一个说话者都是以自己的方式说话的，没有一个新说出的句子是重复的（除非你刻意重复别人的语言）。即使你的语言世界就是你的世界，也不意味着你只会按照惯例说话或只能使用固定模式的句子。这也就是说，你是一个社会的人，但你也是一个独立的自我。黑格尔的互主体性的社会模式并没有损害作为一个拥有积极自由的主体，相反，黑格尔表明，即使在放弃了消极自由的规范服从的概念下，仍然可以表明，个人是如何以一种理性的方式（而不是以消极自由的方式）把自己与概念的规范联系在一起的。

因此，一个基于相互承认的关系上的规范结构的核心是：有权力作出决定与必须担负某种责任是相互关联的，决不会只有责任而没有自决权，也不会只有自决权而没有任何责任需要担负。用布兰顿的术语来说就是，基于态度的规范意识与独立于态度的规范意识是共同存在的，决不会有一个基于态度的规范意识而没有独立于态度的规范意识，也不会只有独立于态度的意识而没有基于态度的意识。如果这样来理解黑格尔的相互承认的自我意识，那么，黑格尔并没有因此放弃康德的具有自由决定和表达能力的我这个最初的源点，因为，一个相互承认的结构是建立在每一个单个的人都是一个独立的人的基础上的，没有独立的我的存在，也就不存在相互承认的社会认知。

从认识论的角度看，这里的问题迫使我们思考的另一个问题是，如果推理是以个别的语句为中心（它只能以个别的语句为中心，因为每一个说出的语句都是一个独特的或全新的语句），那么，如何表明这种个别的心灵的意向性表达一定是它的社会性的语言所表达的东西？换言之，如何在不排除原初的意向性理论的情况下，表明命题内容具有客观的语义内容？这是黑格尔保留了康德的以断言为中心的推理主义之后给他自身留下的难题，但我们看到，在黑格尔的概念的整体关系中，单个的断言的客观性和合理性被置于一种语义整体的关系中来处理，他提出了有关推理的客观性或真理性证明的两个方面的要求：表明其概念继承的资格和表明其具有挑战概念的资格。这两种资格都需要证明，即要获得承认或认定。一个概念如何表明它具有真实的继承性，以及一个概念性的推理如何可能具有推理的资格？

后期维特根斯坦、蒯因以及蒯因之后的实用主义在处理个人与社会和个人与历史的关系上采用了与黑格尔相同的策略。单个的断言的客观性和合理性同样被置于一种语义整体的关系中来处理，这里所带来的变化是相同的：康德的规范—自我态度的两阶段的认识模式为社会整体的一阶段的或统一的认知模式所替代。康德表明认识者的断言的真理性的方式是首先依赖概念规范，其次在判断中运用概念规范，在这样的思维的综合过程中表明所运用的概念是正确的，即表明所运用的（或所选择的）的概念对可能的经验的说明是正确的。但这种二阶段的认识模式的缺陷正是它的形式性所假定的认知主体的独立性，因为，在这里，自我认知的真理性并没有真正放在经验运用的过程来证明，它只是通过概念的规范运用来证明它的断言的真。康德始终认为概念是与规范自主性意识捆绑在一起的，因此，最终决定我们认知和行动的仍然是概念，因而，在康德的理论中，概念的选择和运用成为所有规范自主性中的自我决定的关键。但单向的概念选择和运用的自主性意识，完全排除了对经验内容和概念的运用情境的认识，这导致了康德哲学不能真正对规范自主性和经验的认识关系作出清楚的说明。① 不幸的是，康德之后，各种新康德主义的知识论模式仍然没有走出康德的规范运用的自主性理论的形式，康德的规范自主性认知模式的形式结构仍然保留了下来。逻辑经验主义以及后来大部分分析哲学的传统仍然采用了一种康德式的方式：形成概念与概念的运用是分开的，它们的存在构成了一种前后关系。卡尔纳普曾给出了一个典型的二阶段的认识模式：它区分了意义与信念、语言与理论。把语言的概念做形式化处理，因而要求确立一种形式化的人工语言（物理语言），在完成这个阶段后，认识才有可能进入真正的认识阶段。②

布兰顿认为，在这一点上，基础实用主义的选择是正确的，我们必须首先把自己置入始终处于不断自我更新的变化和发展当中的整个语用的实践中（对概念的经验史作出承认），对经验的语义内容作出分析，并对经验本身的语用活动作出反思性的理解。缺少与这一动态的或活的语用历史的关联，也就是把自己置入知性的死的、静止不变的认知结构中（知性即使按照康德的理解也是一个恒定不变的领域）。如果出现这种情况，那么，不可避

① 在康德的认识论中，关键的部分集中在了概念的选择之上。认知者的规范自主性保障了他（她）拥有这样的能力去选择他（她）认为该使用的规范。一旦发现所选择的概念是不恰当的，认知者可以重新作出选择（这归功于认识者是一个具有规范自主性的主体）。但这样的选择理论的局限性是明显的，比如，概念的选择是由认知者决定的，但概念本身是否对于经验情境而言一定是恰当的，则不是由认知者决定的。这也就是说，"虽然，尝试何种概念取决于认知者，但按照应用规则所尝试的综合的成功性则不是由认知者决定的。自发性的实践被重复性的修正所制约。"（R.B. Brandom, *Tales of the Mighty Dead: Historical Essays in the Metaphysics of Intentionality*, P.213）

② R.B. Brandom, *Reason in Philosophy: Animating Ideas*, PP.82–83.

免地会陷入概念选择的不确定性或歧义性的困境中。

四、语义整体论

尽管布兰顿始终认为，走出传统的分析哲学的困境不等于放弃它的哲学分析的方法，即放弃它的形式语义学的分析方法：他并不赞同全盘否定分析哲学的那种偏激的解释学立场，但他还是对传统的分析哲学使用形式的语义分析的方式提出了批评。在布兰顿看来，在古典分析哲学中，只关心词汇的语义关系分析的最根本的两种方案是经验主义和自然主义的。前者发展了一种作为以语义为核心的形式语义学，后者则建立了一种依赖于把新获得的逻辑词汇应用于语义学的语义理论。尽管在基础词汇的使用方面，两者看起来有些不同：经验主义求助于现象学的词汇，而自然主义则求助于基本的物理的词汇，或更一般地求助于自然科学（包括具体的科学）的词汇，但它们在处理表征内容时仍采用了表象主义的实在论的方式。这样，无论是经验主义还是自然主义都赋予了语义学以一种独立的地位：它们只热衷于"词汇"之间的语义关系的分析。但正因为如此，这种分析哲学的"分析的观念"显得过于单一，它使分析哲学的地盘变得十分狭小。这种方法总是认为，"……在解释**被分析项**和**分析项**（目标词汇和基础词汇）之间的关系时，求助于逻辑词汇总是被认为至少是恰当的。"[①]在布兰顿看来，构成这种分析的观念的是一种语义学逻辑主义（semantic logicism）。今天的分析哲学之所以仍固守一种语义原子论和真值条件论，与它坚持这样一种语义学逻辑主义有密切的关系。由于坚持一种语义学逻辑主义，分析哲学首先把指示词和单项词等当作一种逻辑的主词来使用，因此，它的语义分析在一种原子论的层面上处理表征内容。它采用的是一种布兰顿称之为"自下而上的"（Bottom-up）方法。该方法首先从能够融合到句子中的多值的集合（由单项词或由谓

① R. B. Brandom, *Between Saying and Doing: Towards an Analytic Pragmatism*, Oxford New York: Oxford UniversityPress, 2008, P.2.

词构成的小句子）开始，再由它们构成的复合的句子的含义，通过句子的指派值赋予句子以一种形式的有效性。在这里，单项词等不是作为句子语义替换（推理）的角色出现的，相反，它们是被当作实体性指称词来看待的。因此，这种形式语分析完全是原子论的。对于这种分析而言，对简单表达式的指派可以一个一个来进行。把语义解释内容指派给一个构成部分（比如，一个专名），被认为理所当然是独立于把语义的解释内容指派给任何其他成分的（比如，谓词或其他专名）。人们不必知道什么是其他的表征的任何情况。也正是语义学逻辑主义的承诺，分析哲学一直坚持一种真值条件论。这种真值条件论的典型的特征是：首先人们规定好意义，然后用经验指示哪一种对它们的使用可以得出真理理论。第一种活动是独立于和先于经验的，第二种活动则作出决定，何种判断（信念和理论）是受制于经验的，并由此决定何种概念可以使用。这是一种独立于意义的使用的真值条件论，它出自这样的信念：必须有一种在概念的使用之前确定概念为真或有意义的有效性条件，因此，在概念使用之前，一定存在它是否有意义或必然为真的问题。这种情况直到蒯因用他的一元的叙述（整体论）替代两阶段的叙述后情况才有所改变。

由于把实用主义视为发展或重建分析哲学的最重要的理论资源，布兰顿在重建分析哲学时采取了一种与蒯因类似的选择，即选择放弃语义学逻辑主义。但布兰顿并不完全赞同蒯因的缺少推理的因素，又保留了感知经验独立地位的整体论，因此在他的重建分析哲学的计划中，他选择了黑格尔的整体论而不是蒯因的整体论。但什么是黑格尔的整体论，它何以在布兰顿的心目中具有如此的重要性？对布兰顿具有特殊吸引力的是，黑格尔整体论是一种带有推理主义特点的语义整体论，它用推理主义的方式处理概念与单个的命题的关系，因此，布兰顿把黑格尔的语义整体论当作是抵制分析哲学的语义原子论和真值条件论的最好的工具。

（1）在布兰顿看来，虽然经验主义之外的传统哲学（又特别是康德）曾谈到与语义整体论相关的问题，但黑格尔是最彻底地打算建构一种语义整体论并具体思考它的意义的哲学家。在逻辑学中，黑格尔首先把世界视为是由概念构成的整体，因为概念“是独立存在着的实体性的力量。概念又是一个全体，这全体中的每一个环节都是构成概念的一个整体，而且被设定和概念有不可分离的统一性。”①但黑格尔的语义整体论又有其独特的一面，它并没有走向那种很难自圆其说或在具体证明上存在循环论证的强的整体论，而是发展了一种基于不相容关系之上的弱的整体论，这就是说，它在证明单个陈述的意义时只满足于确定它的不相容性，而没有寻求它的无穷的不相容性。

因此，黑格尔在其逻辑学中真正关心的是一种能够表达单个性的确定性的推理，即能够表达一个事物与另一个事物不相容性的推理。如果任何确定性的内容都是通过不相容性来表达的（没有直接的知识），那么，这意味着确定性的内容只能在相互关系中才能表现出来（才能被表达），或者说，直接的个别的内容只能在排斥性的间接的关系中才能被理解。我们不能一般地说，个别事物的存在只是理念的某一方面，而是应该看到它们之间的关系。“……只有在现实事物的总和中和在它们的相互联系中概念才会实现。那孤立的个体事物是不符合它自己的概念的……”②这也就是说，黑格尔发展的是一种推理的语义整体论，它不同于一般的融贯论意义上的整体论和蒯因的整体论。在黑格尔的推理的语义整体论中，任何直接的知识都被否定了。黑格尔明确地指出，判断可分为间接的和直接的两种，直接判断是主观的或是一种直接的感知经验，它并没有任何推理的意义，只有基于其他的判断之上的间接判断才是推理。从推理上说，间接判断是基于一种中介性关系之上的判断，它与仅仅是一种知觉或观察的直接判断完全不同。因此，只有通过作为一种间接判断的推理才能获得对“单个性”的明确的规定，而直接判断只能表明没有任何规定性的个别，而不能表明“单个性”或特定的“那一个”。③这也就是说，我们只能根据内容之间的相互的排他

---

① ［德］黑格尔：《小逻辑》，贺麟译，商务印书馆 1996 年版，第 327 页。

② ［德］黑格尔：《小逻辑》，贺麟译，商务印书馆 1996 年版，第 398 页。

③ 黑格尔并不否认直接性的内容，即感知经验存在的价值，而是否认它具有直接的知识内容。黑格尔在他的逻辑学的“本质论”中，集中考察了中介性与直接性的统一的关系。

性（不相容性）关系来理解确定性的概念内容；任何认知的或明确表达的命题，都只有处于隐含的或已存在的知识的推理链或中介关系之中才真正有内容。

（2）在布兰顿看来，黑格尔的推理语义整体论的重要性在于，它通过“中介性”这一概念，揭示了一种以间接判断为依据的推理的基本特性。中介的意思是：间接判断作为一种推理形式，它的推理来自另一个推理，而它的推理结论也可以是另一个推理的前提。这样的推理既通过表明其自身基于另一个推理来证明其推理的前提，又通过表明其可以作为另一个推理的前提来证明其自身的推理结论。正是在这种中介的名下来讨论推理的表达，黑格尔一方面驳斥了表象主义的语义原子论，另一方面推翻了各种形式的柏拉图式的真理理论。

从前一个方面看，基于中介性关系的推理使黑格尔否定了那种笛卡尔式的推论、形式语义分析和传统逻辑的判断和推理（以唯名论的方式展开的）。对于黑格尔来说，它们都是缺乏任何中介性的主观或抽象的知识。因为直接的知识排斥任何中介性，它的孤立的排他性表明，它仍然陷入了非此即彼的形而上学的理智观念之中，即陷入抽象的知性的普遍性的观念之中。① 布兰顿希望借助黑格尔的推理的语义整体论，杜绝任何形式的把表象的词汇视为具有独立语义内容的词汇分析的观念，即避免表象的词汇成为一种独于概念的内容。② 因为布兰顿始终认为，黑格尔的推理的语义整体论是

① ［德］黑格尔：《小逻辑》，贺麟译，商务印书馆 1996 年版，第 159 页。

② 麦克道尔曾指出，今天的分析哲学在理论观点上常常出现的一种自我否定式的“反复的摇摆”：一方面遁入感觉主义，为了表明思想意旨的客观性，把被给予的感觉经验、直指的指示关系看作具有独立的语义意义的内容（它带来了语义原子论和直值条件论），但它“真理论”并没能说明思想意旨或语言表达的客观性；另一方面接受一种内在的融贯论或概念图式的理论，拒绝被给予的经验，完全把判断中的概念的应用视为无所限制的，从而把思想推向一种缺乏真实内容或经验世界的基本特性的危险境地。（J. McDowell, *Mind and World: with a new introduction*, Cambridge, Mass.: Harvard university press, 1994, P.24ff）我们可以把布兰顿的意图理解为：通过抵制经验主义的语义原子论来最终结束这种“摇摆”。

用来抵制分析哲学仍固守不放的语义原子论的最好的工具。

从后一方面看，正是从一种推理的语义整体论出发，黑格尔以一种去先验化的方式来处理推理的有效性问题：他既保留了推理的客观形式，又没有对任何推理的形式规范作出承诺。在语义整体论中，基于中介性之上的推理方式，使黑格尔建构了一种特殊的有关意义客观性的推理主义的证明，这种证明独立于形式逻辑的有效性法则：它用的是推理的情境条件与其结论适当性关系的解释，而不是推理的前提与其结论有效性关系的解释。这样的转变避免了传统推理的无限倒退的悖论，并能够解决传统知识论的证明主义或基础主义的循环论证。但在后来的分析哲学的思想中仍然可以看到一种理智主义的或柏拉图主义的真理理论，它总是用明确规定的方式，把对认识的正确性评判与决定什么是正确的原理或规则联系起来。

在黑格尔这种形式的整体论中，并不存在任何形式化的真理理论或形式化的真理证明模式：对于黑格尔而言，整体的语义关系保证我们的推理首先可以从实践中隐含的规范开始，即我们可以暂时不怀疑某些隐含规范本身的正确性，根据整体的语义关系，我们可以假定它们具有某种默认的正确性。这样做并不是要放弃规范的辩护，而只是以一种相反的方式，把辩护视为是基于某种特定的规范条件之上的辩护（把辩护放后），避免把辩护变为没有任何出发点的纯粹的形式化的辩护，即避免把推理的辩护混同于形式化的演绎逻辑的辩护。① 对于布兰顿而言，这一推理方式的转变是重要的，采取这种语义整体论的推理方式看待事实和事态，也是放弃康德式的以知性为元概念的认识论，它不再把知性判断视为根本的语义解释

---

① 在布兰顿之前，达米特已经指出，要获得新的认识的话，我们必须区分逻辑的语义上的完善性与纯粹形式上的完善性。传统分析哲学的观点完全从形式上来理解逻辑赋值的完善性（从纯粹技术上说，这当然是没有的），而没有考虑逻辑赋值的语义上的完善性，或者说它根本没有区分二者。逻辑的语义上的完善性与语言的使用相关，因此关于它有正确或错误的标准；从语义上对逻辑形式的赋值的解释是使逻辑常项获得意义的一种方式，而纯粹从形式上对逻辑的赋值的解释则完全是数学式的，它只把逻辑赋值当作一种数学的对象（一种拓扑学式的开集或自然数），而与句子的使用没有内在的联系。（M.Dummett, "The Justification of Deduction", in *Truth and Other Enigmas,* P.293）

项，而是把处理不同的命题之间的关系的推理视为根本的语义解释项。用黑格尔所采用的康德的术语来说，这就是从知性的概念框架走向理性的概念框架。

按照布兰顿的看法，黑格尔的语义整体论有助于使分析哲学彻底地从语义原子论和真值条件论中走出来，并可以用来修正蒯因在理论上前后不一致的整体论。黑格尔的语义整体论是彻底的推理主义的和表达主义的，它没有分析哲学仍然摇摆于（经验的）直观与概念之间的矛盾，它能使分析哲学不再像经验主义那样受表征性词汇的束缚，也可以避免像自然主义那样只相信科学的或客观描述性的词汇。

这也就是说，采用黑格尔的语义整体论的方式，我们就能走出只注重表征的词汇和只注重科学的描述性词汇的经验主义和自然主义；而那种为经验主义和自然主义视为形而上学的非表征或非描述的表达性词汇，便可以用一种全新的方式来处理。如果目标词汇（被分析项）可以表达所要表达的事物，而不只是限于表征的或描述的范围，那么，它们就可以通过与表达性的逻辑词汇结合而成为一种实质的而非形式的逻辑表达的词汇。

蒯因和戴维森的整体论借助于整体语言的优先地位，把任何属于它的个别语句的意义都视为是由整个语言决定的。这样一来，演绎推理根本不必忠实于推理中句子个别的内容，因为除了推理使用中的由整个语言所决定的内容，根本就不存在句子的个别内容。达米特最早提出了对蒯因和戴维森的实用主义整体论的批评。① 对于融贯论意义上的整体论而言，特定的语言使用的部分，根本不需要做单个的证明，只要它是语言实践的一部分，它的内容就是被默认的。黑格尔的概念分析是从个别性开始的，而融贯论意义上的整体论只关注现有的实践，并只从现有的实践出发，把推理对概念的使用与使用中的概念相等同，即把我们推理中的概念与使用中的概念同化。

黑格尔通过把业已存在的体系性的科学视为一个由推理规则支配的语

① M. Dummett, “The Justification of Deduction”, in *Truth and Other Enigmas*, P.303ff.

义整体。在其逻辑学著作中，黑格尔对体系性的科学所具有的特殊“中介”和“规定性的否定”推理逻辑规则做了详尽的探讨。因此，在黑格尔的逻辑推论中，概念的语义学与概念使用的语用学是相互关联的，在概念的生成过程中，语用的概念生成过程与概念的语义认知是牢牢地捆绑在一起的。在语用规范与语义认知的紧密关系中，有关单个命题的语义的推理不能脱离概念的使用过程，但它又没有失去独立的认知意义。黑格尔语义整体论的这个重要特征使它在语用学和语义学之间保持了平衡，即，它并没有因为强调概念使用的规定性而牺牲概念的认知和理解的规定性，相反，它总是把概念认知和理解视为概念不能缺少的部分。黑格尔不像今天的实用主义那样，把单个命题的建立视为指派。这就是说，在黑格尔的语义整体论中并不存在这样一种关系：由句子的指称构成的含义（语义）一定是处于整体的语言网络之中的，相反，推理是以个别的语句为中心的。布兰顿复兴黑格尔哲学，正因为黑格尔语义整体论所具有的一种复合性，黑格尔把现象学的语用主义视角与语义推理结合在一起考虑，这表明他看到了断言的意义证明方法的复杂性。而正是这种方法论上的“复合性”为意义证明提供了一种多样性的、与概念的历史使用结合在一起的证明模式。从黑格尔的语义整体论内在的概念中介性关系来看，黑格尔的语义整体论协调了概念历史本体与概念的自我挑战的关系。一方面，黑格尔强调了概念通过建立起来的权威性而传递的可能性，即现有的概念对个别性句子推理的影响；另一方面，黑格尔则强调，概念自我否定的中介机制有能力对概念进行重置，即它有能力对其意义提出挑战，从而使概念的世界成为一个在规范上开放的领域。黑格尔推理证明方式的特殊性正在于，它把自己同时转向语义推理的话语辩护领域和语用概念的可继承领域（所拥有的共同内容这个领域）。

从这里的继承性和挑战性可以看出，黑格尔的语义整体论是意识依赖（sense dependence）的，其基于语用实践条件下的话语者对概念之间关系的推理性把握，这需要拥有判断能力的主体的意识和自我意识在场或发挥作用。黑格尔的语义整体论不像蒯因的整体论那样是一种指称整体论（referent holism）。指称整体论涉及概念与个别的感知经验之间的一种相互适用的关系，这种关系不涉及主体的意识或自我意识。布兰顿基本上同意达米特对蒯因整体论的批评，他同样认为，蒯因的整体论是指称依赖（reference dependence）的。这里的不同是，意识依赖要求满足下述条件，即在任何情况下，任何一种推论都不是在对主词是什么一无所知的情况下进行的，“概念—P是意识依赖于—Q的，因为只有一个人把握了—Q，它才真把握了—P。”① 而指称依赖只有推论的纯粹的关系。如果我们说，“概念P是指称上依赖于概念Q的，因为P不能适用于某物，除非Q适用于某物，”② 那么，这里只有一种类似真值赋值的对称关系。

对于蒯因意义上的整体论而言，指称依赖意味着，语言使用中的一般的实践的特定组成部分根本不需要做单个的证明，只要它是语言的一般实践的一部分，它的内容就是被默认的。它完全否定了任何单个语句的独立意义，即否定那种独立于整个语言意义真值系统的语句的存在。它只关注现有的实践，并只从现有的实践出发，把推理对概念的使用与使用中的概念相等同，即把我们推理中的概念思维与使用中的概念同化。借助于整体的语言的优先地位，它把任何属于它的个别语句的意义都视为是由整个语言决定的。

五、模态实在论：主客体统一原理

我们在第一章中已经指出，对于布兰顿而言，概念实在论还不足以说明主客体的统一，它还必须借助最初由黑格尔做了明确说明的模态实在论。什么是模态实在论？根据黑格尔，客观世界是以一种确定性的方式存在的，因为它本身是一个整体的相互关联的结构，而且这个结构是通过相互否定

① R.B. Brandom, *Tales of the Mighty Dead: Historical Essays in the Metaphysics of Intentionality*, P.194.

② R.B. Brandom, *Tales of the Mighty Dead: Historical Essays in the Metaphysics of Intentionality*, P.195.

的方式表现出来的。在黑格尔那里，一切规定都是否定（omnis determinatio est negatio）。这个命题所表示的并不是那种抽象的逻辑形式上的否定，而是实在世界自身的一种由其内在差异所构成的否定性关系。对于黑格尔而言，一切实在的总和就是一切否定的总和，它也是一切矛盾的总和。而这也意味着，事物的统一性是建立在事物的不相容性之上的：规定性是肯定地建立起来的否定。

黑格尔关于客观世界的可推理的模态的性质，就是由上述基本的模态实在论的论题构成的：客观世界的确定性的本质就是模态上强的排他性（它亦是一种实质的不相容关系），它带来了模态上的强的实质的推论关系。因此，作出推理或概念上的表达，就是把自身置于实质的不相容关系和推理的推论关系之中。[①] 我们所理解的确定性，比如命题或事物的性质，各自处于实质的不相容关系之中。布兰顿认为，这里的模态实在论与可能世界的语义学探讨可能世界模态关系的方法类似，但它没有后者形而上学的疑难。从可能世界的语义学角度看，只是因为一个命题具有在可能世界的空间中形成一种分割效果，我们才把它视为是有意义的；这也就是说，命题的正确性，是根据它作为一种被分割出来的可能世界的部分，是否与实际的世界不同来判定的。黑格尔的模态实在论也给出了一种模态性强的可能世界的空间分割，它允许对推论的关系作出界定，但它的模态性的空间分割完全表现在命题或事物性质的排他性之上，例如，p 蕴含 q，正因为一切与 q 不相容（排除或排斥），也就与 p 不相容；具有正方形的性质蕴含了具有多边性的性质，因为在任何事物与正方形在实质上不相容，也就与多边形不相容（一个东西不可能是正方形同时又不是多边形）。如果说作为客观世界确定性的表现形式的排他性，暗示着存在一个模态的空间分割，即现实的世界的部分（已知的命题）与可能世界的部分（未知的命题）之间的区分，那么，它们之间的关系就是可推论的。这也就是说，如果排他性就是一种实质的不相容关

① R. B. Brandom, *Tales of the Mighty Dead: Historical Essays in the Metaphysics of Intentionality*, PP.179–181.

系，那么，它们就构成了一种模态上强的实质的推论的关系（consequence relation）。① 模态实在论从客体的角度表明，主体的概念规范理解与客体的规定是同一个东西，因为，主体的道义（规范）模态与客体的真势模态是相互印证的。这清楚地表明了，主体的概念的规范理解与客体的规定是同一个东西的两面。“关于客观实在的概念实在论……就是模态实在论的一种结果：就客观事态确实是必然存在的和一个排斥另一个的而言。”② 我们思想的概念领域是推理和不相容关系表达的，推理与不相容性相互关联，一个离不开另一个。

道义模态与真势模态的关系表明，主体所拥有的概念世界是实在的（因为它本身就是实在另一面），它并非主观的东西。实在并不独立于主体的规范的语用行为存在（实在并不独立于心灵存在），恰好相反，实在乃是为主体的规范行为所指认的东西。这正好表明，我们在概念使用的世界和非概念使用的世界之间所划定的界线，并不能简单地理解为就是概念与非概念之间

---

① 布兰顿的黑格尔式的模态实在论是对 D. 刘易斯以来的模态理论的一种发展，因为他谈论模态的可能世界的方式的目的是推进 D. 刘易斯的模态理论。D. 刘易斯之后的模态理论由于采用的不是概念推理的形式而是可能世界的“自然的”和“物理的”蕴含形式，因而仍然陷入了一些不能解决的形而上学的问题之中。在这种一般的模态理论中并没有这样的观点，即人们用模态的词汇来作出断言，也就是给出一种推理的模式，模态词汇可以使推理具有新意。布兰顿的模态理论明确地把任何用一般的非推理的蕴含的模式来解释模态客观性的理论排除了在外。按照布兰顿的看法，对概念世界模态特性的揭示，模态实在论与任何用非推理的蕴含模式来解释模态客观性的理论完全不同，它用模态的词汇作出断言，也就是指出概念实在的推理间的不相容关系。但一般的模态理论则完全没有这种不相容性关系的基础，而是完全采用蕴含的逻辑的方式。克里普克针对 D. 刘易斯的模态问题，用彻底的外延性的语义学元词汇，为创立意向性的模态逻辑词汇提供了基础，它回答了在语义学的逻辑方面，一阶逻辑无法解释的逻辑词汇的外延的特性。这一理论经由蒙太古（R.Montague）、司格特（D. Scott）、开普兰（D. Kaplan）和斯泰内克（R. Stalnaker）等人的发展，形成了一个具有很大影响的模态理论流派，但在布兰顿看来，“……这种形式的发展并没有对残余的经验主义对模态概念的合理性的担忧作出充分的回答，因为有关模态的语义元词汇的外延性，是以任意使用模态的初始物，即主要是任意使用可能的世界（以及在这种可能的存在物中的可触及关系）的概念为代价的。”（R. B. Brandom, *Between Saying and Doing: Towards an Analytic Pragmatism*, P.94）

② R.B. Brandom, *Reason in Philosophy: Animating Ideas*, P.98.

的界线。根据这里的道义模态与真势模态的关系来看，并不存在这样的界线，因为在概念领域之外并无他物，即不存在非概念的世界。①“世界就是所有所发生的事情，它是种种事实的一种组合。”②而事实的不同（与事物的不同）恰恰在它们原理上是可以陈述的。事实是一种真论断，即所有真论断都是事实，因此都是实在的或客观的。但“常识”更愿意相信，概念是一个东西，而实在是另一个东西，因此，概念以社会主体的形式存在，而实在以另一种方式存在（独立于概念而存在）。布兰顿的观点是概念之外别无他物，这就是说，尽管存在概念所发挥引导作用的概念实践的世界和概念不能发挥引导作用的世界，这种不同不能理解为是概念与非概念的世界的不同，因为并不存在可以对它们作出划分的界线。布兰顿这一观点与他在达米特之后对实在论的重新梳理有关。布兰顿在实在论的看法上承继了达米特的某些观点，但更重要的是，在接受了黑格尔对传统实在论的批评之后，他彻底放弃了把感知（非概念的东西）与指称（概念的东西）分属两个不同领域的实在论的基本观念。③

概念实在的世界与客观实在的世界是一枚硬币的两面。“一枚硬币的两面”的基本定义是黑格尔把主观观念与客观世界视为一个同一性结构原因。

> ……在［《精神现象学》］“意识”的一章的论述的最后部分，我们得到的一个重要的教益是，我们有关世界的最好概念就是，我们认知活动的客体只有下述意义上才是可理解的，即只有主体的性质加入这一活动的过程中才是可理解的。有关这一解释性的转换的根据是黑格尔观念

① R.B. Brandom, “Fact, Norms, and Normative Facts: A Reply to Habermas”, in *European Journal of Philosophy 8:3,* P.357.

② R.B. Brandom, *Making It Explicit: Reasoning, Representing, and Discursive Commitment*, P.333.

③ R.B. Brandom, *Reason in Philosophy: Animating Ideas,* P.97. 但这种对我们处于两个不同领域的实在论的观点一直顽强存在着，甚至在弗雷格（特别是后期弗雷格）那里，其区分感知（含义）与指称的基本的理论宗旨，也是把它们之间的区分视为不同种属的区别，因而认为它们是不同的领域中的两种不同的东西。

论的一个最重要的立场。①

一旦弄清楚这一点，就可以看到，主体领域与客体领域是同一概念的领域，它不含任何"因果的独立于心灵"的客体实在的观念。② 从推理的模式的角度看，"事实"之所以具有模态的性质，乃是因为在某种意义上说它就是事物自身的一种性质，它们同样构成一种不相容关系，铜的性质与绝缘体的性质不相容，因此，它不可能既是铜的又是一种绝缘体。这里的事实或客观的事态是布兰顿称之为真势模态的客体世界，它由它自身的不相容关系所构成；而感知和指称的主体方面的世界认知，则是他称之为道义模态的主体世界，它同样由它们的不相容关系构成，因此不相容性可以分主客体两个方面，即主体的不相容性与客体的不相容性。但这里的两个世界，实际上又是同一个世界，它们是一个世界的两个不同的方面。思想与关于世界的思想都是概念的一种构造（事实乃是真论断）。如果这里的对比和所显示的区别和统一的关系是成立的，那么，概念实在可以通过模态实在来表示，反过来也可以说，模态实在也可以表明其具有概念实在的基础。这里的基本思想，也就是一般所说的主客体统一的原则在黑格尔哲学中的表达，它实质性地回答了主客体何以是统一的，它们如何可以统一在一起，而统一又不会失去任何一方，特别是不会失去客体的一方；尽管统一意味着不存在一个独立于思想或心灵的"客观的世界"，但在统一的关系中，思想或关于世界的思想仍然是真实的或可信的，而且，只有统一才不会带来"客观实在的因果的心灵依赖性（mind-dependence）"。如果我们既把事物视为意识中的一个方面，而又把事物视为概念中的一个方面，主客体二元论就是不可避免的，因为这里的统一性就完全被肢解了，一个事情的两个方面变成了完全不同的或相互对立的两个领域。——客观实在的因果的心灵依赖性的二元论的缺陷是怀疑论，一旦把主客体视为两个不同的实体存在，人们就会为如何有可能知道事物本身是怎样的而担忧，

① R.B. Brandom, *Tales of the Mighty Dead: Historical Essays in the Metaphysics of Intentionality*, P.178.

② R.B. Brandom, *Reason in Philosophy: Animating Ideas*, P.98.

有关事物的真的怀疑就不堪重负。只有从统一的观念中看，这里的怀疑主义才会消失，而这种统一的视角也更符合事物对于它作为一种可能事实的性质。

黑格尔的模态实在论完成了康德不彻底的模态理论。作为一个客观唯心主义（客观观念论）者，黑格尔相信，世界是由客观的概念构造的：只要存在由不相容性关系构成的关系的实在，就存在模态上有效的事实，因此，一般的概念表达也就是对客观存在的概念实在的一种表达。从这个意义上说，可能性与必然性（事物能怎样，必然是什么）并非一种虚拟的或反事实的模态词汇，它们本身就指向某种事实（由不相容关系构成的客观的概念实在）。没有这些概念实在的存在，我们就不能使一般的描述性的述谓成为可理解的。因此，如果说世界总有某种它存在的方式，那么，理解事物是怎样的，就是把握它们的内容。

实在论一直是一个敏感的问题，这对于用规范现象主义的方式处理真理论的布兰顿而言更是如此。布兰顿需要表明语言的话语规范视角也可以是客观的。黑格尔哲学在这一问题上对他具有重要的意义，因为黑格尔通过概念实在论与带有模态性质的世界不相容原理彻底扫除了笛卡尔式的主客体二元论。黑格尔对实在论的主客体二元世界的取消，不仅仅是使用概念实在论的证明，它还依赖于模态实在论，并通过论证它们二者之间的同一性关系来作为它的实在论消解计划的方案。

在反表象主义方面，布兰顿以一种典型的黑格尔的语义整体论（观念论）的方式把经验内容看作本身就是概念性的东西（把经验内容当作概念思维的一种形式），因而否定了概念内容之外还别有他物的观点。

但常识实在论是一种顽强的意识。就像我们看到的那样，即使作为先验观念论者的康德，也曾以人们很容易犯盲目地制造概念的错误为由，把经验的直观与非概念实在的联系视为不能取消的：对于康德而言，缺少了外在的经验直观的联系，我们就无法以某种方式确定我们使用概念作出的论断或推理哪一个是真的或正确的。因此，为了保证论断的真理性，康德建构了一种由先验的规范概念调节的认识论。

在布兰顿看来，世界是由一系列的事实（确定的命题或概念）构成的，而不是由事物（可表征的对象）构成的。也只有事实才是一种真论断，它们在根本上是相互处于一种实质的推理和不相容的关系当中的。没有事实（确定的命题或概念）的世界是不存在的；我们可以设想没人表达（应用或使用）概念的情况（如果还不存在推论的实践），但决不会出现没有事实的时候（比如，没有已确定的命题或概念）。因此，在话语推论的实践中，说话者或推理者本身面对的就是一个事实的世界，而不是一个非概念的世界或对象世界。在这种情况下，对意义的证明完全没有必要刻意地使用各种形式化的真理理论或先验的规范调节论。

六、通往理性主义的实用主义之路：客观唯心主义与语义整体论的结合

客观唯心主义（objective idealism）① 是一个来自德国古典哲学的概念，它又特别是出自被称为德国唯心主义的一个哲学概念。谢林、黑格尔和后来的叔本华都使用并承诺了某种形式的客观唯心主义，这就是说，他们都是客观唯心主义者。谢林是德国唯心主义者中最早提出客观唯心主义的哲学家，他的客观唯心主义主要是用来反对他称之为的主观唯心主义的，因此，在其自然哲学中，他使用这一概念只是试图做一个理论上的颠倒，把一切认为是理性的东西从心灵或主体的观念中赶出去，以一种颠倒的方式把它视为是处于自然中的东西。因此，对于谢林而言，客观唯心主义的使用相对没有更复杂的含义，他要证明的仅仅是这一点，即理性处于自然之中。② 真正在实在论上与概念推理的客观性证明联系起来的是黑格尔的客观唯心主义。从实在论的角度看，黑格尔的客观唯心主义把实在的存在视为精神的概念才能解释的东西，它拒绝了经验主义的实在论的说明。黑格尔的精神概念并不是一种抽象的存在，而是拥有其自身的精神自然史的东西。这个精神概念的存在，

① objective idealism 亦可译为客观观念论。

② Frederick C. Beiser, *German Idealism: The Struggle Against Subjectivism, 1781 to 1801,* Harvard University Press,2002, P.555.

对黑格尔来说是一种整体的概念的关系，亦即一种概念的整体论或语义整体论。这种概念的或语义的整体论正是客观唯心主义实在观的产物。用布兰顿的话说，“……黑格尔在其《精神现象学》一书的第一部分对客观唯心主义辩护的一个最终目的就是：确定性需要一种整体论，而整体论也只有基于客观唯心主义的假设之上才是有道理的。”①

由于是精神概念实在观的产物，黑格尔的语义整体论有赖于概念推理的意识，正像在上一小节中提到的，它是意识依赖的，即概念与概念之间的语义关系是意识依赖的，它们的结合需要作为精神主体的人的意识这个纽带。黑格尔的“客观唯心主义本身就是一种相互的意识依赖的整体论”②。从有关主体的意识乃对象意识（对象意识也就是自我意识）这一点来看，意识就是首先能够把对象意识视为是自己的一种意识的意识。从这个意义上说，黑格尔在其客观唯心主义中所指涉的“心”（观念）是一种对象的意识和规范的意识。如果这么理解，那么这里的“客观的”就有它不同的意思。只有一种对象性意识的观念才能被想象为是某种客观的观念。

在这里，如果客观唯心主义依赖于认知者的自我意识，那么，模态实在表示的客体，只有通过自我意识的主体才能被确定。自我意识的主体同时必须具有概念整体的关系意识，它必须把握概念的整体关系。在这种情况下，主体对概念整体关系的把握必须是推理的，这意味着，不存在缺少语义整体的推理关系的客观唯心主义，或者说，客观唯心主义的模态实在不能缺少对语义整体关系的把握。这样一种依赖于主体的认知把握的实在的模态关系，正是布兰顿认为的理性主义的实用主义的核心，也是他认为的最初由黑格尔发展的实用主义。

黑格尔的语义整体论的意识依赖的性质决定了，语义内容的整体性在推理上是以主体为中心的，它不是一种没有主体的意识这个起点的一种对称

① R.B. Brandom, *Tales of the Mighty Dead: Historical Essays in the Metaphysics of Intentionality*, P.201.

② R.B. Brandom, *Tales of the Mighty Dead: Historical Essays in the Metaphysics of Intentionality*, P.200.

关系。概念的语义内容与概念的语义内容之间的关系是不对称的。完全一致的对称性的整体论不能容忍在事物的关系中存在某种先例（antecedent），即它不允许先例独立于模态强的排他性之外。但我们已经知道，这样的强的排他性的对称结构是不会存在任何真实的语义关系或语义内容的。“没有先例成为被关联的关系（relata），我们就不能理解所有的关系（因此不能理解被关联的关系）。”① 布兰顿相信自吉尔伯特·哈曼以来，人们对演绎法形式的空洞性的批评是正确的。哈曼否定了演绎法具有真正推理的意义，在“根据 p，如果 p，那么 q”的演绎形式中，所真正具有的只是一种关系（并没有推理）。但真正说来，获得一种关系是需要推理的，但演绎法并没有告诉我们如何推理，它所表明的 p 和 q 之间的关系只是一种形式上的非推理的关系。因此，不能把推理的关系混同于没有推理的关系，因为前者是由推理实实在在地建立起来的关系，而后者则是由某种固有的关联而显示的关系。用布兰顿的话说，非推理的关系仅仅是一种关联（implication）它所表明的“关系”本身并没有推理成分，推理在本质上则是一种“处理”（process）：“推理是一种处理，关联是一种关系。”② 演绎的规则所表明的不同事物之间的关系，是在缺少对事物（主词）理解的情况下的推演，但只有在事先知道事物是什么，即首先拥有对象意识或自我意识，关于事物或事态是如何为它们自身的性质所决定的，我们才真正拥有一种“关系”的认识。黑格尔的整体论充分利用了这里的“处理的”关系：如果整体论是一种观念，那么，它只能首先基于主体的观念之上，这也就是为什么它是意识依赖的。这也就是为什么说，黑格尔在他的语义整体论中所讨论的概念推理的问题是用客观唯心主义来表示的，或者说它需要一种客观唯心主义的说明。

语义整体论的客观唯心主义性质导致了，一方面，黑格尔必须表明存

---

① R.B. Brandom, *Tales of the Mighty Dead: Historical Essays in the Metaphysics of Intentionality*, PP.200–201.

② R.B. Brandom, *Tales of the Mighty Dead: Historical Essays in the Metaphysics of Intentionality*, P.192.

在着这样一个意识的过程；另一方面，他必须证明，这一过程何以是世界和观念的承载者自身本质的表露，而不是主观任意的东西。美国古典实用主义也发展了一种整体论，但它注重的是经验的语义关系，而不是一种概念的语义关系。布兰顿对美国古典实用主义的不满也主要是因为这一点。美国古典实用主义对概念内容的实践来源的看法是单一的，它并不讨论也不关注实践主体的意识或观念这一方面。对于美国古典实用主义而言，实用主义完全不可能与观念的意识活动（无论是对象意识还是规范意识的活动）沾上边（根本无法想象它有整体论的概念意识或它需要这种概念意识），美国古典实用主义的意义与使用的关系中的“使用”是经验语用学上的使用。但黑格尔的带有概念意识的行动是超出了这一行动范围的实践，在黑格尔的语境中，美国古典实用主义意义上的实践是非自主的、行为主义的。这种实用主义的实践只是一种带有效果论和目的论的假设性概念，它忽略了实践本身的社会性所具有的那种话语的张力。布兰顿认为，黑格尔称之为“经验”的东西指的是处于充满了话语张力的社会实践中的行动者的自我调节能力或自我修正能力，① 而不是非反思经验的积累。概念使用的分析不仅在蒯因那里是一个普遍的主题，在后期维特根斯坦那里也早已经具有普遍性，但如果人们说，实用主义应该是一种基于概念的意识之上的唯心主义行动，人们可能就完全不能理解它们之间的关联，因为带有话语张力的理性主义的实用主义唯心论的主题并不是一个普遍流行的主题。② 但布兰顿认为，用唯心主义的方式使实用主义变得可理解或使它站得住脚，正是黑格尔式的理性主义的实用主义方式。

理性主义的实用主义是语义整体论与客观唯心主义结合的产物，这里关于概念的“唯心”或“观念”的意识在布兰顿看来，实际上就是语言实践者的一种围绕着实践自身建立起来的概念的说理表达活动，这里的意识并不

① R.B. Brandom, *Tales of the Mighty Dead: Historical Essays in the Metaphysics of Intentionality*, P.225.

② R.B. Brandom, *Tales of the Mighty Dead: Historical Essays in the Metaphysics of Intentionality*. P.210.

是什么神秘的心灵事件。既然黑格尔已经明确地表明，所有的超验的建构（transcendental constitution）都是社会的惯例（institution），那么，在这种背景下，使事物清晰明白和明智可理解的说理，就可以视为是隐含的规范的社会实践。实用主义有关隐含于认知活动中的规范，是由20世纪上半叶的三种独立的学说发展而来：由在杜威那里发展到顶点的美国古典实用主义、海德格尔的《存在与时间》以及维特根斯坦的《哲学研究》的思想发展而来的。然而，为了揭示这些传统的洞见，能够应用来推动当代语言哲学和心灵哲学，布兰顿使自己回到了黑格尔原初的思想，因为他认为，与这些更新的三种社会实践的理论不同，黑格尔的理论是一个理性主义的实用主义。与融合主义相反，在理解说什么和做什么的活动中，他把说理置于重要的位置上。布兰顿始终认为，杜威和詹姆斯、早期海德格尔和后期维特根斯坦，每一个都以自己的方式抵制了表象主义的语义学范式。但他们中没有一个最终提供一个可替代的范式——这样的范式在结构上既足以定义为可以用以进行真正的语义学研究（那种由模态理论发展起来的表象主义，包括可能的世界的语义学），又能为逻辑词汇的特殊功能提供一种解释。而黑格尔的理性主义的实用主义，即他所继承的推理主义样式的浪漫表达主义，正显示了它包含着这种替代的范式。理性主义的实用主义对明晰表达（explicit）的理解是根据它在推理中发挥的作用来进行的——所谓明晰表达，指可思考的、可说的。黑格尔提出了这种观念。黑格尔的理性主义的实用主义，在使隐含的背景（据此任何事物得以成为清晰明白）成为清晰明白的意义上，在逻辑与自我意识之间建立了联系，因为它提供了一种对有意识的、智性人意义上的感知的解释，它也保证了能对相应的自我意识作出解释。这种通过对特定逻辑词汇应用的有关什么是清晰明白的表达的观念，使对意识的新理解成为可能。

七、布兰顿的新黑格尔主义

罗蒂曾根据匹茨堡学派向黑格尔哲学的回归这一点使用了“匹茨堡学派

的新黑格尔主义”这一说法。① 罗蒂的这一说法具有一定的概括性。布兰顿的确系统地总结出了一个具有特定意义和形态的黑格尔哲学。

正像布兰顿对康德的解读有他的特殊视角一样，布兰顿对黑格尔的解读也带有自己鲜明的特点，它与一般黑格尔哲学研究不同。布兰顿对黑格尔相互承认的原理和客观唯心主义都有自己特殊的理解。相互承认的原理被视为黑格尔的规范现象主义对概念的客观性证明的一种方法，它不只是社会中不同的和独立的个人之间的一种彼此承认，通过不同的个人之间的观点形成的一种主体间性的规范态度只是承认的一个方面，相互承认还是两个原本处于某种对立状态的事物之间的一种和解。比如，话语者的自主性与规范之间的一种和解。通过相互承认的规范原理，布兰顿表明，黑格尔的现象学是一种规范的现象学，因此，黑格尔的现象学绝不只是提供一个帮助人们登上现象学观察点的梯子，一旦登上这个高度，它便不再有用。布兰顿拒绝把黑格尔哲学仅仅当一种反对理论建构的反思性哲学的观点（这是麦克道尔和泰勒等人的黑格哲学解读所偏向的一种观点）。

在布兰顿心目中，黑格尔的语义整体论使传统的形式语义学的语义原子论暴露了其致命弱点。由于弗雷格没有真正转向一种语义的整体论，他在处理语义的推理关系时就仍然停留在了知性元概念的范畴上。由于判定是基于知性元概念范畴之上的，在弗雷格那里，含义由小句子表达，把握含义就是把握小句子对其所处于其中的句子的贡献（小句子在其中扮演的角色或发挥的作用）。但对于黑格尔而言，判定是基于理性的元概念范畴之上的，把

① R. Rorty, *Truth and Progress; Philosophical Papers,* Volumes 3, Cambridge University Press,1998, P.124. Michael. D. Barber 在其所著 *The Intentional Spectrum and Intersubjectivity : Phenomenology and the Pittsburgh Neo-Hegelian*（Ohio University Press, Athens 2011）一书中，根据罗蒂最初的用法使用了“匹茨堡学派的新黑格尔主义”这个标题，并把它与现象学做了比较性的研究。撇开塞拉斯和麦克道尔的黑格尔哲学释义不谈，单从布兰顿几十年长期对黑格尔哲学的研究和释义，以及从他最终出版的黑格尔研究专著（《一种信任的精神：黑格尔现象学释义》）的系统性和全面性的角度看，说布兰顿树立了一种新黑格尔主义也不为过。——虽然布兰顿的黑格尔哲学释几乎完全根据黑格尔《精神现象学》一书。

握含义则需要把握不同的内容（可以设想有无数的句子），这是一个过程，即一个需要不断地作出把握的过程，通过不断地对内容作出把握，提供对内容作出修正的标准。因此，黑格尔表明，意识的自我确认过程是一个客观的社会语言的认知实践过程，它显示了主观认识的观念（心的活动）本身具有它的客观性（客观唯心主义的意义之所在）。在黑格尔这里，规范的话语活动既是社会性的，也是历史性的。从这个角度看，规范实践需要一个回顾性的（recollective）历史意识。布兰顿认为，如果把注意力只集中在规范实践的认识论方面，那么，可以看得很清楚，黑格尔的规范的实践理论一个巨大的不同是，它不认为概念的确定性（含义）可以通过下定义或仅仅通过知性的判断获得，相反，它认为概念的确定性唯有通过对整个概念使用的历史合理性重建来作出确定。

由于使用了理性的元概念范畴，黑格尔已经有了一种"通过使隐含的东西表达得愈发清晰的表达的过程来处理表征（指称）的方法"，① 它可以统一含义与指称，即建立一门达米特式的语力理论，而且它可以比达米特的语力理论做得更彻底（达米特的语力理论尽管指向了一个正确的方向，但过于偏向一种保守的语用主义）。康德的确定性判断和弗雷格的含义，在黑格尔这里就是概念内容。黑格尔的概念内容是对隐含的语言表达的整体论理解的产物，它不是从认知者的知性角度所做的定义（康德和弗雷格都是从认知者的知性理解力的角度下定义）。黑格尔在处理指称与含义的关系问题上的一个最大的方法论转变，是放弃知性的元概念范畴的处理方法，转而使用理性的元概念范畴的处理方法。相比于康德和弗雷格的概念确定性的概念，黑格尔的基于理性的元概念范畴之上的方法是一种"新的概念确定性的概念"。②布兰顿认为，在黑格尔这里，可以发现对含义与指称及其关系的理解完全改变了：含义现在指一系列作出了道义承诺的语言表达，它们表现为每一个具体表达之间的实质的不相容性关系和后果的可接受性，而指称则是一种从模

① R.B.Brandom, *A Spirit of Trust: A Reading of Hegel's Phenomenology*, P.425.

② R.B.Brandom, *A Spirit of Trust: A Reading of Hegel's Phenomenology*, P.430.

态实在论上对事物自身的不相容关系的理解。

黑格尔并没有否认外部世界的独立性，而是把外部世界视为与主体的道义模态系统对立而又统一在一起的真势模态系统。正因为如此，在黑格尔这里，并不存在一种直接的主客体对峙关系，主体的表达与客体的显示被视为同一个事物的两面。在弗雷格后期所发展的真值条件语义学中，弗雷格早期提出含义与指称被视为分属两个不同的领域，它们不同质，因为来源不同。在这里，弗雷格把事物的含义（语义意义）与思想表达（判断或断言）的含义区分了开来，因此，从后一种含义的角度看，含义与指称不仅不相同，而且分属两个不同的领域。但按照黑格尔的观点，事物是为意识的（things for consciousness），所以，事物的含义既可以是它自身，也可以是属于意识的一种对象意识，在后一种情况下，两种含义没有区别。这就是为什么说，对于黑格尔而言，"本体就是某种现象"，① 它们在范畴上是同质的。

由于为一种实在论的承诺所制约，弗雷格所面对的是含义与指称如何统一的问题，即如何证明带有自己语力的断言的真，而对于黑格尔而言，由于不存在这一传统实在论的要求，他要解决的问题是：如果本体与现象属于同一个领域，它们是同一的，那么，如何表明这种同一性关系不是指称依赖的（直接的同一）？为了避免任何形而上学的同质理论的干扰，黑格尔证明了，话语者的道义模态与事物的真势模态之间的同一是在一种概念表达的关系中建立起来的。"不相容性和后果的模态关系可以既是真势的也可以是道义的形式"，② 它们既反映了客体的存在形式，又反映了主体的领域的观念意识（前者是事物的自在存在，后者是表象，它表明事物是如何为意识而存在的，它们被认为是如何的）。而真势模态和道义模态在概念内容中的结合便是概念实在论。由于这种关系，黑格尔的概念实在论也是一种模态的概念

① R.B.Brandom, *A Spirit of Trust: A Reading of Hegel's Phenomenology,* P.427. 在黑格尔这里，在"现象"与"本体"之间，在"事物自身"与"事物为意识而存在"之间存在着一种同一。

② R.B.Brandom, *A Spirit of Trust: A Reading of Hegel's Phenomenology,* P.667.

实在论。①

此外，黑格尔建构了一种理性主义的实用主义（黑格尔不可能讨论任何经验的实用主义的论题），而这是他通过在语义整体论和客观唯心主义之间建立一种联系的结果。黑格尔是一个实用主义者，但同时又是一个理性主义的实用主义者。尽管黑格尔十分重视作为概念的整体经验或概念的经验史，但黑格尔称之为“精神科学”（ Geisteswissenschaften）的东西是一种包含了语言的推理性推论在内的概念实践活动，它本身代表一种主体的观念意识，对于黑格尔而言，即使是生物性的反应性行为，也必须置于精神科学中才能得到合理的解释，对于必然与自然发生联系的自然科学而言就更是如此。自然科学词汇（像任何其他词汇一样）的发展，其自身也是一种文化现象，它只有在由精神科学提供的概念的视域中，才是可理解的。这也就是说，断言或判断等概念表达，都是与作出某种承诺和担负某种责任联系在一起。因此，尽管黑格尔消除了那种脱离具体的社会认知实践的真理和规范概念，他并没有因此把语言与涉及概念内容的推理性表达对立起来。对他来说，语言的社会历史性是与语言的说理特性紧紧地联系在一起的。除非隐含地承认说理的规范力量，比如，什么与什么不相容、什么是什么的结果的形式，否则，我们就什么也不能表达。也正因为如此，在黑格尔这里，语言并没有因为实用主义的承诺而被“去中心化”，即被当作散在的生活形式的符号（比如像维特根斯坦所认为的那样）；相反，语言是被当作普遍的思想表达工具或话语推论的媒介来看待的。

黑格尔的实用主义揭示了经验与自然之间的语义关系，但并没有把它们之间的语义关系工具化，即没有把它们之间的语义关联视为简单的工具性关联，而是去寻找它们之间的推理关系。黑格尔的回顾性理性中隐藏着一种说理的过程，在这一点上，它远远胜过 20 世纪上半叶发展起来的三种实用主义类型。

黑格尔的“说理”就是提出根据，找出理由，即对所做的任何承诺提供

① R.B.Brandom, *A Spirit of Trust: A Reading of Hegel's Phenomenology*, P.668.

理由，从而表明所做承诺的资格。所以，黑格尔的“说理”并不是单个人的行为，而是一种被置于社会—历史关系中的说理。提供理由的说理也就是一种推理，它不是把所做的承诺或所提出的观点置于个人的意向性状态中，相反，它恰恰是走出个人的意向性状态的方式。这也就是说，通过推理式的“说理”，黑格尔使他的语义整体论总是带有一种关系主义的社会性。

黑格尔哲学走出了康德仍深陷其中的知性的认识论形态，黑格尔的认识论是属于理性主义的实用主义类型，它的一个典型特征是：根据客观观念论与语义整体论的关系，从概念使用的关系中去建立一种判断。概念在使用之前存在不确定性，即没有使用，就不会有任何确定的概念。因此，概念是在概念自身的使用历史中是确定的。概念的使用总是意味着，把手头现有的概念运用于新的语用条件，以使确定的概念变得更加确定。对于黑格尔而言，回顾也就是把概念运用中隐含的确定性过程清楚地表达出来的方法。什么是隐含于历史经验中的，什么是表达出来的，我们既需要隐含的概念使用的经验，也需要相应的清楚的概念表达，而回顾正是把两者联系起来的纽带。①

布兰顿的黑格尔哲学解读有它鲜明的特点，根据上述讨论，他以一种新的视角解读了黑格尔哲学，这一解读主要有四个方面：

——自我与他人、自我与社会之间的相互承认的理论。

——语义整体论（推理主义的基础）。

——模态实在论的确立（统一主客体）。

——客观唯心主义与语义整体论的结合（理性主义的实用主义）。

布兰顿的新黑格尔主义的第一点，促使布兰顿把概念内容的客观性与说话者的规范状态与规范态度联系起来，把它们视为是话语者道义承诺的方式。布兰顿的新黑格尔主义的第二个方面，使他能够通过借助概念实在论与模态实在论的关系，不仅驱除了存在承诺在实在论中阴魂般的存在，

① R.B.Brandom, *A Spirit of Trust: A Reading of Hegel's Phenomenology*,P.18.

而且对说话者的话语表达何以具有客观性问题作出回答。在其新黑格尔主义的第三个方面的解读中，布兰顿借助于黑格尔哲学中的概念的经验史所提示的回顾性理性，对概念内容（康德的确定性判断或弗雷格的含义）的客观性采用了一种概念的经验史的证明。指称是固定不变的，变化的是表达指称的含义。① 布兰顿的新黑格尔主义的第四个方面的解读，帮助布兰顿开辟了一条与基础实用主义不同的实用主义的道路，使他能够以一种他认为是真正的黑格尔哲学的方式，把推理主义语义学与话语的语用学紧密地统一在一起。

布兰顿的新黑格尔主义对黑格尔哲学做了系统的当代释义，它回答了黑格尔哲学研究一直试图回答的问题，即什么是黑格尔哲学中死的和活的东西的问题。如果我们对布兰顿的黑格尔哲学解读持一种积极的肯定的态度，那么，上述提到的布兰顿的新黑格尔哲学释义的四个方面，都可以视为是黑格尔哲学中的活的东西，布兰顿对它们做了充分的运用。通过相互承认的规范结构，黑格尔完成了从表面上看是存在于主体的脑子或自我意识中的概念内容客观性的证明（对概念内容的客观性的确定），并最终以这种方式获得一个可应用的概念内容。相互承认的规范实践协调了概念的语用视角与概念的语义视角。黑格尔协调了概念的历史性与概念的发展和变化的关系。黑格尔通过相互承认的实践规范所表明的概念的语用视角与概念的语义视角的统一，给了布兰顿构建其真理的证明模式以极大的启发。布兰顿详尽探讨了可以由此展开的话语推理的不同形式，并对如何在这种对概念的挑战和继承的双向关系中使推理的实质意义体现出来做了仔细分析。布兰顿的话语记分正是这一探讨和分析的结晶。与黑格尔的相互承认的规范相同，布兰顿的基于社会相互承认的话语记分也有两个相互交叉（相互承认）的维度：基于个人之间的共同内容的推理的维度与基于人际间的内在内容的推理的维度。

相互承认的规范还带来了一种概念的经验史的自我证明。相互承认的

① R.B.Brandom, *A Spirit of Trust: A Reading of Hegel's Phenomenology*, P.441.

社会交往可以很好地处理概念的语义的命题内容与它的语用的继承性的关系。在一种目的旨在获得客观的认知判断的社会相互承认的交往活动中，黑格尔肯定了一个语用的概念历史可继承的领域和一个概念自我意识的领域。从概念的经验使用上看，即从语用学上看，概念的经验实在性迫使概念与“共同内容”（整个概念史的内容）联系起来；而从概念的自我意识的角度看，即从语义学上看，概念自我意识的思维的本性又迫使它与某种观点或命题态度（“内在内容”）联系在一起。黑格尔因此认为，概念的经验使用过程是一个自我分辨的认知过程，而不是一个非反思的单纯适应环境的工具性行为。这就是说，黑格尔并没有像后来的实用主义那样，因为强调概念使用的规定性而牺牲概念的认知和理解的规定性，相反，他把概念认知和理解视为概念使用不能缺少的因素。

一般的黑格尔哲学释义的普遍的观点是，黑格尔哲学是一种极端的唯心主义的哲学，因而都偏向认为黑格尔的主客体同一性的理论和客观唯心主义是一种大胆的理论设想，关于黑格尔的这两种相互关联的理论持批评态度的释义者居多。布兰顿的黑格尔哲学释义的一个特殊的贡献是，它提出了有说服力的赞同性的解释。按照布兰顿的解读，语义整体论的一个基本特征是，它是意识依赖的，而不是指称依赖的。在意识依赖的情况下，客观唯心主义真正表明了作为一种客观的观念论的意义，观念不再是主观的观念（像通常认为的，观念总是主观的），而是客观的观念，因为这里的观念正是对事物的一种概念上的判断。正是在这种观念中，意义与信念、语言和理论相互关联，因为，主体拥有的思想与客观的事态都是概念的表达（不存在独立于概念表达的实在）。如果世界拥有某种性质而且处于一种不相容的关系之中，那么，在思想中把握这些概念的结构的“观念”便是关于事物的观念（因而这种观念是客观的）。

布兰顿在黑格尔哲学中发现的理性认识论类型，也就是他称之为理性主义的实用主义。布兰顿之所以认为黑格尔哲学的语用学转向十分重要，还有一个原因是他在语用学与语义学相结合的问题上对实用主义和后期维特根斯坦哲学的失望。后期维特根斯坦哲学之后，人们所接受的实用主义在很大程度上都是一种消极的实用主义。布兰顿不能接受消极的实用主义。布兰顿的看法是，消极的实用主义混淆了概念的使用与仅仅是吸取环境信息的非概念的使用，即它把概念活动只当作生物性的工具性的干预活动。在布兰顿看来，实用主义同样需要自己的语义学，以便区分概念的使用和非概念的使用，而区分概念的使用和非概念的使用正是我们在黑格尔哲学中看到的最为重要的一点。黑格尔哲学与众不同之处是，它从实际的断言过程中寻求对什么是作出的断言的东西的解释，但并没有因此混淆实际的断言与断言，它通过具体的判断的过程确定什么是判断，但并没有因此把判断混淆于具体经验中的判断，它通过对信念者的信念了解什么是信念，但并没有把信念理解为就是信念者当下所表达的东西。——一般实用主义基本上完全混淆了这两个方面或完全同化了二者（否认它们之间有区别）。因此，在黑格尔这里，一方面，相互承认的话语推论不是一个悬浮在经验历史之上的语言游戏，或为经验特意设计的东西，相反，它本身就是基于这一经验的历史之上的，话语者的所有问题都来自这一经验（这有赖于个人的承诺），但另一方面，话语本身又是独立于经验的，因为推理或说理的过程本身是一个概念规范的反思过程，它通过每一个说话者带有意向性内容的断言对现有的经验实施一种再确认（这有赖于人际间的相互认同）。因此，意义与使用（整个语用过程）的关系是一种意义与概念自我表达的关系，而不是一个缺少概念的自我表达的过程。黑格尔不像古典美国实用主义那样把意义与使用的关系当作一种没有概念介入或不需要任何概念的自然的关系。

康德哲学对布兰顿有两个主要的意义。第一，康德的范畴作为一种概念规范尽管带有先验范导的先验哲学的含义，但它所树立起来的规范的认知却仍然反映了现代知识论变革的必然趋势。康德的判断亦是一种“我思”，它可以伴随一切可表征的表象，但它表征的活动是以判断的形式表现出来的（不是寻找相似性）：它关注的是谁作出表征（这里不仅仅是我的表征），如果在所有可能作出的表征中（已经有的许多他人的表征），所需要的表征只是所有表征的一个，这就带来了哪一个表征是正确的问题，谁为表征负责？

康德称之为统觉的先验统一代表了这种规范的综合思维的能力，而且它也是一个相互负责的统一体。因此在这里，判断也具有一种客观的形式：对象=x，所有的判断都有一个需要作出负责的对象（关于这个对象的表征的正确与否需要负责）。

第二，对于布兰顿而言，具有重要意义的是，康德表明了一种知性自发性能力，即康德从关注外在相似性关系的认识论走向了关注内在判断的语义学。康德哲学哥白尼革命的结果是语义学的诞生："康德看到，认识论的问题是以语义学的问题为前提的。"①作为一种判断声称的表征对事物的推理式的定义，在运用了康德的知性概念之后而获得一种有关对象的语义内容，有关事物的真或客观性的一切认识论的问题必须基于这里的语义内容之上。康德由此建立了一种语义怀疑主义：他明确地把我们与世界的关系视为由概念与直观相互制约构成的关系，并把所有人类认识的对象视为不过是感知经验或"现象"（不是事物本身）。但康德并没有因为作出区分而认为，事物限制了我们的知性，相反，在他看来，一切表象的东西只有在知性自发性（自主性）概念（范畴）中才能获得解释。尽管经验与感受性相关，即在判断和思想之外有某种限制（存在被给予性的事实），但感受性的能力不能脱离自发性的概念的能力。对于康德而言，在这里，事物的外部限制完全是理性的，不是先验的，只有当我们仅仅考虑事物的原始表象来源时才存在先验的问题（被给予性的问题）。康德为此选择了一种积极的认识论的立场：他构建了知性自发性理论；他相信，作为心灵概念能力的知性自发性能力，保证了（对于认知主体而言）我们获得经验的可能性。

在布兰顿这里，黑格尔哲学被视为康德哲学的完成。认知的规范性和自主性是康德哲学最重要的两大贡献，至少在布兰顿看来，康德以这方面的理论就已为话语的认识论转向明确了方向，但只有沿着黑格尔的哲学步伐和他对康德哲学的改造，才有可能为话语的认识论奠定基础。

---

① R.B. Brandom, *Tales of the Mighty Dead: Historical Essays in the Metaphysics of Intentionality*, PP.22–23.

黑格尔把语义整体论与客观唯心主义结合起来是因为他不再相信，带有世界指称要求的概念内容的客观性证明能够完全按照康德的证明方式来进行。康德对传统认识论所发起的一项革命是，它把世界视为是一种被规定的对象性存在，世界不是它自身的显现，而是认识者手中的认识工具所规定的东西。从这一认识论的角度看，这意味着，只有通过事先有效的或普遍有效的法则（概念）的意识的建构或掌握，然后才有可能把概念用于具体事物的经验判定之中（对一个事物作出认识）。康德所说的概念或法则在语义内容建立上的决定性的可能性条件是什么？这种概念或法则本身有来源吗？如果有，它的来源是什么？一般都认为，对意识自主性的过分信赖，使康德对纯粹概念作为决定经验事物的语义法则是如何形成的（如何发展而来的）缄口不谈，而对概念或法则在语义内容的建立上的决定性的可能性条件则采用了纯粹思维自身的形式证明。客观唯心主义（objective idealism）中的“心”或“观念”正是黑格尔针对康德的法则的绝对性所提出反驳性看法的一个重要的概念。从黑格尔哲学的角度看，即使是康德意义上的意识的自主性具有一种“我思”的特殊性质(先验性)，它也离不开作为在特定时空条件下的“我”的所有可能的想法。“心”或“观念”不是与对象无关的“我思”，它是一个思维主体在特定的情境条件下的思维，它显示了或指明了思维主体的真实存在，特别是当它与一种整体论的意识结合在一起的时候。在分析哲学经历了其实用主义转向的方法论革命之后，人们已经普遍意识到，康德的纯概念不能先于具体的认识环节而发挥一种概念规范的制导作用，就像后来（蒯因之后）人们发现，像卡尔纳普所认为的由形式语言（人工语言）和具体的语言应用环节构成的两阶段认识是不成立的一样。蒯因之前，人们还幻想着我们可以像康德那样首先构建一种形式语言（它用语言的形式普遍性取代康德的概念的先验有效性），然后分析语言的应用环节，即作出推理和证明。但现在，人们更相信，说话者手头并没有现成的概念规范或形式语言来帮助他作出分辨，他实际上所能依赖的只能是一种概念的实践意识，即那种把自我的判断与概念使用的相结合的意识。这也就是说，在进行合理的推理和推论的使用之前，并不存在一种确定的概念，因此，也就不存在概念可以决定我们的判断的情形。对于布兰顿而言，这里存在的问题实际上是，作为记分的主体的“我”在这里必须进入一个更真实具体的自我意识之中，存在于每一个个人之间的概念规范必须被纳入其中。这也就是说，主体的个人的“我”不再可能是康德意义上的由自我认定的规范制导的“我”，这里的“我”必须把自己置于真实具体的历史中来获得对实质的客观性的认识。在这一点上，布兰顿承认了黑格尔对康德的自主性概念的批评。黑格尔坚持认为，卢梭—康德传统中的自主性需要作出补充，他人的认同必须成为其中的一个环节，我自己作出承诺还不能表明真正作出了承诺，因为承诺不是一个可以自我认定的东西，它需要他人的承认。这就是说，如果承诺仅仅是一种态度，它就难免不会是空洞的，因为自我认定的承诺并没有超出自我的条件。真正的承诺总是对一种内容的承诺的承担，即真正的承诺是对所做的承诺的内容的担当。

康德在其认识论中树立概念运用的绝对的自主性，乃是因为他对理论理性的理解在本质上仍然是从知性的角度进行的。布兰顿力图把康德的理论理性的证明推向黑格尔的真正的理性实用主义的证明阶段，就是因为他看到康德的由知性的确定性引导的概念运用的局限性。如果正确地理解自我（概念的运用者）与社会的关系，那么，不难看出，一切都并不是像康德所继承的激进启蒙运动认为的那样，自我的主体的权威性完全是基于态度的，因而是独立于它自身处于其中的社会和历史的，相反，如果基于态度的自主性要发挥作用，它就必须作出某种妥协，因为这里需要一种和解，即主体的规范态度与概念的社会存在之间的和解或相互承认。而这一探索概念内容的客观性的道路，正是布兰顿结合了康德规范的认知理论与黑格尔的概念史重构理论所要发展的方向。对于布兰顿而言，黑格尔在这里所做的革命性的改变，正是他所试图发展的理性主义的实用主义所要求做的改变。

而且最重要的一点是，布兰顿在黑格尔哲学所做的理论挖掘，都是在寻找如何化解唯名论对语言学转向责难的方法。主要的批评意见仍是从康德式的知性的认识论类型看问题的，因此，这种批评无法接受没有任何形式的唯名论的承诺的证明。从知性的认识论类型的角度看，这里存在的是一个无法拒绝的具有唯名论意义的实在（语言之外的由具体的事物组成的“赤裸裸的”实在），因而即使是概念内容的客观性证明也不能缺少由事物和事实显示的那种与单一的实在的联系。从康德的主要是知性的认识论类型的角度看（根据流行的或一般的康德哲学释义的版本），事物和事实都是不能取消的，它们构成了一种规范的限制，但康德求助先验观念论已经透露了这种处理实在论的方式是一种理论退却，因为它仍然需要莱布尼茨式的先验的统觉。必须看到实在论的问题在康德那里仍然处于困境的事实，如果对这一点有清醒的认识，那么就不难理解为什么需要在实在论问题上把视角拉进黑格尔最初构建的理性主义的实用主义。康德所表明的由事物和事实的规范限制的实在论，必须提升到黑格尔由规范社会行动构成的辩证视角的高度。对于布兰顿而言，在概念内容的客观性的证明上之所以必须做这样的提升或穿越，是因为只有这条道路才能真正消解实在论的困境。对于布兰顿而言，与实在论相关的整个规范的语用证明的道路上不存在再回过头去的可能性，即不存在接受黑格尔理性的认识论类型之后再回到康德知性认识论类型的实在论上去的可能。

第三章 推理主义的认知转向

在上一章中，我们看到了康德和黑格尔哲学对布兰顿重建分析哲学的重大影响。康德把判断视为最小的认知单位，并为此建立了规范的和自主的认知模式；黑格尔的精神科学对概念自我意识的关注，以及它通过理性的规范现象主义的视角对意识与逻辑的关系的揭示（包括在这一关系名下的语义整体论和客观唯心主义）都使布兰顿看到了一个完全不同的世界。德国理性主义传统的认识观念，在经由莱布尼茨到黑格尔完成了一个巨大的认识论的革命，这个革命的核心就是在思想的意向性（intentionality）中找到了意识与自我意识的区别和关联，从而在某种程度上指向了一条通往推理主义的道路。意识只有作为自我意识才能把所意识到的东西显示出来，意识作为一种原初的意向性状态，它是不可能直接的自我显示的，只有通过自我意识或统觉，它才能显示出来。

因此，一个基本主题制约着布兰顿对理性主义作为一种根本性的认识理论的反思，它涉及这样两个相互关联的问题，包括康德和黑格尔哲学在内的古典理性主义对意识意向性的研究对于认识外部世界和内部自我的巨大影响在哪里？特别是当推理作为一种辅助的手段被运用于理性主义的思想中后，会带来何种不同？作为一个理性主义者，布兰顿需要对理性主义首度提出并作了广泛和深入研究的意向性在认知中的地位和所发挥的作用作出评估，但另一方面，他又必须对为什么理性主义需要与推理主义联姻作出回答。有两个原因促使布兰顿把理性主义的意识意向性研究与推理主义相结合：一是布兰顿否定了形式推理或寄生于语言的解释或翻译的种种现代理论，而是直接从语言表达与意向性的关系入手，探求语言是如何能够把或以何种形式能够把出自意向性的判断或思想表达出来并获得某种客观性的；二是如果意向性的原初状态是如此重要，它又是如何表明自己是一种判断，而不是一种内心的奇思怪想（布兰顿需要摆脱与任何心理主义的瓜葛）。问题的根本是，意向性有其对象吗？意向性的对象是什么，还是说意向性无需有相应的对象，它的对象完全是内在的东西（不一定需要是真实存在的东西）。在有关这些问题的考虑和解决上，布兰顿给自己规定了下述任务：

1. 提出明确的反语义构成主义的纲领，即一种强的推理主义。

2. 终结被给予的神话。

3. 表明推理的整体论的性质。

4. 强调命题内容的语用优先性，为推理主义指明一条认知主义道路。

5. 发展一种实质的推理。

6. 借助于达米特语用主义推理的双连模式，为推理奠定一个合理的语用基础。

针对第一个问题，布兰顿表明，所谓强的推理主义指的是对后经验主义中占有中心地位的语义原子论的反对，即反对那种由单个的观察句出发的推理或相信每一个正确的句子都有它唯一或独立的正确前提的观点。强的推理主义不只满足于在观察或感知的层面解决“显现”的直接性的难题，还要求在整个语言体系的层面，解决那些由直指式的语言（作为记号的单项词、指示词和不带索引的确定摹状词）所带来的直接性。针对第二个问题布兰顿探讨了原初的意向性与对象性意识的关系，并指出了这种关联所带来的一些问题，比如对象性的表征与意向性的表达的矛盾，或用布兰顿的话说，声称的表征与成功的表征的区别。经验主义只谈表征的被给予性，似乎表征就是对象的表征（笛卡尔的经验观念论亦如此），似乎完全不存在失败的表征。但一旦把主体原初的意向性包括进去，或用康德的语言，把知性自发性包括进去，问题就不一样了，在事物可表征的世界，总是存在声称的表征和成功的表征的区别。布兰顿发展了一种概念归类的理论来抵制表象主义的反映性归类的理论。通过这种方式表明，推理在概念内容的来源上的根本性作用，因为所谓的“概念归类”（conceptual classification）也就是推理。布兰顿注意到，在当代分析哲学中，由于经验主义仍有很大的影响，事实的概念内容被区分两个不同的方面，它带来了两种不同的理论：一个关注于概念的观察使用，另一个关注概念的逻辑使用，即一个把概念的观察使用当作概念的最重要的方面，而另一个则把概念的逻辑使用当作概念最重要的方面。福多和德雷斯克代表了第一种理论类型。而布兰顿的方法是把概念的逻辑内容，即概念归类的内容视为我们一般理解概念内容来源的关键。针对第三个问题，布兰顿选择了一种语义整体论的策略。布兰顿很清楚，如果推理不再以任何表征的语义内容为根据，它只能从对概念本身的理解开始作为自己断言推理的条件，那么，这里的推理的概念来自何处？布兰顿解决推理的概念瓶颈的方式是回到一种语义整体论，也就是黑格尔的语义整体论。在吸取了黑格尔哲学的语义整体论思想后，布兰顿要求推理放弃它对先验综合能力的依赖，转而从整个语用的实践中去理解推理的能力，把概念先验综合的能力转换为把握整体语用概念之间的关系的能力。

针对第四个问题，布兰顿开辟了一条意义理论的认知主义道路通过命题内容的语用优先性的论题，抵制了形式语义学和经验语用主义对独立命题内容表达的打压。从语用的实践上看，语言的语用实践始终是伴随着语言使用者原初意向性在内的实践，它不是一个没有语言使用者对意义概念理解的一种“使用”。针对第五个问题，布兰顿希望通过塞拉斯最初提出的实质推理，修改从苏格拉底开始就一直是哲学中的主要部分的逻辑研究。不管从哪个层面上说，推理主义的推理的概念内容并不是形式逻辑中可以确定的语义内容，它是一种由判断构成的内容。布兰顿把原来是自主的形式逻辑还原为非自主的、服务于实质的推理的，而把原来是非自主的一般的语用词汇视为自主的词汇。他的这一举措的重要的认知意义是，在确定概念内容的首要性的基础上，打破语义逻辑主义的形式主义教条。针对第六个问题，布兰顿打算进一步推进由达米特所发起的认知转向。所谓“认知转向”（epistemic turn）指的是：不仅不再求助于形式语义学的形式推理的证明（形式逻辑的）方法，而且探究意义的表达和接受的方法。布兰顿把推理表达的合理性问题与达米特所提议的推理的形式联系起来，它通过对一个推理的适当应用的情境，以及应用的适当后果的论证，把实质的推理运用于语用的话语推论的模式中。

一、强的推理主义

布兰顿的推理主义是他拒绝被给予的神话的产物，也是他反语义构成主义的结果。但反语义构成主义有它自身的难题，布兰顿的推理主义的反语义构成主义需要表明，在概念中，概念之间的整体逻辑关系发挥根本的作用，而语义意义的构成则没有（也不能）发挥推理的作用，这样的理解需要颠覆整个语言的指示性（描述性）功能。按照福多和德雷斯克等人的新笛卡尔主义的模式，必须先拥有确定的最小语义构成部分（语义的指示词或单项词）的意义，然后才有可能进行某种推理或推理才会有内容。在布兰顿的推理主义中，所有的指示词和单项词都没有语义构成的意义，它们只能作为一种词语的可替换推理等值项，为推理中的概念推理关系所使用，这就是说，指示词或单项词完全不发挥它们自身在句子中的语义构成的作用，它们也不被视为具有某种构成性的语义。这种推理主义完全不能为坚持笛卡尔主义传统的语义学所接受。引起争论的是推理内容（意义）来自何处的问题，如果推理的语义意义不是构成的，它们又是什么？①

福多和德雷斯克等人代表的是一种新笛卡尔主义，从现代经验主义的角度看，他们的观点也就是逻辑经验主义的观点。通过采用罗素从弗雷格那里发展而来的新的量化的谓词逻辑，他们复兴了古典经验论，他们的理论的

① Jerry Fodor; Ernie Lepore, “Brandom’s Burdens: Compositionality and Inferentialism”, in *Philosophy and Phenomenological Research,* Vol. 63, No. 2. (Sep., 2001), PP.465–481.

根本意图是，如果对直接获得的感知的推理表达采用这种理解方式，那么我们就可以改变传统的经验主义用心理联想和抽象的理论手段讨论直接感知的方式。但在由早期弗雷格、塞拉斯和达米特所推行的概念来源的理性主义理解中，我们看到的是一种完全不同的理论倾向。在他们的理论中，概念是逻辑推理的产物，没有逻辑的推理便不会有概念，量化的谓词逻辑完全不能帮助我们形成概念。尽管这种理论没有放弃观察及经验，但它把概念的逻辑使用当作概念最重要的方面。

以福多和德雷斯克等人为代表的现代经验主义仍然把概念当作观察分析手段的结果是，它以一种原子论的方式来分析可能的语义构成条件（类似于红色就是指红色的概念或单个的“马”指示复数的“马”这种可靠反应倾向）。但早期弗雷格、塞拉斯和达米特所推行的理性主义关注概念与观察的逻辑的关系，把概念的逻辑使用当作概念最重要的方面。由于经验主义在分析哲学中顽强的存在，这里就形成了布兰顿称之为的“两种概念使用理论”，前者关注于概念的因果的使用，后者关注概念的逻辑的使用。

布兰顿借用了达米特直觉主义逻辑的理解模式，指出了什么是“推理的作用或它的功能”（the inferential role）。推理就是从在适当的条件下对概念（命题内容）的应用到对适当的应用后果（推理的结论）作出考虑的过程。推理首先从命题内容的建构开始的，当然我们具有概念或能够形成命题的隐含的知识是与其他概念相关的，如果我们没有事先掌握许多概念，就不可能形成概念。但对于布兰顿而言，在这里面临的一个十分棘手的问题是：在我们的理解所构成的命题内容中到底有没有感知的成分？或者说，命题内容仅仅是心智构成的纯粹表达的内容吗？如果认为，感知的成分总是存在的，那么，我们如何能在一种命题的概念上理解它们呢？弱的推理主义绕开了这个问题，或者它像古典的理性主义一样相信，命题内容的建构从根本上与经验感知无关。因此，布兰顿说，弱的推理主义的观点是，对于具体的概念内容而言，进行与之相关的推理表达就足够了。

布兰顿在整个推理主义的建构中所要发展的是一种强的推理主义。强的推理主义认为，对概念内容要做广泛的推理才行，即它认为，进行广泛的推理才能满足概念内容的特殊要求。在弱的推理主义中隐藏着某种不需要推理的成分，如果命题出自理解或某种判断，它就可以被当作推理的前提，而其本身却不需要推理。强的推理主义反对在推理的要求上只提出狭义推理的超级推理主义。超级推理主义实际上也可以理解为是最弱的一种，因为它只要求进行一种最狭义的推理，比如从已知前提到可能的应用后果的推理；在它这里，推理与针对命题内容展开的实质推理无关。它之所以又称为超级推理，主要是指它的推理的纯粹化程度是超级的，是一种在布兰顿看来只能在数学的领域才有可能存在的推理。而布兰顿所要发展的强的推理主义，对推理提出了广泛的要求，它与弱的推理主义和超级推理主义狭义的或非常有限的推理要求形成了鲜明对照。

按照布兰顿的理解，在强的推理主义和狭义上的推理主义之间的区别有三个方面，首先，最重要的一个方面是：强的推理主义的概念承认，在对概念的应用情境和后果中包含了非推理的内容。因此，推理必然会涉及某些基于感知之上的内容。一方面，概念通过它与语言的感知和特定实践的关系，获得了特定的经验概念内容，即由于语言具有感知和实践的特点，它因此带有被给予的或接受的感知经验的成分；另一方面，概念借助它与语言的表达和行动的关系（语言总能表达某种感觉），它也会带有感知的成分。对于强的推理主义推理概念而言，所有这一切，都必须加入推理的过程中。对带有这些感知和实践特征的概念应用，仍然可从实质推理的角度来理解，即仍然可以从它的应用情境和应用后果的推理适当性来判定的概念应用的正确性。强的推理主义的推理概念，实际上就是认为，一切概念内容的成分都应从应用的情境条件和后果以及它们之间的关系去考虑。而超级的推理主义只允许应用后果和情境的纯粹推理的部分（因此是一种狭义的推理），除了在数学领域，这种限制的推理主义很难对具体的概念内容作出推理主义建构。

其次，强的推理主义要求把论断和概念之间的不可比的关系，亦当其于其前件和后果的推理关系，它没有像蒯因或戴维森那样，把它们之间的不可比性当作它们意义的不确定性的依据。从（推理的）结果或后果上看，不可比性的关系预设了一种由严格的含义制约的模态推理。因为在这种意义上，p 包含了 q，任何一个与 q 不相容的，与 p 也不相容。因此，若一个正方形包含了长方形，那是因为任何一个与长方形不相容的东西，也与正方形不相容。布兰顿的意思是，一个有关论断或概念的应用结果的推论是确定的，它由一种性质推论出另一种性质是包含在事物自身的性质中的。我们绝不会知道了 p 包含了 q，而不能得出（或不能确定）任何一个与 q 不相容的东西也与 p 不相容的结论。论断和概念之间不可比的关系是可以通过推论来解决的。从（推理的）前提上看，不相容的语义关系可以依据同一个信念承诺（doxastic commitment）的规范状态，以及作出承诺的资格来理解。以这种方式，就可以对它们作出推理。换言之，根据同一信念承诺的规范状态及其作出承诺的资格，我们同样可以建立有关论断或概念的应用同一性规律，它不会出现我们不知道论断或概念应用是否可理解的不确定状态。

强的推理主义带有涉及实质的命题内容的实质推理的要求（这与传统的推理主义只关注布尔式的联结词的关系的形式推理完全不同）。一个屡被后来的一些理性主义所忽略的一点，是那种存在于康德、弗雷格、达米特和塞拉斯的哲学中的带有实质命题内容的推理。从这个角度看，布兰顿的强的推理主义又是一种以实质推理为出发点的推理，它排除了任何形式推理在推理中的主导地位，即它的强的推理的要求包括它要求用实质的推理代替形式的推理。

最后，强的推理主义还讨论单项词和小句子的替换（substitution）以及回指（anaphora）这样的关键的推理问题（因为它始终把表象层面的东西视为推理内容的一个方面）。通过区分可替换的推理，它可以表明，替换的承诺亦即推理的承诺（对小句子或单项词的替换就是为了推理的目的）。以这种方式，推理主义的方法就可延伸至对象单项词和谓词这样的小句子表达式的应用中。通过对替换推理的承诺的承袭，回指式的承诺就可以明确下来。如果这样做的话，推理主义的方法就可以进一步应用于像由证明性的、索引式的和代词构成的不能重复的或作为宾词的反身记号的（token-reflexive）表达式中（见第四章和第五章的讨论）。

布兰顿明确告诉我们，在他的整个推理主义计划中，他所要做的就是维护一种强的推理主义，而不是维护弱的推理主义。但他也不赞同超级推理主义的观点（超级推理主义不承认推理与语义内容的表象的层面有关系，它甚至不认为语义内容中有表象的成分），这是因为，他虽然反对表象主义语义学的观点，支持一种语用学的观点，他这样做并不是否认推论实践中的表象性层面的重要性（布兰顿始终认为，对象是通过单项词被给予我们的）。相反，他所做的选择正是希望以新的方式使表象性层面所包含的东西变得可以理解。这一点既可以看作是布兰顿的推理主义的独特之处，也可以视为是他为推理主义出的一道难题。他承认，对推理主义的根本挑战来自对语义内容的表象层面作出解释——用一种推理性的方式去解释指称的关系。这是布兰顿理论的特点，它所特别考虑到的一个重要方面。布兰顿始终认为，推理的基本前提必然涉及指称的问题，为此他不仅解释了传统的表象主义的语义学词汇的表达作用，而且认为像“真”和“指称”这样的表达式是有语用学含义的。

二、终结被给予的神话的方式

针对布兰顿的推理主义处理被给予的神话的方法，本小节打算做三点讨论，一个是布兰顿如何理解“表征”（1）；另一个是布兰顿如何解释概念内容的来源（2）；第三个是对布兰顿终结被给予的神话的“方式”的意义的一个总结（3）。

（1）对于理解什么是“被给予的神话”这个问题而言，一个难以回避的方面是，什么是“表征”？表征就是它所表征的事物的观念吗？或用罗蒂的术语，表征具有镜像的性质吗？但如果人是一个具有意向性的存在物，它不是镜子或任何感光元件，那么，身心二元论将迫使我们承认，没有真正的镜式的表征，表征与意向性是交织在一起的。基于这一基本推理，布兰顿区分了声称的表征与成功的表征，并认为这种区分也就是弗雷格最初区分含义与指称的用意。布兰顿认为，自笛卡尔以来就一直令人苦恼的显现（appearance）和实在之间的区别的问题是存在的（笛卡尔试图否认这里的区别）；表面的显现与实在的区别也就是“看起来是”和“……是”之间的区别。这里完全不像笛卡尔或经验主义者认为的，在现象世界，我们无法运用显现与实在的区别。①

笛卡尔强加给表象主义传统的观念是，他总是要求把表征当作成功的表征来理解（笛卡尔的同型同构论只承认这种“表征”），而根本不承认声称的表征（purported representation）及其“表达的”内容，因此，在笛卡尔式的认识论中，表征只具有单一的模式，它没有区分声称的表征与成功的表征。在这种表象主义传统的观念中，理解和带有命题内容的理解所声称的表征，完全被直接的确实性的知识及其成功的表征所替代。这主要是由于笛卡尔把声称的表征视为心理的东西而不予以探究的结果。对于笛卡尔而言，声称的表征的实际内容是不清楚的，也是一个不能弄清楚的内容。对于他而言，表征直接是关于某物的，因此他关心的是我们如何获得这种直接表征的客观性的问题。布兰顿打破被给予的神话的方式要求他重新解释表征这个概念。

如果表征与所要表征的对象有区别，就不应把表征与表象主义的表征相混淆；在这种意义上，表征实际上带有表达的（expressive）维度，甚至可以说，它本身就是一种表达、一种包含了表征者的判断在内的表达。用布兰顿的话来说就是，由于表征总是一种声称的表征，它是被把握住的或被摄取的（uptake），而不只是简单地显示出来的。“只有认为可以对某物做一种表征，它才可以声称是一种表征。因为声称某物是什么就是倾向于认为或觉得它是那样。”② 因此，“……表征性的声称就是一种表征所表达的东西，比如一个符号的指派，而不是它所表征的东西，如果它成功地表征的话。”③ 显

---

① 笛卡尔和经验主义者物化了外表的显示。外表的显示被视为事物就是如此这般的一种存在，尽管它仅仅是事物的一种显示。笛卡尔与经验主义者都认为，“显示”和“实在”之间的区别无法运用于表象，因为我们无法就什么东西是红色的表象作出对还是错的判断。笛卡尔与经验主义者都转而相信事物直接呈示的真实性，即相信我们不可能弄错眼前我看起来是红色的东西。

② R. B. Brandom, *Making It Explicit: Reasoning, Representing, and Discursive Commitment*, P.72.

③ R. B. Brandom, *Making It Explicit: Reasoning, Representing, and Discursive Commitment*, P.73.

然，有充分的理由认为，不存在纯粹的表征，相反，表征总是一种带有判断的表征。弗雷格之后的一种观点是回到康德，区分表征与被表征的对象，即区分“认为真的”和“……是真的”。

根据这种看法，命题性的表达和对象性的表征都是意向性的组成部分，或者说它们是意向性的两种根本的属性，这就是说，这一常识性的看法是错误的：对象性表征构成了整个意向性的内容，而理解意向性内容就是去理解它所表征的对象性内容。虽然对象性表征的内容的确是意向性内容的一部分，但其对象性的表征内容在解释上很难有一个基本的标准，即人们对对象性表征内容确实性的判定无法通过（或不足以通过）表征性的直接指称的方法来获得。因此，要真正理解对象性表征的内容，就必须借助于其他方法。由于布伦塔诺和现象学的影响，人们对意向性这种认知主体的内在状态有了更深入的了解，但在早期的现象学中，布伦塔诺的意向性分析仍暴露出了含混之处，比如，他并未严格区分对象性表征的（object-representing）意向性与陈述性的（declarative）表达的意向性。“意向性对象”的概念涉及两个方面，一方面是我们通过陈述性的语言所表达的一种思想观念以及所作出的一种判断，另一方面是我们沉浸于某种对象性意识中所表征的某种对象性意识，它往往是可以用单项词来指称这个对象的，比如一种意欲中所意欲的对象（比如爱或恨）或一种意指中所意指的对象（比如某具体事物）。但只有前者可以被视为“命题内容”，因为它不是一种简单的或指称性的表征，而是带有判断的具体内容的陈述（它是带有“我认为……”“我相信……”的判断的陈述句）；而后者则是一种“对象性表征的内容”，它往往是一种“关于事物归属……”（of）、“关于事物如何……”（about）的表征式的句子构成的内容。

但传统的形式语义学分析一直没有区分意向性状态的这两个方面，它对表征性内容理解上的缺陷也就没有任何意识。形式语义学对对象性表征内容分析的一种最典型的（对于布兰顿而言，也是最没有意义的）分析方式是直接指称的分析方式。在布兰顿看来，这是一种语义指派的模式（the designation model），它的分析方式最有争议的地方是，它不是把句子视为在特定语境中表达特定的命题内容的表达式，而是区分了句子和小句子表达式（subsentential expression），比如单项词；据此，它认为，单项词表示词语与对象之间的直接指称的关系，类似于名称（name）与其载体（bearer）的关系，而这种直接指称的关系是可以预先知道的，即我们可以预先指派给句子。在布兰顿看来，用语义指派模式的方式对表征性意向性内容的研究，只有假设我们求助的区分对象和事态（states of affairs）的本体论是可行的前提下才是可以理解的，但问题是，从本体论的意义上区分对象与事态是不可能的：如果“对象”可以从本体论的角度来理解，那么“事态”则不能也不应从本体论的角度来理解。因此，即使像名称或其他符号这类单项词的功能的确在于指称具体的对象（某个人、某个城市），也无法得出这样的结论：存在一种不是通过陈述句表达方式来表达的事态（只有带有命题内容的陈述句才能表达一种事态）。在布兰顿看来，形式语义学分析中的事态只能从本体论的角度去理解，它实际上也只是一种本体论的事态（某种实体性存在的事物或事件）。即使我们假定这种本体论意义的“事态”是存在的，离开了在间接的话语（推理）中使用的带有命题内容的陈述句，它也是不能理解的。

（2）对于“概念”是怎么来的问题始终是考验那些非经验主义信念理论的一块试金石。布兰顿反对被给予的神话的另一个重要原因是，他认为，经验内容是概念归类的结果，而不是反映性的归类的结果。布兰顿在这里明显地表现为他先假定概念是事先存在的。因为只有首先有概念才能进行概念的归类。但这里最好把布兰顿的“概念”理解为是一种推理，这实际上也是布兰顿的看法。概念归类也就是包含推理在内的一种“辨认性的思维”。推理主义认为，只有人能做概念归类，而动物，体温计则不行。一种是反映性的归类（原子论的），一种是通过概念进行的归类（整体论的），而能被称为概念的归类的原因是，它具有推理的性质。对概念归类与推理的关系的论证最早由莱布尼茨作出。根据莱布尼茨提出的辨认性的判断，就是寻找不同的感知（单子）之间的一种推理的关系（即进行概念归类）。在这个问题上，莱布尼茨的主要贡献有两个方面：首先，他把感知或感受性（perception）视为一个根本项，但他并未采用一种原子论的方式，把我们对外部事物的认知视为由单个的感知的叠加的构成物，相反，莱布尼茨明确地区分了感知与对感知的意识，即统觉；其次，莱布尼茨在不否认感知的对象的直接关系（直接的对象性感知）的前提下，把被意识到的感知（统觉的可意识范围之内的）与直接的感知之间的辨认关系视作意向性的基本结构，即意识的基本条件。这样，莱布尼茨在没有否认感知直接的对象性来源的情况下，把意向性当作一种基本的统觉，从而把对象的感知置于意向性把握的条件之下，而不是置于直接的感知之上。布兰顿认为，康德也正是在这一点上坚持认为对感知的把握要先于感知的感受，只有先有把握（comprehension），然后才有获取（apprehension），没有把握也就没有获取的感知。“康德否认没有把握却有获取，而是坚持认为，只要有任何感知的地方，就必须有概念的归类。对什么被概念归类和事物如何可以被概念归类的意识就来自归类的意识。”① 康德之前，莱布尼茨已经明确指出，概念归类需要回答的问题不是直接的感知如何使我们获得对象的意识，需要回答的问题是：什么是被意识到的感知和什么是那个直接来自对象的感知。因为在他看来，只有明确了这一点，才能作出分辨，被意识到的感知（统觉）是否就是那个直接获得的感知，还是根本上是另一东西。为康德所继承的莱布尼茨哲学中的统觉（apperception）是一种意识（awareness）能力，它是对所感受到的感知的一种意识。把统觉称为一种意识的能力，也因为它不是对思想的反思，而是对所感知到的感知的反思。但也正因如此，作出分辨具有十分重要的意义。人们必须始终提出这样的问题，即什么是被统摄到的或意识到（apperceiving）感知（perception）和什么是直接是来自对象的感知（perception）？通过统觉的意识结构的分析，莱布尼茨回答了什么是意向性对象的问题，他并没有把意向性视为是一种完全内在的意识，而是严格地把命题性（对感知的意识或统觉）和对象表征性的内容（直接的对象性感知）做了区分。

如果意识到这里的区别，这里必然存在这样的疑问：如何确定意识到的意识（统觉），就一定是那个对象性的意识？反思性地把握到的感知（命题的提出）与来自对象的直接的感知（表征的内容）是什么关系？到底是凭借

① R. B. Brandom, *Making It Explicit: Reasoning, Representing, and Discursive Commitment*, P.86.

哪一个感知（直接的对象性的感知还是被统觉所感受到的感知）我们才可以说我们拥有了一种客观真实的感受性？这也就是说，统觉内在地把握到的感知就是那个与对象发生直接的感知关系的感知吗？统觉到底是否发挥了对直接对象的反思和统摄的作用，还是说根本就无从知道它是否发挥着对直接对象的反思和统摄的作用？莱布尼茨用“辨认性的判断”（recognition judgments）这个术语来表示统觉与直接对象的感知关系的判定（以寻找它们之间的同一性关系）。①

莱布尼茨用“辨认判断”处理意向性内容不明性的方式是一条通向推理主义的道路，用莱布尼茨的语言来说，感知作为单子的一种表现方式是不会重叠的，它们一个完全不同于另一个，但这并不影响它们之间的关系构成一种推理的关系。按照这种说法，一种意识是否是一个统觉，如果是，它是否是一个有关一个对象的统觉，不只是取决于感知自身的可表达特性范围内的内在过程，还取决于它与同一个单子的其他感知关系。统觉所意识的那个知觉内容，是否正是来自产生这一知觉内容的直接感知？这是问题的关键。因此，这里所要做的就是确定一个感知是一个有关外部事物的意识，这就像用记号把一个事物作出辨认。对一个外部事物的特征作出辨认，也就是去意识它，去对你最初表达了那个事物特征的感知表达作出回应，即通过发展原初的内容，作出记号以便辨认。而这个辨认的意义正在于它可以确定，在两个不同的感知之间是否存在某种同一性，即它们是否是同一个对象的感知的结果。如果两个记号（辨认判断）指向同一个对象，那么，辨认性判断就完成了对一个事物的感知和统觉之间从属关系的认定。比如，具有良好的可伸展性（质地）与是最重的金属这两种特性，是否指向同一个事物，比如黄金？这里辨认的想法也为弗雷格单项词的替换原则中的辨认所继承。② 根据布兰

---

① R.B. Brandom, *Tales of the Mighty Dead: Historical Essays in the Metaphysics of Intentionality*, P.43.

② “辨认判断的三角通过两个记号的组合指明同一个事物而焦聚于一个客体，因此对于莱布尼茨而言和对于弗雷格而言都一样，它们必须通过确定的陈述来明确地作出表达。”（R.B. Brandom, *Tales of the Mighty Dead: Historical Essays in the Metaphysics of Intentionality,* P.43）

顿，莱布尼茨是最早用三角测量的方式来处理不同感知与事物的辨认关系的哲学家，而后来的德雷斯克和戴维森也都用这种方法来处理意向性的形而上的问题：对远端刺激的辨认，即找出哪一个内在状态是对远端刺激的回应，而要做到这一点，仅仅通过内在的表达是根本做不到的，因为要成为一个统觉，即成为一个意识，需要在不同的感知之间建立起一种关联：

> 按照这样的理解，一个感知是否算是一种统觉，如果算，那么它在两种情况下的统觉(在它的感知应该被理解为是它的直接的对象的统觉，以及在它意向性地指向有关世界的事态这个方面的统觉)，并不取决于感知自身内在的（推理的）表达的特性，而是取决于它与同一个单子的其他感知的关系。①

对于布兰顿而言，莱布尼茨的整体论思想最重要的贡献可以归结为这一点：内在思维完全不能帮助我们弄清楚统觉感知与直接感知的关系，只有借助于同一单子的不同感知之间的关系才能帮助我们做到这一点。莱布尼茨对意向性认知结构剖析的一个最大成就是，它使人们可以在不迷信感知是带来成功命题表达决定性因素的情况下谈感知。感知对象的直接性是它成为一种意识内容的根本，但成为一种意识的内容与成为意识意识到的内容还是不同的两回事。如果一种感知不能成为意识所意识到的内容，那么这里只有两种情况：直接的感知内容并没有带来意识的注意，另一种情况是，意识把它作为它自身的一种意识却不清楚它的直接意识对象是什么(产生了混淆)。

（3）麦克道尔有一个著名的说法是，今天的分析哲学在理论观点上常常出现的一种自我否定式的“反复的摇摆”：一方面，遁入感觉主义，为了表明思想意旨的客观性，把被给予的感觉经验、直指的指示关系看作具有独立

---

① R.B. Brandom, *Tales of the Mighty Dead: Historical Essays in the Metaphysics of Intentionality*, P.44.

语义意义的内容（它带来了语义原子论和真值条件论）；另一方面，由于在“真理论”上并没能说明思想意旨或语言表达的客观性，因而，它又倾向接受一种内在的融贯论或概念图式的理论，拒绝被给予的神话，完全把判断中的概念应用视为无所限制的，从而把思想推向一种缺乏真实内容或经验世界的基本特性的危险境地。① 经验主义认为语言的世界指称是决定性的，它决定了可能存在的意义是什么；而实用主义和融贯论则否认这里存在这样一种关系，而是强调语言的世界揭露功能，即认为意义决定指称，语言的概念才是决定一切可能拥有的意义的根本。这里的两种认识论的观念带来了“没有概念的内容”和“没有内容的概念”。经验主义的“没有概念的内容”和融贯论的“没有内容的概念”的对立是一个始终令现代认识论感到为难和尴尬的问题。塞拉斯注重逻辑在处理感知内容上的决定性作用，他力图杜绝被给予性的神话，即经验主义的语义构成论。为了避免像融贯论那样倒向另一极，即偏向于语言的概念构成，塞拉斯选择了对表征内容采取推理主义的处理方式。塞拉斯之后，布兰顿从塞拉斯的推理主义的观察理论中总结出了观察的两层次的说明。

我们可以把布兰顿推翻被给予的神话的方式理解为：通过抵制经验主义的语义原子论来最终结束上述“摇摆”。但这也显示了布兰顿与当代知识论在解决这个问题上的摇摆的方式的不同。麦克道尔解决这里摇摆的方式是，指出经验的内容是在思维中发挥一种规范作用的，不能把它们理解为一种限制理性思维的外在原因，即把不能它们当作理性语言表达一种“指证”。麦克道尔的独到之处是，他把经验内容看作本身就是概念性的东西（把它当作概念思维的一种形式，因而否定了概念内容之外还别有他物的观点），从而试图表明，认为感觉经验独立地存在于理性思维空间之外乃是一种“幻觉”。

布兰顿反对被给予的神话的方式具有它特殊的意义。如果我们把由塞拉斯开创的匹茨堡学派分为左派和右派的话，那么，布兰顿可以算是一位右

① J. McDowell, *Mind and World, with a new introduction*, P.24ff.

派，因为他认为，在推翻被给予的神话的方式上应该采用塞拉斯的方式。而麦克道尔则属于这里的左派，因为他始终认为，在推翻被给予的神话的问题上，必须放弃塞拉斯的观点，坚持一种最低限度的经验主义（这意味着，我们只承认概念性的感知经验），因为按他的理解，塞拉斯似乎仍陷入在传统的经验概念之中。为此，麦克道尔在《心灵与世界》一书中，非常引人注目地完全否定了类似观察这样的非概念的内容（这是塞拉斯仍然有条件地保留的范畴），因为按照麦克道尔的看法，经验感知在获取信息内容时就是概念的，因为在概念之外不存在他物。尽管布兰顿一样认为，黑格尔和塞拉斯对被给予的神话的批评暴露了分析哲学仍然深陷于表象主义的弊端，但与麦克道尔不同的是，他并没有通过直接否定具体的感觉经验来回绝被给予的神话，相反，在这个问题上，布兰顿始终坚持推理主义的立场，他一直认为，推理主义不应回避表征的问题或拒绝承认观察的某种独立存在（比如，一种非推理的观察报告的存在），而是应该去挑战传统实在论对表征的表象主义的解释。

麦克道尔的经验概念可以是一种没有感知经验的认识论观点，它还可以是心灵哲学中的一种观点，一个原因是，麦克道尔的感知经验并不包括判断或信念对事物作出认定的那种性质，他的“感知经验具有判断性的、可信的概念内容，但它却没有判断和信念。”①因为在麦克道尔的感知经验中，当一个感知者从感知经验上去做判断和相信什么，这里的经验可以直接作为评判的后果作出评价。因此，麦克道尔的经验主义是一种特殊类型，它并不像传统经验主义那样把经验视为与理论结合的东西，即经由可检验的证明程序获得的东西，相反，经验被视为实际的人类实践的产物，因此，它并不直接与感知经验发生联系，即不与特定条件下的事实的判定有任何关系。麦克道尔的感受性感知的另一个特点是，只要感受性感知是真实的，也就是事实，那么由此而形成的感受性经验就是真实的，甚至就是一种思想的东西。麦克

① B.R.Brandom, “Non-inferential knowledge, perceptual experience, and secondary qualities: placing McDowell’s empiricism”, *Reading McDowell: On Mind and World*, Edited by Nicholars H. Smith. Routledge 2002, P. 94.

道尔讨论感受性经验中的事实或思想时，不是从心理学上而是从语义上去考虑的。但是这样的感受性经验仍然必须面对感知会出错的难题（没有理由认为我们的感知不会出错），而麦克道尔要表明，感受事物的心灵所感受的就是真实的事物（不容置疑）。这也就是说，我们无法区分我们感受性感知具有真实的事实还是缺少这种事实。——麦克道尔在其析取原则中认为，真实可靠的感知与幻觉有一个相同之处，那就是它们并不能为我们所区分。换言之，我们无法对什么是真实可靠的感觉与幻觉作出区分。

布兰顿并不认为通过直接否定具体的感觉经验来回绝被给予的神话是恰当的，因为那些会遁入理智主义，相反，他认为，我们只能通过把表征内容当作推理的概念的内容来清除被给予的神话。在这一点上，布兰顿认为他是一个坚定的塞拉斯主义者。布兰顿分析了他认为存在的感知的形式。首先，是可靠的辨析反应能力（reliable differential responsive disposition，RDRD）。对外部刺激能有何种分辨能力取决于人类天生具有何种分辨能力。比如，对于像雷达波段，人类完全没有感知性分辨能力。由此可见，只有可靠的感知分辨能力与生物相似。但我们不是简单地对颜色等这些感知反应仅仅作出感知（类似红色代表应该按哪一个按钮），而是就感知提出说明或表明一种看法，类似在塞拉斯的"提出理由与要求理由"的游戏中(交互推论中)表明一种立场。比如，我在什么条件下观察到，所观察到的具体情形：某个红色是鲜红色、由某物染上的颜色，以及颜色的空间分布等。鹦鹉也能分辨颜色，比如它能根据颜色触碰不同按钮，但它不具备这种陈述能力。表征内容本身并不能直接构成一种判断。这也就是说，它们不是认识的最小单位或起点。从这种意义上说，表征内容不是概念的限制，它本身倒是有赖于概念的；缺少概念，表征内容就没有任何实质的或可辨析的语义意义。像由"真理""指称"或"表征"这些概念表达的内容，只有在有关断言的语句的使用和理解所做的更为全面的说明中才能作出解释；这就是说，有其自身直接的真值条件或外延的表征内容，没有通过断言性语句的表达和理解就没有任何意义和作用（这是布兰顿又把他的推理主义又称为表达主义的原因）。

三、推理是一种做事

布兰顿的推理主义在表征问题上选择的是一条困难得多的道路，因为它不接受表征即是一种经验，即不接受表征是概念析取功能的产物（麦克道尔），而是提出了证明的要求。正因为如此，布兰顿的推理主义在处理表征的问题上一直存在概念的瓶颈。除了概念析取的理论，经验主义相信可以从表征的确定性内容上获得推理的关系，而不是从其他任何方面。因此，它坚持表征的正确性可以使推理具有正确的关系。因为这里首先可以理解的是表征的内容。这也就是休谟对推理的确实性忧心忡忡，而对表征内容的确实性则没有任何怀疑的原因。莱布尼茨用推理在概念表达和感知表达之间作出区分，这样他就可以对概念意识到底是什么作出解释。但康德哲学之后，人们已经通过康德对这一莱布尼茨式的意向性认知结构的特殊性有了新的认识：对于概念归类的理论而言，只有在先有概念的条件下，才能知道辨认性判断出于何种概念，因此必须先有概念。

在黑格尔、塞拉斯、达米特和维特根斯坦之前，莱布尼茨相信内在的观念（统觉是一种内在的观念），但内在论会陷入在推理辨认中一个概念只能基于另一个概念的无限倒退的悖论中，除非直接把概念当作某种先验的法则。以莱布尼茨的哲学为例，这里的问题暴露得十分明显：

> 莱布尼茨用推理或说理的观念在概念表征与仅仅是感知性的表征之间划了明确的界限，这样就能让人们对概念意识包含了什么建构一种说明。就运用概念于某事物而言，我们意识到了某个外部事物，以便能对它作出说理，这对于理性主义来说是一种成功，因为这里已经有了一个可分辨的结构。但这要求人们必须首先早已拥有了一种概念，只有如此，人们才能把某物归于概念之下，以便在这种意义上意识到它。①

① R.B. Brandom, *Tales of the Mighty Dead: Historical Essays in the Metaphysics of Intentionality*, P.30

这就是说，莱布尼茨把内在的观念当作概念，因而他就没有一个概念总是需要附带的其他概念的意识。从黑格尔哲学的角度看，如果概念不是来自过去的经验和意识已经意识到的经验片段，概念还能出自何处？①为了避开概念推理的无穷倒退，就必须理解概念的实践本身。为此，布兰顿在概念推理上采用了一种整体论的推理方式。

> 语义内容的推理观念在根本上是整体论的。推理涉及前提和结论两者。一个前提的推理的作用在根本上是取决于推理的结论，反过来也是如此。人们不可能知道推理的作用（the inferential role）是什么，除非至少知道可以从这个概念内容的推理推出的其他推理，或这个概念内容得以推出的其他推理。就发挥推理作用的内容而言，这里的内容是明显地相互定义的，而这种方式对于带有表征意图的内容而言则是不需要的。②

推理的整体论的基本形式是让禁锢在意识内的推理和概念意识走出来，并把它们放在一个意识之外的整体语义关系中来理解，因此，这不是一种有关意识的功能主义的处理方式。意识的功能主义把意识视为一个整体的系统，并由此探讨整体与部分的关系，但这不是真正的或不是这里所要讨论的整体论，因为这里的"功能主义的整体关系"所表明的只是存在于意识之中的一种整体关系。在莱布尼茨的哲学中，功能主义的整体论走向的是一条死胡同，这也是斯宾诺莎走向一种有机论的原因。

推理和实践是紧密地联系在一起的，"推理是一种做事(doing)"③。首先，"做事"或语用实践有一个基本前提，实践者本身的推理出自一种实践能力(knowing-how)，实践者已经处于具体的语用实践中。如果实践者本身具有

① R.B. Brandom, *Tales of the Mighty Dead: Historical Essays in the Metaphysics of Intentionality*, P.45.

② R. B. Brandom, *Making It Explicit: Reasoning, Representing, and Discursive Commitment*, P.90.

③ R. B. Brandom, *Making It Explicit: Reasoning, Representing, and Discursive Commitment*, P.91.

实践的能力，那么，他（她）便知道什么是具体语用世界中的实践的规范概念。这个时候对推理的实践者而言，概念是隐含的，它是隐含在具有实践的规范概念中的。因此，整体的语义关系保证推理首先可以从实践中隐含的规范开始，即这里不存在对隐含的规范本身的怀疑。根据整体的语义关系，我们可以假定它们具有某种默认的正确性。

布兰顿所强调的是，如果说所有概念的超验建构都是社会的建构（institution），那么，概念就是隐含的，它隐含于具体的社会—历史的条件中。先前使用的概念并不是不再有继续使用的可能性以及加以调整的可能性。一个新的应用情境总会在许多方面与先前的情境既有相似之处也有不相似之处。对于应用概念的判断者而言，这里有足够的空间来作出选择，对先前所作出的承诺是否可以作为潜在概念使用的依据，以及在这种使用中哪些是相同的，哪些是相互不相容的。先前的概念使用因为何种事实而处于悬而未决的状态，这些先前使用的概念如何能继续被使用？黑格尔的回答是：这里需要考虑的是先前的概念使用是否有资格（还是没有资格）存在，以及谁对这些概念的使用予以授权的规范状态的问题。

布兰顿对这一点有十分清楚的认识，即离开了语用实践整个“做事”过程的推理是狭隘和片面的，并存在推理无限倒退的悖论，除非在一些推理的超级使用方面，比如，知道平面的三边直线的形状，就是知道它是构成三角形的概念的一个基本条件。理性主义在这一点上是对的，即认为，使用者使用的概念内容是它在使用者运用推理时发挥作用的结果。理性主义要求我们关注概念的使用，而不是去关注它的经验的因果来源。因此推理性的证明是最为重要的。对概念内容的解读，来自概念内容在好的推理中起着推理的前提或结论的作用这一点。

在语用的推理中，即推理“做事”中，人们倾向于所有的因素都需要考虑在内。什么是应用一种经验概念的因果和推理关系的本质，或什么是这里的推理和因果关系应用的后果？是什么决定了它从应用（经验因果和推理的任何一种应用）的情境过渡到它的应用后果？因果的经验来源和应用后果都是重要的。在我们的一般概念中，让人十分揪心的推理概念，其本身就是推理实践的产物。这里没有如何从原理上或从法则上建构概念的任何方法，概念本身也不可能是形式构造的产物，这里没有其他的选择。说概念是推理实践的产物，意思也就是说，如果我们能在语用实践中把握所有那些语用前提和应用后果的相互关系，包括经验概念的因果关系的本质，那么，推理的概念便建立了起来，即我们就知道了如何推理，或者说，我们就拥有了推理的概念。

回答概念出自何处问题的前提是接受黑格尔最初在回应和批评康德的统觉理论时提出的语义整体论。这就是说，推理语义学处理概念的瓶颈问题的方式是回到一种语义整体论。在黑格尔、塞拉斯、达米特和维特根斯坦之前，莱布尼茨和康德都没有真正解决概念来源这个棘手的问题，他们相信内在的观念，即他们都相信，概念是内在的，但这种内在论完全无法回答一个概念只能基于另一个概念的无限倒退的悖论，除非直接把概念当作某种先验法则。黑格尔之后，维特根斯坦提出了一种与分析哲学完全不同的有关语言实践的意义理论。在语义学的分析方面，我们用语用学来分析。把我们的话语实践去神秘化的人类学的、自然历史的和社会实践的探究，是实用主义语用学的根本理论宗旨。一旦语义整体论顾及“做事”，那么，这里的语义整体论也就同时具有一种实用主义性质。按照布兰顿的经典说法是，这里的实用主义，从实际的断言过程的特征中，寻求对什么是作出的断言的东西的解释；通过具体的要求过程寻找什么是要求，通过具体的判断过程确定什么是判断；通过对信念者的信念了解什么是信念。

四、命题内容的语用优先性

从认知的形式上看，即从命题的思想性或它的判断概念上看，推理主义所处理的概念内容并不是形式逻辑中可以确定的语义内容，它是一种由判断构成的内容，这也就是说，推理主义处理的是出自原初意向性的内容。有鉴于此，推理主义必须表明命题内容的语用优先性（a pragmatic priority of the propositional)，[①] 命题内容的语用优先性指的是，从说话者的表达中去建立一种命题内容，而不是在脱离具体话语者的话语表达实践的情况下抽象地谈论命题内容。在具体语境中所表达出来的命题内容与形式的语义分析中的命题内容是完全不同的，它把命题的提出与话语者的信念和认知态度联系在一起。但在经验主义的影响下，对命题的分析完全是一种形式的分析，这种分析与说话者的原初意向性状态没有任何的关联，而原初的意向性状态正是当下的话语者作出断言的基础。形式语义学把表征当作词语、短语本身固有的一种意义来分析，这等于认为，单个的词语或单项词和短语可以在一个句子中使全句产生一种意义。这种语义学的意义分析总要假定词语和一般短语有其字面上的意义，并把这种分析局限在这上面。

布兰顿的“命题内容的语用的优先性”的论题凸显了他的推理主义的一种强认知主义的性质，这恰恰也是康德以降的现代话语理论的一个基本特征。与形式语义分析中的命题内容完全不同，布兰顿要求把命题的提出与话语者的判断联系在一起。这里不是进行语言的语义分析，而是对话语者当下的思想表达的意义分析。

根据康德的理论，可能存在的这种判断就是命题内容，缺少这种判断就不能说有命题内容，表征性的感知和理解不能用来解释我们的知解力（知性），因为它们不能提供命题内容。这里的判断与传统逻辑中的判断不同，还因为它是带有一种积极的主动性，不是被动的理解（机械地寻找主词与谓词概念与概念之间的联结）或被动的表征（感知）。布兰顿认为，康德的判断力学说因此是从语用学出发的，因为他把认知看作是主体面对具体的认识对象经验应用语境中的一种知解力活动（仅从确定性的判断力的角度看）；对他来说，认知不是从分析开始的，而是直接开始于综合；他的语用学决定了他有关认知内容的形式语义学。

康德之后，最典型地表达了命题内容语用优先性的哲学无疑是弗雷格

① R. B. Brandom, *Making It Explicit: Reasoning, Representing, and Discursive Commitment*, P.79.

和达米特。命题内容需要有思想表达的意味，而不能龟缩于语言固有的内容中。达米特心目中的理想的无条件的（full-blooded）意义理论，指的就是这种具有命题内容的语用优先性的理论。达米特的具体说法是：旨在完成这项有限工作的理论是适度的意义理论，即没有真正命题内容表达的理论（他用来指戴维森的意义理论），而实际上是在寻求对语言的原始词项所表达的概念解释的理论是无条件的意义理论，即一种着重于命题内容的语用表达的理论。① 达米特根据弗雷格的思想认为，把对句子指称的知识归于说话者是愚蠢的，指称也可说是一种机械的指示，如知道某个事物是某个专名的对象等。② 指称的理论并不能充分说明一个说话者理解他所知道的东西，这里的主要命题才是说话者所要真正了解的。由于说话者的知识都是一种隐含性的知识，含义的理论就不仅要把说话者的具体所知展示出来，而且要把这种知识是如何显示出来的做具体的展示。如果意义的知识包含了纯粹指称的知识，该意义的句子就等于没有任何信息内容。因此，表达式或句子含义的观念是与知识联系在一起的。而关键的是，如何从对一种语言的句子意义的知识（通过指称和含义的理论所获得的）过渡到对说一种语言的具体实践的理解即话语的表达。

布兰顿注意到，在达米特之前，弗雷格同样重视命题内容的语用优先性。比如，弗雷格写道："我的逻辑的不同之处是，我给予了'真理'这个词的内容以一种十分重要的地位，而且直接引进了这样一种思想，以使'这是真理吗'的问题在原则是可以应用的。因此，我并未从概念开始，并把它们放在一起来形成一种思想或形成一种判断，我从对思想的分析这一部分开始。"③ 在 1870 年，弗雷格就提出了"可能判断的内容"这一概念，或"可判断的内

---

① M.Dummett, "What is a Theory of Meaning? (I)", in *The Seas of Language*, P.5.

② 弗雷格的"指称"（Bedeutung）包含有两层意思，一个是句子的语义上的指称（含义），另一个是从语力上看的、作为思想的真的指称。根据达米特，弗雷格并没有很清楚地区分二者，这带来了一些理解上的混乱。关于这一问题，见下一章的讨论。

③ H.Hermes, Kambartel, and F. Kaulbach, eds. *Gottlob Frege: Posthumous Writing*. Chicago: University of Chicago Press, 1979, P.253.

容”。在《概念文字》一书中，他又强调：“我从判断及其内容开始，而不是从概念开始……不是从作为主词的单个性和早已形成的作为谓词的概念中把判断组合起来，我所做的相反，通过把一种可能判断的内容分开来形成一种概念。”① 弗雷格的函数概念就是作为他服务于分解可能的判断内容的替换性方法的一个主要概念。在《算术的基础》中，弗雷格继续追随这种康德式的方法：“我们必须随时拥有一种完整的命题。只有在命题中，词语才真正有意义……如果命题从整体上看是有含义的，这就足够了，正因为如此，它的部分所表达的东西也同样是它的内容。”② 由于弗雷格赋予了真理这一概念以非常重要的作用，他一直坚持这种观点，把表达式看作是有内容的，就是去看它对出现于其中的思想或命题的真值的贡献是什么。

形式语义学完全忽略了从表达式上看的句子的断言性的（assertoric）真理与语义学的真值的区别。之所以要从句子分析的角度，把真理视为句子本身所固有的，或应归属于句子的，是因为只有句子是在特定的语气中被说出的，带有说话者的判断和特定命题内容的表达式。这也就是说，句子不只是具有语义内容，它还带有语用（特定语境中说出的）的语气与含义，即命题内容。从这种意义上说，后期维特根斯坦意义上的真理冗余论是对的，真正重要的是我们“认为什么是真的”或“把某物当着是真的”语用学的态度，即我们所作出的判断或断言（asserting）的行为。

维特根斯坦也同样把句子的命题内容视为根本性的东西：他同样认为，只有句子（而不是名称或各种独立的小句子）才能表达一种判断或断言，而判断和断言所构成的就是命题内容。句子的命题内容不是单一的语义内容。命题内容可以出现在一切类似说出的句子的言语行为或表达式中。比如，“兔子！”或“火！”这样的言语行为，它们不算是一种在句法上完整的句子，但同样表达了一种语用学意义上语力（不只是带有字面意义），它们因此同样具有它们的命题内容（对事物的一种态度）。它们实际表达的含义，可以

① H.Hermes, Kambartel, and F. Kaulbach, eds. *Gottlob Frege: Posthumous Writing,* PP.16–17.

② G.Frege, *The Foundations of Arithmetic: A logico-mathematical enquiry into the concept of number*, First Harper Torchbook edition published 1960, P.71.

解释为是在表达一种惊叹:“瞧那只兔子!”“起火了!”它们可以构成一种维特根斯坦的语言游戏。一旦名称用于意指什么，即用于声称某物是什么和把某物当成什么，它们就不再是简单的名称词，而是带有语力的命题内容的最简单的“句子”。而实际的言语行为总是如此，它们总是在意指什么:把某物当成什么或声称某物是什么。

在语言的意义分析中，语用的命题内容分析具有不可替代的优先性，这促使布兰顿提出语义学必须与语用学相协调的观点。① 通过对命题内容在语义学分析中的重要性的揭示，这个曾经也为达米特所强调的道理变得愈发清楚:只有把语义内容看作是直接出自意向性状态或直接就是某种表达的意图（而不是把它当作与语言表达式或句子固有的字面上的意义相关的内容），我们才能从不同的语境中去确定它的语用学的含义;否则，单纯的语义学分析将不可能给我们带来任何新的语言活动的内容。我们不能把语义学分析局限在与小句子和名称词的分析相关的范围之内，与小句子表达式相关的语义学意义分析只有在下述情况下才是有意义:当这种分析直接有助于我们对完整的句子所表达的语义学意义的分析。语用学分析对完整的句子的使用的分析，也将迫使语义学的分析不能只局限在小句子和名称词的意义分析范围之内，它必然要把对意义的分析扩大到整个句子。

五、实质的推理

从上一小节的讨论可以看得很清楚，布兰顿强调由判断构成的命题内容不是形式语义学中的命题内容，判断是说话者在语用的条件下对事物或事态的判断，而由此形成的命题内容则是实质的、语用上的命题内容。所以，确切地说，布兰顿所谈的命题内容是在语言的实践活动中表达出来的命题内容。布兰顿希望避免两种情况的出现，一种是出自意向性状态的概念推理为形式逻辑的法则所牵制;另一种是概念的推理在非反思的情况下为特定情境

① R.B. Brandom, *Making It Explicit: Reasoning, Representing, and Discursive Commitment*, P.83.

条件下的概念所约束。

根据布兰顿看法，尽管弗雷格没有提供一种完整的概念的解释，但在《概念文字》一书中，他的表达性的计划仍使他提出了后来塞拉斯发展的实质推理（material inference）的提议。① 自从弗雷格做了概念内容的推理性质的分析之后，他所面对的主要矛盾是如何使概念内容的推理既符合一般推理的性质，但又不至于混同于形式的推理。但由于形式推理的形式上完满性一直是一个吸引人的东西，因此，不仅弗雷格本人试图调和实质的概念内容的推理与形式推理，以使推理的形式完满性融入概念内容的推理之中，弗雷格之后，卡尔纳普也试图通过分析与综合的不同区分不同的推理形式，以表明它们之间的不可分割的关系。但这种努力的背后的动机有一点是为后来的哲学所抨击的，即它都带有对形式推理的完善性的盲目信任和推崇。蒯因之后的哲学在看待形式推理的完善性和它不可动摇的地位的态度上的革命性转变，使人们看清了这种对形式完善性崇拜的虚幻性。这也就是说，人们看到，把本身就是带有实质内容的推理融入形式推理中，一些条件将发生根本性的改变，比如，形式推理显示它的完善性的单一性推理（monotonic inference）将不再可能作为一种约束性规则而存在。

按照塞拉斯的看法，其正确性在本质上涉及概念内容的前提和结论的推理，可以称为实质的推理。参考一下这个推理的例子：从"匹茨堡在费城的西边"推出"费城在匹茨堡的东边"，从"今天是星期三"推出"明天是星期四"，以及从"现在闪电了"推出"雷声很快会响起"等等。这些例子中的推理前提和结论都来自非逻辑形式的前提，它们甚至不是逻辑词汇，它们来自有关外在事物的一种判断，因此，这类推理是建立在外在于逻辑的判断之上的，因此是实质的推理。在实质的推理中，对前提和后果的理解都是独立的，即不仅前提是被理解或下了判断的，结论也是通过理解下了判断的，因此，它们构成的推理判断并不是从一般逻辑的形式单一性上所作出的，而完全是从理解和判断上所作出的。在这里，我们可以说，是"东边"

① R.B.Brandom, *Articulating Reasons: An Introduction to Inferentialism*, P.61.

和“西边”这些概念内容使第一个推理成为一个好的推理，同样，“星期三”和“星期四”的概念内容使第二个推理成为好的推理；“闪电”和“雷声”的概念内容使第三个推理成为好的推理。这些推理的有效性，在于对这些概念内容的理解。

这些例子所要表明的无非是：推理中的主词必须是实质的，即是一种认知性的内容，而不是假定的内容，它必须是在特定的时空条件下说出的，带有说话者的认知判断在内，并且这种认知判断构建了一种推理的逻辑关系，比如，在地理位置上的真实的方位或天气变化的自然因果关系。形式推理的空洞性恰恰在于它对主词的认识是假定的或指派的，这使它能够完全依赖词语本身固有的意义。但在这种情况下，推理与语用的认知活动是脱节的。形式推理的主词对于所包含的推理，只是在句法上形成了一种关系，但从语义内容真实的使用上看，对于所包含的关系，这种定义根本没有对它们作出判定。弗雷格一个革命性的观点是，说语言表达式中的含义与指称不同，实际上就等于说指称是独立于语言的语义值（意义）的，即它不是一种可以在主词和谓词之间确定的关系。而达米特的一个贡献是，他发现，在经典逻辑中，语义同一性或排中律可以当作一种证明的条件，但在直觉主义逻辑中，这种证明在认识论中是不清晰的证明。在经典逻辑中，公式 A 断言 A 是真（因为 A=A，它们等值或可实现语义转换）。在直觉逻辑中这个公式只在可以被“证明”的情况下才能被当作是真的，即我们必须知道，A 和 A 具体指什么。经典逻辑所接受的排中律，在直觉逻辑中是根本不能接受的，这是因为在允许这种公式的语言中，有可能从 P ∨¬ P 中得出真的结论，而不必知道这个析取中哪个是真的。这也就是说，在经典逻辑中有可能存在¬ P 是错的，但它仍为真的情况。从效果上考虑，直觉逻辑放弃了基于二值原理之上的“真”或“假”的判定性的证明，而改用下述证明：证明在 P ∨¬ P 中，至少 P 或¬ P 中的一个可以被证明。这样的证明的好处是，它可以避免¬ P 是错的，却仍有可能为真的情况，或避免我们可以从 P ∨¬ P 得出真的结论，却并不知道在这个析取中，到底哪一个是真的窘境。

弗雷格对经典逻辑推理的批评所揭露的问题，也是布兰顿强调实质推理如此重要的原因。从形式逻辑的角度来看，推理本身的正确性所依赖的可能世界，是它的结论可能是真的可能世界的一个子集。而实质推理的前提和结论都没有使用逻辑的概念，它完全不同于只是基于逻辑的形式之上的推理。这也就是说，它们并不像一般逻辑那样使用形式的逻辑词汇，或依赖于形式的逻辑词汇。这是一个微妙的区别。尽管实质推理也可以使用逻辑词汇，比如条件句等，但其推理的力量却不是来自逻辑词汇，因为它不能通过形式上有效的推理获得说明。这也就是说，只有形式上有效的推理可以通过好的实质推理获得一种说明，但反过来却不行。① 在“匹茨堡在费城的西边，因此，费城在匹茨堡的东边”这一实质的推理中，两个城市之间的方位关系完全是由我们对它们地理位置的认知决定的，所以，当我们用形式上有效的推理形式，比如“如果匹茨堡在费城的西边，那么，费城在匹茨堡的东边”这样的条件句之后，其实质推理的性质并不会有所改变。因此，只有形式上有效的推理借助于好的实质推理获得说明的情形，而不可能存在实质推理借助形式上有效的推理获得说明的情形。这一不可反向操作的情形充分暴露了形式上有效的推理及其所使用的逻辑词汇的尴尬处境，因为具有推理功能的逻辑词汇不能通过形式有效的推理而成为具有推理功能的逻辑词汇，相反，它们只有在具有概念内容（断言的命题内容）的实质推理中才显示为具有推理功能的逻辑词汇。形式上有效的推理往往具有某种欺骗性，比如，“匹茨堡在费城的西边，所以，费城在匹茨堡的东边”这个使用了条件句的推理可以是实质的推理（有如它在上述列举中）也可能是一种形式推理，因为你可以在完全不知道这两个城市之间的地理位置关系（缺乏实质内容）而得出（通过条件句或省略的三段式推理）与一个具有实质内容的实质推理完全相同的结论。从这个角度看，有许多使用了形式的逻辑词汇的推理可以在对主词一无所知的情况下得出一个可能是正确的推理。

此外，我们也不能简单地把实质推理的力量与布兰顿称为的“原因上

① R. B. Brandom, *Making It Explicit: Reasoning, Representing, and Discursive Commitment*, P.104.

的物理的有效力量”联系在一起。① 人们常常不愿去分辨这里的区别：属于“外部来源性范畴”（derivative category）的弱的推理与强的推理（实质推理）的区别，后者属于一种纯粹内在的（内在于理性的逻辑空间）的推理。由于使用了形式推理的逻辑词汇，比如使用了条件句，人们在许多情况下不知不觉陷入了假象。换句话说，一旦盲目地把逻辑推理的正确性等同于它的逻辑词汇的形式上的正确性，即把推理的表达等同于逻辑形式的表达，我们就会陷入由省略的三段论式的“条件句推理法”制造的推理假象之中。因此，真正重要的是，不能把推理建立在这种形式的“真理条件”之上，比如，建立在下述“真理条件”之上：“如果下雨，那么，地上会是湿的。”这种推理完全以一种可能世界的条件为前提，它的推理的力量正是来自“原因上物理的有效力量”，而不是来自真正的说理。它是一种典型的省略三段式推理。按照这种推理，只要相信推理的前提条件，那么这种推理(结论）就会被接受。

按照实质推理的要求，无论推理在哪些方面被同意，都是因为在特定条件下构建了一种认知内容。推理一定是开始于某种真实的命题，不是此类命题的假设条件不能作为推理的开始（前件）。形式逻辑的推理是形式的，就因为它是从假定的条件开始来处理推理的可能性诸问题。形式推理把所有好的和不好的推理完全从它们形式上来判断；它们所涉及的断言内容，只仅仅与隐含的前提的真理有关。“按照这样一种处理事物的方式，就没有像实质推理这样的事了。”② 形式推理因此认为，“好的推理”就是“形式上有效的推理”，所以对它而言，假定了一个隐含的前提是必要的，但这样的方式无论从何种角度来看，都只能算作一种形式主义的推理方式，它用条件的真替代了推理的原始完善性。

必须有足够能帮助我们把握命题内容的隐含知识，才有可能运用实质推理。实际上，一些假言推理常常会被误认为是实质推理，但如果我们看到了上述分析所指明的事实，那么，不难看出，假言推理也只是运用了推理的

① R. B. Brandom, *Making It Explicit: Reasoning, Representing, and Discursive Commitment*, P.98.

② R. B. Brandom, *Making It Explicit: Reasoning, Representing, and Discursive Commitment*, P.98.

形式，它并不能构成真正的实质的推理。在很多情况下，肯定前件的推理，通过表明某种意向性或理性的必然性来肯定前件，这都属于情境条件式推理：比如，在某种条件下怎样做才能回避风险，这只有根据当下的情境条件或情境信念来决定。这种推理仍然是形式的（虽然它不是逻辑形式的），它仍然缺乏实质的内容，因为它考虑的仍然是前件与结论或后果的关系，而不是真正从内容出发。只有从隐含的社会实践中的经验概念出发，用规范的自主性意识反思经验的概念规范，推理才拥有真正的内容。从形式主义的角度来看，任何生物只要具有推理的能力，就可以认为它掌握了逻辑的概念和推理规则，没有这种能力，它就不能把握任何内容。而从实质的推理主义的角度来看，推理的能力是建立在推理者的实践知识之上的，推理者若对其生活于其中的实践没有知识，推理就没有内容。"断言性的知识（knowing-that）是通过实践的知识（knowing- how）来获得的。"①

应该避免那种滥用"因此"（空洞的条件句的使用）而隐瞒起来的智力上的无知。必须对实质推理捕捉内容的方式有所认识。描述性的语言或任何现象的语言对内容的捕捉（如果有内容的话）是类似贴标签的归类方式，把一些可描述的类归于另一些可描述的类，再从中发现某种规律性。实质的推理不以这种方法来使用描述的语言，它是把描述的语言当作服务于说明性的解释性的语言来使用的。经验主义可以充分利用形式语义学的形式有效的推理，把内容的实在性或有效性与形式推理的有效性联系在一起。换句话说，经验主义所依赖的形式推理是典型的单一性（monotonic）推理，因为所有形式语义学的推理都是单一推理。推理的单一有效性要求不能允许推理的前提存在非单一性条件的情况。形式推理的单一性条件拒绝任何存在反例的推理：它把所有可能存在不同前提条件的推理当作形式上不完善的推理予以拒绝。比如（布兰顿的例子），下述推理是形式推理所不能接受的，因为这种推理存在使它失效的其他的前提："如果我划这个干燥的质量优良的火柴，它就会点着，"（$p \rightarrow q$）但"如果 p 和火柴处于一种强电磁

① R. B. Brandom, *Making It Explicit: Reasoning, Representing, and Discursive Commitment*, P.101.

场的环境下，它就点不着。”（p & r → ~ q）已有的推理失效了。如果继续下去，我们还可以说，“如果p和r和火柴处在法拉第笼中，它就会点着。”（p & r & s → q）或“如果p、r、s和房间是一个抽去了氧气的房间，它就点不着。”（p & r & s & t → ~ q）已有的推理再次失效了，即它为另一个实质的推理所取代。①

在非单一性的推理中，所得出的结论一直处于摇摆当中，从形式主义者的角度来看，这种不确定的非单一性的推理是不能允许的，但实际上，这里的“摇摆”的反事实的条件恰恰是认知富有内容的一种表现。如果我们意识到外部世界的规律的显示方式，或许多少可以意识到，规律本身就是处于一种强的反事实条件下的，或者说，它本身是支持一种强的反事实条件的。强的反事实条件最初被认识是在康德哲学那里，而通过塞拉斯的挖掘，经验规律的反事实特性已经被做了充分解释。康德从牛顿物理学定律中所看到的正是经验规律本身的反事实性质。像质量这个概念，可以是重量本身的一种规则，也可以在速度下发生变化。这就是说，真正的规律本身是支持“在什么条件下会如何”或“如果……将如何”这类倾向性和反事实性的。换句话说，规律本身似乎就是借助一种非单一性推理才能显示出来的东西，它完全与形式有效的单一性推理无关。

这一点是清楚的，即我们所有的针对经验现象的推理都不是形式上单一的，而是形式上非单一的。如果这么看，那么不难认为，有内容和思想的推理都是某种反事实的推理。从这个意义上说，由哲学语义学主导的实质推理并不依赖单一的推理（实际上，只有在数学和基础物理学中才可能存在单一的推理）。在一般的认知条件下，实质推理与临床诊断中的推理一样都是非单一的推理。实质的非单一性推理可以通过修正而获得辩护（比如通过改变主词的前提），这也正是自然科学中大量存在的一种推理形式。

面对非单一性推理的可自否性，形式主义往往会要求设置附加条件，比

---

① R.B.Brandom, *Articulating Reasons: An Introduction to Inferentialism*, P.88.

如，加上“在相同条件下”的限定性条件句（ceteris paribus）。在形式主义者看来，加上这种附加条件句，才能符合形式推理的单一性要求。但这种形式上完满的推理往往是空洞无物的或它只存在于理想化条件中。附加条件句的要求只有在一种理想条件下才能得到满足，它在实际推理中是永远做不到的，而且其推理的内容决不会因为加上这种附加的条件句而变得清楚明白。问题显然不在于应如何避免那种条件的非单一性情形，问题在于单一性的条件是无法作出定义的。什么是单一的“相等的条件”？有多少种条件属于它呢？我们能事先知道某种条件是相等条件的一种吗？再说，我们能穷尽这些“相等的条件”吗？（如果不能，这意味着即使存在单一性推理，它也是理想化的。）在形式推理中，加上附加条件句以获得推理单一性是一种常见方法，但这样做并无实际意义，这样做是自我否定的。比如，如果我们说：在条件相同的情况下，q 从 p 中得出，除非存在某种不明显的或有碍的条件。但这样加上附加条件不是恰好等于说，q 从 p 中得出，除了在一些情况下它基于某种理由无法从中得出吗？因此，在形式推理中把“在相同条件下”的附加条件句，当作解决非单一性推理矛盾的应急方法来使用是没有意义的。

这样的做法是无济于事的，而且形式有效的单一推理并不能应用于经验科学中。所有的科学认识都是以一种不断“摇摆”的方式提出的。这里的“摇摆”所显示的反事实条件是内容的一种表现。给出反例并排除反例的推理方式是使好的实质推理得以显示和排除不好的实质推理的方式。在这里，形式上有效的推理起不了决定性作用。起决定性作用的正是推理的“摇摆”，以及推理在多大程度上能从这里的“摇摆”中“生存”下来（通过表明它的各种不同的情境条件并作出相应的修正）。“一个人如果要把握一个断言：‘狮子是饥饿的’，只有当这个人认为在各种情境条件下都如此（它会是真的如果它是真的），以及当这个人排除了其他的一些情境条件（它不会是真的如果它是真的），这个人才把握了这一断言。”① 在各种假定的条件下都能保持

① R. B. Brandom, *Between Saying and Doing: Towards an Analytic Pragmatism*, P.105.

为真，不至于非常容易被击败，即被否定，这种反事实的力量只有通过非单一性的推理才能具有，事实上它也就是非单一性推理本身所应显示的一种力量。当然，反事实的非单一性推理力量又是建立在实质推理者的意识之上，推理者必须对各种假定的条件有足够的敏感，并有能力考虑和解决不同的情境条件下的可能变化。这里的意识和解决问题的能力将影响到推理者在话语记分中的分数。

非单一性推理带来了对内容的特别关注，它迫使我们关注这一点：所说的内容是否是表达的？或者说是否存在表达？如果所说内容没有表达的因素，它即使动用了完整精密的逻辑形式（使用了条件句等），也是空而无物的。在传统的推理模式中，无论是归纳推理还是演绎推理，除了它本身的逻辑形式特性以外，都缺少表达的因素：前者求助于取证，后者求助于公理。从这个意义上说，这类推理没有真正的内容，它们也不可能有内容，因为没有表达也就不可能有内容。由于传统哲学的影响，特别是一般逻辑的表面严谨性和逻辑在现代归纳理论中的地位，推理的内容的形式的完善性仍然有很大的诱惑力。人们倾向于把符合逻辑的推理的完善性视为唯一可信的概念推理方式，而把评价性的推理表达的推理视为不可靠的或主观的。这种强烈的“客观主义”的思维倾向始终影响人们对推理表达的信赖。但非单一性推理在经验认识中的作用表明，推理内容的适当性比形式逻辑中的推理形式的适当性更重要，或在整个解释的过程中，必须给予优先考虑的方面。在形式逻辑的推理中，逻辑词汇只要能够使推理的关系清晰地表达出来就行，因此，条件句是被当作逻辑语句的范式来看待的。但只有人们把推理的性质当作超出了逻辑形式规定范围的东西，这种条件关系才有意义。这是因为，除了在逻辑有效性意义上的推理的形式上的完满性，还必须有非逻辑概念内容应用于它的前提和结论之上的推理质料上的完满性。而且，一种适当的推理，不仅要对实质内容的适当性作出解释，而且还要对推理的逻辑完善性如何能够从原始的、以实质内容为依据的反事实的力量来解释作出说明。布兰顿坚持认为，不要把逻辑总是理解为一种简单的推理形式：它只是对与概念内容相关的句子的合理性作出解释，而是应该对逻辑推理的反事实的性质作出解释，即对它如何可能发挥一种认知作用作出解释。

六、话语承诺

达米特把推理表达分为适当地运用情境（the circumstances of appropriate application）与这种运用的适当后果（the appropriate consequences of such application）两个方面。这就是所谓的达米特的推理的双连模式。在布兰顿眼里，达米特的推理的双连模式表明，在适当的情境条件下运用一种断言，并不等于它与在适当的后果上的结论一致。① 这里的情况也可能相反，在一个情境条件下适当地运用了一个断言，而在其结论的后果上则是不适当的。如此来看，"以一种给定的形式使用陈述，要学习两件事：人们据此有理由作出陈述的条件；以及什么是促使人们接受它，比如，接受它的结论。" ②

布兰顿的实质的推理的形式主要是从语义学上考虑的，它针对形式推理的形式空洞性颠覆了形式语义学。现在，布兰顿所要完成的工作是，把实质的推理所带来的哲学语义学与语用学相结合。因为，这里存在一个基于实质推理之上的表达合理性问题。在实质推理的应用中把内容建构起来之外，必然会有一个表达的合理性要求。"在语用学的意义和语义学的内容之间的联系是由下述事实提供的：作出一个句子的断言（在其他事情中），就是隐含地对实质推理从其推理情境到应用后果的正确性作出一种承诺。" ③ 布兰顿并明确地指出，"对于这里所使用的理论的元语言来说，言语行为的语用意义概念是一个核心概念。它是对达米特通过双连的应用情境和应用后果所使用的解释一种概括。" ④

---

① R.B. Brandom, *Making It Explicit: Reasoning, Representing, and Discursive Commitment*, P.121.

② M.Dummett, *FREGE: Philosophy of Language*.Harvard University Press 1981, P.453.

③ R.B. Brandom, *Making It Explicit: Reasoning, Representing, and Discursive Commitment*, P.118.

④ R.B. Brandom, *Making It Explicit: Reasoning, Representing, and Discursive Commitment*, P.182.

达米特的推理的双连模式来自他对直觉主义逻辑的一种运用，①它的证明方式是传统内在论的证明模式所没有的，从某种程度上说，双连模式克服了内在论与外在论所带来的种种矛盾。无论是内在论的证明还是外在论的证明，证明都是单面的。所有依赖于"真"或"有效性"的内在论的认知理论都是单面的，它们没有真正推理表达的因素，它们对适当的情境条件下的内容的盲目地相信，使它们遗漏了只有推理表达才能显示的语言认知的意义。古典实用主义也是一种单面的理论，只不过它不是偏向在具体情境下作出对内容的适当把握和应用，而是偏向另一个方面，即适当后果的方面。它寻找推理的论断的下行方面，并把它作为实践推理的前提，从而完全忽视了这个论断的真正作为前提的上行部分。形式的逻辑推理或逻辑常项是如何引入自然或实质的推理中的，实用主义完全不加以考虑，它把结论性的后果视为唯一需要考虑的。

前一种单面的理论把适当的推理概念的提出视为确定无疑的，因而把后果视为是直接来自它的；一旦把适当的引入概念当作一种"事实性的描述"，所有适当的消去规则的结论都必然是以它为根据或把它视为一种论辩的范式；后一种单面的理论则恰好相反，它把结论性的推理视为纯粹评价性的东西，它可以完全脱离适当的运用条件的概念，即脱离引入的规则。这种情况在适当的概念运用与适当的概念运用的结论之间带来了一种不和谐。按理说它们之间应有一种和谐的关系，一个是另一个的解释，但情况是，在这

① 达米特的这一定义与德国数学家、逻辑学家、希尔伯特学派的重要成员根岑（Gerhard Gentzen）的自然演绎系统相关，该系统共有十二条用图式表达的关于逻辑联结词和量词引进、消去的推理规则。其中"引进规则"和"消去规则"具有十分重要的推理的意义，前者对引入推理所必需的联结词的充分条件做了说明，后者则对使用联结词所必然要求的后果做了说明，因此，要对布尔式的联结词（&）的推理的作用作出定义，就必须具体表明，任何人已经对 p 和 q 同时作出了承诺，就可以看作是对 p&q 作了承诺，如果任何人都承诺 p&q，就必然会对 p 和 q 同时作出承诺。推理的前提在第一个模式中得到了规定，即规定了推理的前提的逻辑、它隐含地带有的要求（规定了或引入了某种推理的联结关系）；而推理本身所连带的后果（是否具有可接受性）也可以从后一种模式中得到规定。

种和谐的关系中总会有一些不和谐的因素。就逻辑词汇被视为实质推理的一种把隐含的概念内容表达出来的工具而言，这要求用推理来保持一种平衡，既不是对先前的概念运用无保留的重复，也不是放弃它，即作出完全的改变。重要的是，对逻辑词汇的推理表达的使用，必须确保所有推理的结论都不只是对已有词汇的运用。只有这样做，逻辑词汇才能发挥推理表达的作用，从而把原初的实质推理和非逻辑的概念内容的隐含意义显示出来。①

如果考虑这里的前提与结论的不和谐关系，达米特的语用推理证明的双连模式是不完善的，因为，我们必须承认有不同的适当性或不同的适当性标准。达米特对规范的语用学解释是他在坚持命题主义的前提下求助一种意义整体论的结果（它符合达米特的直觉主义逻辑的间接推理的要求）。这种方法就意义理解的理论而言是恰如其分的：它可以在形式语义学的真值评价模式之外显示语言表达式的某种适当性的规范，但它的规范性不强，它在推理上过于依赖意义整体论。在布兰顿这里，话语实践是一种社会性的语言实践，直觉主义依赖情境条件的逻辑推理方法需要与话语推论的理论相结合。

从这种意义上说，当隐含于实质推理中的内容显示出来后，一切都必须被置于公开的论辩当中，在相互回应中，对已有的观点加以澄清、修改和补充，以一种反思性的理性态度对待所表达的实质内容。实质推理必须置于公开的论辩中，而不仅仅是接受或拒绝。比如，对于一些会引起争论的推理就更应该如此。如果我们认为：

Boche 一词指地地道道的德国人（推理应用的情境条件）

但我们可以由此推论出：

Boche 是一个比一般欧洲人表现得更野蛮和更残忍的人（德国人）（推理应用的后果）

对于“Boche 是一个比一般欧洲人表现得更野蛮和更残忍的人（德国人）”

① R. B. Brandom, *Making It Explicit: Reasoning, Representing, and Discursive Commitment*, P.125.

这个推理的后果是否适当的问题摆在了面前。对于这个推理就不能不从它的推理适当情境与推理后果的适当性两个方面去考虑。选择推理的语义学，放弃形式推理，就必须接受这里的挑战，即推理内容的非保守扩张的挑战。在“Boche”这个推理中，“Boche”这个词的一般意思被扩张为贬损性的，但这里推理的概念运用与其结论之间显得非常紧密，如果某人拒绝这个词，那是因为他不接受把这个词汇应用于它的结论时在语义上的扩张。有许多这类会引起极大争论的词汇，因为这些词表面所描述的东西总是可以推论出它们所暗指的某种结论。当然，包括科学的术语和概念，任何一个词语只要从其所具体描述的东西推论出某种结论，都会出现这种情况。

但从话语推论的角度看，推理对意义的非保守扩张（nonconservative extension）不会是一个搅局者，而是概念理解自身的一种进步。但推理语义学的困难恰恰是它的非形式特性，它容易为不同的推理者个人所左右，一些人为的因素会影响它对已有推理模式的理解。我们应该承认，有许多在使用中有争议的词汇，不能认为，有关它们的意义的争论是因为它们存在语义上的扩张（似乎是词语本身的意义被滥用了），因此，有关这类词语的争论是无法解决的或没有答案的。如果说这些词语由于在语义上的扩张而存在争论，那么这也恰好说明了它们是有自身具体的内容的，它肯定是隐含地具有对于其他概念而言是不具备的内容。其实在逻辑学之外，词语的外延的非恒定性并不是一件坏事，对于科学而言，概念的进步总是取决于引进新的内容。因此，对词语的理解所带来的概念的评价，无论如何应用词语，我们都应把自己置于一种社会推理的状态，我们始终必须拥有这种意识，即所有的应用性的理解所使用的概念都带有话语的承诺。避免争议或通过有效性证明使之达成某种理解的一致性的话语承诺（摆脱对词语的独断的使用）是最重要的。推理辩护所要表明的是，任何应用概念词汇所表达的思想都必须以明确的断言性陈述提出，以保证它带有推理的承诺，即保证它能把自己公开置于相应的合理性的质疑之中，并有足够的理由为自己作出辩护。正是在这种推理的过程中，像条件句这样的形式逻辑的词汇才能发挥解释的作用。条件句可以使那些实质的概念内容中隐含的、未经考察的东西作为清楚明白的断言显示出来。逻辑词汇可以显示相关的理由和结果，并对其相关的推理作出评价。只要隐含的实质内容通过逻辑的形式清楚明白地显示出来，就能使它公开于可质疑的意义论证的范围之内，使人们能对它的有效性提出证明。

真正的问题是，一个表达式的运用情境条件和它的运用结论之间需要相符，需有一种方法使它们相符（和谐一致）。达米特的看法是，事实的强制和所表达的意义都不能成为使它们相互一致的因素。在布兰顿看来，达米特的这个看法是正确的。只有各种证明主义才求助于事实的强制，但“事实”仍然是一个表象主义的概念，它本身就存在许多矛盾，而“表达的意义”离开了对意义的可接受性的考虑也同样充满了问题。因此，可以理解为什么达米特借助于根岑的模式认为，概念运用的适当性是直接地由其他概念的运用决定的。这是一个正确的看法。达米特求助的是一种与原初的概念相关的、决定断言的真理条件的必要的和充分的条件的概念；这种由概念内容的模式设想的作为必要和有效的条件的概念，要求一种在观念上透明的概念图式（因为它求助一种明确的理由），以便避免苏格拉底式的批评。

> 要问它们需要展示何种“和谐”，就是问，我们应允诺何种实质的推理，以及我们应使用何种概念内容。①

意义的扩张也就是推理的意义派生性（derivation），它与推理的前提与结论的和谐或不和谐的问题分不开，我们甚至可以把它们看作是一个问题的两个方面（比如推理具有多大的认知性这一问题）。语义学或其他证明理论中的那种与推理脱节的意义的恒定性（conservativeness）是不存在的。即使推理的恒定性有助于在句子的使用情境与结论之间保持一种和谐（对句子的意义的理解大家都一致），恒定性也是相对于一套实质推理实践的背景而言的，即相对于所考虑到的词汇的扩张而言的（静态的意义的一致性根本不存在）。意义的恒定性总是在与其他语境中的概念内容的关联中存在，它不是

① R.B.Brandom, *Articulating Reasons: An Introduction to Inferentialism*,P.75.

通过单一的概念内容来体现的。只有在其他内容的情境下，恒定性才是概念内容的一种性质，而不是它自身的某种东西。这也就是说，概念的应用与概念本身总会有差异，概念的应用不可能像形式逻辑中的形式推理那样，直接从前提推出结论，相反，它需要借助其他语境中的概念以及相关的推理。只有在这种条件下，概念本身的语义内容与其应用的结论才有可能获得一种和谐，即它的语义内容的应用结论在应用中被接受（若不能接受，它们之间就没有和谐）。

如果语义学理论的观念或推论的和谐是可以理解的，它就必须通过持续不断的解释来加以探究，即必须采用苏格拉底的方法来发现和修改那些不一致的概念，以此给予任何概念以一种和谐的内容。只有通过和谐的承诺（即承认存在普遍接受的内容），内容才能被给出，即从这种承诺中，内容才能被抽象出来。要使一个承诺公开显示出来，就是要把它置于给出理由和要求理由的游戏中：通过承诺和资格来表明，它的推理辩护是否成问题。

布兰顿注意到，对言语行为的片面的社会性的研究，阻碍了人们沿着这种思路来考虑断言性陈述与命题内容的关系。在这一点上，布兰顿认为，我们可以比达米特做得更好：

> 在作出断言时，断言者要做两件事：他（她）们首先授权进一步的断言（和授权他（她）们所表达的承诺），在自己这边作出相应的承诺（推理的结果），又基于他（她）们的听众作出相应的论断（交往的结果）。①

推理需要推理者作出话语的承诺，但与此同时它又需要从听众那里获得相应的资格。在第六章中，我们将讨论布兰顿所提出的这一推理的话语记分标准。布兰顿很清楚，在放弃了形式推理之后，断言推理证明自己的方式必然是语用学的。达米特提供的是一种带有推理要求的语用学，因为达米特并不认为语用的前提与结论的和谐是语用实践中固有的，和谐也不是一种静

① R. B. Brandom, *Making It Explicit: Reasoning, Representing, and Discursive Commitment,* P.173.

态的和谐，而是由意义的寄生性与派生性之间的可接受关系构成的和谐，尽管达米特对这种和谐获得的可能性抱消极态度。布兰顿对此采取的是一种积极的态度，在他看来，达米特的模式所指向的是一种推理表达主义，隐含于实质推理中的不同意义可以通过这种模式显示（表达）出来。布兰顿进一步的工作是指出这一点，推理表达主义需要一种彻底的话语记分理论来最终完成，所有这些证明，无论是推理根据的适当性还是后果的适当性，都有赖于在话语的记分实践中才能弄清楚。比如推理的前提和后果之间的扩张破坏了它们之间的和谐了吗？对于所提出的推理的情境条件下的断言是否与它的推理后果或结论是一致的？再有，一个在适当的运用情境条件下的推理，完全是一种寄生于具体情境条件中的推理，还是说推理的情境适当性并未影响推理意义的派生性，即推理同样可以带来新的内容？所有这些问题都必须进入给出理由与要求理由的话语游戏中才会有最终答案，但在这之前必须避免两种误解，一种就是认为推理的适当前提与推理的结论之间必须具有一种先定的和谐，所做的推言性内容的使用在其结果的适当性认定上必须一致，否则推理就不存在；第二种是把特定情境条件下的推理的适当性视为唯一的标准，拒绝其他概念的加入（拒绝超语境的辩护），从而把一切派生的意义都视为不合法。

由于在语用学的意义和语义学的内容之间的联系是由下述事实提供的：作出一个句子的断言，关系到对实质推理从其推理的情境到应用的后果正确性的承诺，我们可以对下述道义的状态记分：一个命题的信念的提出是在何种情境中出现的，这里与命题内容相关的信念是否正确，以及这种信念所得出的推理结论是否适当。首先，断言者知道自己要说什么，他要知道，他的断言带有推理的性质，即他要知道，他所做的断言是否能成为别人的断言依据或前提。这与他是否有资格做此断言有关，因此他必须作出承诺，他的断言是有根据的。其次，断言者必须承担这样的责任：他能够向听者表明，他自己是有资格做此断言的（如果断言的资格受到质疑的话）。这也就是做某事的责任，它可以通过提出其他能表明原初的断言资格来做到这一点。

布兰顿的推理主义带来了认识世界的方式的三个方面的改变：首先，改变了对世界被给予我们的方式的理解，彻底颠覆了被给予的神话，新的知识论用推理的概念来理解表象的概念；其次，改变了隐藏的各种概念柏拉图主义在知识论中的主导地位，新的知识论用实践的知识（knowing-how）理解命题的知识（Knowing-that），因此，“推理也是一种做事”；最后，对传统逻辑的认知功能做了新的定义，形式推理的形式完善性被推下了神坛，它不再是认识论中一切语义分析所不可或缺的语义元词汇，新的知识论认为逻辑上好的推理是从实质上好的推理中获得的。

但布兰顿的推理主义所带来的对哲学理解的改变还不止于此。对于布兰顿而言，哲学开始于语义学而不是直接冲着求真而去的认识论，一个重要的原因也与我们意向状态的特殊性质相关。我们看到，在基本的实在论的理解上，理性主义选择了一条与经验主义的相似性理论不同的道路，即它用一种可错论作为理解我们与实在对象的一种认知关系。这是理性主义最初尝试走出经验主义的被给予性神话的一个步骤。被给予性之所以不是一个神话，正是因为它不是在任何时候都是正确的，相反，在许多情况下它（感知或知觉）并不是正确的。如果我们接受一种可错论（放弃被给予的神话），那么，我们就必须把形式语义学抛开而接受一种实质的语义学（或哲学语义学），也只有在此基础上，我们才有可能拥有一门针对性的推理的语义学。布兰顿纳入他的推理的语义学的、最初由塞拉斯提出的观察的两层次理论正是这种特殊类型的语义学的产物。

布兰顿的理性主义推理，即他的基于实质的语义学之上的推理是社会性的或话语的，这是因为原初的意向性状态要走出其主观的或心理的状态，就必须打破它建立在第一人称的自我之上的理性空间，接受一个由第三人称的他构成的理性的社会空间中。因此，推理在本质上是社会性的或话语的。布兰顿相信，这是作为理性存在物的人的基本特征。但布兰顿并没有专门为推理搭建一个理性的空间，因为他与黑格尔一样认为，理性的空间就存在于现实存在的社会空间之中，所不同的是作为理性存在物的人是否每时每刻都能意识到这一空间的存在。

布兰顿的推理主义对待内容的方式是把推理的实质内容视为先于形式逻辑对推理性质的解释。它不仅对实质内容作出了解释，而且还对推理逻辑上的完善性是如何从以原始的实质内容为依据的推理完善性中获得的作出了解释。逻辑总是与概念内容的推理的表达联系在一起的，因此它是理性的，谁不承认这一点，就必须对逻辑做另外一种解释。在这一革命性的主题中，布兰顿的一个令人印象深刻的洞见是，逻辑推理运用的是一种理性推理能力，而不是逻辑演算的能力。逻辑推理能力，表现在它通过理性实践的形式把隐含于表达式中的意义清楚地表达出来的能力上。如果从实质性的推理使提出理由和要求理由的说理实践成为可能这一点看，逻辑就是一种表达的逻辑，推理的形式的有效性已经完全为推理的实质的有效性所替代，或由后者来定义。而且这也表明，只有那些在语义上具有表达功能的逻辑词汇才能发挥作用。

推理主义的逻辑正确性不是基于表象的正确性之上，因此，它有义务颠覆表象主义的语义学解释。基于话语实践之上的推理，其正确性的判定标准也完全改变了。隐含的规范的社会实践（它总是一种在共同体内的以提出理由和要求理由的推理来展开的实践）成为一种标准，这种实践需要何种条件，如何认定这种实践？当然，对于必须面对的表象内容及其关系，推理主义也必须作出解释，即表明，这些表象的内容是如何能通过推理的方式而变得可理解的。这些问题在记分的一章（第六章）中将会有更多的讨论。

第四章　从因果指称的世界走向规范表达的世界

从上一章的讨论中可以看出，布兰顿如何把概念的逻辑内容视为概念内容的来源，从而推翻了概念内容的语义构成性的神话（被给予的神话的副产品）。对推理主义的根本挑战是如何对语义内容的表象层面作出解释，即如何用推理的方式解释语义内容中的指称关系。布兰顿没有回避这个挑战。但这么做需要布兰顿在语言上弄清楚，围绕着句子的推理的语义性质如何可能发生改变的。针对这里的问题，布兰顿做两个方面的工作，一方面是解构的工作，即彻底地把传统理论认为的句子的基本构成方式和逻辑常项的功能作用重新作出解释，另一方面表明，这些被赋予了新的功能的单项词和小句子结构如何可以成为推理的工具来促成推理，在这种意义上使它们成为可以构成一般条件句的内容。单项词和小句子的存在并不是要告诉我们什么是对象的存在，它们存在的更重要的意义是，为什么我们可以以一种适当的方式谈论对象，或者说我们的条件句中为什么可以有一个对象。如果说语言的界限就是世界的界限，那么，我们的语言为什么可以谈论对象？这是一个不容忽视的问题，因为即使从推理主义的角度看，这一点也非常重要。“……必须有某些东西，以表明什么是条件句所意味的”。① 条件句是规范推理世界最重要的手段，这就是为什么布兰顿使用了出自弗雷格的替换推理的原则（the notion of substitution），以条件句的推理为核心，探索从一个世界（因果感知的对象世界）向另一个世界（规范推理的对象世界）转换的原因。布兰

① R. B. Brandom, *Making It Explicit: Reasoning, Representing, and Discursive Commitment*, P.404.

顿根据弗雷格对传统语义学概念全面清理和重组的结果是，他还必须把他对传统语义学的解构推向它的真值条件语义学这个核心。

从表面上看，在自然语言中单项词似乎完全按照表象主义的方式来指称对象，但现在看来是一种幻觉。实际的情况是，在（语用的）含义和指称之间存在差别，即一个表达式的含义不可能包含在它可能拥有的指称中，这一点毫无疑问，也一直是他的一个引起广泛争论的论题。人们如何能拒绝承认在含义和指称之间存在差异呢？情况往往是，说话者能理解一个复杂的表达式而并不知道它的具体指称——他知道那些构成了指称的词语，而且知道它们的组合如何决定了整个指称，但他并不真正知道那具体是什么。这种情况只有说话者不仅理解一个句子，而且知道它的真假之后才会改变。困难在于，一个表达式在语言上是简单的，却很可能有复杂的含义：它的含义可能是由某种复杂的表达式给定的。

布兰顿的弗雷格式的替换颠覆了传统意义上的对象或实在这个概念，这带来了一个根本的改变，它促使人们相信，这里并不存在一个因果指称的世界。认为单项词和一般逻辑词项的结合构成基本的真值条件的观点是传统语义学的观点。按照这种传统的看法，单项词和一个般的逻辑词汇直接是一个句子的真的无可否认的条件，因为单项词一定有所指，它一定有一个与它相对的对象。但单项词也可能指向一个错误的对象，因为它并没有直指的性质。——这也正是蒯因的基本观点，没有东西指向任何事物。在因果指称的世界，小句子和单项词的指称都是直指的，它们在句子中发挥语义构成的作用，因而形式的语义分析是自下而上的，即从小句子、谓词和单项词开始。但在布兰顿的推理主义中，它们已经被剥夺了语义指派性或者它们已不再被认为具有语义的构成性。因果指称是常识实在论的世界指称的方式，事物或世界是通过因果的方式，即感知的被给予的方式来认知和把握的。如果作出“颠倒”，那么问题是：既要自上而下地处理命题内容与对象的关系，又必须保证这种以命题的内容为主导的处理方式（理解）具有客观性，即始终是关于对象的，这又如何可能？布兰顿注意到，弗雷格的替换原则允许在非直接推理中对小句子（subsentence）的表达式内容进行指派（即赋予小句子以一种非直接推理的功能），指派或替换因此是按照小句子对自己出现于其中的判断的表达句的直接推理的贡献而定的。就句子是相互关联的而言，当一个小句子对另一个句子的小句子做了替换，该句子就通过使用替代句的表达式进行了一种间接的推理表达。替换因此有两个部分，第一个部分是解构：我们从一个句子中把小句子加以解构，即把它们视为一个可以在另一个句子中代入的可替换项；第二个部分是建构：我们用这些小句子进行新的句子的组合，即构造一个新的句子，以完成一个间接的推理。

小句子是表达思想的语言的一个不可或缺的部分，而且它还是这样一个部分：通过对它的替换，一个已为人所熟悉的句子，可以成为另一个新的句子。这一点在间接引语中表现得最为明显——在间接引语中，一个句子原有的意义，可以通过小句子的替换而改变意义。小句子是使语言能不断在实践中产生无数新句子和新的语义内容的工具。有了这些替换，我们的语言才具有传达思想和推理的力量。当然，我们也可以这样说，正因为语言是在不同的语境中说出的或被理解的，它才有可能在句法上产生无数替换性的推理的句子。而这也表明，在句子的语义内容之外，还有句子所表达的思想这个东西，我们不能把它们混淆在一起，因为如果要区分小句子或作出替换，我们实际上就必须知道我们所要表达的思想是什么。

本章的具体内容如下：第一小节讨论布兰顿的替换推理的语义学基础，即决定布兰顿采用弗雷格替换方法的依据；在第二小节中，句子与小句子的关系是一个重点讨论对象，它涉及两个方面：一方面是句子独立的语用学上的意义，它作为一种断言是如何与语力结合在一起的；另一方面是小句子的句子建构功能，即它形成新的句子的能力。第三小节讨论布兰顿对单项词的认知特性（可替换性）的揭示。第四小节将讨论替换原理是如何走出了二值逻辑与多值逻辑的羁绊以及带来了两种外延性概念。第五小节讨论替换原理对真理紧缩论的使用。

一、替换的语义学基础

如果说语言的描述指示某物或某事，而语言的表达则表达某种观点和看法，即提出一个命题性的断言，那么人们就会问，是句子的指谓（predicated）是真的，还是句子的命题是真的？任何一个说出的句子都可以从它的命题和它的指谓的含义去作出区分。尽管一些句子看起来是由它的指谓为真的（似乎存在描述为真的句子），比如，“海鳗游向马尾藻海去交配”这句话所指具体鱼类活动的事实，因此其对错由这一事实决定。但一般而言，我们不可能因为句子中单项词的存在，而把真视为任何一个单项词与谓词结合的句子自身的一种属性。真是带有实质的命题的断言句的一种属性。① 布兰顿从这一划分出发，并根据弗雷格最初的理论，在“语力的理论”的标题下对判断的意义做了解释，并在“含义或内容的理论”的标题下对内容做了解释，并且对这两种解释做了区分。作为他的内容理论的一部分，布兰顿认识到，语言表达可以是具有内容的，不仅仅在于某种语气可以加入它的话语上，而且它所使用的表达式也可以在句子的内容上作出贡献。布兰顿赞同达米特对区分两种不同的内容的解释：

> 说到句子本身，我们可以有两种方式来看待它们，而且这也是关于它们的内容的两种不同的观念。一方面，可以认为句子是一个完整的表达，当一种特定的语气附于其中时，通过它就会影响一种言语行为：在这种联系中，我们需要一种内容的观念，以便通过它，对一种特定的语气作出解释。在另一方面，句子也可以作为其他句子的组成部分而出现，在这种联系中，它可以用来帮助确定整个句子的内容：所以我们必须考虑到，需要何种内容的观念，以便能对复杂句子的内容是如何由其构成部分决定的作出解释。②

正是这里的第二个方面（句子的组成部分的含义），以及它与第一个方面（句子的完整的表达）的联系，是布兰顿所考虑的主题。达米特提出的把

① M. Dummett, *Truth and the Past*,Columbia University Press,2004, P.2.

② M. Dummett, *FREGE: Philosophy of Language*. P.417.

握句子内容两个方面的技术术语是弗雷格发现的“独立的含义”与“组成的内容”。根据这种理解，现在就有两种句子的内容含义：一种是非嵌入的独立句子的含义，另一种是嵌入的、作为复合句的构成部分的句子组成的含义。前者归为语力的范畴，后者归于含义的范畴：

语力：含义

(或语用学的意义：语义内容)

：　：

句子内容：小句子内容

应如何理解嵌入的句子组成的含义，它对于确定复合句的真理有何帮助？理解它们的关系十分重要。对推理主义的挑战来自如何处理内嵌的小句子和它作为宿主的断言句的关系，如果断言句唯有通过推理表达才能证明自己具有概念内容，那么，它内嵌的小句子在推理中发挥什么作用？可以肯定，在推理主义中，小句子不能发挥推理的前提和结论的作用。如果是这样，那么，断言句是如何进行推理表达的？一个基本的推理原则是反语义构成论的，它是布兰顿称为的自上而下的断理模式：它先建立断言句的被指派的断言内容，然后向下推及它最基本的原始内容，即小句子部分。以这种自上而下的方式形成一种推理。按照这种方式进行推理，小句子和单项词将被视一种可替换的值，通过代入不同的其他句子形成一种推理，以确定断言性的指派值是否拥有它的真值，即以此确定一个断言句是否拥有一种概念内容。一个断言句具有概念内容，它的概念内容就必须是在各种等值的小句子替换中始终保持下来的东西。

根据弗雷格和达米特的定义，布兰顿认为，由于每一个句子都可以视为是一个包含了其自身内容的合成句，即都可以在语义的内容上自上而下和自下而上追溯，具有同样的多值的两个句子必须拥有共同的指派值

(designatedness)，[①] 这是一般检验句子的真值的方法，而不是句子带有指派值。在一个可以替代另一个，而又不改变其作为一部分出现其中的复合句的指派值的情况下，就可以认为，两个句子具有相同的多值。以这样的方式，句子是被融入同一多值的（co-multivalue）类之中的，并因此分享它们的组合成分的内容。而组合部分的内容（ingredient content）最终由替换测试所单一化，取决于语言表达的力量，特别是它有何种句子嵌入的语境和嵌入的句子。严格地说，按照多值或组合内容进行替换合并，是相对于有多少嵌入式（由语境给定的）句子组合的，以及相对于句子嵌入语境的类。在自然语言中，这并非不可能的：对于任何两个句法不同的句子，会出现这样的情况：一个句子代替另一个会影响由这种替换而产生的复合句的断言性指派。

对弗雷格的替换方法的运用带来了下述全新的观念：概念内容是通过小句子（包括单项词和谓词）的替换确定的，而不是通过传统语义学的语义构成的方式确定。因此，间接推理是非常重要的形式。替换通过在不同的句子之间建立一种可替换的关系来实现对事物的认识。这里的革命性的理解涉及对作为类型的单项词、谓词及其所构成的小句子的语义功能的重释，以及对它们在语义构成上的真正作用的揭示。布兰顿明确了它们与句子的关系：

> 与复合表达式关联的指称（referents），是复合表达式组成部分的指称（referents）的函数。[②]

在这一原则中，指称被视为两种，一个是与复合表达式关联的指称，另一个是复合表达式组成部分的指称。后者是小句子和单项词所表示的指称，前者是整个独立的句子（断言句）的指称。弗雷格的替换原理要求把单项词当作可替换的等值类，在句子之间进行替换。单项词指称的替换会影响句子指称的变化。单项词的替换构成了一种重要的证明关系，在替换的关系中，

① R. B. Brandom, *Making It Explicit: Reasoning, Representing, and Discursive Commitment*, P.341.

② 根据布兰顿的五条主要替换方法中的第三条。见于 R. B. Brandom, *Making It Explicit: Reasoning, Representing, and Discursive Commitment*, P.355。

它们作为可替换的多值可以用来验证独立句子指称的真值。因为所有的难处都首先来自什么是一个独立复合句的指称，推理主义不求助于语义的原始词汇来证明指称的真值，它通过单项词替换来完成这一任务。从这个角度看，单项词的替换在先，然后才有可能确定一个独立复合句的指称。关于小句子的含义也是如此，它们的替换会带来句子含义的变化：

> 与复合表达式关联的含义是复合表达式组成部分的含义的函数。①

这条原则表明的是关于小句子的含义与独立句子的含义的关系。独立的句子，即复合表达式或复合句的含义就是被称为语力的东西（亦称为语用的含义），是作为一个复合句所表达的断言的一种意味。从这个意义上说，它是真正意义上的含义。而小句子的含义是一个内嵌于复合的断言句中的小句子语义的意义，它们的替换将决定复合句的指派内容（含义）是什么。小句子的角色在这里已经完全不同于在经验主义的语义构成主义中所扮演的角色。小句子的语义意义（它的含义）在作为它的宿主的句子中发挥作用（通过替换）。复合的句子既可以被解构，即区分为小句子和独立的复合句，也能被组合，即由小句子的推理式的替换重新组合成为一个独立的复合句。

小句子的替换涉及基本的语用学态度，概念的内容需要与断言的或信念的（doxastic）东西保持一致。因此，问题关系到，一种断言首先就是被指派的东西，有效的断言往往是这样的断言：它具有特殊的语境，其多值替换的等值类吸收了所有句子，而不是一种二值性的直接指称。重要的一个点是，在所有的替换中（单项词和小句子），替换都是推理性的替换，不存在形式语义学上根据某种形式规则进行的替换（真理条件决定替换）。在后面的讨论中，我们还会看到，在布兰顿的推理主义替换概念中，断言性句子的指派值指的是句子所作出的一种承诺（commitment）。由推理的替换而形成

① 五条主要的替换方法的第四条。见于 R. B. Brandom, *Making It Explicit: Reasoning, Representing, and Discursive Commitment*, P.355。

的独立推理内容的概念，类似于使句子的内容作出真值指派的真理性条件。因此，这里有一个布兰顿十分关心的问题：推理的内容是否能够（或在何种意义上能够）像真理条件在形式语义学中那样发挥作用，即起着确定一种真值是否是一种指派值的作用。但把表象的内容（单项词和小句子）置入推理的内容的“强形式”的替换若不求助于道义的社会性的话语推论，将不能完成它的使命。道义的社会性话语推论也是一种规范的语用学的态度，这也是布兰顿专门讨论的问题。

二、小句子的替换

根据上一节的分析，我们就可以把说出的断言性的句子视为具有独立的（freestanding）的命题内容的句子，而把其自身只能寄生于断言句中服务于宿主的句子视为是内嵌的（ingredient）；这种内嵌的部分就是小句子（sub-stenences）。这里的小句子指向的是在一个说出的断言句中的小句子。就其只能在其所在的句子中发挥作用，因而被称为小句子。而具有独立的命题内容的句子也就是拥有语力（force）或语用意义的句子。①

但独立句子的语用命题内容又不能缺少语义上的小句子的内容，这本身是一种特殊的关系。如果我们不可能直接从小句子的语义上获得或证明一个说出的句子的命题内容，那么，有什么办法可以证明句子的命题内容？弗雷格的替换方法给出了一种选择：我们可以通过断言句中所表达的语义含义（由小句子呈现）替换寻找句子的语力（一个命题内容所表达的东西）。小句子替换与语用意义（语力）的关系是一种彻底的推理关系，这里已不存在语义构成的性质，也不可能再允许真值条件的概念的存在。推理主义需要通过小句子和单项词的替换，为显示句子的语力，即表明一种句子的断言的语用意义提供证明。

实际上，能作为实质推理的前提和结论的，或能够在给出理由与要求

① R. B. Brandom, *Making It Explicit: Reasoning, Representing, and Discursive Commitment*.P.343.

理由的话语游戏中走出一步的陈述句正是断言句，它带有语用的意义，因而具有语力，而小句子根本不能胜任这一角色。在说出的句子中，只有语用的语力才能加于其上，而内嵌的句子（小句子）是不能在语言的话语游戏中走一步的，既不能作为实质推理的前提和结论，也不能改变观众对说话者所做的承诺和态度是否适当的记分。① 因此，小句子并不是真正的句子，它并没有真正的言语行为的发生。它们只有作为句子（具有独立的命题内容的句子）内嵌的组合部分发挥作用。从一个完整的句子的角度看，如果这么来理解一般称之为句子的这个范畴，那么，句子就必须首先被解构，即必须首先被分解为小句子，然后还需要重构，即在正确地找到可以内嵌的小句子之后重置。只有这样，一般的语句才有可能摆脱其形式的语义指派性，而成为一具有实质的断言承诺的句子。这里相应地有两个方面的工作：一方面是确定一个具有相对普遍的（广泛的）的可替换的小句子，另一方面是处理不同的句子之间的关系，通过它们之间的可替换值的替换，建构或提出一个相对能被普遍接受的新句子。

> 在解构的第一阶段，句子必须分解为小句子的部分，通过把它们同化为相互之间可替换的一个不同的替换类，即成为相互之间的一种可替换的关系。关注两个句子是相互可替换的，也就是在一种弗雷格的意义上，看它们是否能发挥同一种功能。在重构的第二阶段，新句子（和它们的解释）必须是把已知的功能用于已知的替换性表达而形成的。相似句子种类的小句子的相似的可替换类，带来了一个不熟悉的作为宿主的句子。②

一个根本的解构原则是，句子中的小句子必须根据推理语义学的自上而下（命题内容的语用的优先性）的原理来分解，以打破它处于其中只是作

① R.B.Brandom, *Articulating Reasons: An Introduction to Inferentialism*, P.126；R. B. Brandom, *Making It Explicit: Reasoning, Representing, and Discursive Commitment*, P.364.

② R. B. Brandom, *Making It Explicit: Reasoning, Representing, and Discursive Commitment*, P.367.

为一种表象式用语的假象。一旦它被分解出来，它就服务于句子的语力（断言的语用意义），它自身不再是一个表象主义意义上的表象式用语（这只是形式语义学分析赋予它的一种功能）。完成了这种解构，接下来的重构就是把这些已经清楚明白是服务于句子语力的实现的小句子视为可替换的项，与其他同类分解出来的小句子形成一组可替换的组合类。这意味着，重组不是在原有的句子基础上进行重组，而是把句子置于同一个语境的不同句子之间来进行。具体地说就是通过在不同的句子之间具有共同值的小句子的替换，形成一个新的句子。根据弗雷格和达米特的语力理论，任何语言表达式或任何言语行为所带来的句子都不只是具有句子本身的含义（语义内容）这一层面，它还包括从语用学上看具有语用效果或具有以言行事力量的语力这一层面。

表象主义的语义学描述理论把谓词判断直接当作是赋予句子以一种指派值的根据。但现在的看法是，谓词并没有以这种方式发挥语义指派的作用。谓词只是通过单项词帮助形成小句子，而小句子仍然是内嵌的语义构成部分，它并不能独立地构成一个命题内容，因为它仍不是一个独立的语义内容的组合，因此，它们也不能作为推理的一个前提或结论。从语用学先于语义学的推理表达主义的视角上看，仅仅由单项词构成的句子还不是真正意义上的句子，只有能够表达一种断言，提出一种观点或具有实质的命题内容的断言句，才能真正称得上是句子。

在小句子的重构阶段，正确使用小句子有两个方面的限制：第一，小句子的正确使用必须由它们处于其中相对较小的句子部分的正确使用决定；第二，它们的正确使用能够决定它们处于其中的所有句子的正确使用。① 第一点是就单个句子的替换或使用而言，第二点则涉及小句子在所有可能的句子中的替换，以及这种替换对它们处于其中的句子的使用正确与否的决定性作用。因为在第一个阶段，即在分解的阶段，通过不同的相互可替换的小句子的分析，把两个句子视为是相互可替换的，清楚地辨别出它们相同的应用功

---

① R.B. Brandom, *Articulation Reasons: an introduction to inferentialism*,P.128.

能。在第二阶段，即在重组的阶段，新的句子（以及它们的解释）把常见的功能应用于常见的可替换表达式中产生，因为常见的句子类型中的常见的替换性变化可以导致一些不常见的句子。

在很多情况下，语言的表达都带有个人的特征，即使一个相同的表达式，经由不同的人之口，它也会显得不同。再者，也有许多词不达意的情况。即使在一个语言共同体中，我们掌握了一些公认的表达句，但是有很多的表达式是我们自己的一种表达：我们根据自己的预测对句子进行拆分，然后再根据自己的预测进行新的句子的组合。正确地使用这些组合，可以视为是进一步把它们正确地组合进新的句子中的决定因素。在一个交往共同体中，人们使用得更多的是句子，而不是小句子，所以解释语言共同体的语言只解释小句子是不合理的，但共同体的语言使用者又没有理由不使用小句子或特别类型的小句子。

在小句子的重构阶段，通过对小句子的替换性使用，一个已为人所熟悉的句子，可以成为另一个新的句子。最重要的一点是，小句子是帮助说话者作出断言、构造不同句子或作出不同表达的工具（通过替换），它不是有关对象的一种简单的描述工具。传统逻辑或形式语义学的观点是，小句子的意义完全体现在它具有实体性的指示功能这一点上。而布兰顿根据康德、早期弗雷格和达米特的观点认为，小句子只能协助其处于其中的句子说出一种推理性的断言（给出一个断言句）。

在小句子的重构中，谓词是一个句子替换的提示框架，即引导代出的方式。因此，谓词的推理替换是不对称的，即单向的。这就是说，谓词的替换推理不同于单项词，单项词的替换推理则总是对称的，即可相互替代的（见下一节的讨论）。谓词在替换中有可能改变由它自身表示的句子的指示框架（个别情况例外），而单项词则永远不会，因此，单项词的替换属于双向的替换，它们之间的替换可形成等值的组合，而谓词的替换则不可能做到这一点。小句子因为其与谓词分不开的性质，它的替换是不对称的，即总是单向扩展而不能回换。从替换推理的角度看，谓词的替换一般只能有一种状态，即一种单向的被替换形式（“斐多是一只狗”，可以被替换为“斐多是哺乳动物”，但不能反过来替换：“哺乳动物是斐多”）。尽管会有例外，但对于谓词而言，一般不会有反向代入另一个框架的情形。谓词是外部来源的或卷入的，因为它构成的句子框架涉及的是作为主词的单项词是什么、在做什么、处于何种状态或具有何种样态或性质等。因此，谓词作为一种卷入了具体经验事实的框架，它只要满足从一个句子框架到另一个句子框架的替换性转移就够了。①

与谓词结合在一的小句子替换的不对称性意味着它的替换是一种扩展，在语言建构方面具有不可替代的功能，它是使我们的语言具有表达力和语力的基础。也正是因为有了小句子，语言的表达力似乎是无限的。我们所熟知的句子的确是由各种部分组成的，其中小句子是很重要的一部分。我们如何构造适当的新句子与对它们的正确使用有密切关系。我们既可以分解一个句子，也可以组合新的适当的句子。但这里肯定存在这样的问题：这种新句子的组合有适当和不适当之分。对小句子本身使用的正确性是使我们正确地运用它来构成句子的前提。因此，对于预测适当与不适当地使用新句子的区分，能使我们更好地明白“什么是小句子的表达式?”或“为什么会有小句子表达式”的问题。产生和理解无数的新句子的能力是语言实践显著的基本特征。像乔姆斯基所强调的，这些创造性是法则而不是偶然的东西。任何一个说母语的人说出的句子，都是第一次说出的句子（假定他不是机械地重复一个句子），不是对于他本人而言是第一次，而是在人类历史中是第一次(不可能有他人在之前说过)。正确地使用小句子的组合，可以视为是进一步把它们正确地组合进新的句子中的决定因素。而在另一方面，语言交往共同体决定某些句子使用的正确性，以及它所涉及的相关词语使用的正确性，并决定了同样使用这些词语的其他句子的重要性。

小句子的替换语义学表明了一种完全从断言的角度运用我们语言的方

---

① “所以，通过好的替换推理，单项词可以由它们的实质性的介入而组成一个等值的组合，而谓词则组成为自反的（reflexive）的、传递性（transitive）和不对称的结构或家族。”见 R.B.Brandom, *Articulating Reasons: An Introduction to Inferentialism,* P.135，另见 R. B. Brandom, *Making It Explicit: Reasoning, Representing, and Discursive Commitment,* P.400。

式。由此不难看出，小句子并不是发挥表象主义意义上的表象的语义含义作用，相反，它们是服务于说出的断言句的语力的，即它们服务于句子的语用意义。但要彻底表明句子语力的真，就必须明白这一点：在不同的句子说出的语境中，至少在两个句子或一对句子（a pair of sentences）中共同具有相互的可辨认的语用意义，才有可能辨明一种语力，[①] 语力存在于一个普遍的可接受性的模式中。被至少两个句子所共同拥有的语用意义，便可称为具有语力的句子。由于谓词在推理中的单向性，它的推理证明的功能显得较弱，它只能与量化的条件句结合。正因为如此，在这里有必要考虑小句子中的另一个元素，即单项词的功用。

三、单项词的多值性以及它在推理中的作用

常识的观点告诉我们，单项词所表示的就是词语与对象世界的一种直接的对应关系，因此，我们可以通过谈论什么是特定的对象事物来确定在何种情况下可以使用一个单项词，但对单项词是否能发挥一种真实的指示功能的作用是有争论的。从罗素开始怀疑就一直存在。比如，人们发现，单项词本身的内在缺陷正因为它仅仅是语言中的一种符号，它会出现有所指但并没有真实对象存在的窘境。一般而言，单项词在语言中的使用无非是用来指出一个对象性的事物，以便把具体的指示加入到一个话语中，如果两个单项词指相同的一个事物具有相同的意思，那么交流便有可能。

布兰顿必须对单项词作为语言指示具体物的功能有效性作出回应，当然，他的回应方式完全不同于罗素以及罗素的反对者（斯特劳逊和唐纳兰）所作出的回应。布兰顿反复地问“什么是单项词，为什么有许许多多?”布兰顿这个问题的背后暗含的疑惑是：单项词真的是如它的名称所表示的指示单个的具体事物？它们到处存在，但是否指示了一个经验的世界，或者说，我们（语言的使用者）是否通过它们获得了一个经验的世界？单项词似乎是

① R.B.Brandom, *Articulating Reasons: An Introduction to Inferentialism*, P.129.

我们异常熟悉的一种语言现象，但我们对它的真实功能的理解是否有误？从罗素到他的反对者或其他经验主义者不管观点如何不同，他们都假定单项词具有直接指示对象的功能，只不过它需要某种辅助性的条件或手段才能实现这一功能而已。布兰顿看到了这些观点的一个根本的错误就是把单项词当作直接指示对象的词。根据弗雷格和蒯因后来的看法，单项词不是直指的。在分析哲学的语境中，蒯因较为系统地谈论了这个问题。蒯因的根本看法是，如果把单项词与意向中的实际对象联系起来，那么，“这样谈论的意旨只是用形象的手法来指单项词在句子中所扮演的与众不同的语法的角色。”①我们不能把单项词理解为是意向主义的那种表象性的对象物的指示词，尽管从表面上看，它们的确是某种对象物的指示词，但我们更应该从语言的角度，把它们视为语言自身规定的一种对象性的指示词。从表面上看，在自然语言中单项词似乎是完全按照表象主义的方式来指称对象的，但这是一种幻觉。这也就是说，认为语言可以在描述和表达之间作出区别是幻觉，因为我们不知道如何区分纯粹描述的语言。

单项词只能在它们与具体陈述句的语言表述的关系中才能确定其意义。用布兰顿的话说就是，单项词所代表的只是一个在复杂的谓词构成的句子的表达式中可以被替换的“被替换之物”(substituted-fors)。从句法上看，它也起着句子框架的替换—结构的功用，亦即它决定一个句子是否有可以替换的结构，从语义上看，它起着一种不同的句子之间对称性替换推理（互换而不改变彼此的真值）的作用。②布兰顿认为，一个完整的表达式，当其要求获得一种语用学的普遍性（不只是一个单个或偶然说出的句子，而是成为一个具有普遍的可接受性的句子），它就必须不仅表明它所使用的单项词是可以被替换的，而且这种替换推理还必须是对称的。

达米特在布兰顿之前已经看到，在处理单项词与外在实在的关系上，弗雷格提出了一种特殊的方法：它不是为语言去建构一种语义学的理论，而

① W. V. O. Quine, *Word and Object*, The Massachusetts Institudeof Technology, 1960.P.96.

② R. B. Brandom, *Making It Explicit: Reasoning, Representing, and Discursive Commitment*, P.400.

是在语言内部进行拓展，即丰富单项词的用法。这种做法一个直接的结果是：用单项词去形成原子陈述（小句子），一旦给定了所有原子陈述句的真值，通过量词和句子算子，基于这些原子陈述之上的每一个复合陈述的真值也就被确定了。而这里的原子陈述句正是由在可争议部分插入单项词的方式获得，比如通过单项词的替换来获得。另一种与弗雷格的方式不同的是塔尔斯基的处理方式。在这里，原子陈述并不被认为是复合陈述的根据，复合陈述是由一些使用了单项词的原子式开句的比较来获得。它与弗雷格通过扩大原有语言的使用方式不同（增加单项词的替换的功能），它通过对原有语言的修正（把对象语言通过元语言来加以纠正）来达到它的目的。

从这个意义上说，单项词是一种可替换的等值类（equivalence classes），而不是什么实体性的指示词。① 所以，问“为什么总会有单项词?”也就是问，“为什么一个句子出现的替换推理的意义必须是对称的?”单项词之所以重要，也因为只有它们才能作为一种可替换的等值类而存在，因而也只有它们的替换推理是对称的，即可以实现对同一个真值的不同表达形式的一个重要构成因素。单项词作为一种可替换的等值类，它们的替换推理所要完成的任务是，对那些原始的非同一性的实质推理句进行一种最基本的苏格拉底式的替换推理。在上一章中，我们已经看到，布兰顿把所有经验语用过程中的句子都视为一种非同一性的实质推理句，这些推理句的非同一性推理形式给了推理以一个巨大的空间，这也就是说，这里可以有无数的针对同一个命题的句子作为新句子出现。作为任何一个处于经验的语用实践的人，他（她）手头都会有大量这种原始的非同一性推理句子，现在，所要做的就是在这些句子的基础上说出新句子，当然，这里的说出新句子的方式必须根据布兰顿称之为“简单的实质推理承诺”（Simple Material Substitutional-Inferential Commitment，SMSIC）的方式来进行的。

这一替换推理形式是布兰顿替换概念的根本。作为与前提和结论的代入句子的替换变体相关的推理，可以称为替换的推理。下述例子可以说明这

① R. B. Brandom, *Making It Explicit: Reasoning, Representing, and Discursive Commitment,* P.372.

一点。我们可以从“本杰明·富兰克林发明了双光眼镜”，推理出：“美国的第一位邮政局长发明了双光眼镜。”作为前提的单项词被替换进来，而一个单项词（富兰克林）则被替换出去，以便得出结论。因为富兰克林是美国第一位邮政局长，推理从前提到它的替换变体就是保真的：它表明了，在适当的语境下，对前提作出承诺也就牵涉到对结果作出承诺。在布兰顿这里，能够进行这种替换推理（用一个更具体的单项词代替已有的）就可以说是做了一个“简单的实质的替换推理的承诺”。如果一个单项词的组合类构成的等值类与另一个相同的等值类构成的句子之间具有共同的承诺，那么，从“本杰明·富兰克林发明了双光眼镜”就可以推论出“美国的第一个邮政局长发明了双光眼镜”。在这个推论中，作为前提的句子被做了替换（单项词“富兰克林”被替换），但它却能保证结论的正确性，也正因为富兰克林是美国的第一位邮政局长。这里是一个实质的推理，因为它的真理性完全在于“富兰克林是美国的第一位邮政局长”这一事实，它保证了从前提到结论的推理的正确性。

为何需要这种替换推理？或者说为什么这些替换推理具有认知的意义？或许回答这个问题比紧跟布兰顿的例证解析更重要。有一点是清楚的，即在经验的语用实践中，我们会遇到大量的类似“富兰克林是美国的第一位邮政局长”或“美国第一位邮政局长说法语”“发明了双光眼镜的人是一个印刷工”等等这类“非同一性推理句”（关于“非同一性推理句”见上一章的讨论）。在经验的话语中，使用的句子或第一次进入的句子都是这些非同一性的推理句，但必须看到，从布兰顿作为一个语义实用主义者的角度看，如果说经验的话语只停留在这一阶段，那么，作为理性的智人的推理天性则会把话语带入另一个阶段，即反思性的或“自主的”阶段（相比于第一个阶段“非自主的”或非反思的性质）。在这一更高的阶段，不同的话语者可以比较这些句子中的单项词和谓词之间的相似或不同，考察这些单项词在这些句子中是如何发挥作用的来比较同一个单项词在不同句子中的异同。在这种反思性的思考中，话语者的一个最重要的选择是：他（她）可以把可量化的单项词等值类植入这些已有的谓词框架中形成句子。在这种比较当中，使用这些相同的单项词和用相同的方式可以组成更大的句子类型。当然，话语者本身是卷入经验的语用实践中的，因此，话语者是通过所有手头上已经有的句子的替换推理来做到这一点（不是任意或即兴炮制句子）。

这也就是为什么句子只有进入了论辩性运用的过程中，才可能知道句子中的单项词和小句子的语义，在此之前则不可能真正知道（极容易产生混淆）。因此，一定要从非同一性推理句这种类型句子的角度去考虑单项词，并最终通过在所提出的不同句子之间的替换性推理确定单项词在其所处的句子中的意义。单项词的替换属于真正意义上的替换。如果一个单项词的替代性转换，保留了某些语义相关的句子状态（承诺、资格、真或其他任何状态），那么，反过来的替换也将保留这些状态，无论其框架是否改变。也正是由于这里由单项词构成的替换是对称的，即可以相互拥有替换的语义值，所以也可以反过来推理。

布兰顿针对可以作为等值类进行替换的单项词的煞费苦心的划分，目的只有一个，即揭示语言的认知力量，即那种不是以贴标签的方式进行描述的语言表现方式。这种围绕着单项词的表达式的替换，是由于下述语言的两个方面的认知特性的决定的：一个是我们在上一章中提到的基于非同一性推理之上的实质推理的不相容性承诺需要作出分辨（一个为什么不同于另一个或相同），另一个针对实质的非同一性句子作出断言时提出新句子（作出断言）时所需要做的事情。前者涉及不相容承诺的可分析性和辨别性，比如在两个不相容性承诺之间的比较，因此，它们的小句子必须是隐含的可以替换的（以帮助对它们的异同作出分辨）。

“自上而下”的替换推理方式，带来了对单项词性质理解的根本性变化，它使处理单项词与实在对象的方式发生了革命性的改变。弗雷格之所以坚持语境论，是因为在特定语境中说出的句子(而不是孤立的或抽象的句子）中，语用学意义上的语力才能加于其上，只有在这种情况下，相关的语义内容才会与表达式联系起来，并能够对这种语力作出系统的说明。这一切都表明，由于语义学必须以这种方式回应语用学，单项词在这种意义上是从属于句子的断言内容和语力的，断言性的句子的范畴具有解释上的优先性。

布兰顿花了许多篇幅对单项词做了解析，一个重要的目的是颠覆语言—世界关系的因果解释。布兰顿看得很清楚，在弗雷格之后，这里已经有了两种讨论我们与外部世界关系的认识论的方式，一种是谈论具体的个别对象（particular），而不需要使用单项词的概念；另一种是使用单项词的概念而不用讨论具体的个别对象，即人们首先弄清楚什么是单项词的概念而没联系任何具体的个别事物，人们只是通过把个别事物与单项词做某种联系，以表明什么东西可以称得上是具体个别的事物。① 尽管这两种方式都需要讨论个别事物与小句子的关系，但讨论的方式完全不同，其看待我们与世界的具体的外部实在的关系也不同。后者看待外部事物的方式是弗雷格式的，它也符合后来维特根斯坦的内在实在论的观点。"语言的界限(仅就我所理解的语言)意味着我的世界的界限。"② 布兰顿也是内在实在论的信奉者，对他而言，概念是没有边界的，即概念之外别无他物；事实就是真陈述，而对象就是能够被概念所陈述的东西，脱离我们的语言，即在语言的可陈述范围之外，对象的存在是不可思议的。

布兰顿对单项词的替换推理的分析不仅涉及语义上对自然语言的重新认识，还涉及从句法上对自然语言的重新认识，因为他需要一个完整的对自然语言的"建构"，以便证明他把单项词和谓词视为某种多值可替换推理类的正确性，所以，这不是有限的篇幅可以讨论的问题。本节关于单项词替换推理功能的讨论主要集中在"替换—推理的意义"（substitution-inferential significance）这一最重要的主题上。

四、替换与外延概念的改变

从上述讨论中不难看出，在布兰顿这里，事实的观念可以在不明确地求助于对象的情况下在一种语言中得到说明，但所表达的事实又仍然是关于

---

① R.B.Brandom, *Articulating Reasons: An Introduction to Inferentialism*, PP.154–155；R. B. Brandom, *Making It Explicit: Reasoning, Representing, and Discursive Commitment*, P.403.

② L.Wittgenstein, *Tractatus logicao-Philosophicus*, Kegan Paul, London, 1922, 5.62. P.151.

对象的。布兰顿并不认为可以从一个对象世界的概念开始，并对与它们相关的事实(包括重要的模态的和规范的事实）包含了什么作出一种合理的说明。“对象”与“事物”或“单位”一样是一种假性的存在，只有在可以表达概念的真正的单个命题的背景下它们才是可理解的。布兰顿的这一单项词（小句子）的替换推理策略完全改变了传统意义上的外延这一概念。

但即使在弗雷格那里，外延的概念仍然无法摆脱对象的束缚。比如，布兰顿提到了，弗雷格的指称（Bedeutung）这一概念所受到的实在论的束缚。[①] 弗雷格的指称所指表现得模棱两可。在弗雷格那里，指称这个技术术语，在一种意义上指的就是语义学中的外在的语义内容这样的东西，在另一种意义上，它指的是表达与其解释之间的关系，即所表征的对象与相关解释的关系。这就是说，弗雷格的指称具有双重的意味：一方面，它指具体的指示对象（单项词指示的对象），它相当于是用来表示一个名称与其载体的关系的；另一方面，它可以指独立的句子本身的语义内容，即句子的意义（句子的真值）。指称的第一种意思与它的第二种意思非常不同。但达米特已经表明，指称的前一种功用是不确实的，因为名称及其指示物的关系是什么最终并没有答案——因此，达米特偏向于认为，指称不可用在单项词的指示关系上，它只可用来表示句子的语义内容（这一直是达米特批评后期弗雷格的真值语义学的依据）。[②] 布兰顿在这个问题上基本接受了达米特的观点。在

---

① 标准的翻译是把 Bedeutung 译为英文的 meaning，但弗雷格用该词的意思通常是 Referenz 的意思。与指称（Bedeutung）相对的另一个概念是含义（*Sinn*），这里的含义是表达式或句子的语义意义的一部分，而这里的指称则不是表达式或句子的意义的一部分，它代表弗雷格的语力上的真（思想的真），但弗雷格有时也用它来指单项词或小句子的所指（狭义的指称）。实际上，对于这里的含义，弗雷格同样有两种使用方式。弗雷格明确地运用了两种不同的解释模式：一种是当他考虑含义和所指的关系时（语义的），另一种是当他竭力说明含义的本体论状态（ontological status），因而牵涉到“思想”这个第三领域的神话时（M.Dummett，*Origins of Analytical Philosophy,* Gerald Duckworth& Co.Ltd.,1993,P.105）。第一种含义与指称性的关系是由句子的语义内容决定的：它说明了词语的含义是如何根据其语义值被指派的；第二种含义与思想相关，它并不是直接表示某种语义含义，它的含义也不是简单地被给予的，相反，它由句子的命题性的内容构成。

② M.Dummett, *FREGE: Philosophy of Language*, PP.402–403.

他看来，从某种意义上说，弗雷格并没有弄错，“指称”的确可以指向两种外延，但只有第二种外延（推理的、作为语用的真值的外延）才是可以接受的，单独的第一种外延的解释具有误导性。但布兰顿也承认，这里存在着一种需要解释的张力关系。① 一种常识性的观点是：如果指称的观念主要只是作为不同种的表达式的语义角色而引入，而没有诉诸名称/载体的关系，那么从外部看，我们就无法区分内部的语境与外部的语境，或相互区别地对待二者；经验主义和形式语义学认为用统一的语义学方式来处理所有语境是可行的，但这种看法将被迫去区分内涵与外延，如果我们想为我们的语言建立一门语义学的话，而这将意味着我们必须求助于一般名称载体的概念。但我们用专名的载体来判定它的指称，这样我们所知道的就只有单项词小句子的指称了，或只知道该指称所从属的在语义上等值的表达式为它所拥有（如果拥有）的载体决定。在这种情况下，弗雷格所提出的含义概念便是多余的。

布兰顿根据达米特的意思走出关键的一步，即不再直接讨论指称的第一种意思（名称与其载体的直接关系），而是直接从讨论指称的第二种意思开始，单项词作为可替换的同值类被当作句子的替换推理的工具。布兰顿还在达米特的语用证实理论基础上，讨论只有通过话语的记分才能得到说明的推理内容的真：他用这种推理内容的真作为对弗雷格语力的一种证明。传统的意义理论以及形式语义学只从句子的真值去理解它可能的外延性，而且这种理解还是在以存在论的承诺为前提的情况下进行的。布兰顿的推理主义的不同之处就在于它与话语的推论是联系在一起的，替换概念所扮演的角色也就不只是确定可能的断言性句子的真值，它还有一个更复杂的角色，即推理的语义替换的角色。在布兰顿这里，弗雷格的指称这一概念隐含的双重性，现在明确地以断言句内容的指称性与推理内容指称性的双重性表现出来。

但需要注意的是，对于布兰顿而言，句子是融入推理的等级秩序（自上而下的等级秩序）中的，单独的句子的外延性并不能确定其自身的真值，只

---

① R. B. Brandom, *Making It Explicit: Reasoning, Representing, and Discursive Commitment*, PP.350–354.

有融入推理中，其外延性的真值才能被确定。也就是说，只有看它是否能在间接的推理中被替换，而又不会改变它身处于其中的复合推理句子的功能，它的外延性的真值才能被确定。因此，不是所嵌入的任何语境都是有其真值的语境。这实际上要求句子的外延性必须与复合推理的外延性结合起来考虑。布兰顿也正是这样要求的。① 这实际上也就形成了具有各自的外延性对象的两种论断相互以对方为前提的情况。推理的外延性是等值的推理句子构成的，这也就是说，复合的推理的外延性是由多值的断言句的外延性组合而成的。

因此，这里的矛盾是：一方面，断言性的句子，只有纳入了组合推理的等值的句子（小句子和单项词）中才能表明其指派性的真值；另一方面，等值的推理复合句又必须以多值的断言句（这里总是有多个断言句）为前提，这样一来，推理所作出的认知承诺就不能与构成它的断言性的句子的承诺相矛盾，同样，多值的断言句的承诺也不能与推理的承诺不一致。在这种情况下，多值的断言句的替换是为了保存推理的指派性。② 这意味着，断言句不能独立于推理的指派性而具有单独的意义。“不能把解释的断言性的等级秩序，视为是独立于推理和先于推理的断言的等级秩序的。”③ 由于推理本身是一种复合的内容（包括对推理的前提条件的承诺），而不是只有一个独立的推理内容，所以，断言性的内容不可能是它的内容的来源——断言多值性的一致性能带来独立的推理内容的一致性，但这并不等于说，它也能同时带来推理的复合内容的一致性，除非独立的推理内容的一致性足以构成推理的复合内容的一致性。

可以肯定的是，实质推理解释的等级秩序，不可能来自实质断言解释

① “在句子的组合是同质的意义上，句子能在其中以组成部分嵌入的句子的语境就是外延性的，只要以同样的推理的角色一个论断代替另一个论断，不会改变包含它的复合句子的推理的角色。”见 R. B. Brandom,*Making It Explicit: Reasoning, Representing, and Discursive Commitment*, P.350。

② “推理的承诺必须与断言的承诺一块来考虑。”见于 R. B. Brandom, *Making It Explicit: Reasoning, Representing, and Discursive Commitment*, P.353。

③ R. B. Brandom, *Making It Explicit: Reasoning, Representing, and Discursive Commitment*, P.353.

的等级秩序，但与此同时，推理的指派性也不可能决定断言的指派性，因为不可能有一种指派性同时带有两种真值（推理的指派的真值与断言的指派的真值），但这是否意味着两个对话者承担或具有同样的推理承诺，却又有不同的断言性承诺呢？是否允许这样的情形？从布兰顿的实质的和话语性的推理的角度看，这样的情形虽违背了古典逻辑，但却是可以允许的。下述情况，即推理的指派性不能决定断言的指派性，在布兰顿的实质的和话语的推理中是必然存在的："除了对条件的承诺之外，这样的可能性似乎是应该被允许的。两个科学家或两个政治学家会完全同意这一点：只要获得了某种条件，某物就是真的，但对于实际上需要获得什么条件却会有不同的信念。"① 在古典的二值逻辑中，确定了所有条件句（推理）的真值，也就决定了所有原子命题的真值，而这里所允许的矛盾，却意味着简单采取古典二值逻辑的"如果……那么……"的推理模式是不够的。因此，布兰顿认为，假言的承诺不应用来确定断言的承诺。如果真要考虑推理的承诺对断言性承诺的决定关系，那么，也只有在使用另一个断言性承诺的情况下，推理的承诺才能决定断言性的承诺。这等于说，缺少了把断言的承诺作为推理条件这一点，推理性的承认就不可能决定任何断言的承诺（这与一般逻辑的观点完全不同）。按照布兰顿的看法，这种要求为替换打开了空间（使替换成为必需的），只有使用不同等级秩序上的话语的或具有语用学意味的替换，这些要求才能得到满足。

传统的外延概念都是受制于存在论的，它的实在论形式决定了它把外延局限在具体存在的特定个别事物之上。因此，我们所熟悉的外延总是被置于一种直指的指称模式或古典逻辑的二值性判定模式中，即使像蒯因那样从量的方面指示一种外延或以确定性摹状词的方式来指示，这里的形式都没有根本的变化。但在布兰顿这里，我们看到的是一种完全不同的理解外延的方式，这里没有存在的承诺（无论何种形式的），因此也没有固定的指称模式和对古典逻辑的真值形式的依赖。布兰顿的推理主义对真的理解是从彻底的

① R. B. Brandom, *Making It Explicit: Reasoning, Representing, and Discursive Commitment*, P.353

紧缩论的角度来理解的，它彻底地摧毁了一切表征与对象的同一性的信念。

如果按照布兰顿上述方式来理解外延这一概念，那么，弗雷格指称概念的意旨二重性的对立，现在不是表现在名称/载体与句子/真值（思想）各自指称内容的冲突上，而是表现在推理的指称内容与断言的指称内容的冲突上。[①] 推理的指称内容是与句子的指称内容相互联系在一起的，不可能只有推理的指称内容而没有断言性句子的指称内容。在这里，对于布兰顿而言，所需要解决的问题也改变了：现在不只是去考虑多值性与句子表达的指派性的关系，而是要回答这个更主要的问题：句子的断言性的外延性概念如何能运用于推理的外延性概念之中？

五、两次替换

如果外延也可以从两个不同的角度去理解，那么，对于推理主义的替换原理而言，这里必然有一项工作要做，那就是同时对它们实施弗雷格的替换。实际上，布兰顿所遵循的强的推理主义也需要进行两次替换，不可能在没有推理替换的情况下在一个断言中接受任何多值的逻辑常量。按布兰顿的说法，两次替换是一条达米特从形式断言的有效性到形式推理有效性的道路。[②] 实质推理的承诺，即它独立的指派内容仅仅涉及句子独立含义的发生，即不与那种与特定的使用所有可能存在的、嵌入句子的使用的含义中的含义相关，它只能得出类似于弗雷格称为“概念内容”的东西。这只是来自多值性的替换性方法的第一次应用的结果。实质断言的承诺与多值的可替换类的关系构成了第一次替换，但另一边则是断言的承诺与有效性（语力）的关系，它需要进行第二次替换。

就推理的承诺和适当性而言，替换机制的第一次应用是为了获得独立的断言性推理内容的概念，这就是获得一个断言句，从而这样的一个句子便

① R. B. Brandom, *Making It Explicit: Reasoning, Representing, and Discursive Commitment*, P.352.

② R. B. Brandom, *Making It Explicit: Reasoning, Representing, and Discursive Commitment*, P.347.

真正获得了推理（推论）的意义：它们既可以作为一个推理的结论也可以作为一个后继推理的前提。第二次替换的一个根本不同是传统的二值逻辑的标准不再适用，因为这个阶段的目的在于证明语力在句子中的存在。这里的第二次替换推理所要完成的也就是达米特认为的意义理论中最重要的一部分，即告诉我们什么是真理（语力）的部分。从总体上看是一个系统的工作，从替换推理的角度看，它是两次替换推理的结果：它需要作出有关对象世界的推理性断言（第一次替换推理），也需要作出有关来看，这种“证明”对象世界的复合的推理断言（第二次替换推理）。我们可以从这个角度去理解布兰顿下述定义：

> 组成部分的概念内容（component conceptual contents），可以在引出多值性的替换性的方法论中的第二次应用中得到界定——这一次必须保留于替换性中的就不是复合的句子的指派性（designatedness of compound sentences），而是它们的推理的内容。它是由与多值性比较的第一次应用的替换构造起来的，结果是让广义上的推理内容的两个概念来发挥作用：一方面，作为独立的句子表达的推理的潜在内容（包括它在推理中被当作前提和结论来使用）；另一方面，是对其作为组成部分出现于其中的复合句的推理内容作出贡献的句子内容。这后一种可以称为是一个句子的“组合的内容”（component conten），它考虑的是在复合的关系中进行替换，而不是考虑在推理中进行替换。①

相比于第一次替换，在第二次替换中，它的替换推理的方式就不是小句子的等值类之间集中在句子推理前提和结果上的替换，而是断言的指派性的多值组合的替换，即不同的断言句子之间的小句子的替换。在这一阶段，一个句子可以内嵌于另一个句子，小句子的多值性的替换将在一个具有不同的句子联结组合的句子中进行，因此，这里不再可能有真或假或是或不是的判

① R.B. Brandom, *Making It Explicit: Reasoning, Representing, and Discursive Commitment,* P.348

定结果，在这一阶段替换推理所保留下来的就是独立的推理内容，它们可以很多甚至无限多。在第二次替换推理中，问题的关键必然是如何使一个论断成为一个论断，即如何表明从某个情境条件后果上看所作出的论断是适当的。

就话语实践而言，一个可以作为另一个推理的前提或结论的断言句，其组合的内容在多大程度上在一个更高的层面上还原为一个共享的单一命题内容，取决于语言表达的力量，特别是取决于有多少句子嵌入语境或有多少嵌入的句子（有多大交往扩大化的可能性）。这就是说，按照多值或组合内容进行替换的合并，是相对于有多少嵌入式的（由语境给定的）句子组合，以及相对于嵌入语境的句子的类的。最高层面的解释的替换，即指派性的层面，完全不必是双值的（two-value）或有或没有的（on/off），因为最终确定一个断言是正确还是不正确的，即它是否有可断言的语力的东西是一个开放的领域。在这一点上，布兰顿拒绝了达米特对二值逻辑相对保守的运用。①布兰顿所提供的推论性的话语记分不仅区分了承诺和资格，而且对于哪一个是作出了承诺（做了一个替换性推理），哪一个作出了归属性的评价（指出了一个替换性推理）做了区分，一个断言在所有各式各样的表达中，都可以说是正确的，只要有足够的分数（相对而言最被接受）。当我们从推论开始，句子就被融进了许多同一推理的角色类当中，而不是仅仅融入那些被指派为真或假的句子之中。在布兰顿看来，句子始终扮演着推理的角色，离开了推理，我们就不能归属它任何真实的或实在的意义。

布兰顿的两次替换推理，是他把话语推论的实践视为两个阶段或两个部分的结果。从话语实践的角度看，首先是加入话语的说话者的资格，即他(她)做一个断言承诺的资格，其次才是话语推论的展开。布兰顿把这里的资格问题视为一个重要的和容易引起争论的问题，因此必须首先解决。按照他的看法，作为一个更大种属的推论的承诺的不同之处首先恰恰是，作出承诺的资格问题总是在原理上有争论(因为这关系到承担这样一种承诺的社会实践后果，

---

① R.B. Brandom, *Making It Explicit: Reasoning, Representing, and Discursive Commitment*, PP.349–350.

比如，它是否能或如何能让他人用来作为他们话语中的推理的一个前提)，因此，这种资格必须是一种推理显示和继承的社会现象，争论才能消除。①

六、替换与真理概念的改变

一旦我们不再把外在对象与表征的同一性视为一种存在论的承诺，因而彻底放弃此类形而上的存在概念，真便成为一个纯粹语言的问题。用布兰顿的话说，在这种语言的使用中，真只是一个言辞上的表示而已。一般所谓语义紧缩论，指的正是这种意思，它不仅指从句法的分析回到语义的分析，而且指把语义与外部对象的关系视为一种语言表达的关系（不再认为它们之间具有某种实质的同一性关系）。这条语义紧缩论的道路是从塔尔斯基杜绝了句法分析开始，直至去引号的真和冗余论的真概念出现后而逐步形成的。布兰顿毫无例外也是这样一位语义紧缩论者，他同样把真和对象的语义外在性视为一种语言的关系，而不是实质的关系，但布兰顿的语义紧缩论又有非常特别的地方，它并不接受冗余论，尽管他也认为真的概念不再重要。布兰顿是一个带有强烈的语义推理主义和概念表达主义信念的语义紧缩论者。

对外延的两种解释表明，布兰顿从根本上已经放弃了真值条件语义学，但他也不接受拉姆塞式的冗余论。弄清布兰顿对冗余论的态度有助于避免一些误解。应该看到，拉姆塞式的冗余论把断言句作为分析的核心对象，并认为断言在根本上是一种推理证明的形式。冗余论的做法是把断言与指称剥离，因而带来了一种断言性句子的陈述与事物的陈述可以完全脱离的现象，似乎断言性的推理可以独立于“指称……”为真。布兰顿所实施的语义紧缩论则没有带来这种分离，恰好相反，它采取的完全是一种语义转换的形式：它把带有存在承诺的语义外在性转换为不再带有存在承诺的推理的语义外在

---

① B.Brandom,“Facts, Norms, and Normative Facts: A Reply to Habermas”, in *European Journal of Philosophy* 8:3, P.361.

性。简单地说，冗余论看待真理的方式无疑对真理的使用做了解释，但它看待真理的方式是不完整的，其证明的前提也是不正确的。

对于布兰顿而言，最成熟的真理冗余论、能很好地处理量化的真理关系的是赞同句真理论（prosentential theory of truth）。在赞同句真理论中，"……是真的"不再是一个简单的真理谓词，它的作用只表现在回指或间接引语中，比如，如果你说"下雨了"，而我说"对"，只是在重复你所说的内容（表示赞同）。显然，如果人们决定把"……是真的"当作赞同句的不能单独使用的部分来对待，并把这种新范畴以语义学的方式类比于其他赞同的代词形式，那么就会产生真理的赞同句理论。在这种情况下，"雪是白的是真的"就可以当作赞同句来理解，与它的前件的代词一样具有相同的语义内容。因此，拉姆塞的冗余论是不正确的，因为用语气的多余对真理的用语进行分析和界定是一种不完备的方法。这并不是说独立的语气的冗余性不是真理谈论中的主要现象，而是因为并非所有真理用语的使用都采取这种形式。当然，对"真"的使用需要更多的解释，赞同句理论也不能只把真理解释为作出断言或承担一种断言的承诺。但能很好地处理量化的真理用语的真正成熟的真理冗余论仍然是赞同句理论，它由 D. 哥洛维、J. 坎普和 N. 伯纳普等人根据回指（anaphora）的分析而构建的。①

真理的赞同句理论出自对语义外在性的重新认识。布兰顿的语义紧缩论正因为是从真理赞同句的理论形式的角度来解释的，因而与出自实用主义传统或非推理主义的断言主义的解释有根本的区别。不可重复的指示词只有在回指的结构中才是可重复的（具体讨论见下一章）。回指的结构让布兰顿可以清楚地表明，语义紧缩论只能是赞同句理论的一种形式，而赞同句的理论并没有损害语义的客观性（但它的确否认了语义总是具有一个外部来源的

① D.Grover, J. Camp, and N. Belnap,"A Prosentential Theory of Truth", in *Philosophical Studies* 27（1975）, PP.73–125. 布兰顿在其推理语义学中发展了这一理论。见 R. B. Brandom, Making *It Explicit: Reasoning, Representing, and Discursive Commitment*, Chapter7：" Anaphora：The Structure of Token Repeatable"。

“事实”）。①

对真句子做这种意义上的赞同句使用的解释，对哲学有许多好处，对于赞同句论者最有意义的部分是形而上学消减论。因为在过去被解释为是归于一种特殊和神秘性质的（真理）以及同样神秘的真理携带物（命题），现在是以回指的方式来显示的，它仅仅是具有自己前件的句子的记号（tokenings）。赞同句解释的一个更进一步的优点是，回指是记号之间的关系。布兰顿的赞同句的真理概念实际上实现或完成了一种概念的颠覆，因为一些始终被认为是真理核心的本质性概念，在真理概念中被做了重新的定位。按照布兰顿的这种方式，需要进行真理论解构的方面就不是某个视角的更替，而是总体的、深层次的革命性变更。布兰顿的理解方式给真理概念所带来的一个根本性的改变是：在概念构成的推理的指派性中，所有意义的指派性都是独立推理的指派性，它的意义本身不可能是有或没有（on/off）的二值的。句子的指派性只有与语用的含义相关才能被证明。这意味着，最终确定的并不是一个断言是正确还是不正确的，即它是否是可断言的，最终确定的是语力，一种普遍的可接受的推理内容。规范的语用学不再依赖于对断言的正确或不正确的二分法应用。从一般的推理角度看，二值性的标准也是不可行的。一个断言的最高形式是推理的完善性（goodness of inference），它实际上并不是用对或错来表示，它的表示方法是：“是或不是”（yes/no）、“正确或不正确”（correct/incorrect）。但从替换推理的顶层看，推理的内容甚至也不接受“是或不是”“正确或不正确”的标准，因为它是一种语言共同体内的交互性的推理（尽管单个的推理也是它的一部分）。“当人们从推理开始，句子就被融进了许多推理的等值的角色当中，而不是仅仅融入那些被指派为正确或指派为不正确的句子之中。”②

---

① 根据布兰顿的看法，与代词相关的赞同句有四种形式：1. 赞同句存在于可以为陈述句所占用的任何的语法结构中，不管是独立的还是内嵌的陈述句。2. 任何陈述句都可以成为某些赞同句的前件。3. 它们可以随意用，也可以量化地使用。4. 在每一种使用中，一个赞同句都会有回指这一前件，它决定赞同句的可允许的句子的替换或代入。这种替换决定了与之相关的赞同句的意义。见于 R. B. Brandom, *Making It Explicit: Reasoning, Representing, and Discursive Commitment*，P.302。

② R. B. Brandom, *Making It Explicit: Reasoning, Representing, and Discursive Commitment*, P.350.

这是推理主义所展示的一种复杂的论证模式。在这一论证模式中，断言是被当作一种推理的内容来理解的，它不仅区分了承诺和资格，而且对于哪一个作出了承诺，哪一个作出了归属都可以有明确的规定。一个断言或一个推理在所有表达中，都可以根据它所获得的不同方面的认可而判定为正确。比如，作出一种断言性承诺（带有道义的态度）、被语言共同体的他人所承诺（被归属于一种可以作为另一个推理的前提和结论的断言）、作出了某种担保等，都可以看作是获得了意义的指派性（因此满足了作为一种推理的资质的要求）。在话语推论中，判定一个指派性意义的方法是多种多样的，而不是二值的或正确或不正确的。

对于布兰顿而言，指派的值和多元的值指向的都不是真或假（有或没有）这个判定域，因此，对真的二值性的衡量准则的运用是完全没有必要的，这种运用也是无效的。如果句子必须是断言句，那么，它们必然都是嵌入语境的。根据推理主义的要求，多值性的替换的目的，就是要在两个以上的嵌入语境的句子中确定它们的多值性的可替换性，以便最终证明它们组合的内容命题的同一性。这里还要考虑的是断言句与话语共同体的关系，即在独立的断言句的组合中，它在不同的独立的断言内容之间的替换。小句子的替换，从某种意义上说，也就是去表明小句子是语言共同体的一种可替换的表达式。没有这种可替换性或失去了这种可替换性，不同句子的组合内容就不能是一种共享的命题内容。任何一种多值性或小句子的作用都应从这个角度去理解。不是去确定它们的真值，以表明它们在句法上的有效性，而是去确定它们的可替换性在不同的复合的（嵌入语境的）断言句中是否是共通的，因为任何一个语言共同体中表达的句子都与标准的替换结构中的小句子相关，它们的内容是相互联系在一起的。①

① “说小句子的表达式为共同体当作可替换之物（substituted-fors）来使用，以及当作替换—结构的框架使用，就是说，一个共同体在使用句子时的话语实践所表达的内容是这样地一个与另一个系统地相互联系的：它们可以按照标准的替换结构以展示它们是与小句子表达式相关的内容的产物。”见于 R.B. Brandom, *Making It Explicit: Reasoning, Representing, and Discursive Commitment*, P.401。

布兰顿对二值逻辑的颠覆，是否意味着复合的句子内容只适合多值逻辑呢？从后期维特根斯坦思想转变的过程看，在批评了真值语义学的二值逻辑后选择多值逻辑似乎是合理的。但布兰顿并未做此选择。一个根本的原因是，布兰顿的复合的句子内容带有断言性的认知目的，它把句子内容的语力视为一种推理所表明的东西，而不是把它当作经验本身所表明的东西。实际上，正因为多值性或小句子的替换体现了推理主义的要求，布兰顿的意义理论与后期维特根斯坦的下述看法是相反的：句子并无自己独立的意义，其根本性的意义反映在实际的语言实践中对它的不同的使用中；这也就是说，我们只能通过句子在不同的使用中的特点，把句子的意义与特定使用所赋予它的意义联系起来。在维特根斯坦那里，一个句子在语用学上具有多重的意义，因此，句子的意义是多值的。但在布兰顿这里，只有由单项词构成的小句子是多值的，而断言性的句子的意义本身不可能是多值的。实际上，布兰顿坚持认为多值性或小句子的真值与句子的意义是两个不同概念，就已经表明了他的观点不可能与后期维特根斯坦的观点相容——维特根斯坦不可能做这样的区分，即他不可能把句子分成不同的两个部分，并从中去确定它们之间的主从关系（如果句子的意义是它的不同的使用所赋予的，区分句子的语义构成就没有任何意义）。布兰顿赞同达米特对维特根斯坦的批评：完全从句子不同使用的赋值中对句子意义做多元化理解的一个不好的后果是，我们将不可能区分句子说出时所带有的语力（语用的意味）与句子本身的含义（语义内容）。在这种情况下，句子的断言性推理就不存在，或者说句子就完全失去了这样的功能。这与具体语言实践的特性并不相符，因为只要句子是说出的，它就必然带有特定的语力。从推理主义的视角来看，甚至可以这么说，不只是断言性的句子，大部分的句子都带有特定的语气，因此也必然有与之相关的命题内容。

在推理语义学的建构方面，布兰顿并没有提供任何新的语义学词汇或概念，一切都围绕着传统语义学概念来进行，涉及单项词、谓词以及小句子等语义学概念和范畴。但在形式语义学中，所有词汇和范畴都被当作一种本身具有语义外在性的词汇和范畴来使用。也正是因为这个原因，自达米特全面抵制形式语义学的真值条件论之后，形式语义学一直处于一种被攻击的状态，至少从实用主义和推理主义的角度来看，情况一直如此。布兰顿对形式语义学的不满主要是因为它的认知的空洞性和假定的语义外在性这两个方面，而不是认为它提供了一个与实质的意义推理搭配不上的真值条件论。形式语义学的分析把句子化简为复合的名称，并把判断化简为推断或述谓(predicating)，语言的认知功能不仅没有得到真正的揭示，反而被矮化了，甚至根本失去了；而在另一方面，形式语义学把所有指称性的词汇都当作直指的（具有直指的功能的）词汇，而根本没有去考虑语义构成论是否可行的问题。但布兰顿并不打算摧毁形式语义学，他的目的是希望在揭示形式语义学在认知上的无能后构建一种真正具有认知意义的语义学。对他而言，不管是把这种语义学称为哲学语义学还是推理语义学，目的都一样，那就是彻底铲除它的经验主义和自然主义的信条。

替换原理以及布兰顿针对传统语义学词汇所做的颠覆，都是希望表明，语言不是表征的（因为这样等于暗示，有对象存在于语言之外，或先于语言而存在），即使是单项词也不是起一种表征的作用。布兰顿反对传统实在论的观点，因为他不同意单项词所表示的就是词语与对象世界的直接对应的关系，或者我们可以通过谈论什么是特定的对象事物来确定在何种情况下可以使用一个单项词。相反，在他看来，在康德、弗雷格的思想中，单项词从来都不是作为一种与对象事物直接对应的词语来使用的，因为他们都认为，即使是特定的对象事物也只能在一个具体的判断或命题性的陈述中得到规定（康德把判断视为语言陈述的最小单位，弗雷格要求从复合句所构成的语境中去理解单项词的意义）。布兰顿十分重视康德、弗雷格的这一思想，因此他同样认为，单项词只能在它们与具体的陈述句的语言表述的关系中才能确定其意义。

布兰顿对传统语义学的基本语义范畴的解构与重构，整个颠覆了认识与外部世界的认识关系（外延的概念）和它的评价标准（真理论），并由此带来了一个模态语义的世界。布兰顿不从存在论上去讨论外部世界的存在问题，即他根本没有像经验主义者那样在考虑语言的意义问题时从外部世界的存在的证明开始，但对存在论不做证明不等于布兰顿在理解语言与世界的关系时接受一种融贯论的观点。

第五章　从词语—世界的关系走向词语—词语的关系

布兰顿的语言语用哲学在处理真命题（思想）和实在的关系上采用的是“自上而下”的处理顺序。它自上而下一共有三个层面。在最顶层是命题内容的真这个问题，在这里，命题内容的表达是采用推理的方式进行的（见第三章）。第二个层面是完全针对句子和小句子的，它处理的是间接的推理的关系，因为小句子是存在于独立表达的命题句子中发挥作用的，它们的由单项词和谓词构成的属性带有具体所指的语言类型，它们本身的语义所指只能在命题句中来理解；考察它们在不同的句子中的可推理的替换关系，可以证明它们在句子中的出现是否是真正有内容的（见上一章的讨论）。第三个层面是最底层的层面，在这里，推理处理的是小句子替换中的语言记号（tokens）以及作为一种记号的单项词。这一层面的推理关心的是，那些直指性的记号如何可能运用于小句子的替换推理中，以表明它们在间接的推理中是有内容的，即如何通过它们之间的记号重现的结构，以表明它们在间接的推理中是有内容的。

在前两个层面上，推理语义学要么处理的是句子，要么处理的是作为一种语言类型（types）的单项词和小句子。在最底的层面，推理主义语义学回到了语言作为一种记号的层面。语言本身的复杂性，以及其作为一个观念的交流和表达的体系，迫使我们要研究它的一般形式，即它的类型，但作为特定的个别事物的表征，或用布兰顿的说法，声称的表征中的所指，语言又可以视为一种记号。从记号的角度看，种种指示性的直指词如何直指对象？包括索引在内的指示关系，它们的使用表征了事态和外部世界的关系了吗？所有这些记号式的语言现象是如何具有指示功能的？根据布兰顿的观点，我们指称对象的方式是：通过针对指示词开始的回指（anaphora），把所有因果条件下的直指式的表征纳入推理中，从而把属于观察的表征内容还原为概念性的推理。从推理主义的角度看，指示词都是推理的，比如“这个”或“那个”也可以是概念的表达。这也就是说，如果不是作为推理表达来使用，指示词（包括那些似乎具有独立的指示意义的时间和地点的指示词）就没有任何认知的用途。在实质推理中，即在推理报告的推理中，小句子和单项词必须被替换才能把自身纳入推理中，而在记号性的词语使用中，直指词或指示词则需要回指才能把自身纳入推理中。也就是说，回指同样能够使直指表达式具有间接推理的功能，并具有概念内容。如果不能以回指的方式指示事物，即发挥一种推理的功能，直指表达式就没有任何意义，它们就无异于我们面对事物时所制造出的噪音（它们就不是真正说某物的语言表达）。从这个意义上说，限定性摹状词和专名等也只有作为回指的先行词才有意义，否则它们就没有意义。因此，回指比直指更重要，语言可以只有回指而没有直指，但决不可以只有直指而没有回指。没有回指就没有直指。

在回指的理论上，布兰顿针对基本的指示词进一步深化了他特殊的语义外在论的观点，即那种可以称为没有存在承诺的实在论观点。在布兰顿这里，回指的理论具有以下三个方面的重要作用：(1) 回指具有打破直指的语义垄断性的作用（打破形式语义学的语义外在论）；(2) 回指具有推理的功能；(3) 回指能形成一个意义的话语辩护结构。

因此，在第一节中，作为记号的单项词如何指称对象是讨论的主题。第二节将讨论布兰顿的推理辨认三角与戴维森的测量三角的区别，以指出，为什么作为记号的语言的表征功能不是直指的，而必然是间接的或推理的。第三节主要讨论外部世界的存在承诺（existential commitement）如何可以被推翻但又不会丧失一种实在论的承诺的问题。第四节讨论布兰顿对回指的功能分析，即他对回指如何打破直指的语义垄断性的分析。第五节的主题是回指的推理的功能。

一、对象是如何被给予我们的

在实质推理中，即在推理报告的推理中，小句子和单项词必须被替换才能把自身纳入推理中，而在观察报告中，作为记号的单项词和直指词或指示词则需要回指才能把自身纳入推理中。强的推理主义的推理要求的严格性，已经表现在它对作为谓词和小句子的一部分来使用的单项词的替换之上，但单项词在作为句子的类型的身份加入替换之前，它们是作为一种记号的身份存在的。布兰顿的推理主义不想在这个问题上留下任何非推理的空隙，他要求进一步对作为记号的单项词的身份作出推理还原。这个作为记号的单项词是如何形成的，它们是直接命名的吗？即它们是一个直指式的记号吗？单项词一旦作为一种记号来看待，它所表明的是限定性摹状词这样的一种状态，即一种物理的时空关系的“对象”这个东西，它可以是一个专名。但在推理语义学的概念推理中，与对象相关的单项词使用也不是直指的使用，而是在推理中的间接使用。表象主义的对象是直接呈现的，就像一个东西直接摆在那里的一样。布兰顿认为，在弗雷格的替换推理概念的一揽子计划中已经明确提出了这一方案，即作为记号的可重复的单项词如何像算术中的数这个概念一样是在其可重复表达的关系中被认识的，因为它不可能还原为更原始的对象。布兰顿认为，在弗雷格的替换推理概念的一揽子计划中已经明确提出了这一方案。因此，“通过审查弗雷格在《算术的基础》中是如何以纯粹替换的用语理解对象的表征的，可以使单项词的用法和有关对象的有意图的表征之间的连接衔接得更紧密些。”① 这就是说，布兰顿不打算留下任何空隙，他针对这一点做了充分的工作，他从观察和观察报告中使用的语言记号的角度，提出了作为记号的单项词如何直指对象的问题。

在《算术的基础》中，弗雷格试图对“数是如何给予我们的”问题作出回答，为了回答这个问题，他首先解释了“对象是如何给予我们的”问题。弗雷格的一个根本看法是，数完全是以严格的逻辑的方式显示的，它不是

① R. B. Brandom, *Making It Explicit: Reasoning, Representing, and Discursive Commitment*, P.414.

“自然”存在的东西。我们对数的认识不是依靠直观或感知。弗雷格把对象的存在性质与数的存在性质做了比较。就像对数我们不可能有直觉的知识一样，对具体的对象事物，我们也不可能有直觉的知识，原始的主观图像和任何因果的数的反映都不能帮助我们确定一个数的对象。据此可以断定，对象并不是通过专名或定冠词的形式直接给予我们的。我们是通过一种判断来把对象显示出来的，而这种判断就是记号的推理的重现，它能使我们把对象再次视为同一个东西加以确认。再次辨认出一个事物也就是做一个判断。这种判断也是一种替换性的授权（substitution licenses）。弗雷格表明，在对象通过单项词给予我们的规范活动中，必然要涉及有关对象的单项词使用或应用的规范，即确定单项词的使用规范是对象通过单项词给予我们的条件。如果我们用 a 指称一个对象，我们就必须有一个标准能表明，在所有的情况下是否有 b 与 a 相同，即使我们没有能力获得这种标准（最大限度的替换）。对一个事物作出确定的描述，即把它当作一个确定的对象，要求可以不加怀疑地再次得到辨认，或能保证它不会与其他的对象混淆，这样才能始终保持它作为确定的“那一个”的身份，保证对一个对象的确定性描述的正确性。

对象可以在不同的情境中获得不同的认识，但这并不会阻碍我们再次辨认出它们，再次辨认出一个事物也就是做某种判断：弗雷格称为“辨认的判断”。如果像我们关于数不可能有直觉一样（不是心智的图像），关于单个的对象我们也没有相应的直觉，那么我们是怎么辨认出它们的呢，即它们是怎么给予我们的？回答是，我们只能在它们归属的一个命题的语境中辨认它们，当然这意味着首先必须理解命题，尽管可以认为，数词总是代表自存的对象的。在我们以两种不同的方式指示一个对象时，辨认性判断具有对一个对象再次当作“同一个对象”作出辨认的能力。要通过一种表达指示一个特定的对象，就必须确定这个表达式所要表达的对象的各种特征的对或错，即使我们无法知道每一个这种特征是对的还是错的。词的单个指称的意图，实际上就是辨认性判断把这些单项词当作是具有确定含义的，它是通过把自身置于一种相互等同的关系中来获得它的含义的，就像用等号就是指定一个对象那样。

弗雷格的方法是在克服了心理主义的对象（数）—心智图像的因果反映关系（对象在直观中被给予）的理论之后所采取的一种解决问题的办法，这种方法并不神秘。就像为了获得数的概念，人们就必须确定一种数的同一性的意义，在普遍的可替代性中必然包含所有同一性的法则（同一律）。当然，这样的理解也必然带来下述问题：假设一个对象可以再次被辨认出，我们凭什么说一个内容是辨认判断的对象？即确定一个内容代替另一个内容而没有使它们失去真？的确，"有资格提出一个作为一个对象的名称的新的术语的关键是，人们必须确定，在什么时候把选出的对象再次辨认为同一个对象是正确的；通过这种方式，人们把它与所有其他的对象区分开来。"① 在这里似乎只有一种回答：必须辨认出所有与之相关的特征的正确和错误，只有这样才能正确地把它作为同一对象再次正确地辨认出来。由于对形式的完美性的追求，普遍替换的最大化要求一直困扰着弗雷格后来的整个工作（弗雷格否定了许多所提出的解决办法）。但弗雷格并没有真正放弃有限替换。比如，对称性的替换。求助于对称的替换性承诺来解释对作为单项词的表达式的使用，并没有导致最大限度的替换。它的最基本的观点是，除非在表达式中备选词项的出现具有某种替换推理的意义，否则备选的术语就完全不能作为单项词发挥作用。在这种意义上，词项的出现就没有语义学的意义，它在替换上是无价值的，因此在推理上也是无价值的，而对于辨认它的出现，在语义上也是完全没有意义的。因此，求助于对称的替换性承诺来解释对作为单项词的表达式的使用仍有重要的意义，它给最小化替换留下了空间：

> 对象在本质上是一个能够再次被辨认的东西，即使以不同的方式给出。这就是为什么针对事物会提出同一性的问题——用表达式使用一个同一性符号就是把它当作是指称一个对象。成为一个对象就是成为一个

① R. B. Brandom, *Making It Explicit: Reasoning, Representing, and Discursive Commitment*, P.419.

可以用不同的方式来指称的东西。把一个对象与一个作为它的指称的表达式联系起来，要求确定什么可以看作是另一种指出对象的方式。弗雷格最大限度的观点是，把一个词语当作是指出一个确定的对象，要求确定每一个其他的指出同一个对象的方法。相应的最小限度的观点是，它需要至少确定某些其他的指出同一对象的方法。①

把一个名称当作单项词来使用的最低条件，正是必须确定假定的单项词的出现具有某种替换性推理的意义，这里可以不必满足最大限度的可替换的要求（每一个其他的显示方法）。只要是非空的替换，或非琐碎的同一性的承诺得到了承认或确定为真就符合一种要求。认为对象在原则上是可以作为同一对象再次被辨认出，就是认为对象可以通过不同的方式给予我们。接受这一论断，可以不必采用最大限度的可替换的要求。——布兰顿的意思是，弗雷格的“辨认性判断”表明，只要获得在一组甚或两个之间相等同的（对称的）替换关系，就足以表明它是一个有效的辨认判断，而不必达到完全的可替换的要求。

重要的是必须看到，纯粹的替换只有形式上的意义，它本身并没有实质的认知意义。我们是通过下判断来确定一个对象的，我们虽然可以用定冠词代表“这一个”或“那一个”，或用专名来指示一个对象，但我们对对象的确定性的描述与词汇上的单项词不同，比如，它类似“弗雷格”与“《算术的基础》一书的作者”之间的不同：后者是一个确定的对象，前者只是词汇上的一个词。“《算术的基础》一书的作者”就是确定“弗雷格”这个专名的方式，也就是确定一个对象的方式；它是一种把对象符号化的活动，也是一种规范的认知活动。因此，给予一个单项词指称以一种确定的性质，即把它当作一个确定的对象，就是作出一种承诺，按照记分来说，它还涉及作出承诺的资格问题。对确定性冠词的使用资格是一个很重要的问题，它的使用需要证明；使用确定性冠词就是从谓词上作出一个确定性的描述，它是按

① R. B. Brandom, *Making It Explicit: Reasoning, Representing, and Discursive Commitment*, P.424.

照一种对象与之相符的或属于对象的概念来作出描述的，它不是一种任意的描述。这里的资格证明需要满足的是以下概念性的条件：(1) 有一个与概念相符的对象。(2) 只有一个对象与此概念相符。判断表达我们把对象再次视为同一个东西就是替换性的授权。这种非最大化的替换（它只限于概念之内的最小限度的替换）的意义在于，由于一个对象只能以一种方式显示出来或指示，它还完全不是一个对象的观念，所以在任何时候都要明确它的可替换要求，即使是最小限度的要求。否则涉及备选的单项词的使用规范的同一性论断就有可能显得很神秘。“一种语言不能以一种方式指称一个对象，除非它可以以两种不同的方法指称它。”[①] 为什么一个对象只能以两种不同的方式（或更多）才能显示，而用一种方式则显示不出来呢？这是因为替换性推理的承诺是与词语指示对象的基本性质相关，这个基本性质就是，词语与对象的关系是非因果的关系，对象不是由对象的直觉获得的。因此，对于作为单项词来使用的表达式，必须有某种由使用者承担的实质性的替换承诺（保证它的使用是可替换的）。我们可能面对的只是一个单一的句子，单一的句子就像一个巴掌拍不出声音一样无意义，无法确定其命题内容是什么。这也是为什么我们提出一个带有单项词的表达式，就必须以某种方式确定它至少一方面的真值。意指一个对象，就必须通过替换性承诺联结各种不同的表达式。

二、替换推理的三角对测量的三角的替代

布兰顿从关注作为类型的语言到关注作为记号的语言有另一个考虑，那就是记号也是语言指示或表达具体个别事物的一种方式。单项词具有双重性：我们既可以从类型的角度把它视为语言的一般表达式的一种使用，即报告式的推理句子中的一种使用，也可以从记号的角度把它视为意旨特定个别

① R. B. Brandom, *Making It Explicit: Reasoning, Representing, and Discursive Commitment*, P.425.

事物的一种记号，即词语（terms）的直指式的使用。① 从上一小节的讨论中我们已经看到，布兰顿关注具有记号身份的单项词的原因是，他希望彻底地扫除直接的表征在推理的语义学中所设置的障碍，至少从语言的理论上说，这是他的一个根本想法。在这里，布兰顿要做他在单项词的替换推理的部分中没有完成的工作，即表明单项词的用法与有关物体的声称的表征之间的关系。这就是说，布兰顿打算弄清楚"对象"这个概念是什么，然后再对这里语义的出现到底如何可能，用记号重现的方式来作出解释。布兰顿这两个方面的探究都是针对表象主义的，因此，在对象是如何给予我们的这个问题上，布兰顿使用了出自弗雷格的有关数是如何给予我们的替换的方法，而有关指示词的表征的方面他则使用了记号回指的方式，它通过证明记号如何可以在不同的推理句子中重现而把表征性的世界做了反因果论和反表象主义的展示。

布兰顿的推理主义的阐述给语义外在性问题的理解带来了根本的改变：它促成了从基于刺激性反应的测量的三角到基于推理的替换的三角的转型。弗雷格关于单项词可替换的最低要求是一个替换的三角。这当然也是一个不再直接依赖于直指的三角。这个三角建立在弗雷格替换性的整体论之上。这个替换的三角与戴维森的测量的三角根本不同。由于把刺激性反应视为基点，戴维森对三角概念的使用考虑到对特定刺激作出分辨的基本问题。比如，戴维森提到，我们如何辨别出一种在我们耳边的声音波动的刺激是铃声而不是噪音？一般而言，我们能作出分辨。但假设这种声音的刺激发生在一只狗的耳边，它能分辨出它是铃声吗？戴维森的意思是，我们（人类）能分辨出铃声和噪音，是因为我们已习惯把某种声音当作是代表有含义的铃声，因此存在一种共变事件的因果链，因此，即使这种声音的振动对我们耳朵的神经末端的刺激与另一种声音振动的刺激并无不同，我们也能对它作出相同的反应。但对于没有共变反应的狗来说，可以肯定的是，如果空气产生振动就像铃声使它产生振动一样，对于它的行为也不会产生

① R. B. Brandom, *Making It Explicit: Reasoning, Representing, and Discursive Commitment*, P.466.

什么改变。即使它的神经末端以正确的方式产生回应，对它而言，这里仍然没有什么不同（仍和噪音一样。动物受过训练则另当别论）。在一般的情形中，一个反应的出现伴随着所有余下的其他反应的出现。这种情况下，如何把因果链条中的一个组成部分当作刺激指示出来？什么是把一个成分与另一个区分开来的自然的和偏爱的来源？戴维森所选择的方法是，寻求最终反应的近似性，即最大化不同刺激的类型的表现和不同反应类型的表现之间的可靠关系。在因果链中最近似的因素就是最可靠的产生反应的因素。因为只有能够引导出最为接近的反应因素，最先出现的反应才有可能带来所需要的反应。

但戴维森的共变关系并不能真正解决所有的难题。考虑一个人对出现在眼前的兔子的可靠反应，比如他通过说“gavagai”作出反应。但假如他的区分式的反应不是针对兔子，而是兔子上的苍蝇，或对一团绒毛的反应，在这种情况下，表明他看到的是兔子的关键证据实际上是兔子身上飞的苍蝇，或他基于不同的反应性倾向的是兔子尾巴的绒毛，他如何表明，在这种情况下，他所看到的不是苍蝇或绒毛而是兔子？推理主义者对这种情况的反应完全不同，他依赖于“gavagia”反应的推理作用。比如，由反应所作出的承诺，包括对所报告的东西会飞的断言性承诺，或“gavagia”所表达的论断是否会与进一步有关会飞的东西的报告不相容的比较。如果它是不相容的，那它就不是所说的苍蝇。决定共变事件的因果链中哪一种因素构成了所说的东西是报告的推理功能，它表明，反应中所包含的是什么，什么是它的证据，什么是与它不相容的。这就是说，只能通过推理才能表示我们与对象世界的一种关系，用一种类似刺激性的反应来衡量我们与对象世界的关系是不可能的。依赖于反应的近似性是戴维森意义上的测量的三角的典型表观。这种测量的三角也就是自然因果的三角。但它的问题是，它是一种（神经末端）刺激的近似理论。刺激的近似理论的缺点是：

……它总会得出这样的结论：作出反应的刺激处于感知层面或存在于反应机制的神经系统中。在把可靠的不同的反应倾向当作理解基本的

> 经验概念应用于一个对象的模式的情况下，采用这种方法来分辨刺激是灾难性的。因为被原型概念归类的可以重复作出的反应，并不是与铃声和桌子或兔子近似，而只是反应机制的状态。①

戴维森的三角测量的方法看重的是具体时空中对外在事物的特定的感应：他把意向性与指称外部世界的具体事物的意义建构性活动联系起来，以可以区分的方式把意向性还原为语言的命题内容。但他这样做时，他把世界与语言的关系想象为一种因果关系：语言使用者言语的意向性只是世界存在的具体事物或事件的结果，而世界中的事物或事件则是产生言语意向性的原因。这样的理解为意义分析设置了一个自然主义的前提。它把语言视为是反映外在世界的一种符号系统，完全基于因果感知的刺激，其基本的语义内容完全来自感知性的词汇的意义。这也就是说，戴维森承认，共生或伴生现象消除了主客体之间的隔阂，绝不可能存在一种心智的状态只是部分地或不完整地拥有对物理世界的感知，以至于心智中的对象无法确定与外部世界之间的同一性。戴维森认为，类似普特南的“意义不在头脑中”的说法具有误导性。这种对共生现象的怀疑显然是错的，这就像说皮肤上的晒斑，不是在那个被太阳灼伤的人的皮肤上一样荒唐。② 词语和句子完全是从对象和所呈现的事件中获得其意义的。如果决定一个句子的真是它所呈现的火，那么，如果的确有火出现，它就是真的。

戴维森仍然把对象当作直接表征的内容，即当作一种实在论意义上的“实在”。而布兰顿则坚持下述看法：认为一个表达式用来指示一个对象，就是认为这同一个对象可以用其他方式来指出。替换性承诺包含了推理的承诺，它与推理的模式相对应。替换性显示就是推理性显示，而替换的三角就是一种推理的三角。——戴维森意义上的因果三角的意义，只有从它有助于支持这种替换的推理三角的作用来理解，它自身并不能用来给出一个对象。

---

① R. B. Brandom, *Making It Explicit: Reasoning, Representing, and Discursive Commitment*, P.427.

② D. Davidson, “The Myth of the Subjective”, in *Subjective, Intersubjective, Objective*, Clarendon Press, Oxford, 2001, P. 48.

把可感知的对象给予我们十分重要，但因果的三角并不是推理的三角的必要组成部分，而后者一般而言则是我们把握对象的关键之所在。

三、用替换承诺取代存在承诺

从上一小节的讨论中可以看得很清楚，一种存在承诺（existential commitments）制约了戴维森的测量三角，戴维森通过测量三角建立起来的是一种简化了命题态度的指称交流，对于戴维森而言，如果一切伴生现象就足以说明事物是什么，命题态度也就完全可以用纯粹的刺激性的因果反应（共生模式）来表示，推理就完全不必要了。布兰顿所要做的工作正好相反：他所要表明的是，一种替换的承诺是如何可以代替存在的承诺的。对于布兰顿而言，这是一个必须作出选择的问题，因为如果考虑存在承诺，那么，单项词就必须置于确定摹状词中来指明它与对象的关系，但布兰顿否定了这样做的意义。带有存在承诺的确定性摹状词带有形而上学存在论的限制，因而，这里可走的唯一道路是证明替换承诺可以替代存在的承诺。要表明存在承诺并不是必然的，布兰顿就必须推翻罗素的确定摹状词理论或对确定摹状词的功用作出新的解释。

尽管逻辑经验主义放弃了表象主义，因而没有经验指示世界的方式永远是多种多样的悖论，但这里仍存在逻辑的“事实”是否是唯一的或实在的问题。逻辑的“事实”能表明其与对象的唯一的语义关系吗？逻辑的“事实”是否在语义上或在其意义的真值上是饱和的？比如，罗素坚信，逻辑本身是事物的存在形式（实在）的形式化或量化的表示，因而必然是达于真理的特殊方法，它是可证明的和清晰明确的。对于罗素而言，有了具有必然性的逻辑的形式分析，也就拥有了事物的真理：事物的真理是直接通过逻辑的分析形式获得的。罗素严格地遵守存在承诺。从这种意义上说，罗素的逻辑法则的定义接近亚里士多德的逻辑，因为它同样有一种存在论的基础。在罗素那里，逻辑是我们表征世界的规范的思维法则：它用以检验我们关于世界的反映是正确的还是错误的。罗素的理论中的存在论承诺与常识性的观点相符。

但在亲知的感知经验中，陷入幻觉是不可避免的，即使亲知也无法证明存在一个真实的对象，即亲知的知识也会出错（基于感官材料之上的亲知知识不一定是可靠的）。罗素的确定性摹状词所做的推断，完全以直接的可描述的感知条件为基础，它完全排斥了认知的选择，似乎只要具有确定的可描述性（使用逻辑的方法），它就无需再做挑选了。这里的问题实际上涉及一个亲知者的资格的问题，逻辑的确定性摹状并不能给予他（她）资格，一个推理在使用确定性摹状词时，始终面临着使用的资格的问题，人们不能以逻辑的描述形式是确定的为理由，就自认为拥有了这种资格。

问题的复杂性在于，一个确定性的摹状词构成的推断仅仅是一个推断，只有在表明它是唯一的一个推断时才能说它具有某种实在性。这就像单项词在挑选出事物的可替换的过程中总是可被替换的（一个能替换另一个而真值不变）一样。甚至这种替换是无限的：如果不假定一个范围，替换就是无限的。因此，布兰顿根据弗雷格的替换原理，把一切量词都视为逻辑的词汇，并认为它们都是可替换的，而且存在无限的可替换性。"……那些普遍的和个别的量词也是逻辑词汇，因此也同样具有使命题内容得以清楚地表达的功能，比如通过合取和析取的替换承诺来做到这一点。"①我们无法扩展我们的语言以便对所有的真实的选项作出区分，但每一个真实的选项还是可以作出选择的（以一种推理的方式）。

如果认为"存在承诺是一种替换性承诺"，②那么，量词是作为一种析取的工具发挥它的逻辑量词的作用的，而不是行使一种存在的量词的功用。实质性的存在不应成为一个约束，析取的承诺并不一定假定话语的记分者一定要作出一个实质性的存在承诺。逻辑的特定的量化承诺一旦从存在承诺中摆脱出来，"珀加索斯是一匹有翅膀的飞马"也可以是真的，尽管珀加索斯根本不是真实的存在，但它却可作为可被替换之物对于存在有翅膀的马的量化

---

① R. B. Brandom, *Making It Explicit: Reasoning, Representing, and Discursive Commitment*, P.434.

② R. B. Brandom, *Making It Explicit: Reasoning, Representing, and Discursive Commitment*, P.434.

承诺作出证明。[1] 除了量词以外，不相容的概念所作出的分辨（否定性）也是一种并不以直接的存在承诺为条件的方法。对于布兰顿的推理语义学来说，事实的观念可以在不明确地求助于对象的情况下在一种语言中得到说明，但所表达的事实又仍然是关于对象的。

量词的开放性（无限性）的本性似乎给推断性的替换性承诺带来了一些令人迷惑的问题。但这里并不存在致命性的难题，恰当地理解量词所扮演的推理角色，可以避免由量词本身的开放性所带来的问题。在这种情况下，单项词的使用非常重要。量词的使用不应盲目地把它视为可计算的一种量，而应考虑它与单项词的关系，尽管单项词本身也是一种量的东西，但它却是从类别上看的一种“量”，纯粹的量词的使用则没有这种关系。单项词既可作为个别性的量词作出替换，也可以作为普遍性的量词作出替换，但这必须与自然语言的性质联系起来考虑，开放还是封闭的量词的问题在这里不应从形式的符号语言的角度去看。一旦看到自然语言本身的归类的能力或它本身的类别性的（sortal）特性，即它可以与单项词的运用结合的特性，那么量词的开放性就不会是一个问题。类别分辨与作出谓词式推断具有基本相同的性质，它直接可以作为一种身份（事物的可分辨的特性）的认定来使用。当然，类别需要一种标准，只有在某个标准下，两个不同的特性才能归入同一个类。标准与类别引入的重要性是，并不是任何事物都是可计算的或需要计算的，在许多情况下，事物的存在都以某种类别形式存在，确定性摹状词不能形成一个标准，以至于能让我们把事物视为类别的一种，也只有在已经有了类别的概念之后，计算才会有意义（“计算只有相对于一个类别的概念才是有意义的”[2]）。

量词与单项词的替换性合取与析取不同于“计算”中的数量或物理对象（包括虚拟的事物）的替换，因为一个量词与另一个量词的关系或单项词之间的关系不可能完全使用皮亚诺公理（Peano axiom）来表示它们之间的关

① R. B. Brandom, *Making It Explicit: Reasoning, Representing, and Discursive Commitment*, PP.435–436.

② R. B. Brandom, *Making It Explicit: Reasoning, Representing, and Discursive Commitment*, P.438.

系，一般语义外在论可依赖的量词和单项词作为自然数和自然指称的计算性是不充分的，因为它根本的关联是无意义的，这里的无意义性成为了压在语义外在论身上的最后一根稻草。作为自然数的量词和单项词必须是“标准的指派物”（Canonical Designators），否则，它们之间的连接就是不清楚的。这里一个与另一个的自然数到单项词的关系，如果仅仅是一种缺乏它们连结的关联性，那么连结本身就没有意义。因此，重要的是什么是那个可以决定量词和单项词的使用不会是无意义的理由，这个理由只能在话语的记分实践中由量词和单项词的使用者自己给出。总之，如果单项词的使用、它们在数量上的运用不能帮助我们辨认出一个事物，这种量化的使用就不能给出任何真实的有关对象的语义信息。在这里，实质的替换性推理承诺将行使一种直接的指派物的功能。

数、物理对象和虚构的东西，都可以通过相似的方式表明它们并非一种可以通过亲知而证明其存在的东西。实际上，按照布兰顿的观点，数和物理对象并不是真正作为一种“事物（thing）”而存在，一切传统语义外在论的存在证明都是自我营造的幻觉。如果数或任何物理的对象并不是作为一种事物而存在，那么，这意味着，认识它们的方法将完全不能采用意义理论中的语义构成论的方式。语义外在性的幻觉恰恰表现在把事物视为直接的语义意义的来源，而没有意识到这是一种假象，即对象的语义意义并不是通过亲知就可以获得的。

数和单项词只代表一种等值的可替换的量，它们只是在表达中，即在推理的使用中作为可确定的规范指派的一种表达而发挥作用。但人们在实在论问题上根深蒂固的观念使人们不敢在存在论上越雷池一步。语义外在论直接带来了语义构成主义名下的形式语义分析。这种形式语义学对对象性表征内容的分析方式采用的正是一种语义指派模式，它的分析方式最引争议的地方是，单项词表示词语与对象之间的一种直接指称的关系，类似于名称（name）与其载体（bearer）的关系，而这种直接指称的关系是可以预先知道的，即我们可以预先指派给句子。如果这样分析的话，那么，名称所指称的东西就可以脱离句子来理解，其含义就与它在实际的句子使用中所带有的语用学意味没有任何关系，即它完全与我们用句子说什么的意向性状态没有任何关系。此外，或许更糟的是，这种由单项词和谓词构成小句子表达式预先指派的含义，可以完全应用于句子的范畴，而且没有任何矛盾；在这种意义上，可以认为，句子就是对事态做了一种表征，就像可以认为，句子就是对对象做了一种表征一样（在同样的意义上，可以认为，谓词表征对象的一种性质或一种种类）。

布兰顿通过弗雷格认为数并不是一种实在存在，数只是一种等值的可替换的量的观点，把量词视为逻辑的量词，并由此剥夺与数相关的量的存在承诺。作为逻辑量词的数使单项词也有条件成为一种等值的可替换的量，尽管看起来是无限的，但自然数的可类型化和单项词的可类别化，决定了它们作为逻辑量词可以具有表达的功能，即合取不会陷入开放的量的选择的困境。在这里，没有存在承诺的规范的指派代替了基于存在承诺的语义的指派。

可以肯定的是，如果坚持认为弗雷格的“指称”（Bedeutung）在专名或单项词中的指示意义是指真实存在的对象，那么就等于承认存在一个实际上永远也没有答案的超感知的世界。弗雷格的“指称”不能用来指示名称与其载体的关系。实际上，当我们把“指称”用于指示这种关系，它必然与弗雷格的含义的概念发生矛盾。这也就是说，一个作为表示名称与载体的关系的“指称”概念必然与含义的概念不相容。从含义的概念角度来看，一个表达句可以有含义而没有指称，而“指称”似乎也可以与所表达的含义脱节（我们可以假定有一个独立于含义的或客观的“指称”）。这也解释了为什么罗素的确定性摹状词可以在无需确定是否有与其相符合的对象的情况下拥有含义。但一个名称如果没有其载体，那么任何精确的确定性摹状词也不能表明我们关于它的认知信念。考虑到一个事物可以有无限多的摹状词，而且即使是确定性的摹状词也是可错的（这里并没有笛卡尔式的表征或亲知的不可错的明晰性，即表征与成功的表征是两码事），罗素把意义或内涵还原为确定性摹状词的描述显得过于独断了。意义或内涵作为一种指称性的表达式并不能对事物作出规定，即我们不能把指称性的表达式理解为是对对象的一种描述。布兰顿对确定性摹状词的态度是，确定性摹状词应该是一种推断(predicate)，而且一切量词和单项词都是用来推断的，它们要么通过替换的方式，要么通过回指的方式来做到这一点（确定性摹状词也只能作为回指的先行词发挥作用)。以这种方式运用确定性摹状词或理解它的作用，要求布兰顿推翻存在承诺或对它作出新的说明，否则便谈不上推断的运用，因为假如存在的承诺是必然的，这里就没有作为回指的先行词的确定性摹状词存在的可能。

四、没有回指的直指是无意义的

在处理属于表征性的语言记号的领域，布兰顿使用的替换方法最大限度地指出了在复杂纷呈的表征中，对象如何可以“被挑出来”的过程。我们已经看到，布兰顿完成了他对作为语言类型的单项词的范畴（它总是与谓词构成小句子）向作为类型的记号的单项词范畴（它总是某个特定的对象）的转移。在这一转移过程中，替换的概念具体化为最大限度和最小限度的替换原理的说明。其中无论是最大限度和最小限度的替换都打破了记号不能重复的定律，这也就是说，他对记号如何可以重复做了充分的说明。一直以来，对于像“我”“这里”“今天”或“这个”这样的代词而言，一个有争议的或不甚清楚的地方是：索引表达性的解释性语义意义是建立在这些代词之上，还是建立在解释性的说明之上的。如果这些词语的表达没有指称任何对象，又没有描述什么，它们如何成为意义理论的一部分？除了它们经常改变的指称之外，它们有固定的意义吗？

布兰顿否认了记号（代词和指示词等）的因果指称的性质，并强调了它们与推理的理性空间的关系。在布兰顿语义推理主义中，推理以一种回指的方式在不同的说话者的表达中重复着这些代词和指示词，每一个话语者对同一个受特定语境制约的指示词的使用是不同的，它们的使用并不是直接的挪用。我们重复一个指示词，在另一个语境中使用它，关键的是如何决定这里的语义关系，一个代词和指示词的重现如何具有新的意义？如果它可以被重复的话。像“你”“这里”“那里”或“这个”和“这时”等等，它们可用来说明主体、物、时间和地点等的实际状况。这些词语都可以用来表达索引关系在某个特定的语境中所做的说明。句子的意义和说的意义，这是每一个句子都可以作出区分的两个方面，要么是从语义上看的句子的意义，要么是从语用上看的句子的意义。哲学一般称直指（deixis）为索引的关系。一个人基本的观点是，直指的现象表明，外延性的直指性的描述，不只是基于所描述的情境条件上的（如果这种情境条件存在），也是基于谁说了这句话，它向谁说，在哪里或什么时候说的。但在一般的语言的观念中，直指是一个表象主义的概念。表象主义的直指的概念是一种常识的概念。常识的观点总是认为，代词和指示词是由它所发生的时空关系决定的，其语义意义由当下的说话者所使用的指示词决定。因此，在直指和非直指的词语表达式的使用中，直指的词语是根本的，即是一种依据，而非直指的词语来自直指的词语。因此，“这里”和“现在”往往指的就是说话者使用它们时所指示的空间和时间。但一个明显的事实是，外延性的直指性描述，不只是基于所描述的情境条件上的（如果这种情境条件存在），也是基于谁说了这句话，它向谁说，在哪里或什么时候说的。

经验主义忽视了这一点，把各种具有指示功能的记号纳入索引的范畴不可避免地会出现这样的争议：直指性的索引是什么类型的？说话者指示的自然事实是什么，即用非规范的非语义学的术语指示的时间、空间和地点是什么？什么是指出或指示一个对象？用索引的模式来讨论指示会认为，它的根本的表现就是指示：指示对象就是指着它，好像是用食指来指出它。但事物并非如此简单。即使这样的指示性的实践也需要大量的社会概念和知识——没有受过这方面训练的人除了能注意到指示所指向的方向或对象物外，就无法知道得更多。人们也许会执迷不悟地从一个错误的指向去作出追寻，认为所要指示的东西已指示了出来。但“赤裸裸的”指示可能是空洞无物的。对“这个”和“那个”的使用至少还要隐含地与某个类相关联。因此，这一点是毋庸置疑的，即由指示词构成的直指必须相应地改变为可重现的记号——但弗雷格以后，现代经验主义仍然认为直指性的记号具有直接的指证功能，甚至戴维森也不愿放弃由指示词和索引的结构引导的指证作用，比如他的塔尔斯基式的真语句就是直接与指示词和索引词联系起来的。在讨论由 that 从句引导的命题内容时，他也同样坚持这种命题内容必须有直指性指证上的可还原性。

一个根本性的错误是，人们在讨论代词和指示词这样的记号时完全忽略了对它们可以作为回指基点的考虑。因为指示词的“记号的相关特征正是它的回指的先行词（antecedent）……”① 只有作为有关它自己的回指的先行词，记号才具有功能性的作用或意义。同样地，如果把代词当作索引词，那么，人们就必须能够对与索引相关的语义评价作出具体的说明，而且一个记号的回指与先行词的关系不可能简单地被当作只能用非语义学的词汇来说明的说话者、时间和地点的一般的指数。回指作为语言的修辞和交流的语言分析的结构（通过代词重复作为先行词的指示词），是布兰顿用于说明记号的可重复性的基本方法。布兰顿的目的是彻底地把表象主义意义上的不可重复的记号融入小句子的替换推理的话语游戏中。这里的目的有两个，一是打破表象主义意义上的直指的因果链，二是形成一种推理：通过回指对指示词作出推理的承诺，而不是仅仅重复它。打破直指的因果链与推理性的回指是同一件事的两个方面。直指词只能作为它的回指的先行词来理解，它并没有真正直指的功能，直指的使用建立在回指的使用之上。没有回指的联结，直指记号就无法发挥有意义的语义角色的作用，甚至不能作为直指词发挥作用。因此，不存在小句子表达式的可重复的语义学意义，除非它们是为替换性推理制约，同样，在指示词的记号的领域要求记号的重现：没有可能的重现（recurrence），就没有（语义意义的）出现（occurrence）。一个记号能做回指式的重现，取决于它对另一个记号的替换性推理承诺的继承。不同的对话者会对这一承诺作出不同的看法。

回指的语义意义本身就是推理的，它不是修辞学意义上的“回指”（具体讨论见下一小节）。从这个角度看，我们完全可以表明，回指的机制完全

① R.B. Brandom, *Making It Explicit: Reasoning, Representing, and Discursive Commitment*, P.460.

可以为外在于语言的指称关系提供纯粹内在语言的解释，从而打破直指的语义垄断性。我们可以在我们的词语与词语所指称的东西或它的所指之物之间作出区分，关于我们用各种表达式指称某物的断言的真理性，并不能从表达式和我们用以谈论的对象的关系去理解。①“指称”不应该从语义学的角度加以理解或理解为一种关系，更不应理解为一种词语—世界的关系，相反，“指称”应该解释为一种复杂的回指的代词形成算子，通过与“……是真的”的分析做比较来做到这一点。这样的理解带来的是一种回指式的间接描述。

用回指把另一个对话者的指称指出来的能力，可以跨越由不同的直指的承诺（不同的对话者带有的在应用表达式的推理情境与后果的不同承诺）带来的人际间的隔阂而拯救交往。因此，除了具有打破直指的语义垄断功能的意义之外，回指最重要的意义在于，它使每一个对话者都能用记号的方式作出表达，把那些看起来被其他对话者独断地提出的话语加以重现。在句子和词语的层面，这种重现为在不同的承诺报告（包括推理的）之间进行接触（交流）提供了最基本的条件。

也正是在这种意义上，回指决定了什么是直指，而不是直指决定了什么是回指。在推论中出现的回指链，并不是自然的记号，它们是话语推论的记分所形成的一种规范的关系，是有关承诺的条件或继承的承诺的条件。为外在于语言的指称关系提供纯粹内在语言的解释，有赖于直指依赖回指的不对称的记号重现结构。回指依据的定义使许多记号可以被看作依赖于同一先行词之上。先行词自身也有可能回指性地依赖某些先在的先行词。通过这种方式，回指之链或之树就形成了。

五、回指中的记号重现的认知意义

在词语的指示关系中，作为记号的直指的推理替换是树状的，这是因为，指示词只有作为回指的先行词，它们才能具有替换重现的可能。对于布

① R.B. Brandom, *Making It Explicit: Reasoning, Representing, and Discursive Commitment*, P.306.

兰顿而言，这一点很重要：一个记号不是直指的，而是回指的，这意味着它所能做回指式的重现，取决于它对另一个记号的替换性的承诺的继承。这也就是说，回指的语义意义本身就不是修辞学意义上的那种“回指”，重复并不是指词法上的重复，即它不是共同类型（cotypical）的替换重现的对等。这种替换重现不能满足替换的推理形式的正确性的要求。一方面是根据记号重现的类的关联关系，另一方面是上一个记号重现的承诺，否则我们将无法确定决定作为记号重现的替换性承诺的意义。如果某人把某个记号当作一个回指的依据，认定它具有决定性的替换的意义，相应地就要求确定某个作为其先行词的其他的记号。因此，回指不是简单地重复作为先行词的指示词。回指并不是共同类型的一种显示，什么是使两个记号在同一词项或句子中出现？重复并不是指词法上的重复。

这个生物是一个哺乳动物，
因此，这个生物是一个脊椎动物。

这是一个共同类型的对称形式，它不能满足替换的推理形式的正确性的要求，只有代词的介入才保证了替换推理形式的存在：

这个生物是哺乳动物，
因此它是一个脊椎动物。

因为代词的记号，保证是为同一个作为记号是它自身回指的先行词的实质推理替换的承诺制约的。按照上一章讨论中的要求，这里后一种是适当的替换性推理，而前一种则不是。后一种涉及在语义上相关意义上的同一个词项两次出现的东西，而前一种则没有。后一个例子中，“它是一个脊椎动物”中的代词回指是一种判断或替换性推理，而在前一个例子中，重复的只是词法上的，它只是词法上的共同类型的重复。

这个例子表明，替换性重现的观念假定了可重复的表达式可以在一个语境中出现，同时也可以在另一个语境中出现。而直接应用于不能重复的记号没有意义。人们当然可以直接从一种语境中取出一个记号贴入另一个语境中，但要注意的是可重复的记号和不能重复的记号，而不只是关注记号本身。因为同一个记号可以在不同的时间中发挥不同的言语行为的作用。一个词语说“挖这里”，这句话在寻宝活动中会从一个地方移到另一个地方；“这里”的不同记号在不同的时间里有不同的指称（比如，它们有不同的位置的确定性描述而相互可替换），即使所涉及的只是一个记号。记号的重复也可能为共同类型所决定，但它并不是记号重现的唯一结构。的确，如果对一个词项来说拥有共同类型的重现结构就是所有给定类型的记号在同时作为记号再出现，而且保证可以协商，那么它们就没有这种重现结构——甚至没有专名或摹状词。

布兰顿由此得出结论：只有记号的共同类型的对等是对称的，而真正的推理性的记号重现是非对称的，即它们不是相互继承的。一个记号对另一记号的替换性推理的继承是单方面的，或按照布兰顿的说法，一个记号对另一个记号的替换性推理的继承是树状的或链条式的。这种具有推理功能的记号重现的非对称的结构也就是回指——它通过作为单项词的表达式的记号的替换来发挥一种推理的功能。当然，这仍然意味着，一个这样的记号能做回指式的重现，取决于它对另一个记号的替换性推理的承诺的继承。是否是替换性推理的承诺十分重要，它决定了我们是否可以把一种记号的重现当作回指。“重现的不对称结构（由一个记号继承的另一个记号的替换性推理的潜在性）就是回指。因为一个记号以回指的方式基于另一个记号之上，就是从先行词那里，把决定着它出现的意义的替换性承诺继承下来。”①

记号替换重现的不对称性，就是布兰顿称为回指的标准记号替换的现象。不同的对话者会对这一承诺作出不同的看法，但存在一种回指的关系，就是认为回指的使用是按照对制约着前一个记号重现的替换性承诺的正确的评价进行的。

---

① R. B. Brandom, *Making It Explicit: Reasoning, Representing, and Discursive Commitment,* P.455.

(p) 卡里勒写了有关黑格尔的天才的讽刺著作《衣裳哲学》，也想表明他是一位重要的思想家。

这个句子有两种读法，这取决于人们对句子中的记号“他”是基于“卡里勒”是可回指的还是基于记号“黑格尔”是可回指的。如果某人认为，在这句话中，后者是可回指的承诺，那么他就会认为这句话包含了下述变体形式：

(p') 卡里勒写了有关黑格尔的天才的讽刺著作《衣裳哲学》，也想表明黑格尔是一位重要的思想家。

这等于认为记号“黑格尔”和记号“他”都是黑格尔这个名字的重复。当然，这并不等于说，认知的信念承诺“根据它们的先行词对代词的替换”得以保存。

这句话的意思到底是什么，关键在于怎么理解它。如果“根据它们的先行词对代词的替换”意味着产生替换的变体，其中作为先行词的同一类型中的另一个记号，置于原先为代词所占据的位置，那么这就是错误的原理。因此：

(q) 一位有影响的英国作家写了他的天才的有关黑格尔的讽刺著作《衣裳哲学》，部分是想表明他是一位重要的思想家。

并不等同于

(q') 一位有影响的英国作家写了他的天才的有关黑格尔的讽刺著作《衣裳哲学》，部分是想表明英国作家是一位重要的思想家。

某个记号总是作为一个推理承诺的替换的回指的先行词，而回指则决定了这个先行词可能具有的替换重现的意义。话语推论的实践缺少这种结构就会在许多方面有缺陷。推论的经验的层面和社会或交往层面的推论是两个重要的关注点。就第一个方面讲，这是因为它包含非推理的报告的实践，因此语言可以表达经验的内容。索引的或反身记号反映的结构，以及特定的直指的或指示词性的东西，在这种报告中扮演着重要的角色。但除非它具有不对称的重现结构，即具有直指（deixis）以回指为前提的结构，否则它们就不会有什么作用。“……没有语言能具有这种结构。除非它具有不对称的重现结构，即具有直指以回指为前提的结构。”①（不能够反过来：回指以直指为前提，所以重现总是按照这一边倾斜的形式进行）。就第二个方面讲，通过使用一个代词把另一个对话者的指称指出来的能力，可以超越由不同直指的承诺（不同的对话者带有的在应用表达式的推理情境与后果的不同）带来的人际隔阂而拯救交往的机制。回指的意义在于，它使每一个对话者都能用记号的方式作出表达，把那些看起来被其他对话者独断的重现的话语加以重现。在句子和词语的层面，这种重现为在不同的承诺报告（包括推理的）之间进行接触提供了最基本的观点。回指所赋予的这两种表达能力是布兰顿所主要关心的。

回指依据的定义使许多记号可以（被看作是）依赖于同一先行词之上。在记号之间的回指的联结对于在不同的对话者之间拯救交往的意义已表明。由于替换性承诺和继承是过渡性的，所以回指也是如此。只有通过这种方式，回指之链或之树才能真正形成。那些并非回指性地基于其他记号的记号就是回指的初始物（initiators）。索引词和指示词的记号（需要它们的重现记号在回指的依赖性上具有非对称性）也可以作为先行词；的确，如果它们的重现在认知上和语义上不是无意义的，它们就必须起这样的作用（布兰顿否认它们的意义可以表现在孤立的形式语义分析中，如果不作为替换性推理中的回指的先行词的一部分，它们就没有任何意义）。作为回指的先行词或从属词就是单个的记号可以发挥的作用。虽然它们的词法和句法的类型适合发挥这样的作用，但也不是强迫接受这样的角色。对于回指的交往的功能而言，这一点很关键：任何词语的记号不管怎样都可以发挥一个先行词的作用。

---

① R.B. Brandom, *Making It Explicit: Reasoning, Representing, and Discursive Commitment,* P.458.

还有一点需要分辨清楚，初始物可以作为回指的先行词，并不等于在它与回指之间可以形成一种因果—历史的回指链。布兰顿认为类似克里普克的专名的刚性指称不能真正把专名与回指（它之后的指称）的关系说清楚，即使把专名的讨论扩展到自然种类的名称也是如此。“关于专名的因果—历史的理论，看起来是讨论联结专名的记号引入重现结构的回指链的一种不清楚的方式。”①因果—历史的回指链的意义解释是一种反认知历史的解释理论，因为它取消了对语言的认知功能的说明。因此，克里普克的理论不可接受，因为它并没有对语言的认知功能作出任何说明。实际上，因果—历史的理论暗含一个消极的假定：语言中的名称和语句的意义具有一种不能更改的或可以预料的历史决定性，即专名有为其指称所规定的意义（本质），没有特定语境中说它的说话者所赋予它的含义。其指称物的个体存在的本质特征不能更改。根据因果—历史的理论，语言中的专名的认知意义由使用它的语言的历史实践决定，专名的意义就与特定句子的意义没有直接的关系，相反，此时的专名在一种固定的意义上使用，只要一个专名获得了其最初的命名，它就不仅有了固定的指称，而且具有了固定的意义。如果存在某种出自远古历史的一种单个的文本提到了某个人，关于他，文本除了告诉我们他的名字外，没有告诉我们任何关于他的其他信息，那么，在获得更多有关此人的信息之前，对该名字的任何使用，都只能被视为是指那个古代作家所提到的那个人。然而，这种情况是非典型的：我们思考这个问题时，认为我们这样就揭示了指称的真实机制是错误的。在布兰顿之前，达米特对克里普克的因果—历史理论也做了批评：“在指称链中，完全有可能出现指称在不知不觉中改变了的情形。一旦承认这一点，指称链的解释就土崩瓦解了。剩下的只是：如果存在一种交流链，名称就指称一个对象，它追溯到最初提出的作为那个对象的代表的名字，在交流链的每一个阶段，都能成功地保存它的指称。这样的看法当然是对的，但几乎没有任何启发性的意义。”②显然，因果

① R.B. Brandom, *Making It Explicit: Reasoning, Representing, and Discursive Commitment*, P.470.

② M.Dummett, *FREGE: Philosophy of Language*, P.151.

命名的理论也属于对语言的意义仅做外在描述的理论，因为如果不能说它排斥具体说话者在话语链中的地位，那么，至少也可以说，它剥夺了处于具体情境中的说话者的表达的本体性地位，即它取消了说话者的表达含义能够影响指称的那种认知性。布兰顿提出回指的理论带有如下认知的意图：它考察语言作为意图—交流工具的目的是表明，语言是如何能够在具体的交流和使用中构造新的思想和意义的，而不仅仅是考察语言作为意图—交流的工具如何保证我们获得引入语言的名称的本真性（用克里普克的话说就是，考察引入语言中的名称如何获得它指称的本质以及它的“超世界的同一性”）。布兰顿感兴趣的并不是一种可以从外部去观察的语言的使用现象；他不能容许一种意义理论站在语言的外部去描述语言的使用。

布兰顿的推理主义语义学的一个根本目的是要清除传统分析哲学中经验主义的信念。尽管他也像蒯因等人一样反对意义决定指称的意义理论，但仍然认为，在我们思考偶然的经验情况的语义外在性时必须首先认识到，作为一种原始的东西的语义外在性是没有独立的语义意义的，因为语言是表达的，而不是描述的。对直接经验的语义外在性作出承诺，并不一定要在概念使用的实践和非概念的世界之间划定一个界线。如果经验表征的内容没有独立的语义意义，那么，构成语义外在性的事物本身就并不代表一个与概念相对的另一个非概念的世界。这也就是说，我们必须接受这样一种判断：在概念领域之外并无他物，即实在的“对象世界”。可论断的内容（事实是作为一种属性归属于它的）在根本上相互处于一种实质的推理和不相容性的关系当中。——语义外在论的风险就是，它会把没有陈述（因而就不能推理）的事物与可以陈述的事实混淆起来。

不能作为事实来理解的事物是不可思议的，尽管似乎我们也可以谈论事物，似乎事物先于事实而存在。但是如果我们仔细考虑一下，如果接受这样一种事物—事实的顺序，我们就会陷入不可理喻的矛盾当中。只有事实才是可谈论的，也只有当我们在谈论一种事实时，我们才是在谈论对象，即谈论事物。因此，在这里，顺序是相反的，事物的存在有赖于我们的谈论，即以推理的方式把它们置于交互推论的话语的语言活动中。反之，什么是事物是不能回答的。语义外在论的一个根本错误就是它假定了事物事先存在，因此，我们是在根据事物在谈论事物，并因此获得有关它的事实的认知。布兰顿的看法是，事实就是我们所能认识的世界，世界不是事物的意思正在于此。尽管事物是存在的，但它不能给我们关于世界的知识。当然，这同时也意味着，不存在一个摆在那里或放在我们眼前的事实的世界，事实的世界是获得的、是通过推理的话语的活动得到的。

要真正理解布兰顿有关外部对象是如何以一种事实的方式建立起来的，就有必要弄清楚布兰顿对回指这一语言学原理的创造性使用。在布兰顿的推理语义学中，有两个极富特征的语言学概念，即替换与回指。替换与回指考虑了不同的方面，回指是对来自外部对象的所谓“记号的重复性”难题的回应。在这一章中，我们集中考察了布兰顿如何通过其回指的理论对记号（对象性的指示词）的重复性挑战的回应。这里的考察亦在表明，对于布兰顿而言，对象性的存在，即以语言的记号标示的对象（它往往存在于形式语义学中）是如何成为一个认知对象的这一推理主义语义学的关键问题。

布兰顿以一种内在论的视角把外在论的对象性概念转化为内在论的对象性概念。一般外在论所认为的具有外在的语义意义的表征性词汇，实际上不能在语义学中作为原始词汇来使用。关于我们用各种表达式指称某物的断言的真理性，并不能从表达式和我们用以谈论的对象的关系去理解。根据布兰顿的看法，必须认为，直指的关系不应该从语义学的角度理解为一种词语—世界的关系，相反，通过与“……是真的”的分析作比较，应该把直指的关系理解为一种复杂代词形成算子所构成的回指关系，即词语—词语的关系。因为归根结底，“语义外在论——我们意指事物的方式基于事物实际上是怎样的，基于我们是否知道它们是怎样或不是怎样——是命题内容的可共享视域（perspectival）性质的一种特征。”①

① R.B. Brandom, *Making It Explicit: Reasoning, Representing, and Discursive Commitment*, P.647.

第六章　记　分

布兰顿称他的记分为道义的记分（deontic scorekeeping），意思是他要发展的记分实质上是一种规范的记分。他用 deontic 这个词强调，完整的语用实践必须包含自主的话语在内，而且自主的话语还是语用的实践得以完成的一个根本性的阶段。这就是说，道义的记分是用来验证自主的话语的。其中的一个根本要求是作出断言性的承诺，把嵌入语境的语言概念提高到可以作为断言的推理的根据。道义记分针对的是一种与现实的、完全受制于语境的话语不同的理想化的语言实践模式，它不是实际的语言实践形式，正因为它把超语境表达视为话语的基本要求，所以它是特意设计的、带有一定的理想化的特性。①

道义的记分要求存在着一种规范的状态和一种规范的态度，即一方面是作出了（推理的）承诺和具有资格（能够表明自己有做推理的承诺的资格）的道义的状态（deontic statuses）；另一方面是归属（把一种承诺归属于他人）和（自己）承担责任的道义的态度（deontic attitudes）。如果语言隐含的规范实践是话语推论的，它们总是相互关联，不存在独自的表达或独自作出承诺和承担的责任，一切都是相互给定的。也正因为如此，话语推论实践的规范状态，必然伴随着实践者的规范态度，我们甚至可以根据实践者的规范态度去认定规范状态。在这种情况下，我们把某种承诺和资格归属于某人，即承认某人作出了承诺具有了某种资格。因此，我们也可以对违背承诺的行为

① R. B. Brandom, *Making It Explicit: Reasoning, Representing, and Discursive Commitment,* P.158.

作出惩罚：他人可以根据某人所做的承诺没有真正付诸实践而对某人作出惩罚，即“这种状态的归属者，可以惩罚那些做了他们没有资格做的事，以及那些没有做他们(被认为是）作出了承诺要做的事的人。”① 在这里存在着“两种可以看作是作出承诺的实践态度：把承诺归属他人和（自己）承认或承担某种承诺。”② 社会实践类似游戏，每一个实践者都展示着各种不同的道义状态（作出承诺和获取某种资格），它们相互影响，每一种有意义的实践态度都会改变与其相关的另一种姿态或态度。社会中的话语者把自己和他人都视为做了各种承诺和拥有各种资格的人，因此，在某种情况下，一些社会成员往往可以通过意识到他人作出了某些承诺和拥有某些资格而使自己进入一种道义状态（作出承诺和获取资格）。通过把某种承诺或道义状态归于他人，并且自己承担某些承诺，人们可以对道义状态作出评估或记分。这种做法的意义在于，它可以对某人是否作出承诺（承担一种承诺）或承认他人的承诺作出不同的评价或记分。

布兰顿把推理主义中内在的断言推理与外在的话语推论结合起来，明显受到达米特的语用的证实主义的影响。在第三章我们已经看到，推理证明的双连模式提供了一个基本的推理的概念内容的客观性证明的方式。达米特用“适当的应用情境”和“适当的应用后果”来表明一种断言既做了承诺（有自己适当的根据），又成功的是另一个断言的根据（作为一种恰当的后果）。从对推理的双连模式功能的理解来看，布兰顿以记分的方式展开的真理证明模式与达米特最初提出的证实主义（verificationist theory）模式是相通的。布兰顿的记分的证明模式不同之处是，它提出了针对断言的适当的说出条件和后果的论证，这是一个有关承诺和资格有效性的问题。此外，由于布兰顿把表征也视为一种命题态度，他的话语记分概念不只是用来确证心智的意向性状态（比如信念等），它还是用来确证断言性的言语行为所表达的内容的客观性的。这就是说，“这些记分的态度及其态度的变化不仅能用来对内容

① R. B. Brandom, *Making It Explicit: Reasoning, Representing, and Discursive Commitment*, P.166.

② R. B. Brandom, *Making It Explicit: Reasoning, Representing, and Discursive Commitment*, P.166.

和对话者作出定义，它们之间的证明的和交往的联系还可以用来对表征的概念作出定义。”① 关于表征的这一部分的记分影响到布兰顿的概念内容的客观性，它也是走向跨越每一个话语者的附带承诺的沟壑，达于相互理解的桥梁。有鉴于此，这一部分的讨论将被视为一个专门的部分，它主要在第九章中讨论。本章的讨论将集中关注布兰顿对记分的整体考虑。

一、从达米特的判定语力的一般模式到布兰顿的记分

达米特认为，“语力的理论是意义理论中的最重要的一部分，因为它是把其余部分与句子在对话中的实际使用联系起来的部分，而且可以这么说，它可以告诉我们什么是真理。”② 达米特这段话是针对断言的言语行为所说的，断言是一种带有实质命题态度的陈述，它不是一种描述也不是一种内心的表达。布兰顿与达米特一样坚持断言是最根本的言语行为的观点。因此，对他们两者而言，所要解决的一个根本的问题便是语力（Kraft、force）。达米特语力理论的一个根本特征是，它认为一个断言句可以区分为语义内容和语力，前者是句子所表达的意思，后者是句子可能被接受的意思。而一种语力的理论就是去分辨什么是那个实际被接受的意义，即语力。因此，达米特在其“什么是意义理论”一文中提出了那个著名的问题：句子的意义包含在必须使它被认为是真的条件中的问题，现在等于“把真的观念当作承认在含义和语力之间有区别的意义理论的中心的概念，是一种正确的选择吗？”③ 对于转向话语的断言理论的布兰顿而言，这无疑是正确的选择，这里没有退回真值语义条件论的途径。布兰顿完全同意这一点，即语力的理论是意义理论中最重要的一部分，因为它是把其余部分与句子在对话中的实际使用联系起来的部分，而且可以这么说，它可以告诉我们什么是真理。语力要求语用的证明，这里没有任何真值条件可以用来作为一种证明，它的证明无法来自

① R. B. Brandom, *Making It Explicit: Reasoning, Representing, and Discursive Commitment*, P.187.

② M.Dummett, *The Logical Basis of Metaphysics*, Harvard University Press，1991，P.114.

③ M.Dummett, “What is a Theory of Meaning? (Ⅱ)”, in *The Seas of Language*, P.42.

任何规范的语用实践之外的任何领域。区分含义与语力的重要性在于，它能帮助我们确定，一个句子的含义到底是不是它的意义的组成部分（我们可以设想，在相反的情况下，句子的含义或许仅仅是某种语气的表达），除了含义与指称所构成的特定关系之外（它们之间的关系当然是句子的意义的根本来源），含义与语力的关系不容忽视，如果希望建构一种弗雷格式的完整的意义理论的话。

但达米特一开始就指出，这样一种出自于弗雷格的有关句子意义的系统分析方法，并不能与后期维特根斯坦的语言理论协调一致，这实际上还是维特根斯坦所攻击的概念。维特根斯坦没有停止排斥这一点：所有的论断性的句子形成一个范畴，对于它们可以给出一个一般的解释，因为他否认我们可以得出任何语言类型的可观察的分类。这实际上就是否认，对于区分它们不同的意义构成部分来解释句子意义的简单的任务而言，对含义与语力之间的区分是做不到的：对于每一个个别的句子而言，我们的意义理论必须对句子表达的规范意义做直接的解释，而不是对从属于某些普遍范畴的句子的使用作出直接的描述。再说，语言的表达形式与具体情境和具体的生活形式不能分离，有多少生活的交流方式，就会有多少种语言的表达形式；在这种情况下，就不可能出现含义与语力分离的句子；或者说，我们无任何依据或约定来区分一个句子的语力与含义，并根据不同形式的语力对句子的类型进行分类。实际上，一个句子的语力正是含义的一种表达形式，不可能存在一种没有语力的含义（如果我们真正接受一种语境原则的话）。而这也就意味着，我们只能按照每一个特定的句子本身说出的方式来理解句子，绝不存在一种帮助我们解释句子含义的统一方法；我们可以进一步说，有多少种句子，就会有多少种解释或理解句子的方法。

但在达米特看来，维特根斯坦的非系统的言语行为的观点是错误的，因为它完全否定了对句子个别内容进行普遍语用学分析的可能性，完全倒向了一种特殊主义的语用学（否定了语义学意义的语言规则或约定的存在）。使用决定含义的经验语用学，使维特根斯坦放弃了在含义与指称之间，可能会因为语力的存在而形成一种特殊关系的考虑。从另一方面看，句子和词语的含义也并不完全由其用法决定，即句子和词语的含义并不完全包含在它们的使用中——使用并不能消解含义与指称（名称的载体）的关系，这一关系仍然存在。不承认语力与含义的区别，是不承认存在含义与指称的区别的结果。显然，如果没有含义与指称的区别，也就没有语力与含义的区别，甚至我们都不能单独地谈论语力这个概念。但按照达米特的看法，如果意义的使用并不能穷尽名称或概念的含义，就像限定性摹状词或任何归属性的指称理论不能穷尽名称或概念的含义一样（因此，指称总是相对于含义而存在），那么，我们就不能因为放弃形式语义学的真值性要求而放弃对句子的意义的证明。这也就是说，从要求一种真值条件的形式语义学直接过渡到特殊主义的语用学是不恰当的。因此，达米特坚持认为，虽然言语行为和句子是特殊的，多种多样的，但仍存在一种理解它们的一般方法，即存在一种依据它们的含义与指称的关系来确定其意义的一般的理解方法。意义的使用并不是理解它的唯一的标准。如果反对这一点，我们就无法解释为什么我们可以理解许多新的句子或新的词语。

达米特的语力理论在他的意义理论中具有十分重要的位置，而经验语用学和形式语义学的意义理论则没有相应的语力理论，因为它们本身不考虑断言句，即带有说出的语用命题内容的句子。后期维特根斯坦正因为认为话语的论点不能经常从它的结构中获得，他一方面拒绝弗雷格对含义与指称的区分；另一方面，认为对语言的系统认识是不可能的。

日常语言哲学以及后期维特根斯坦的意义理论是经验语用学的解释方式，它的错误在于，认为句子的意义内容是为它的句子类型决定的。这样的观点必然就会出现一个难题，如果每一类范畴的句子都具有与其他类型的范畴不同的句子意义，而且如果词语的意义取决于它对句子所包含的意义的贡献，那么，在命令句中的词语所具有的意义将非常不同于它们在祈使句中的意义。这当然是荒谬的。这样的观点是特殊主义的产物，因为它暗示着，我们对词语意义的分析将不可能有任何统一的或一般的方法，我们只能根据它们属于哪类范畴的句子来确定它们的意义，因此，词语的意义是完全为其所服务的句子类型决定的。

但任何句子中大部分的词语都不是用来确定它们属于哪类句子范畴的，而是用来确定它不同于其他范畴的成员个别性内容（命题内容）的。这样的话，语言哲学就还需要加上一个为经验语用学忽视的任务，即把握句子的个别性命题内容的任务。之所以这样做，是因为我们不能只根据句子的类型来判定它的个别性命题内容。因此，我们必须去寻找是什么使一个类型的句子正好带有它所要求的那种命题内容的一般的模式（a uniform pattern）。用达米特的话来说就是，这种一般的模式是，假设我们知道每一个句子所属的范畴，通过了解在什么情况下一个命令的传达会被接受，我们就能知道一个命令句的个别内容，以及通过了解在何种情况下表达一种希望能实现，我们就知道一个祈使句的个别性内容。用这种方法，我们可以设想大部分其他范畴的句子的个别内容是由句子与某种情形联系而决定的，富有意义的联系取决于所谈到的范畴。这样，我们就达到了最初由弗雷格所做的区别，即句子的含义（Sinn、sense）和依附其上的语力的区别。

布兰顿跟随达米特使用了“语力”这个概念来表示那种具有充分的可接受性，即能够真正被理解的断言句的陈述力量。这是一项革命性的理论举措。在传统语义学中，句子的陈述力量是用它指称的相似性或语义构成的逻辑一致性来表示的。而在后期维特根斯坦的语用学中，句子的陈述的力量就是句子本身的使用的一种能量，即它本身就是被使用的，使用已经决定了它的语言力量，实际也只有使用本身能决定一个陈述句是否具有陈述的力量（戴维森等一些实用主义者坚持此看法）。但布兰顿同意达米特的看法，即他认为，通过揭示弗雷格的语力概念，一个陈述句之所以可以称为作了一个断言，乃是因为它表达了一种思想、提出了一项适当的建议或表达了某种特殊的愿望（“关上门”这句话也可以理解具有它的语力，因为它也可以表达某种思想态度，而不仅仅是关上门这一要求的语义含义）。

语力与含义（语义内容）是两个不同的东西。尽管语力量总是与语气（ tone 或 mood ）结合在一起的，但它却是一种客观的东西——就在不同的语境中，其话语是一种具有同样的语用学意义的言语行为而言。布兰顿同意达米特对日常语言哲学和后期维特根斯坦意义理论的批评。而另一方面，布兰顿也特别在意如何把意义理论与形式语义学的意义理论区分开来。在意义理论的形式语义学分析的传统中，一些从一个完全不同的角度对句子含义的理解，也否认有一个能够帮助我们正确地把语力与含义区分开来的规范。因此，基于形式语义分析之上的意义理论并不认为有必要建立一门独立的或形式的语力理论。

布兰顿同样认为，在含义与语力之间有区别，这是导致含义与指称有区别的原因。因此，这里要求建立一门基于一种语义学的解释和分析模式之上的语力理论，以便作出分辨，一种言语行为的意义（内容）是如何基于它的含义和所依附于的语力之上的。这里的“内容”就是弗雷格称之为“思想”的那个东西，它不是只凭借一种无需自身的规范的语用学就能作出分辨，这里还需要与语义学的分析结合。基于先在的生活形式之上的特殊主义的语用学忽视了这一点：不同的语力，会导致对含义的不同的呈示，因此，需要通过语力的理论确定一种统一的模式或规范，以便把表达式的含义与依附于其上的语力完全区分开来。在布兰顿这里，这就是语用学记分模式的一个根本目的。

布兰顿所做的贡献是：他把达米特的分辨什么是语力的一般模式具体化为话语理论的记分模式，因为他认为，这里的作为一种规范的一般模式只能是社会实践的规范，它若不是习惯性(经验的）的或既定的生活形式的产物，就必须是话语解释的或记分的产物：

> 在目前的情况下，语用学（同时包含了决定语言表达的实践的适当性和意向性状态）是用社会的道义记分的方式来表达的。一句话的语力，言语行为的意味，必须按照它为各种不同的对话者认为它承诺了什么和获得何种资格的不同来理解，即按照它所采取的道义记分态度的不同来理解。①

---

① R. B. Brandom, *Making It Explicit: Reasoning, Representing, and Discursive Commitment*, P.188.

这就是说，布兰顿用“道义记分的模式”把达米特区分语力与含义，以确定句子的断言性意味的“一般的模式”具体化。达米特的一般模式的基本观点是：被当作一种命题内容来看待的推理性断言，必须表明它特定的断言意味与普遍的言语行为所做断言的关系，或必须表明它是如何出自于对断言的言语行为的一般解释的。对于布兰顿而言，达米特的“普遍的言语行为”是一个过于抽象的概念。从总体上来看，达米特的一般模式是正确的，布兰顿同意，“……要获得一种由其可断言表明的、可以作为命题来看待的内容推理的概念的资格，就要求表明特定的断言性的意义是如何从对断言的言语行为的一般解释中获得的（当特定的推理的作用是与所作出的断言联系在一起的时候）。”① 但作出断言的言语行为包含了复杂的相互间的认知承诺和资格授权的关系。一个作出了断言的句子就代表一种认知的承诺，但承诺需要一个双向的认定或获得授权的过程（推理的和交往的）。一个句子要显示其意味（语力），需要各种不同的对话者和内容（作为一种已有资格的内容）来表明其认知承诺和资格，一旦句子所显示的意味遇上新的质疑时，它也只能通过进一步的资格证明，即再次把自身置于不同的内容和对话者的话语记分中才能表明其承诺的资格。因此，它需要一种断言者相互进行评价的记分模式来确定，一个断言表达式的独立命题内容是否具有断言的意义。这也就是说，如果问通过句子来显示的推理内容如何能被视为一种命题内容，而不是主观的语气的表现，答案只有一个：断言者作出相互的评价（记分）。

只有记分能帮助我们确定，在断言中一个句子的含义到底是不是它的意义（内容）的组成部分。我们可以设想，在相反的情况下，句子的含义或许仅仅是某种语气（tone）的表达。除了含义与指称所构成的特定关系之外（它们之间的关系当然是句子意义的根本来源），含义与语力的这层关系是不容忽视的。如果不做这种区分，我们对词语意义的分析将不可能有任何统一的或一般的方法，我们只能根据它们属于哪类范畴的句子来确定它们的意

① R. B. Brandom, *Making It Explicit: Reasoning, Representing, and Discursive Commitment*, P.188.

义，这也就是说，词语的意义是完全为其所服务的句子类型决定的。因此，必须看到，不论何种范畴，句子的个别性内容都应该由一种一般的模式确定。如果我们对词语的意义的分析没有任何统一的或一般的方法，我们只能根据它们属于哪类范畴的句子来确定它们的意义，那么，这就等于说，词语的意义完全为其所服务的句子类型决定。

作出一种断言就必须满足这一标准。达米特交给他的语力理论去解决的单个句子断言的命题内容的问题，在布兰顿这里，是通过与推理相关的话语记分的理论来解决的（布兰顿完成了达米特应完成但却未完成的任务）。断言的内容总是与一种推理联系在一起，因此，话语记分实践首先必须理解与断言性句子的内容相关的推理的基本特点，如果希望记分能真正把具有客观性的句子的命题内容显示出来的话。

如果在说出的语句中，一种语力已加入其中，那么就有两种句子的内容必须作出区分：一种句子的内容指的是说出的、以断言性的语气推理地表达的句子的内容，另一种句子的内容指的是没有做断言性推理的可断言的表达句的内容。前者特定情境条件下带有说话者的语气（因此有语力的特性）说出，后者则是没有带语气的可断言性句子。后一种句子表达式的使用往往作为可断言表达句的组成部分而表现出来，因此是内嵌式的或非独立的句子，而前一种则正好相反，由于是说出的、带有断言者自身语气的句子，因此它是独立的（freestanding）表达句。在我们的语言实践中，对那些表象式的对象形成某种命题性的表达时，表达句总会有单个对象的指示词（对特定对象的表征）。在这种情况下，表达句总是会显现为两个部分：有关特定对象的表征部分与命题性内容的断言性表达的部分。

由于语言表达所具有的这种特点，记分在这里的重要性在于，只有通过它，一种言语行为才能被确证为是有意义的还是无意义的。在某种程度上说，记分就是一种具有普遍性的语用学规范。有了记分的机制，才能走出基于习惯的承诺来理解言语行为的语用学意义的特殊主义语用学（经验语用学），也只有基于话语实践中的对话者的交互打分，我们才能确定，为什么两种不同的认知性承诺会拥有同一种内容，以及为何我们可以把两种不同的承诺归于同一个对话者。

二、承　诺

对于确定一种自主规范的信念而言，达米特区分语力的“一般模式”本身也是一种推理模式，它具有顾及“两头”的特性。达米特早已看出，句子表达某种断言的情境与其断言推理被接受之间的预先和谐一致是不存在的，但如何使二者获得某种和谐却是一个令达米特头痛的问题，他实际上选择了对这个问题的回避，因为在他看来，超语境的证明本身并不会带来语用意义上的和谐。达米特承认，一种独立于语言实践的语言接受过程的证明理论肯定非常复杂，要建立它是一件困难的事，因为它毕竟是处于形式逻辑证明之外的东西。因此，他并未专门去发展这样的证明理论（独立于意义的适当接受过程的意义证明理论），真正这样去做的是布兰顿。达米特在其意义理论中提出的“证实”（verification）只满足于一种弱的话语要求：它只是从实际的语言实践中寻求意义表达的适当情境（作出断言的资格）与其结论可接受的适当性之间的关系。而布兰顿的推理主义则要求对断言提出的适当条件和它适当的接受后果予以独立的证明，即认为，我们不能假定它们之间原本就存在一致性。一种好的断言性推理（通过语言所做的论断）必须涵盖这两个过程：从断言推理的适当条件到它的适当后果。这是一种非形式逻辑和非真值条件意义理论的意义证明方式（它与实在论采用的那种符合形式逻辑要求的真值条件的证明方式完全不同）。布兰顿强调的是，我们在任何情况下都不能认为，一个断言性的表达式的运用情境与结果是必然一致的。

布兰顿与达米特的另一个不同是，它提出了更详尽完备的推理要求：一方面，对带有断言性推理内容的承诺（commitment）与资格（entitlement）作出区别；另一方面，对人们从断言性表达式中得出结论的资格和从中得出某种结论的承诺作出分辨。相比之下，达米特更相信类似数学直觉主义逻辑的证明方式的那种完全依赖语境的自我辩护方式，而不太相信超出同一语境之外的意义的规范的辩护方式。而与此相反，对于布兰顿而言，无论是哪个方面，断言性表达式都必须表明它的资格问题。从布兰顿的角度来看，达米特的反实在论对非真值条件的意义证明方式所提出的限制条件太弱，在证明的规范要求上，它与古典美国实用主义的意义证明方法相似，缺少足够的表达和解释力量。因此布兰顿说：

> 把单个的适当性的规范状态分为承诺和资格两种观念的结果是，使理论具有了实质性的表达和解释的优势。……正是采取这种方式，使矫正传统的断言理论（杜威和达米特类型的断言性理论）最致命的缺陷成为可能，并能使经验概念的内容客观性，在对这种概念使用的规范解释中变得可理解。①

布兰顿改变达米特不够彻底和完善的规范语用实践的第一步就是提出承诺这个概念。布兰顿提出了强的规范要求。作出承诺，即意味着话语实践的参与者保证或尽力使话语具有可推论性，而不能仅仅把话语的表达与意向性状态联系起来。但“具有可推论性”并不意味着它就是符合某种特定情境中的推论的逻辑，即它不是因为符合某种情境条件而具有可推论性的。“承诺”（commitment）在布兰顿这里是一个容易产生误解的概念，如果不能把握他使用这个概念所要表达的那种严格的认知意义的话。用布兰顿语言来说，承诺就是一种规范状态，更具体地说，就是一种道义的（deontic）状态。

但这里的道义状态是认知的，而不是实践，而且道义状态意味着是一种彻底的自主状态（这也就是为什么布兰顿把记分也称为道义记分的缘故）。在这里，承诺意味着，断言者把自己置入或融入一种推理关系中（而不是就事论事）。承诺与说或描述性的陈述完全不同，作为一种理由的表达，承诺就是断言性推理。在一个适当的语境中，如果断言者说，“这个液体是酸性

---

① R, Brandom, “Reply to Michael Dimmitt's ‘Should Semantics be Deflated?’”, in *Reading Brandom,* P.346.

的（acid）”，如果他人问为什么如此，那么，他（她）就必须回答，“这个液体让试纸变红了”。断言者还必须保证他（她）的断言进一步的推理后果是正确的，比如，“这个液体尝起来会是酸的（sour）。”断言者作出一个断言的承诺往往将排除他（她）做另一个断言的资格，比如他（她）说“这个液体是酸性的”，他（她）就没有资格说“这个液体尝起来是甜的”，因为这带来了推理的不相容性：一种液体不可能被认为是酸性的，但尝起来却是甜的。所以，布兰顿强调必须作出富有内容的断言。每一个话语者都应该在他（她）的断言中加入另一个作为理由的断言，以便增加分数。在布兰顿给出理由和要求理由的话语游戏中，给出理由不是简单地指出一个事实，而是作出推理的承诺，它不是一种毫无实质的推理内容的文本引用或事实描述，它必须满足布兰顿称之为“结果性的承诺规则”（rules of consequential commitment）。① 因此，如果提出一个断言推理，但不进而附带地拥有提出另一个断言推理的资格，这里就不能构成一个承诺的断言推理结构。“一种承诺带来了作为其结果的另外一些附带的承诺。按照其内容处于另一个可能的承诺内容之间的承诺—保存的推理关系中，它的后果是蕴含的。”② 比如这里的蕴含关系：“这个液体是酸性的”，因为“它使试纸变红了”，“这个液体尝起来是酸的”。在这一相继的推理断言中，理由的保存是必然的（蕴含的），而不是人为附加的。“承诺的继承（对一个论断的承诺是对另一个论断的承诺的结果），就是我们称之为承诺性的，或承诺—保存的关系。”③ 一种话语的承诺具有其语用的具体时空中的逻辑承继性，这与形式逻辑的推理不是后继的推理完全相反。作为一个推理结构，它本身就包含了断言推理提出适当条件和作为进一步推理的结果的适当性（其后果或者结论作为另一个推理的前提）。因此，这里存在一个完全贯穿的时间过程的逻辑：往下看，这些承诺必须有后继的推理，即推理的结果（某一个结论），从原先承诺的内容中作出承诺，使原先的承诺含带着另一承诺（后继的相关承诺）；往上看，

① R.B.Brandom, *Articulating Reasons: An Introduction to Inferentialism*, P.191.

② R. B. Brandom, *Making It Explicit: Reasoning, Representing, and Discursive Commitment*, P.169.

③ R. B. Brandom, *Making It Explicit: Reasoning, Representing, and Discursive Commitment*, P.168.

这些承诺必须有推理的先行条件或推理的前提，从这个前提中，推理可以从原先那个内容中形成。① 没有这样的相继推断的关系，也就没有承诺的内容，而缺少这种内容，也就不存在断言。②

传统的推理只有一端即它的前提条件，而没有后继推理的要求，但对于布兰顿而言，后继的或后果性的推理至关重要，缺少了这一关系，一种承诺就无法担当话语承诺的使命。作出承诺的目的是得分或有助于得分，因为只有得分，这个游戏才能继续下去。在这个话语的游戏中，假设每个人手上都有代表出牌的筹码，一旦出牌，这个筹码（在这里就是断言句）就必须得分（通过追加作为结论的断言）。很明显，只有得了分，一个游戏者才能继而走第二步、第三步……假设 A 是记分者，对 B 所作出的断言就必须从承诺—保存的推理关系中去打分。此时 A 首先必须把 B 所做的承诺 p 归于 B，与此同时，把 p 的推理保存的结果归于 B。一旦 B 所做的承诺 p 有争议，这个时候记分者 A 就必须考虑在他（她）先前归属于 B 的资格中，有哪些应该排除在肯定性的记分之外（如果可以确定）。如果这样的话，整个断言的活动就加了新的承诺，即新的论点或看法，而这也意味着，一些所做承诺的观点必须放弃或排除。

但作为一种规范的行为，任何一个断言者都有可能会修改或收回已经作出的承诺。此外，任何一个断言者对所做承诺的评估或记分也可以提出不同的看法：他（她）可能会否认记分者归属于他（她）的承诺是他（她）所做的，或他（她）并不认为承诺是像记分者认为的那样作出的（具有那种立场）。在这个时候，否认性的言语行为可以帮助这里的记分作出调整，当然，断言者否认的只能是其断言中的命题内容或语力的部分，对于可靠性的直接证词不存在否认的可能性。③ 也正因为这个原因，一个断言者在使用否认这个辅助性言语行为时也要面对可能的失败，这就是说，否认性的言语行为存在很大的失败风险。在不考虑直接证词的情况下，一个断言者对所做的

① R.B.Brandom, *Articulating Reasons: An Introduction to Inferentialism*, PP.193–194.

② R.B.Brandom, *Articulating Reasons: An Introduction to Inferentialism*, P.192.

③ R. B. Brandom, *Making It Explicit: Reasoning, Representing, and Discursive Commitment*, P.192.

断言承诺 p 的记分的否认若要成功（从记分的角度看），就只能对 P 所蕴含的 q 同样作出否认。但也不否认不同的观点相左的情形的存在，即在话语记分的规范语用实践中不排除争论，也允许争论，质疑可以成为一种辅助性的言语行为而存在于话语的规范行为中。争论的存在实际上也就意味着一个断言性承诺可以作为另一个断言性承诺的对立面而存在，即一个断言可以挑战另一个被默认的断言，以及那些通过了记分而获得资格的一类断言。这里的相互挑战的观点，就其对默认的观点的异议而言可以是开放性的，即可以让它们保持各自的观点，以支持一种观点多样的开放的话语实践。

三、资　格

记分所要考虑的另一个话语的因素是断言推理的双连模式的另一端：资格。"……道义的状态具有两个特点，与承诺概念相互关联的是资格这一概念。做某人承诺做的事是适当的是一回事，做某人有资格做的事是适当的又是另一回事。"[①] 若承诺要表明其自身具有客观的断言推理的功能，就还必须从资格上表明它是否是一种被允许的或客观的行为。布兰顿的广泛推理主义（强的推理主义）要求对可靠的证词或证据作出推理，尽管它们的提出无需证明。这样的断言主义对其自身断言内容的客观性的证明是非常不同的，因为它也不能求助于任何真值语义分析的真概念。那种由传统真理论所要求的完美的可断言性的理想证明方式是没有的，即使有也毫无意义。[②] 由于所要求的或求助的是实质推理，形式推理逻辑上的形式完美性完全不能作为一种证明的理由来回答这个问题。这里只有一种选择，即证明断言的提出出自于一个适当的语用的应用情境。而这样的实质的语用证明必然也会涉及一个提出的断言是否具有它提出的资格问题；承诺这一范畴就与资格这一范畴不可分，即在这里需要资格去表明一种承诺的可接受性。

---

① R.B. Brandom, *Making It Explicit: Reasoning, Representing, and Discursive Commitment*, P.159.

② R.B.Brandom, *Articulating Reasons: An Introduction to Inferentialism*, PP.187–188.

由于所采用的方法是彻底推理主义的，因此，这里用来表明其推理说明有效性的始终是推理，这意味着，一个推理证明另一个推理，推理始终处于一种相继推理的关系之中（任何推理之外的说明既是不合法的也是无效的）。“给一个论断以一种理由，就是作出另一个断言用来授权或表明论断者有资格做这一论断，亦对它作出证明。”① 因此，有一点是可以理解的也是明显可见的，那就是，要么一些推理的证明获得了资格证明，要么还没有获得资格证明。在一些情况下，资格是继承性：当下的推理资格直接由已有的资格所赋予，因为一些资格处于适当允许的资格—保存的推理关系之中。但资格的特殊性质是，它不像承诺可以通过承诺保存中的共同内容来担保。

按照布兰顿的说法，资格的获得具有归纳推理的性质（断言承诺则具有演绎推理的性质）。在缺少相互抵消的证据的情况下，这种推理的前提使人们有资格对它们的结果作出担保。人们有资格对结果作出承诺，但这并不存在必然作出这样的承诺的情况，因为有资格作出承诺与结论不相吻合的可能性一直存在。认为这里很干燥，我们就有资格说，如果划品质良好的火柴它会点着。但前提并未对结论作出承诺，因为这完全有可能出相反的情况，火柴在温度很低的情况下，划它可能点不着（前提并没有引导出结果：没有必然性的推理）。② 在这里，所做承诺的资格会随时失去，如果出现在归纳上相互抵消的事实，所作的承诺就没有承诺资格。一个承诺归纳的事实是决定一个承诺是否拥有资格的关键。当然，这里资格的认定是在另一个作为记分者的话语者参与情况下进行的。

有资格提出某种看法，也就是允许这么说（这是归纳推理）。有资格做一件事或做一个断言，包含不再有资格做另一件事和做另一个断言资格的可能性。作出承诺表明我们是知道如何把自己的断言置于一个真实的语用的情境条件下的，以及有能力在这一情境条件下提出看法。但一个话语者能提出许多的看法或断言，而且可能都是错误的断言。为了避免把错误的断言等同

① R.B.Brandom, *Articulating Reasons: An Introduction to Inferentialism*, P.193.

② R.B. Brandom, *Making It Explicit: Reasoning, Representing, and Discursive Commitment*, P.169.

于正确的（客观的）断言，资格在这个时候就起着非常重要的作用。资格与承诺有一点是一样的，它同样是可以保存的，即一个资格的获得总是意味着它可以成为另一个承诺的资格（否则就很难想象它与承诺何以具有一种关系）。这里存在一种资格—保存的推理（entitlement-preserving inferences）；“资格的继承（有资格做一种论断是有资格做另一种论断的结果）就是可以称之为允许，或资格—保存的推理关系的东西。”① 由于有资格做一种论断是有资格做另一种论断的结果，这意味着，一种资格可以授权另一种资格。因此，对于一种可能作出的承诺而言，它存在（至少是暂时的）默认的资格，因为既然资格是从推理中获得的而不是从直接的证词中获得的，如果不假定一个默认的资格，就必然会出现一个资格基于另一个资格的无穷追溯。但从另一方面看，情况又完全不同，一旦出现相互抵消的证据（即同一个断言同时表达了不相容的两种观点），资格就不再具有默认的条件。这也就是说，资格的获得又与当下直接的判定有关，在这里存在着一种布兰顿称之为的“默认与挑战”结构（详后）。

布兰顿的推理语义学采用的是“两头”（承诺与资格）的语用证明模式，布兰顿按照这个模式进行的记分显得两头都不能缺少。我们在任何情况下都不能认为，一个断言性的表达式的运用情境与其可接受的结果是一致的。作出承诺的资格有一个不同于承诺的独立来源；布兰顿认为，这个独立的来源就是归纳推理形式中的不相容性关系。

四、不相容性

不相容性（inconpartability）是一个布兰顿称之为的模态推理的东西。② 重要的是，不相容性还是布兰顿在模态推理中用来代替“真”的模态算子。这就是说，布兰顿在放弃了传统实在论的真概念之后，用不相容性作为替

① R.B. Brandom, *Making It Explicit: Reasoning, Representing, and Discursive Commitment*, P.168.

② R.B.Brandom, *Articulating Reasons: An Introduction to Inferentialism*, P.194.

代。断言的真只能从模态上不相容性关系中去理解，而不可能从相似性的真概念上去理解。断言的这一特性使它处于一种两难中：人们既需要对所做的断言的内容之客观性或真实性追究到底，但一旦做此追究有可能陷入真值条件论的陷阱，使断言的客观性变成了真值条件下的真实性。但如果作出断言只是推理（断言推理），我们又仍然无法确定它是否表达了事物的事实（这意味着又需要进行追究）。布兰顿看到，走出这里的断言两难的唯一出路是，依赖在承诺和资格之间相互作用下的不相容性。① 建立或明确承诺与资格之间的不相容关系是表明断言推理客观性的唯一可以选择的方法。因此，布兰顿把不相容性的蕴含关系的模态推理视为记分的推理表达的第三种形式，前两种是已经讨论的承诺—保存的推理关系，以及资格—保存的推理关系。用布兰顿的话说，"推理表达的精确结构是沿着三个轴心展开的，即它由承诺的继承，资格的继承和根据由承诺和资格的相互作用形成的不相容性蕴含这三个轴心展开。" ②

不相容性推理为进一步的记分奠定了基础，一个基本原则是，记分必须受制于"资格—排除的不相容关系"。③ 尽管承诺和资格都属于一种推理的保存关系，但它们之间相互作用的结果必然与不相容性有关。说两个论断（在实质上）具有不相同的内容，就是说对一个作出承诺必然要排除对另一个作出承诺的资格。没有任何一个相互竞争的观点可以视为对我们的断言、判断和信念中命题内容作出了解释，除非同意在它们之间存在一种不相容的关系。

毫无疑问，在断言的话语游戏中，每一个断言的句子之间都是不相容的，一个断言中作出的承诺，同时也就排除了在同一个断言中作出另一种承诺。因此，不相容性的蕴含是一种推理的蕴含，它的实在性来自事物存在的不相容性关系。这里的关系使我们可以说，不相容性也就是由承诺（作出断言）和资格的相互作用而得以认识的一种不相容关系。不相容性是承诺和资

① R.B.Brandom, *Articulating Reasons: An Introduction to Inferentialism*, PP.197–198.

② R.B.Brandom, *Articulating Reasons: An Introduction to Inferentialism*, P.195.

③ R. B. Brandom, *Making It Explicit: Reasoning, Representing, and Discursive Commitment,* P.191.

格相互作用所规定的。[①]不相容性概念的意义正在于，它使我们知道什么是相容的什么是不相容的，这意味着，作出承诺必然存在不相容性的情形，而不相容性对承诺的影响，也势必会影响资格。因为，承诺要求有一种自我的保存性，作出一个承诺，意味着排除另一相互矛盾的承诺，否则，承诺便不存在。资格也是如此。

> 一种承诺带来了作为其后果的另外一些伴随的承诺。按照其内容是处于另一个可能的承诺的内容之间的承诺—保存的推理关系中的，它的后果是继承而来的。同样地，具有一种资格可以把资格给予另一些人，这个资格是处于适当允许的或资格—保存的推理关系之间的。再说，按照承诺和资格对内容的不相容性进行定义意味着，要求一种承诺，有可能是失去资格同时作出某人有资格去做的承诺的结果。[②]

承诺推理演绎的性质与资格归纳推理的性质，带来了两种不相容性：真势模态的不相容性和道义模态的不相容性。不相容性的蕴含关系是语义学上的一种隐含的模态观念，而承诺和资格则是语用学上的言语行为，它们两者的不相容性是相互规定的，一种语义事实的不相容性与语用言语行为的不相容性互为解释。从这个角度看，在语义世界，一种有关事物的判断具有不相容性的存在形式完全不可能（一个判断不能自相矛盾），但不同的事物之间的不相容的认知形式完全可能（不同的事物本身总是与不相容性的形式存在）。从主体的角度看，对于一个语用的言语行为主体而言，同时作出不相容的承诺则是不能允许的，而不是不可能的，即他（她）有可能会做这种自相矛盾的承诺。如果不同的事物之间存在着必然的不相容性，那么，不同的事物自身的不相容性关系就构成了语义上的真势模态上的不相容性。这是一个引导性的原则，它表明，为什么一个行为主体没有资格作出不相容的承

---

① R.B.Brandom, *Articulating Reasons: An Introduction to Inferentialism*, P.195.

② R.B. Brandom, *Making It Explicit: Reasoning, Representing, and Discursive Commitment*, P.169.

诺，而只有两个主体作出不相容性承诺才是可以允许的（各自拥有或提出不同的观点）。这里可以明显地看到一种互为解释的关系，即事物的不相容性与主体承诺的不相容性可以构成一种相互的解释。道义上规范的不相容性与真势模态上的不相容性是互为关联的。

一个你认为是酸的化学物在试剂的显示中表明它并不是一种酸的物质，而是其他物质，这个时候你就得收回先前的承诺，改而认为它是另一种物质。一个事物不可能既是酸的物质又是其他物质，它的不相容性是由真势模态的不相容性决定的，主体承诺的不相容性（作出了不相容的承诺）与真势模态的不相容性产生了不相容，这里只有通过修正，比如借助新的表征的感知经验的关系，才能打消不相容性承诺。经验的语用主体有可能处于一种主观的不相容性中（“酸”的例子中提到的主体的承诺的不相容），这反过来印证了客观世界的不相容性特性（事物自身的不相容性）。布兰顿接受了基础实用主义的卷入具体经验的语用过程中的反馈性循环，但提出了为基础实用主义所忽视的由“实质推理和不相容性”关系所展现的两个维度及其同一性关系。① 在这里的两个维度中，基础实用主义的经验本体论以一种严格的语义学的方式保存了下来：主体承诺的不相容性正是对同一个不相容性关系的客体的表现形式，这里并没有相互对立的或彼此处于不同世界的主体和客体。

布兰顿以此展开的断言的客观性自我证明，也是对任何现象主义和经验主义的有关客观性的模态理论的否定和对推理模态的一种肯定。当我们说 a 是 b 的一个必然条件，就是同意从作为 a 的任何事物推论出作为 b 的任何事物。布兰顿的模态推理的根本因素是推理，因此，它蕴含的概念是推理的，它既不是数学或形式逻辑中的蕴含，也不是一种可能世界的“自然的”和“物理的”蕴含。我们所理解的客观性或确定性，比如命题或事物的性质，是各自处于实质的不相容关系之中的：许多确定性的性质只是由于它们的性质相互区别而处于确定性中。这也说明，事物是通过它们的确定性而相

① R. B. Brandom, *Between Saying and Doing: Towards an Analytic Pragmatism*, P.190.

互排斥的，因为事物是自身确定的和为自身确定的。

人们用模态的词汇来作出断言，也就是给出一种推理的模式。布兰顿的不相容性关系便是用来表明，这里的模态词汇的使用何以同样具有客观性的。世界是可以推理的，它本身便是一个可推理的对象，因为事物自身就是以一种不相容关系存在的。也正因为如此，不相容性既是主体自身的判断和推理的一种不相容性，也可以是客体自身的一种不相容性。世界的不相容性在主客上的同一和区别为记分提供了发挥的空间。一个判断和推理不能同时既对同一个事物作出肯定又作出否定（主观的不相容性），但不同的判断和推理却可以对同一个事物作出不同的判断（客观的不相容性）。事物本身的不相容性决定了承诺与资格的相互作用必然会产生一种不相容性关系。

按照这种模态的不相容性关系，布兰顿所关注的承诺（断言性推理）和资格的“客观性”便有了着落，否则只是浮在空中的不实在（缺少实在性）的东西。不相容性推理为记分奠定了基础，记分者 A 可以根据好的推理对 B 的承诺 p 作出检验，以及通过广泛推理的方式对其可靠性来源作出检验，此时，记分者 A 将负责非推理的可靠性或一些 B 可能从其他断言者继承的东西，这是作为证词的东西。这里的一个根本的前提是，记分者这么做时，即在面对所有归于 B 的承诺时，必须受制于“资格—排除的不相容关系”。① 承诺和资格可以从所拥有的共同内容上去证明，它们之间相互关系的判定上必须从人际关系去判定。② 这就是说，一个承诺和资格只有在他人的判定下或通过另一个具有承诺和资格的人的判定才能表明其真实性。在这个环节，推理相互继承的关系（无论演绎的还是归纳的推理）无助于表明这一点。

五、记分与直接模态语义学

布兰顿的规范语言语用哲学在运用黑格尔哲学推翻笛卡尔主义的二元

① R.B. Brandom, *Making It Explicit: Reasoning, Representing, and Discursive Commitment*, P.191.

② R.B.Brandom, *Articulating Reasons: An Introduction to Inferentialism*, P.166.

论之后，走的是一条模态实在论的道路（见第二章）。从布兰顿更为具体的说明来看，这里模态实在论与传统的模态实在论不同的地方是，它无需求助于任何真值赋值，它的模态算子是不相容性，因而它带来的是一种直接模态语义学（directly modal semantics），因此，在这里记分就有了用武之地，——实际上它也只能依赖记分。布兰顿已经从根本上放弃了真概念或真值条件。按照布兰顿自己的说法，他试图在不借助于任何这类真概念的前提下发展一种模态语义学，因此，他把这种全新的模态语义学称为直接模态语义学。①

20 世纪 50 年代产生的模态革命抵制了早期分析哲学对模态的敌意，但人们一般认为，模态革命并没有真正提供一种令人满意的意义理论。克里普克针对刘易斯的整个模态逻辑提出的可能世界的语义学为大量的非逻辑表达式提供了一种意向性语义分析，但他拒绝了为塞拉斯视为理所当然的模态与概念表达的联系：他只把模态视为可能的世界的形而上学的构思。在布兰顿看来，这种拒绝非常致命的地方是，它是用概念的心理构想来进行的，它按照我们如何把握概念来理解概念，而不是按照它们对我们的规范的约束性来理解。因此，布兰顿并不完全认同克里普克的模态逻辑。布兰顿在塞拉斯的模态概念的启发下发展了一种基于黑格尔的模态实在论之上的模态语义学。对于布兰顿而言，黑格尔的模态实在论有这样两个优点：（1）它把概念的表达与模态联系在一起，亦即把模态视为概念实在本身的一种必然的推理关系，因此，它不是用一种蕴含的模式来解释模态词汇，而是用一种基于事物（概念实在）的恒常联系之上的模态实在来解释模态词汇，因而它没有复杂的和难以解决的模态形而上学（可能世界）的难题。而自 20 世纪 50 年代后发展起来的模态理论由于采取的不是概念推理的形式而是采用一种蕴含的模式，则仍然陷入一些不能解决的形而上学问题之中。由事物或概念实在的恒常联系（由其差异性或不相容性构成的必然的推理关系）出发，黑格尔的模态实在论可以真正做到在模态词汇的实用调节上来解释模态，即可以从概念表达的可能性去解释模态解释的可能性。（2）黑格尔的模态实在论不再是一

① R. B. Brandom, *Between Saying and Doing: Towards an Analytic Pragmatism*, P.124.

种康德式的模态表达主义：康德基于其基本的原始概念之上的模态理论并没有模态实在论的基础。黑格尔的概念内容的概念是一种非心理学的概念（独立于任何主观的思想过程和活动的世界），他关于客观世界的模态实在论就是用一种非心理学的概念来解释模态。

我们从单个的对象出发不能建立对事实和事态（可陈述的、可断言的和可判断的事实和事态）的理解。事实和事态若没有按照明显的模态的方式、以事实相反的方式显示的实质后果和它们命题内容的相互不相容的关系，它们就是根本不能理解的。这也就是说，孤立地去看待事实和事态不能真正认识它们。这是一种关于世界是客观的概念构造物的观念论，亦即一种概念实在论，而这种形式的概念实在论，可以看作就是模态实在论的一种形式。它试图表明，存在模态上有效的事实和事态的可能性与必然性（事物能怎样，必然是什么）。没有它们，我们就不能使一般的描述性述谓成为可理解的。采取这种模态的方式看待事实和事态就是从康德的方法走向黑格尔的方法，因为它是从把判断，即知性视为根本的语义秩序和本体论的解释，走向接受把推理（它处理不同命题之间的关系）视为根本的元概念的方法。用黑格尔所采用的康德的术语来说，这就是从知性的概念框架走向理性的概念框架。只有这种模态的性质是适合于社会评价视角的。

而克里普克的模态是不适合社会评价视角的，因为它本身依赖真值赋值。布兰顿尽管仍然对真势模态做了某种承诺（他并没有放弃客观的模态关系这样的东西），但只有蕴含的模态理论把真势模态视为一种客观存在的对象的一种性质，因而需要一个传统意义上的真理概念，以便作为这里的客观模态关系的一个衡量标准。它们的因果的或蕴含式的模态释义，都是为了满足这种真概念的要求所提出的。布兰顿相信，使用不相容关系可以提供一个无需这种真概念的直接模态语义学。传统的模态逻辑（20 世纪后半叶兴起的）是两个阶段的：它从评值（可能的世界）到外延或真值。与这两阶段的理论不同，布兰顿的模态语义学在这里采用的是直接模态的方式，它是记分的。直接模态语义学的模态关系不需要真值赋值，因为它的模态算子不是可能的世界，而是不相容性。P 蕴含 q，正因为一切与 q

不相容（排除或排斥），也就与 p 不相容；具有正方形的性质蕴含了具有多边形的性质，因为在任何事物与正方形在实质上不相容，也就与多边形不相容。从语义学上看，不相容性是一个隐含的模态概念，或者说，模态实在论的世界本身表明，事物本身处于一种不相容关系中（真势模态的根源）。① 这正是布兰顿模态逻辑词汇的运用可以是一门语义学的一个原因，因为它并不完全局限在传统意义上的模态逻辑词汇之内，它还扩展到非逻辑词汇的领域。

布兰顿的模态推理的根本因素是推理，因此，它蕴含的概念是推理的，或者说是基于不相容性的一种推理的蕴含。不相容性的语义学是联结性的关系，而不是构成性的关系。② 各个判定性句子之间是横向比较的，一个与另一个不相容。承认 q 就等于承认任何与 q 不相容的 p 等等。这样的语义关系是横向的关系。而之前的所有解释（表象主义的或实体实在论的解释）都是一种构成主义的解释，它把各自的句子之间的关系视为构成性的，一个句子基于另一个句子之上，简单句之上是复杂句子等等。因此，构成主义的句子的关系是垂直的关系，而语义整体论之间的关系则是横向的，尽管这里的语义学（直接的模态语义学）不是语义构成性的，但它也是完全可以递归的。克里普克的模态语义学的原始单位是一个可企及的可能的世界，而布兰顿的模态理论的原始原则是不相容性。

由于此前的（比如克里普克的）模态逻辑的观念是与传统的真概念紧密相连的，因而它必须以各种方式对模态逻辑词汇进行估值，比如什么是模态词汇描述的世界（可能世界）的真正可信赖的性质（可能性或必然性）。但一旦注意到不相容性本身就是一个模态词汇（一物与另一物不相容，必然存在一个可以选择的选择项，即唯有其中一个为真），对模态逻辑的理解和运用就完全不同了，因为这意味着不相容性本身就是模态的最原始词汇，而不是任何可评值的逻辑词汇。这里由不相容性的模态所带来的恰恰是一种语

① R. B. Brandom, *Between Saying and Doing: Towards an Analytic Pragmatism,* P.122.

② R. B. Brandom, *Between Saying and Doing: Towards an Analytic Pragmatism,* P. I34.

用的关系，因为，如果我们要弄清楚为什么两个断言是不相容的，我们就必须知道造成它们不相容的原因，这不是逻辑自身可以做到的事情。一个断言的后果是这里能帮助我们作出分辨的关键：若希望知道两个断言是不相容的不是求助真概念，而是从它们彼此断言的后果是否不相容的关系中去加以分辨。

传统实在论中的真是可选的，比如，两个互不相容的陈述句子不可能两个都为真，必须只有一个是真的，但这里的"是真的"是选出来的（它需要一个真概念来帮助作出选择）。但在不相容性关系中，如果一个陈述与另一个陈述不相容，是事物自身的不相容性决定的，它完全与真概念所做的选择无关。单个的句子与另一个句子的不相容，不能带来不相容性的结果，只有与所有可能的句子不相容，才能获得不相容性。但不相容性作为一个模态概念的意义是，它可以从事物自身的不相容性（客体的不相容性）获得一个句子与其他所有句子的不相容性。

因此，没有脱离实质的不相容性关系和推理的推论关系的概念表达。如果推理处于客观的中介性关系之中，那么，概念表达完全是一件客观的事情，它明显地或清楚地与主观的或心理上的活动无关。世界由客观的概念构造：只要存在由不相容性关系构成的关系的实在，就存在模态上有效的事实，因此，一般的概念表达也就是对客观存在的概念实在的一种表达。从这个意义上说，可能性与必然性（事物能怎样，必然是什么）并非一种虚拟的或需要评值的模态词汇，它们本身就指向某种事实（由不相容关系构成的客观的概念实在）。

在这里，真以及真势模态词汇不能帮助我们对模态关系作出正确的理解，求助真概念我们将会一无所获，不相容性才是一个可以帮助我们建立模态世界的选择。对于任何事物和任何观念而言，如果失去排他性，它就不可能是一种模态的观念。布兰顿表明，与先前的模态逻辑中所使用的语义共存性观念（作为语义构成性的基础）不同，不相容性引导的模态关系表明，词汇和句子完全没有语义构成性，它们在复合句中是非语义共存性的。

模态词汇的每一个都能表达一种推论的承诺，因此可以区分"主观的—

规范的”和“客观的—模态的”方式。① 但一旦涉及“客观的—模态的”这一部分就会出现下述问题，即，既然客观的模态关系本身完全是对象的一种性质，何以还有劳于主观的规范的逻辑词汇的运用？是否经验主义完全可以回答世界的客观性问题，而不必借助模态的逻辑推论？这是否可以说，在没有语言的使用者、表达式、规则或承诺时，客观的模态也是真的，是否客观的模态与语言的实践或承诺无关？要回答这个问题，这里似乎需要作出某种双向承诺或妥协才行：我们首先必须认为客观的模态关系不能离开规范的（道义的）模态逻辑的表达，而说一种模态逻辑具有规范表达的力量，就必须表明它是对客观模态关系的一种表达。这似乎在绕圈子。布兰顿的确做了一种妥协，但他既拒绝了蒯因的描述主义也拒绝了像克里普克刚性的（纯粹概念的）形而上学实在。他的看法是，既不能认为真正的模态关系是真势模态词汇所指示的客观模态关系，也不能认为，真正的模态关系是断言性的规范词汇所表达的主观规范关系。这里的关系是一枚硬币的两面的关系。

按照布兰顿的看法，塞拉斯之前已经意识到了这个问题，塞拉斯的方法是求助于规范词汇的介入。当塞拉斯说，模态语言就是规范语言的一种改写（transposition），按布兰顿的理解，塞拉斯的意思是说，规范词汇制定的推理的法则是模态词汇的一种语用学上的元词汇。“改写”就是对道义规范词汇与真势模态词汇之间的语义关系进行语用的调节。② 简言之，必须这么认为，所谓的真势模态关系，就是使用了规范的词汇对真势模态关系的一种改写或转换（不存在独立于规范词汇的真势模态关系）。缺少这种转换，我们就不知道什么是真势模态关系。规范的词汇首先只表示一种主体的承诺（道义模态关系），而模态的词汇则表示人们所承诺的对象的内容——对世界存在方式的一种承诺（真势模态关系）。

对于理解一个表达性的句子的表征和所表征之物的关系，承诺、资格、担保或承担这些规范词汇发挥了重要作用。在一个自主的话语领域，话语者

① R. B. Brandom, *Between Saying and Doing: Towards an Analytic Pragmatism,* P.182.

② Figure 4.1 “The language of modalities is a ‘transposed’ language of norms”, in R. B. Brandom, *Between Saying and Doing: Towards an Analytic Pragmatism,* P.101.

应该知道该如何做，怎么做符合模态的概念推理要求。在理解世界表征性说明与被表征或被述说的世界的关系上，规范词汇将具有重要的作用。规范词汇可以作为一种语用的元词汇对模态词汇进行调节。比如，通过规范词汇把模态词汇的运用置于给出理由与要求理由的话语游戏中。在这一自主的话语游戏中，对不同话语者的模态性的推断（实质的推理）作出协调和引导，使话语者知道，如何作出承诺或什么是作出承诺，以及如何获得资格或什么是资格。

从功能主义的角度看，布兰顿对规范词汇的理解和运用也是有道理的。一种推论的承诺必然会涉及两个方面，首先是说话者自身的“逻辑上的”一致性（他/她的行为不会触犯矛盾律或表现得前后不一贯），即他/她应该知道什么是规范或者它本身就已经拥有一种规范。这里的规范将决定应有的态度：断言铜已经被加热到1084摄氏度，就必须认为铜会融化（作出一种担保）。规范词汇的运用主要是因为实质推理在给出理由与要求理由的游戏中需要它们。在这个推论的游戏中，一方面是说话者的承诺，另一方面是他/她作为话语实践中的一员的评分者的地位。在这种情况下，我们既有实质的推理，又存在推理之间彼此的不相容性（一个断言只能在它与其他推理处于不相容关系中才算得上是一个推理）。布兰顿指出了这一事实：与一般的机器和动物不同，作出一个断言就是对推理表达的内容采取一种特殊的规范行动，对推理的内容作出认定，对它负责，对它作出承诺。① 从上往下看，断言必须有推理的结果，承诺包含着对原有内容的承诺。从下往上看，它们必须有推理的前提根据，它与可以作为前提的内容相关，该内容是对原初内容拥有的资格的继承。作出推论的推论者，即相互作出断言的人，必须在推论中相互证明自己和别人的规范立场：作出断言的真实性承诺和表明有资格作出断言。

其次，必须有事实的根据，即必须是“客观的—模态的”。记分已经假定了推理断言的合法性，但这里仍需要合乎事实性的评判。这里涉及一个由

① R. B. Brandom, *Between Saying and Doing: Towards an Analytic Pragmatism*, P.113.

康德哲学引申而来的合法性与合乎实事性（Quid Juris and Quid Facti）的问题。前者是否符合规范（范畴的模态），后者是关于经验的经验实在性。如果追随康德，问题的顺序总是先问是否存在模态的合法性（合规则），其次才是是否提供了真实的经验（实在性）。①"铜在1084度时融化"这一"事实"必须是真的。当然，对于布兰顿而言，这里的真势模态的意思还包括自然本身的一种模态实在的意思，它代表一种纯粹客观的性质（试想在地球内不存在任何可感知的系统的情形下，铜在1084度的情形下融化也同样会发生）。如果事情真是如此，那么，从客观上假设一种模态实在论是有道理的。以这种方式来思考模态概念，也就是认为存在一种法则性的自然世界，比如，铜在1084度熔化是客观必然的、法则性的，以及物质在没有力的情况下不能加速等等皆如此。这样看待世界就是认为客观世界早已具有概念的形式，因此可以由此来把握。

六、责任与权威：记分在辩护的机制与交往的机制中的不同表现

陈述性断言要向听者作出承诺，他有责任对其所做断言的命题内容的真实与否作出回答。陈述性断言是一种特殊的推理性表达活动：它关系到什么是可以作出断言的，如何向听者表明做此断言的资格，怎么做才可以算作是对一种断言的辩护等等问题。归根结底，陈述性断言的特殊之处是，它可以从给出理由和要求理由两个方面来理解。

针对断言的记分是一种综合的社会性活动，这是断言本身的认知求真的特性决定的，也是它规范的语用实践特性决定的。按照布兰顿的看法，这里存在两种针对断言的客观性的辩护机制，即交往的机制（communicational mechanism）与辩护的机制（justificatory mechanism）。② 交往所表现出来的

① S. Maimon, *Essay on Transcendental Philosophy,* 1790; tr. Nick Midgley, Henry Somers-Hall, Alistair Welchman, and Merten Reglitz, Continuum, 2010.chapter 2.

② R. B. Brandom, *Making It Explicit: Reasoning, Representing, and Discursive Commitment,* P.175.

是一种权威（authority），因为在交往中通过接受他人的观点，使一种断言包含了他人的观点（不再只是个人的观点）。在交往中，“A 的断言具有授权 B 作出再断言的社会意义，取决于 B 对 A 的表明其断言资格的责任认同的恰当性。通过引用 A 的权威，这正是 B 有权依赖的，B 可以免去责任。这样，责任就推给了 A。”①

而通过内在承诺及其所做的辩护则表现出来的是一种责任（responsibility），因为这里需要真正意义上的辩护所需要的责任。作出辩护也就是说话者在给出理由与要求理由的游戏中为自己的断言辩护（他可以引证各种理由）。而交往则是听从另一话语者在记分中给出的建议，修改自己的断言或收回已有的断言，重新作出断言。这两种机制提出的是一个断言所必须有的两种表明其客观性的方法，一个是超出个人的观点的、包含了引证他人的看法的权威的断言；另一个是断言者作出了相应的辩护的断言。“辩护的机制”中的辩护也就是给出理由，即向另一个潜在的断言者给出理由。作为一种给出理由的断言行为，它既是一种个人的言语行为，又为他人考虑评价所制约：它必须能为他人接受而成为他人推理的前提。但之所以布兰顿强调它是一种个人内在的东西，即强调它的责任性，乃是因为对话语概念的构建，不能不考虑出自于本源的意向性的思想表达（断言或判断）是如何首先在每一个人中建立起来的这一事实。“……人们可以通过辩护来对其作出一种论断的资格作出证明。”②

道义的记分涉及话语者作出断言的权威与责任，这也正是道义的记分所能做的。由此亦可见，布兰顿的交往机制并不是形成共识（两个人或两个人以上的观点的一致性），而是一个断言者接受另一个断言的观点对自己观点的修正，被评价的断言者的观点通过修改或重新作出断言而得以保留（这仍是断言者的观点）。这就是说，评价者 A 的评价为 B 所接受并促使 B 作出再断言或作出修改，这一再断言和修改的权威来自 A，但断言仍是 B 作

---

① R. B. Brandom, *Making It Explicit: Reasoning, Representing, and Discursive Commitment*, P.175

② R. B. Brandom, *Making It Explicit: Reasoning, Representing, and Discursive Commitment*, P.174.

出的。对于布兰顿而言，这一点很重要，作出断言推理时提出的内容，在听者的评价性的认定中获得某种新的形式。因此，“……正像断言在证明中可以发挥一种双重作用一样，在交往中，断言也可以发挥一种双重作用。一方面，断言正是被交往的东西（使他人可以拥有它），另一方面，断言正是交往所要达到的一个目的：一个对话者的论断是他人做进一步的论断进行推理的材料。听者不仅仅对作出断言的承诺所宣称的内容(根据承诺—保持推理)作出归属（记分），听者也承担了承诺而且获得其作为一种结论的资格。”① 一个断言者允许接受另一个断言者的权威（另一个断言者的观点），从而对断言作出再断言，这样做的好处是可以使断言者对其断言的依据（原初的断言）进行再考察以表明自己是真的有资格做此断言。为证明一种断言，断言者可以遵从听者。因此，陈述性断言的证明是在一种交往性的推理链中来进行的。

从话语的形式上看，它们同样呈现明显的区别：从辩护的机制上看，相互不同的断言内容（每一个断言者所提出的不同的断言内容），在每一个个人之间形成一种相互推理的关系（一个作为结论能成为另一个的前提），从而使断言的承诺与资格得到了应有的辩护；从交往的机制上看，彼此共同的内在内容（彼此暂时已经了解的内容）在不同的他人之间进行协商和修正，以形成一个新的断言（如果有必要）。辩护的机制与交往的机制既有不同，但又彼此结合在一起，它们的结合直接构成了断言性实践的基本实践结构：

> 基于人之上的权威性（通过对他人的论断的遵从来实行）与基于内容之上的权威（通过其他句子的断言——要进行的辩护的论断可以从它那里适当地推出——证明论断来实行）的结合就是作为做事的断言的特征。承诺和资格、权威和责任的组合，有关断言性承诺的人际间的（interpersonal）和内在内容的(intracontent)，以及内在个人的(intrapersonal)

① R. B. Brandom, *Making It Explicit: Reasoning, Representing, and Discursive Commitment*, P.175.

和相互内容的（intercontent）资格的继承的组合，构成了这里所谈的断言性实践的模式的基本结构。①

必须指出的是，布兰顿这两种记分的方式基于他的话语理论的特殊考虑之上。第一种辩护的机制的可能性和基础是，说话者根据彼此的“相互内容”（整体论中所承诺的内容）作出记分式的证明。布兰顿不称这个阶段为“交往的”，而只认为它是辩护的，这是因为对他而言，只有一个说话者聆听并接受另一个说话者的观点（把某人的观点当作权威性的）的时候才称得上是“交往”。而在辩护的阶段，话语者的记分集中考虑的是一个断言是否具有具体情境条件下适当的承诺，以及是否具有相应的资格（断言推理没有相互抵消的不相容性）。只要符合这里的程序，一个断言推理的结论可以作为另一个断言推理的根据（前提），那么就获得相应的分数。

布兰顿把作出断言的权利交给断言者，由他们所做的承诺作为担保，而这就必然要求一个评价者作出评价以便结束一轮断言实践。也正因为这个原因，通常意义上的对话者，即作为第二人称的“你”，在这里并不是发挥一般的谈话式的交流对象的作用，这里的对话者（“你”）实际上还是发挥一种第三人称的“他（她）”的作用，因为重要的仍然是评价，即根据断言者承诺的推理进行的评价（记分）。在布兰顿这里，即使是第二人称的对话者（“你”）也是作为第三人称的评价者（“他（她）”）来看待的。这也就是说，第二人称的“你”作为一个直接的对话者，同样行使的是一种第三人称的“他（她）”的评价作用。布兰顿承认第二人称意义上的“你”的重要性，因为它构成了一种“我—你”（I-thou）的对话关系，但这里的“我—你”的对话关系并不像一般的交往理论所认为的构成了一种对话关系。

布兰顿在回答哈贝马斯对他的话语语用学模式的质疑时表示，他更偏向于把获得意义的人际间性的交往模式视为一种相互协调和相互制约的模式（参与者彼此作为记分者的相互协调和制约），而不是把它看作是参与者

① R.B. Brandom, *Making It Explicit: Reasoning, Representing, and Discursive Commitment*, P.175.

彼此的观点形成某种共识的模式。① ——我们可以把这两种话语的语用学模式的区别看作是“道义记分”的规范语用学模式与“达成普遍共识”的形式语用学模式的区别。布兰顿把推理的语义学与规范语用学结合起来的方式，使得他的语言实践模式不同于赋予推理以建构性意义的形式语用学的模式；后者的康德式的实用主义要求有达成某种普遍的共识或取得某种舆论的一致性。

在布兰顿这里，断言的两种性质是相互关联的，因为作出一个断言本身就包含对他人观点的评价的因素在内，而对他人观点（断言）的评价或检验实际上也就是提出自己的观点，即作出断言。但这里原初的观点（断言）并没有因此丢失，它只是通过另一个断言者的评价或检验后成为一个更新的或更充分的断言。社会中每个断言者在不同的阶段扮演不同的角色：在一个阶段他是一个做了充分承诺的断言者（断言处于被记分的阶段），而在另一个阶段他作为记分者（评价和验者），所做的断言则完全针对一个已经提出的断言（对断言的断言）。这种涉及社会说理评价的断言实践是一个涉及承诺和资格的完整的过程，它既可以视为从作出承诺开始，也可以视为在资格的评价上开始。每一轮的说理或话语推论都因此会有一个结果（要么获得资格要么失去资格）。

在布兰顿这里，断言者在为其断言作出辩护的阶段像一场公开舞会，它需要能舞的舞者，在断言的“理由”的舞会中，每一个断言者都跳出各自

① 布兰顿否定哈贝马斯提出的话语推论的目标是达于话语者的共识（舆论一致性）的要求，他认为我们语言的特性表明达于共识是不可能的。见于 R.B. Brandom,“Fact, Norms, and Normative Facts: A Reply to Habermas”, in *European Journal of Philosophy* 8：3。而哈贝马斯则认为，布兰顿的话语推论的模式缺少“……根据客观的有效性的主体间性解释，把论辩的实践与一种强的理想化的预期联系起来的方法。”见于 J. Habermas,“From Kant to Hegel: On Robert Brandom’s Pragmatic Philosophy of Language”, in *Truth and Justification,* edited and translation by Barbara Fultner. The MIT Press,2005, P.127。“强的理性化的预期”与在展开充分的话语对话的情况下，对话所可能给对话者带来的共同的认识的问题相关。这个问题也可以这样来说，话语推论的实践能形成多大的共识？或能带来多少与断言的命题内容的真理性相关的认同？

的舞步（根据共同拥有的“编舞学”，即共同拥有的概念的整体的关系理论）。这场舞会是可以记分的，根据每一个舞者的表现会有高低不同的分数；而且也存在这种情况，即有舞者出局（没有分数或分数很低），舞者也可以重新回来（在申诉成功后）。有一点是肯定的，即断言的言语实践需要存在这样一场舞会，而且只要每一个舞者都能按规范（上述承诺和资格的规范要求）去做，他们便可以是这场舞会的舞者，并被认为在承诺和资格上是共享的，即继承了原有的承诺和资格。

从交往机制的角度看，布兰顿所给出的并不是一般的舞会。遵从或接受另一个人的观点重新设计自己的舞步，更像是一场舞会排练（使每一个舞者的带有个人内在的理解的编舞观念融入他人的想法），因为这里的目的是追求一个被认为是能够为他人认可的舞步。在两个对话者之间总有一个需要担负起更好的结论（更好的舞步）这一职责。交往的（一个听从另一个）记分机制不同于辩护的记分机制在于，它求助于另一个断言者的权威来表明断言的资格（以此获得足够的分数）。交往也可以通过记分协助断言者对断言作出再断言。为证明一种断言，断言者可以遵从听者，根据听者（记分者）的观点，对自己的断言作出修改，也可以在听从记分者的意见后收回某个推理，自己重新作出断言。

七、默认与挑战

在证明的辩护模式中，作为断言的主体的对话者求助于不同的内容，比如在以往的不同的概念内容中寻求断言推理的前提，在这种推理的求助中，所求助的承诺总是会追溯到没有真正被证明过的承诺，因此，断言性承诺的资格问题会一再出现。在这种情况下，作出断言的推理过程就会被迫中止。在求助于那些在资格上有疑问的前提来证明作出承诺（作出断言）的资格时，也会出现断言性承诺的资格的辩护无法进行下去的情况。

> 在对承诺辩护的每一个阶段，都有可能牵涉到对那些事先并没有行使过的承诺的求助，对于这些资格证明的问题就会一再出现，这样，资格证明的问题就只有暂时搁置了。或在某些时候，是通过求助那些在资格上早已陷入质疑当中的一系列前提来完成证明的（资格证明也只有暂时搁置了）。①

若采取资格的继承性推理证明的方法，对断言性承诺的资格作出辩护，似乎就难以逃脱这种无限倒退的循环。若出现上述情况，推理性辩护的基本形式就失效了，即那种通过“p，因此 p”的推理形式来进行的推理证明就不能帮助我们获得一种资格。这种无限倒退的循环也必然会出现在对断言性承诺的资格的交往性辩护当中。在交往性的辩护中，作出断言的对话者求助于另一个对话者对相同内容的承诺，但该对话者的承诺可能并没有真正被承认过，在这种情况下，他的断言性资格就始终会是一个问题。断言性推理会因此被中断（无法有结论），若所求助的对话者的承诺是有疑问的，断言性的推理就得不到真正的辩护。

布兰顿解决问题的方式仍然是语义整体论的，他从实际的做事中（经验的语用实践中）去寻找断言承诺的资格合法性问题的解决方案。但这么做就存在如何使用和看待这些概念的问题。任何一个试图作出某种断言推理的人都必须掌握某些概念，在你作出断言推理之前，你必须拥有许多概念，否则，断言推理便是心理上的主观的观念（主观的联想）。这种语义整体论的起点必须首先表明，对概念的默认仅仅是相对的，默认不等于不做任何反思地接受某个概念。布兰顿似乎意识到这里存在一种假象，即人们认为，我们在概念的默认方面必然会陷入一种两难或困境。为了打消人们的怀疑，需要作出澄清。

整体论思维的一个好处是，一切命题性的推理都必须从某个地方开始，以免陷入资格的无限追溯。在某些情况下，推理式的理解也可以置后，即作

---

① R. B. Brandom, *Making It Explicit: Reasoning, Representing, and Discursive Commitment,* P.176.

为资格的授权主体的隐含规范可以暂时免去辩护（推理式的理解）。在一些情况下，不要认为现有的陈述或概念在获得证明之前是值得怀疑的，我们可以假定它们具有某种默认的正确性。但这样认为并不是要放弃规范的辩护，而只是想以一种相反的方式，把辩护视为是基于某种规范的条件之上的辩护（把辩护放后），避免把辩护变为没有任何出发点的“纯粹的”或形式化的辩护。在这里，布兰顿打算把整体论的推理方法与他的辩护模式结合起来，以最终走出辩护的无穷倒退的怪圈。按照布兰顿的看法，肯定有许多的论断，在没有证明是错的情况下，它们可以被认为是对的。除非已有明确的证明表明它们是错的。在没有证明的情况下，就应该把它们视为正确的。如果可以这样认为的话，那么，原初的资格授权的难题就消失了。“如果许多的论断在被证明为有问题之前都被看作是无纰缪的——在此之前没有异议或除非某人从某种立场提出有关它们的合法性的质疑，否则，它们都被看作是有资格的承诺——无限倒退的普遍威胁就消失了。”①

布兰顿的整体论承诺使他有理由认为，一种普遍的怀疑本身也应作出证明才合理，怀疑本身不应是无条件的（一种黑格尔的观点）。“哪一种承诺是需要辩护的（在缺少有关它们的资格的证明的情况下被认为是有缺陷的），本身是一个社会实践的问题——实践者对它们所采取的实践态度的问题。……资格本来就是一种行为或承诺在一个共同体内所具有的社会状态。”② 根据这种理解，一些断言性的资格是默认的，如果它们是基于社会潜在的规范之上的，它们根本不需要通过某种证明来表明其资格，即其资格在受到挑战之前是无需辩护的。在这种情况下，我们可以假定，许多的论断在没有证据表明它们是错误的之前都可以把它们看作是正确的。但布兰顿并不认为语用学意义上的承诺的资格是永恒的、不可动摇的（尽管默认的规范是存在的），他坚持一种认知主义的立场。布兰顿在希望避开怀疑主义的同时也避开融贯论：

---

① R. B. Brandom, *Making It Explicit: Reasoning, Representing, and Discursive Commitment*, P.177.

② R. B. Brandom, *Making It Explicit: Reasoning, Representing, and Discursive Commitment*, P.177.

> 这里所提出的模式可以称之为一种有关资格的默认和挑战的结构。经常是，一个对话者的承诺被认定了，承诺的资格也就被（按默认的方式）认定了。承诺的不言自明的状态，作为对话者拥有的资格，并不是固定的或不可动摇的；一种断言性承诺的资格可以受到挑战。当受到了适当的挑战（当挑战获得了挑战的资格），所要做就是使相应的断言的推理和交往的权威（它们的传续资格的能力）失效，除非断言者能通过对其承诺的资格的证明，为其承诺辩护。①

作为概念使用活动的隐含的规范是始终处于被挑战的地位当中的。因此，断言承诺的资格是否需要辩护，要根据其资格是必须受到挑战，还是可以通过默认的方式来获得而定。概念融贯论根本没有假定这样的情况的存在，因而它直接把社会隐含的默认规范当作断言承诺的资格辩护的一个标准。对一个断言承诺的挑战，其本身实际上也就是提出一个针对性的断言，即挑战也就是再提出一个相应的断言（如果不能提出可替代的断言，挑战就不符合要求，即是无效的）。挑战本身并无独立的地位。“因此，一个人也只有提出一个与所要挑战的承诺不相容的断言来作出挑战。”② 挑战者不拥有任何优先的地位——他实际上也是给出理由和要求理由的语言游戏中的一员。挑战者挑战的资格完全取决于他提出的针对性的断言本身的资格（它本身是否具有资格）。通过推理证明和交往对断言承诺的资格来源的追踪，只有实际的冲突产生的时候，比如，两个自明的资格相互冲突的时候才是适当的。绝不存在一个可以用来指导我们在哪里需要提出资格的证明，哪里可以不需要进行资格证明的先在观点。

把哪一种资格有问题或需要作出辩护的问题留给语言的社会实践，即留给道义的话语实践者本身，这符合维特根斯坦的观点。但实践的辩护本身不是一种消极的观点，而是一种苏格拉底意义上的论辩。布兰顿对断言承诺

---

① R. B. Brandom, *Making It Explicit: Reasoning, Representing, and Discursive Commitment*, PP.177–178.

② R. B. Brandom, *Making It Explicit: Reasoning, Representing, and Discursive Commitment*, P.178.

的资格的实践论辩的关注，并不是为了回应基础主义或先验的理性主义的观点，而是出自他的一个更重要的目的，即哪一种命题内容，可以用这种说理建构的方式来表明它具有断言的意义。

对于什么是布兰顿的记分这个问题，若不考虑布兰顿为什么要提出记分这个更为深入的问题，可能是难以回答的。布兰顿的认知承诺不允许他像后期维特根斯坦的语言哲学或日常语言哲学那样，只满足于对言语行为的可交流性中的某种习惯性意图或生活形式传达的分析。在布兰顿这里，一种表达式的语义内容是被当作一种潜在的命题内容来考虑的，即它是被当作独立的、由特定的语言共同体的谈话者说出的观点来看待的。说或作出断言是一种表达某种命题内容的言语行为，因为它总是试图表达些什么，因此，它们有对与错之分。在一种完全由共享的生活形式或习惯支配的语言游戏中，说或作出断言则并没有对错之分，或不需要专门去验证它们的对与错，只要它们能为同一生活形式或习惯中的话语者理解就行了。但一旦我们对语言实践采取一种认知的态度，不简单地把语言实践当作生活形式或习惯传达的复述性言语行为，而是把它当作与说话者出自于意向性状态的隐含的知识相关的表达性的言语行为，那么，我们就不得不考虑这样的问题：一个表达式所表达的东西或语义内容，在何种意义上可以被视为是适当的，正确的或能被许可的。对语言实践提出认知性的要求也意味着，我们不能简单地根据一种言语行为是否能构成一种语言游戏来判定它的正确与否，就像我们不能仅仅从游戏的角度来评判一场棒球游戏是否发挥得最好，我们还需根据它是否正确地按最大限度的得分的要求来作出评判（根据运动学的记分）。语言实践类似于打棒球，可以从它的得分中来对其作出评判。棒球中的投球、击球或出局，是否成功或它的表现是否正确，可以从它是否有助于得分这个事实中看出。言语行为也是如此，任何一种断言，只有表明其在给出理由和要求理由的游戏中能得到多少分（其认知性承诺和权威性的资格被认可），它的断言的言语行为的意义才能表现出来。

作为一项体育竞技活动可以根据运动学的记分来进行，作为一种目的旨在获得命题性的世界认知的语言实践活动，无疑也可以根据语言学的记分来进行。布兰顿始终认为，语言实践总是带有认知的目的这一点不容置疑，对于断言性的语句来说就更是如此。断言的推理过程中的语言活动类似康德的概念的形成过程，它不是一般的陈述或说（比如一个观察报告），它是由某种特定的语言行为构成的。从某种意义上说，断言性的语句把自身与一般言语行为区分开的东西正是作出断言。也就是说，"只是因为某些行为起着断言的作用，所以其他的行为可以区分为言语行为（speech act）。"① 布兰顿在这里坚持一种语义学断言主义是他提出记分的一个根本理由，他并不像 J.R. 塞尔等人那样关注于一般的言语行为，对他而言，真正值得的关注的是语言实践中的作出断言性的行为。这些断言性的行为包括：断言者原初的意向性、表征在构成命题内容时的推理运用、断言者的原初的意向性作为一种认知信念的规范基础，以及断言的命题内容在多大程度上扩展了我们的知识的问题（这一问题也被视为语言的表达和接受在含义与语力上的区别的问题）。

"信念"（belief）这个传统认识论的词汇本身就是意义不清或意义模棱两可的，规范的（道义的）记分是清除其含混性的唯一的办法。布兰顿认为，拥有一种信念与做断言的行为一样，它是一个复合的构成：同时表现为自主性与必然性。信念的复杂性正在于，这两种信念的构成方式在很多情况不是相互冲突的，因为它们的本源性不同：一种是自主判断的结果，另一种是所接受的某种事实的结果。"真正相信对于人们理想地应该去相信（至少给出人们还需相信什么）的东西的这种意义上信念，可以称为理想的或规范的信念，它会与信念的表达是专断的（authoritative）那种意义的信念相冲突。"② 虽然我们有用理性的和求真的态度来理解的信念，但我们也有自主表达的或带有主观成分的信念。如果这种信念相互冲突的矛盾存在，就很难把意向性状态解释为一种道义的状态（道义的记分也就做不到了）。

---

① R.B. Brandom, *Making It Explicit: Reasoning, Representing, and Discursive Commitment*, P.172.

② R.B. Brandom, *Making It Explicit: Reasoning, Representing, and Discursive Commitment*, P.195.

第七章　经验知识的来源

布兰顿的记分是他为推理主义的话语承诺所设计的，它从头到尾围绕着的是作出断言的推理，布兰顿强调完整的语用实践必须包含自主的话语在内，即作出断言。断言本身必须获得自身独立的资格。因此，记分针对的是一种与现实的、完全受制于语境的话语不同的理想化的语言实践模式，它不是实际的语言实践形式，正因为它把主题化的命题内容的表达视为话语的基本要求，所以它带有一定的理想化的特性。① 但布兰顿需要作出回答的问题是，总是非话语的经验内容如何成为话语的概念内容的一部分。如果真信念是话语者承诺的资格之间的认定关系决定的，那么，那些总是处于这话语之外的观察的和非推理的经验，又是如何成为话语的一部分的，即作为非推理的观察的经验内容是如进入推理的理性空间的，如果被给予的神话已经被打破，直接的归属的经验主义方式已被放弃？

如果按照经验主义的方式，这里并不存在矛盾，感知的经验构成了推理的内容，但布兰顿推理主义的话语理论是反语义构成论的，因此，感知的经验只能被理解为是话语授权的产物，如果没有基于话语者规范的态度之上的话语授权，感知经验的内容哪怕作为一种第一手材料存在也不能认为是知识。如果从这个角度看，话语的概念的经验内容的证成模式只能是一种内在论的证明模式，而且似乎它必定是反外在论的。但布兰顿所做的选择让人意想不到，他并不认为理性的逻辑空间的话语授权一定只是内在论的，而且这

① R. B. Brandom, *Making It Explicit: Reasoning, Representing, and Discursive Commitment*, P.158.

样做也不等于是反外在论的。一方面，布兰顿在吸取了可靠主义的创始洞见后认为，感知的经验内容在获得话语授权之前，可以假定为具有一种默认的权威性，它是可错的，但也可能是正确的，这符合人作为一个实践的意向性生物对环境反馈所获取内容的性质；另一方面，布兰顿取消了外在论的传统的定义。按照传统的定义，外在论是与内在论格格不入的，经验感知具有无可怀疑的知识的性质，而且它根本不依赖任何说明就是外在论的。但布兰顿拒绝了这种外在论，因为在他看来，这种为可靠主义视为信仰的外在论是站不住脚的，可靠性只能是一个规范的概念，它本身是带有评价的因素在内（就像必须有人说："这是可靠的"才有可靠性这个概念）。布兰顿因此也推翻了传统意义上的内在论，在他看来，那种认为观察者或非推理的报告者必须对他（她）的观察和报告作出证明的要求是不合理的，观察者和报告者可以自由地作出观察和提供报告，而无需对它们的真实性作出证明。因为，重要的不是观察者或非推理的报告人是否能证明他（她）的观察是可靠的，重要的是他人是怎么看的。根据这种说明，实际上，我们已经很难发现在布兰顿概念的经验内容的授权模式中还有任何传统意义上的内在论的影子。不仅如此，布兰顿以这种方式建立了他自己的外在论，他把他的外在论称为语义外在论（sementic externalism）。而语义外在论的视角是规范的社会视角。话语记分的理论是一种规范的社会评价的理论，它采用的是基于断言者自身道义态度的方式彼此相互记分，以便通过这种社会性说理的方式尽最大可能地形成一种客观视角。在面对总是外在于语言的经验感知的知识时，道义的记分将迫使我们不是凭借经验或某种可靠性的知识行动，而是凭借对经验知识的理解，把原本只会做的实践知识，以一种命题性的推理知识显示出来。

这一章的内容是弄清楚布兰顿的推理主义对经验理论的贡献和他所提出的基本看法。一方面，在回答经验的概念内容是如何把观察的知识纳入自身之中，但又不会陷入被给予神话的问题时，布兰顿通过塞拉斯的语言—退出的转换机制具体说明了，一个非语言的意向性主体如何对感知的经验内容作出反馈，从而表明了感知的经验内容不是简单地被给予的，而是实践意向性的反馈的产物，尽管它并不完善；另一方面，通过塞拉斯的语言—进入的转换机制，布兰顿表明，通过作为陈述的语言表达的介入，非推理报告和观察如何成为经验概念内容中的可推理元素。据此，布兰顿拒绝了认识论的自然主义转向。在他看来，即使在放弃了因果理论之后，感知经验也不能被还原为行为主义意义上的可靠经验，经验的可靠性是一个无可置疑的概念，但可靠主义所仰仗的可靠性是具有偶然性的概念，除非“可靠性”是一个规范的概念，但可靠主义显然是从规律主义的角度看待这一概念的。布兰顿通过分析语言与世界指称的关系充分证明了这一点，语言的世界指称是推理的，它是一个话语的索引结构，没有话语的推理，即没有在两个人之间展开的话语的推论，就不会有语言的世界指称。除了经验的概念内容如何获得授权的问题，本章还关注布兰顿关于意向性行动的实践（实践的经验结构）的问题，它涉及对实践理性的意向性动机的重释和合理性的重建。

一、语言退入转换：意向性行动的经验反馈

我们在第四章和第五章已经看到，布兰顿如何用推理主义的方式处理了世界指称所涉及的表征问题，他用推理主义的替换打破了传统哲学的因果指称的理论，随后通过回指的理论（赞同句理论），把记号式的语言（指示词和索引词等）的语言—世界的关系改造为语言—语言的关系。布兰顿以这种从语言内部开拓的方式不仅彻底结束了被给予的神话，而且表明了一种鲜明的推理主义（强的推理主义）世界的观念。但一个纯粹规范的语言世界如何表明与那个非语言的世界的关系，推理主义是否彻底否定了一个非语言的“赤裸裸的”外部世界？

布兰顿意识到了这个问题的重要性。“……我讨论‘词汇’和如何运用它们的实践，它已经让一切看起来所有发挥作用的就是词语和它们的使用。如果在这种叙述中，世界被省去了，等于说意义并不是存在，又有什么证明来表明这一点？……如果包含在讨论世界和这些词语之间的关系所涉及的某物或某事（about）的说，没有进入我们的视野？难道这不意味着，我所做

的论述在词语—世界的划分中太偏向于‘词语’一方?”[1] 应该说，布兰顿的推理主义在很大程度上的确偏向词语一方，他也在某种程度上相信，语言的界限就是我的世界的界限的语言理性主义，但布兰顿不同于一般语言理性主义的地方是，他同样考虑非语言的世界的方面，但不是以传统的表象主义的方式考虑它，而是从实用主义的经验反馈理论的角度考虑它。在他看来，实用主义已经提出了一个很好的经验世界的概念，它不是通过表征为我们所掌握（因而这里语言并不重要），而是通过意向主体的经验反馈为我们所把握。寻求一种意向性行动与经验世界的实践的关系，也正是塞拉的语言退出转换机制所指向的世界。

布兰顿的一个明确的观念是，概念的经验内容的性质涉及意向性行动，在这个意向性行动的领域要求语言的退出（根据塞拉斯），因为意向性本身就是意向性行动的来源，这就是说，意向性行动是语言外的问题（因此，这里要求有一个语言退出的转换）。这要求完全回到意向性行动的领域。用布兰顿的话说，概念处于推理的关系之中具有双重的意义：

> ……它既是对塞拉斯称之为在感知中（in perception）的“语言进入转换”所带来的对承诺的承认而言的，也是对塞拉斯称之为在意向性行动中（in intentional action）的“语言退出转换”所导致的对承诺的承认而言的。[2]

意向性行动的反馈理论为什么重要，主要是因为它说明了一个非语言的意向性主体是如何积极地干预外部世界获取经验内容的。这里的方式与表象主义想象的完全不同。经验主义从一种世界的表征关系出发，把语言与世界的关系理解为表征与被表征的关系，在这种关系中，作为表征者的人完全没有意向性动机。实用主义的一项最伟大的理论贡献揭示了这一点，人与世

---

① R. B. Brandom, *Between Saying and Doing: Towards an Analytic Pragmatism*, P.177.

② R. B. Brandom, *Making It Explicit: Reasoning, Representing, and Discursive Commitment*, P.222.

界的关系并不是表征与被表征的关系，相反，人在与世界发生一种关系时，始终是一个带有自身意向性动机的主体。塞拉斯的语言—退出的转换机制的提出，也意在回到这个实践的意向性行动的主体。布兰顿在回答人们怀疑他是否过于强调用语言与语言的关系来替代语言与世界的关系，以至于失去了世界的质疑时回答，他的理论遵循塞拉斯和实用主义的理论，从作为实践的意向性主体的角度谈论世界，因而他认为，一旦我们退回到作为一个实践的意向性主体的位置，这个实践的意向性主体是指向世界的。实践的能力和实践是不可能脱离世界来理解的。①——但即便是如此，布兰顿的实践的意向性主体与世界的关系中的“世界”也不是表象主义意义上的仅仅是一个“被表征的世界”(这种成分很少，即使有，也只是一些语言记号的指示)。用布兰顿的实用主义的语言来说，这个世界总体上是一个“被反馈的经验的世界”。

人作为一种感性的存在物是生活在具体的环境世界中的，他的意向性活动首先可以理解为是对环境的一种反馈性的行为，其次达到某个目的（捕食）是决定他采取某种行动的动机。实用的意向性行动对世界的干预，典型地反映在它的“测试—操作—测试—退出”(Test-Operate-Test-Exit，TOTE)的反馈性行动中。这是一个感知世界，作出反应，再对反应的结果作出评估，以便采取进一步行动干预世界的过程。这种实践包含了一种完全开放的(没有终止的)、由对世界反馈的组合模式构成的行动（实践）。就其所涉及的对象、事件和世界的事态而言，由反馈制约的实践是根本性的，它所牵涉的语外世界是最根本的一种实践形式。相比于语内的行为，它更具干预世界的性质。从这个意义上说，实用主义的由反馈过程控制的实践与世界的干预性关系决定了语内的语用使用，使用语言和话语实践的语义的意向性，必须基于实用主义的实践的意向性（practical intentionality）之上。对此，布兰顿提出了五点考虑：②

---

① R. B. Brandom, *Between Saying and Doing: Towards an Analytic Pragmatism*, P.177.

② R. B. Brandom, *Between Saying and Doing: Towards an Analytic Pragmatism*, PP.178–180.

（1）实用主义的最显著的观念是，最基本的意向性类型（就直接指向对象而言）是一种实践，它涉及由熟练地驾驭着世界的理智的生物所展示的对象。

（2）实用主义的实践是开放式的、无限制的和自由回答的。这种实践的最基本的形式是感知、行动和对行动的评估和再行动的“测试—操作—测试—输出”Test-Operate-Test-Exit（TOTE）的循环，这就是说，一种由开放式的实践构成的过程。

（3）不同于笛卡尔主义的世界表征模式，在实用主义中，由反馈制约的实践占有很重的“份额”，就它在本质上涉及对象、事件以及世界性的事态而言，只有少量的世界表征在运用这种能力时加入这种实践。就此而言，它们与词语和句子不同，后者（表征）只是被当作自然世界中的记号设计或名目，它们在反馈制约的实践中所占的比重“很小”，因为事物的意义可以独立于它们所指称和表征的对象和事态的具体说明而得以显示。这种不同是实用主义所显示的一个最重要的优势。对于这一点，实用主义完全可以对其固有的领域作出某种拓展，更多地把实践从词汇的实用特点上来作出说明。

（4）实用主义要求自主的话语必须是对上述三点提到的三种实践的意向性经验（占有外部世界、反馈性的修正和改进，以及命名活动）的一种表达或说明（它不能是与这三种反馈经验脱节的话语）。

（5）认识的主体施加行为于他们所知的对象，以及施加于他们表征的行动和他们表征的对象和客观的事态：这种实用主义否定了对象或客体与主体的二元论。

布兰顿不同于一般实用主义的地方，正在于他对实践的反馈行动的主体意向性行动与客体（世界）的关系的强调，他反对把构成这种关系的实践行动理解为意向性行动—世界之间的一种松散的（thin）的关系，他强调实践行动的“卷入世界”真实性和具体性；他要求把实用主义的反馈性世界干预的关系理解为一种紧密的关系。实践的意向性行动由于世界干预的能力而被布兰顿视为话语推论的语义意向性的基础。它们是两种能力，但在世界干预上的相似性使作为基础的实践意向性可以转化为更高层次的语义意向性。

一个感性的存在物（生物）卷入它自身的世界所展现出来的实践意向性，是一个反馈性的行为。这一点非常重要，这意味着，这个感性的存在物所走的每一步或所做的每一种反应都来自所卷入的世界；而每一步或每一种反应都是不同的，吸取外部世界环境的信息与作出相应的反馈过程保证了一种与外部世界的可靠的因果的关系，但所做的反馈则不是因果的，但保留了可靠性。这一个系统的循环也因此具有话语推论的能力，特别是从其反馈这个阶段看，完全可以认为这里的系统在一定程度上可以是话语的，即可以表现出它特定的话语推论的意向性，比如，使用意向性词汇作出有命题内容的表达。① 如果这一循环的过程真实的存在，那么，原本看起来似乎完全是一种语内的话语活动，实际上可以展现出它与语外实践的意向性的关系，从而把语内的解释（话语推论）与语外世界的因果联系中的内容联系在一起。

在詹姆斯和杜威的美国古典实用主义中，我们没有看到上述基于实践的意向性的输入—反馈的循环。美国古典实用主义停留在某种行为主义的反馈意识之上，满足于实践意向性的目的性行动。根据布兰顿的看法，如果我们注意到实践意向性的内在反馈循环的真正的力量，那么，概念的经验内容的来源必然是一种综合的或混合的方式，这就是说，概念内容来自所有的过程和方面。因此，从理论上看，这里并没有唯一的方法，因果的和推理的应用都是一种实践的方式，它们形成概念内容的方式是独立存在的。应用一种经验概念的因果的和推理的关系各自发挥自己的功能，一个可能具有概念经验内容形成的决定性作用，一个可能完全没有这种作用，但因果的经验来源和反馈性推理的应用后果都是重要的，虽然缺少推理就不会有意义，只有在推理的环节中才能真正形成概念的内容。概念的推理功能是最根本的，在我们的一般概念中，的确拥有经验的和应用的内容，但所有这些内容都不能替代反馈性推理在概念中的位置。

---

① R. B. Brandom, *Between Saying and Doing: Towards an Analytic Pragmatism*, P.183.

但不要忘了，对于布兰顿而言，语言退出的转换也意味着随后语言进入的转换，唯一的区别是，哪一个阶段在先。因此，即使在一个意向性行动的经验反馈领域，最终还是要回到语言的逻辑空间世界。布兰顿是否太偏向语言的一方？也许是，但注意到他对意向性行动的那种占有世界的经验反馈性质的原初意义的强调，又不是能说他完全偏向语言一方。有一点是肯定的，即布兰顿的实用主义要求自主的话语必须是对上述提到的三种实践的意向性（占有外部世界、反馈性的修正和改进，以及命名活动）的一种表达或说明，而不是在缺少这些原初的反馈经验条件下的一种纯粹理论的说明。

二、语言进入转换：观察的两层次说明

意向性行动的世界反馈性经验当然不能代替观察，观察的知识是推理主义所不可或缺的，因为布兰顿强调的推理主义的一个根本的要求是，观察的知识必须融入经验的概念内容中，或者说，推理必须把观察的知识纳入经验的概念内容中。困难在于，这么做又不会陷入被给予神话的魔咒中。在这个棘手的问题上，布兰顿注意到，为了避免被给予的神话，塞拉斯改变了看待经验的概念内容的方式：他采用的是语言的规定方式，即通过语言的介入来处理外在于理性空间的经验内容。这样做的主动一方是理性的话语者，而不是一个完全处于感知状态的非语言的存在物。塞拉斯用语言进入的转换来形容，语言的推理性表述对感知内容的介入；语言的介入意味着推理的介入，语言介入后，观察的感知内容的记号（token）的指示（一种观察或非推理的报告的语言）就过渡到了语言的陈述句的表达（type）。

布兰顿否认他反对语义构成论的目的是要营造一种反对把表征当作语义范畴的一个核心内容的声势，相反，他的目的只是对于充分解释这一重要的语义学概念提供某种一般的标准，以便避免把表征当作语义学的原始之物来看待，即把它当作一个没有解释的解释者。如果我们注意到他对什么是观察的塞拉斯主义的解读就不难看到，布兰顿确实是这么做的。在《经验主义和心灵哲学》一书中，塞拉斯认为，一个观察报告者必须提出可靠的观察，

以便表明其拥有个人认知的权威性。① 但在该书最后一部分关于“天才的琼斯”的神话中，塞拉斯说明了第一人称的我的观察的权威性与语言实践中获得的概念内容的不同，二者一个不能替代另一个。② 塞拉斯并没有把这里的区别视为观察内部的两个层次的区别，但布兰顿根据他对塞拉斯的观点的解读得出了“观察的两层次说明”（two-ply account of observation）的理论。布兰顿认为，塞拉斯所要表明的是，观察存在两个层次，其中当下的观察的可靠的分辨性是不可或缺的。这种当下的可靠分辨性所代表的第一层次的观察之所以是重要的，一个重要原因是：概念并非是纯粹推理的，有许多概念甚至是运用了可靠的分辨式的反应能力（第一层次的观察）而非推理地建立起来的。布兰顿认为，一开始，塞拉斯就不是简单地放弃感知在概念思维中的作用，他放弃的是把第一层次的观察孤立起来的方式。但由于第一层次的观察是非语言的感知，它与通过语言表达的感知或观察不同，因此塞拉斯否定了它独立的意义（即否定了它的“被给予的神话”的性质）。对观察的二层次解释避免了用一种神话（观察是一种“被给予的”感知的神话）代替另一种神话（理智主义的概念思维的纯粹性的神话）的荒谬。不能认为概念在本质上是理论的，就像不能认为概念在本质上是观察的，必须排除这里的双重神话。③

根据观察的两层次的说明，观察的感知性活动是由以下两个不同方面构成：它首先是一种基于可靠的分辨性反应能力（Reliable Differential Responsive Disposition，RDRD）之上的观察，其次，它是一种基于概念的运用能力之上的推理性观察。RDRD 表明了这一事实：我们有关事物的原始表象仍然是我们与世界发生一种联系的方式。布兰顿认为这是我们必须接受的一种康德式的现象主义立场。从这一个层次的观察的角度看，观察具有纯粹表

① Wilfrid Sellars, *Empiricism and the philosophy of mind*, with an introduction by Richard Rorty, and a study guide by Robert Brandom, P.74.

② Wilfrid Sellars, *Empiricism and the philosophy of mind,* P.107ff.

③ R B. Brandom,“Reply to John McDowell's‘Brandom on Observation’”, in *Reading Brandom*, P.321.

象的一切特征，它是一种原始的表象或直接的感知刺激。我们可以把这种能力与鹦鹉和人造测量感知仪器的分辨性反应能力进行比较。它在本质上是语言生物和非语言生物以及一些机械装置都有的一种知觉事物的方式。这种感知能力也是我们能感知什么或我们对外部刺激能有何种分辨能力的表现。

布兰顿特别强调了这一点：RDRD 并没有自我修正的能力，在这种情况下它只能求助现象之外的辩护条件。换句话说，由于 RDRD 并不能决定一种命题性知识的构成，只有作出解释性的推理，我们才能建立一种命题性的知识，因此，观察（无论它通过何种感知形式表现出来）有赖于它的第二层面的内在机制，即观察推理。这也意味着，由于作为一种可靠的分辨能力的观察是受限制的，要获得事物的观念，观察就必须进入一个更高的层次，即进入观察推理的层面。在这个时候，概念在感知活动中的推理性使用便是最根本的认识条件。

单从 RDRD 这方面看，它并没有什么可指责的，因为它的确是与世界一端紧密相连的感知，但如果认为我们是凭借这一感知反应获得确定的外部世界的知识，就陷入了被给予的神话。自然主义把外部认识理论的真实性押宝在这种远端的感知上，而经验主义则把这种远端的感知视为感知经验的基础，但经验主义如此建构的基础主义认识论同样是错误的，因为“一旦我们看到这里的不可修正性的来源和性质……我们也就看到了，为什么它完全不适合用来作为我们其他的（有风险的、可修正的）经验知识的基础。”①

必须首先有事物是真的概念，才有可能解释事物看起来是真的状态。这里完全不像物理主义认为的，只要感知是客观的（远端的），它就一定真的（它当然也不像笛卡尔等观念论者认为的，感知具有某种认知上的优先性）。要使“这是红色的”的观察成为知识，不仅需要它是一种真正地对事物的一种反映，还要求它是在一种对于观察而言是符合标准的条件下作出的

---

① R. B. Brandom, *From Empiricism to Expressivism: Brandom reads Sellars*, Harvard University,2015, P.109.

感知，这一观察才有可能是知识。观察是非语言生物以及一些机械装置也有的一种知觉事物的方式，它表现为一种可靠的分辨式的反应能力（RDRD），但观察还有它的第二层次。第二个层次是在观察报告中应用概念，即用推理的方式进行观察：这是只有语言的存在物或理性的生物才有的一种能力。——非语言的生物仅仅是感知的存在物，它们不能以这种方式来做感知的报告（只有理性的存在物拥有两层次的观察能力）。

一个具有可靠分辨性反应能力（RDRD）的人在分辨颜色时，他不同于鹦鹉的地方正在于他能用概念进行分类，亦即用概念进行推理，比如，一种红色的颜色在观察中的呈现可以做概念式的分类："它是红色（red）的，所以它不是深红色（scarlet）的"，这个时候，观察者用"深红色"的概念做了一个概念的分类，亦即做了一个推理。相比之下，鹦鹉对红色也具有分辨能力，比如，它有能力对所观察到的颜色做不同的反应（经过训练）：如果看到的是红色，它会相应的按下一个按钮，如果不是红色则不按。但鹦鹉永远不可能使用一个概念来对红的颜色作出分类。这里的使用概念进行概念归类，也就是运用已有的（所掌握的）概念进行一种推理，这也就是布兰顿称之为"推理地使用概念的一种整体论的后果"。① 人们必须拥有许多概念，才能使用概念，因为概念的运用涉及其他不同的概念。从这个意义上说，语义内容的推理的概念必然是整体论的，推理涉及前提和结论，推理的前提在本质上依赖于它的结论，反过来也一样，如果不知道一种推理可以推出来的东西，推理也无从展开，同样地，若不知道一种推理得以成立的前提（概念），推理也无从展开。

布兰顿把具有推理因素的观察（整体的观察）与带有非推理因素的观察区分开来。这种二层次的说明也符合达米特对表征或描述的理解。布兰顿认为，一般而言，直接的观察是非语言生物以及一些机械装置也有的一种知觉事物的方式，它表现为一种可靠的分辨式的反应能力，用"鹦鹉"的例子可以说明这一点：鹦鹉尽管有很好的第一层次的可靠的感知分辨能力，但没有

① R. B. Brandom, *Making It Explicit: Reasoning, Representing, and Discursive Commitment*, P.89.

第二层次的感知分辨能力，即观察概念的应用能力或概念归类的能力。只有人能做概念归类，而动物，体温计则不行，动物和温度计或任何其他人造仪器，都是反映性的分类，它们没有通过概念进行分类的能力，只是有人能进行概念的分类，通过使用提出理由和要求一种理由的推理作出证明。而能被称为概念的分类的原因是，它具有推理的性质。

可靠的分辨性反应并不具有认知性（它是可靠的，但同时也是可错的不可自我修正的），只有一旦我们既拥有了或表明了我们拥有可分辨的反应能力，同时我们又能针对这一感知作出解释性的推理，我们才进入了一种认知的状态。布兰顿用塞拉斯卖领带的约翰的例子来说明这一点。在领带店中工作的约翰原本在正常光线下能正确辨别领带的不同颜色，但因彩色灯光的安装，他在辨别领带的颜色时错误连连，约翰为保证他有可能纠正错误而采取了一种“情景辩护”的手段。约翰知道，他永远也无法通过“看起来”“好像是”或“似乎是”等这样的句子来自我修正（表明他为什么看错了领带的颜色）。在这种情况下，可靠的分辨性反应能力并不能作出任何承诺，约翰只能去寻找之外的相关的承诺和授权的条件。

尽管布兰顿把客观的物理主义意义上的感知反应视为我们与世界发生一种联系的途径，但他也很清楚，物理主义把客观的感知本体性化（没有可错论），因而树立了客观的本体性的被给予的神话。布兰顿认为，在这里，区分可靠的分辨性感应能力与运用了概念推理的观察的不同层面这一点非常重要。这个区分的重要性在于，它表明，可靠性分辨性反应既是可靠的，是我们与世界发生联系的方式（一切其他联系的根据来源），但它又是有限的，即可错的和不能自我修正的，它并不像物理主义和经验主义认为的具有本体性的（没有可错论）客观性。

约翰的例子当然也属于经验主义传统的感知观察的理论范围（作为第一人称的行为），但当把感知观察完全集中于脑神经的眼部感知反应活动这一点，它又属于物理主义第三人称范畴的客观表象领域，这里似乎同时起到了揭示物理主义和经验主义的感知观察理论的幻觉的作用。对于布兰顿而言，在辨别领带颜色而没有动用推理之前，约翰与鹦鹉扮演的是相同的角色（作为一个纯粹的感官功能的活动）。布兰顿不能接受麦克道尔把人的感知视为某种概念性的东西的观点：布兰顿并不认为，我们可以用一种概念性的感知把我们的感知与其他自然存在物（或人工智能）的感知区分开来。

布兰顿像康德一样不放弃远端的第一层次的观察，一个根本的原因是，第一层次的观察之所以是重要的是因为：概念并非纯粹推理的，有许多概念甚至是运用了可靠的分辨式的反应能力（第一层次的观察）而非推理地建立起来的，这似乎表明 RDRD 在某些情况下具有它特定的意义和作用（尽管在大多数情况下它会出错）。比如，冥王星最初是作为一个理论实体进入我们的理解范围，即它最初只是一个理论的概念，它被认为是在海王星的轨道附近运转。它的存在、质量、位置和其他性质只能作出推理，即有关它的信息只能从我们在海王星中可观察到的现象中作出推理。但随后出现的更强大的望远镜让我们可以在运用概念对其存在特征作出推理的同时，通过 RDRD 了解到它的具体的面貌（比如，它的颜色）。由此表明，概念不只是推理的，即不是纯粹理论的东西，它还与观察的使用相关，即它还可以用于观察中。所有理论概念（胶子、基因、暗物质等等）在原则上都像冥王星的概念一样包括了它的第一层次的观察和观察使用的方面。

布兰顿坚持感知的两层划分是因为他看到，在我们与世界之间的表征关系中，一些事实是我们必须接受的。首先，现代认知科学已经表明，作为远端的或脑神经的感知活动（以及其他生物性的行为模式）是我们感知外部世界的最直接和最基本的方式，现代认知科学证明了的确存在一种非推理的或非概念思维的神经性的感知活动；其次，今天的认知理论，从现象主义、感觉材料的理论到幻觉的理论都表明，我们感知是可靠的或真切的，但同时也是可错的。而因为可错性存在，伴随的理性空间中的感知的概念性应用要求就不是多余的。

根据现代认知科学和认知理论，我们有理由认为我们拥有两种能力，可靠的分辨性反应能力（感知）与有关感知的概念推理的能力。在某些情况下，两者是分离的，一种能力独立于另一种能力。在这种情况下，一个人可以拥有感知而没有概念；在另一种情况下，一个人可能拥有概念而没有感知（缺乏概念应用的可靠性报告）。但把类似的两种能力对立起来是错误的、不真实的。只有在某些情况下，它们两种才表现为某种独立性。用布兰顿的话说，它们的彼此不相关或独立是局部的（local），完全的（globle）独立是不可能存在的。

它们的完全独立的不可能性可以从许多例子中看到。一些纯粹依赖观察获得的知识，它从表面上看，似乎不在推理的范围之内，比如，物理学家在云室中对亚原子衰变的观察，在这种情况下，物理学家完全按照有关粒子公认的特殊轨迹得出观察结论，但同样有一个科学共同体内相互参照或验证的问题，因此它不依赖推论的情形只是在程度上的，而不是根本与推论无关。这里的观察属于对事物的第二性质的观察（云室中所获取的蒸发轨迹），类似于对颜色的观察。小鸡的性别鉴定，尽管看起来是凭感觉，但仍包括了推理观察的成分。这些观察获得的经验完全不像直接感受到的感知，它们都与具体的观察有关，亦即都是一种可推论的经验，即都带有潜在判断或意识在内的知识，它不是麦克道尔的与观察、潜在的判断和推理无关的直接感受到的知识或经验。在领带店约翰的例子中，我们看到了感知出错的可能性，以及它依赖情境辩护和承诺的要求。这表明，观察的经验内容还涉及概念的应用。人造仪器或鹦鹉不会应用概念，因而也就不存在概念应用的对错。把自己置入理性空间，就是要求我们必须在理性空间中进行提出理由与要求理由的推论活动，在社会推论中表明我们提出观点的资格，并对我们观点的资格作出承诺。提出理由和要求理由的推论活动是最根本的社会性实践，而获得资格和作出承诺涉及相应的社会资历，在理性空间中我们将会弄明白这些表征词汇的意义，比如相关的知识的事实的性质、可靠性的可担保的性质，并且知道如何就它们的存在进行认定。

康德在谈到概念与直观的关系时所提出的直观在概念中存在的必然性，亦表明了一种相同的观点。我们与外部世界的关系是有某种自然的必然性，它是一种客观的自然主义的关系。在这里，布兰顿接受了一个不能取消的康德意义上的客观世界。接受一个客观的世界还必须考虑这点：RDRD 是可错的，尽管它又是真实的，而且它本身并没有修正的功能，若要作出修正，只能依赖现象之外的推理性辩护，即依赖应用了概念的观察，这正是作为具有意向性的思考能力的理性主体才能做到的事情。

观察的两层次理论的意义在于它可以使推理主义避免两种平行的错误，一个是认为观察的感知需要独立的证明，因此内在于理性的逻辑空间的推理是最重要的，另一个错误是认为观察的感知可以作为一种证词发挥作用，① 比如，像经验主义所认为的那样。尽管观察的感知是可以继承的，即作为一种资格可以被直接认可，作为推理追溯其前提的一个终点，但直接作为证词则完全是经验主义的。与作为证词的内容不同，非推理的报告是一种具有可错的默认的资格（在被证明为错时，它具有默认的正确性）的内容。只有在这种意义上，我们才能说，观察的内容行使着推理证明的循环终点的角色，即，它是最终的上诉法院。

观察的权威性相对独立的好处是，在一些情况下，推理在任何时候都可以直接回到观察本身，它可以避免推理用推理的方式代替观察的方式，以防止把物质实体的观察视为是推理获得的。比如在对介子的观察中，由于介子的运动速度非常快，以至于似乎根本无法观察，所能观察的只是它运动的蒸发尾迹。在这种情况下，人们有可能从其蒸发尾迹推论出介子，以介子的蒸发尾迹作出介子存在的推理，而不是直接对介子作出观察。② 这个极端的例子显示了布兰顿对观察与推理之间的界限划分是非常严格的，他担心一个为另一所替代。如果观察不能保持其纯粹性，塞拉斯式的经验乃最终上诉法院的经验主义便会落入空谈。但这样做并不会伤害到推理，因为观察仍受制于观察的条件和共同体的认定（不同的共同体会有不同的观察的方式和观察标准），观察本身的可靠性（受过训练的专家）仍有一个认定的问题。这里涉及的正是与观察的可靠性相对的另一个塞拉斯十分重视的维度，即话语的推理认定维度。

---

① R. B. Brandom, *Making It Explicit: Reasoning, Representing, and Discursive Commitment*, P.218.

② R. B. Brandom, *Making It Explicit: Reasoning, Representing, and Discursive Commitment*, P.223.

三、可靠性概念的解释力量及其有限性

随着基础主义的证明理论的式微，对信念形成的可靠性的各种方式的考察成为当代知识论所侧重的一个重要方面。在这里，由柏拉图开始的、把知识理解为是得到辩护的信念的证明理论已不再视为是可行的，相反，信念的证成是从信念形成的可靠性或合理性的角度来思考的。可靠性（reliability）与辩护（justification）是两个不同的概念。辩护这一概念从古典基础主义开始一直被当作一种具有其特殊要求的概念，比如，无论从经验还是从先验的角度看，它都指涉一种可辩护的条件：作出一个断言 p，总是意味着存在作为断言 p 的前提的 q，或在特定的情境条件下断言 p，必然与断言 q 相吻合。但证明作为一个独立的程序与信念的形成完全脱离。在最初的信念证成模式中，从柏拉图的真意见—说明到后来通常要求的三种要素：证据、理由和证明，都属于这种与认知信念的形成脱节的辩护程序。从兰姆赛和葛梯尔开始，知识论开始把证明与拥有自己特殊来源的经验的可靠性联系起来。阿姆斯特朗、德雷斯克、诺齐克和古德曼等人都把基于经验的可靠性机制的知识证明模式视为突破传统知识论证明方式的新道路。他们的知识论的自我理解方式具有某种理论警醒的作用，特别是在摆脱内在论的基础主义的证明模式上，比如，他们对基础主义的真信念证明模式（JTB）的批评。① 在基础主义的证明理论中，一直存在无限追溯的倒退循环的悖论，这一悖论在剥去了规范的本体性地位后显露出来。除非假设某种形而上的存在，证明一种信

① 按照基础主义的真信念证明模式（*JTB*）：*S* 知道 *P*，当且仅当 *P* 是真的，*S* 相信 *P*，而且 *S* 有理由相信 *P*。比如下述两个典型的传统的真信念的证明模式，一个是齐硕姆（Chisholm）的，另一个是艾耶尔的。齐硕姆的模式如下：S 知道 P，当且仅当，（1）S 接受了 P，（2）S 有充分的证据表明 P，并且（3）P 是真的。艾耶尔的论证模式是：S 知道 P，当且仅当（1）P 是真的，（2）S 对于 P 是真的确信不疑，以及（3）S 有资格相信 P 是真的。葛梯尔认为，这里的第一个模式是不完整充分的，因为对于 S 知道 P 的命题内容，它并未构建一个充分的真值条件。同样地，如果"对什么有充分证据"或"有资格相信"完全代替了"有理由相信"，第二和第三个证明也是失败的。见于 Edmund L. Gettier,"Is Justified True Belief Knowledge?" in *Analysis,* Vol.23, No.6.（Jun. 1963），P. 121。

念必然存在无限倒退：一个信念基于另一个信念，以至无穷。传统真理证明理论的一个不切实际的幻想是试图用真假二值的证明模式去证明知识信念（一个人基于自身的感知经验的知识信念），这一不切实际的想法带来的后果是：所有以主体内在的真信念为轴心的传统认识论都把知识视为被证明了的真信念。可以这么说，葛梯尔之后，人们已经意识到，真信念的证明模式（JTB）所引向的是一条死胡同。

布兰顿十分重视这里知识论的可靠主义转向，他没有把可靠主义视为一个旁枝末节的理论，不仅在他的代表作中花了不少篇幅来应对可靠主义，在之后为该书撰写的导论也专门讨论了可靠主义的问题。布兰顿这项与可靠主义的争论可以分为两个阶段：第一个阶段是对可靠主义进行解构性的剖析，即把可靠主义的一些理论闪光之处分离出来，随后再指明不能接受的方面。布兰顿之所以能这么做，主要是因为他在其推理主义的理论构造中亦形成了自己特殊的认识论观点，布兰顿很容易从可靠主义中看到那些他需要的或他已经组装进他的理论中的一些重要因素。布兰顿称之为“可靠主义的创始洞见”（founding insight）的那些观点，正是一些他认为十分重要的观点。布兰顿与可靠主义的争论的第二阶段是指出可靠主义何以不能成立的原因，这包括指出可靠主义把证明与知识对立起来的经验语用主义的失败。

布兰顿从“可靠主义的创始洞见”得出的一个重要结论是，对于当事人，即对于观察报告人而言，他（她）不必为观察报告提供辩护。① 但布兰顿对基础实用主义的承诺所表现的与可靠主义的亲和性关系，并不等于它们之间没有区别，它们之间的区别仍然是分明的。必须看到的是，经验的可靠性在布兰顿那里和在可靠主义那里发挥的作用是不同的。布兰顿同意，依赖于某种可信赖的预期的概念，也能够证明信念的持有者对信念为真拥有好的理由。试想考古学家在考证古代美洲中部出土的陶瓷片时，他（她）如何证明哪一块是托尔特克人，哪一块是阿兹特克人的？或许他（她）要花几年的时

① R. B. Brandom, *Making It Explicit: Reasoning, Representing, and Discursive Commitment*, P.219.

间去学会辨别这些陶瓷块，但不管他（她）怎么学，他（她）也只能靠预测或预期来对他（她）的信念（确信的分辨）作出证明，因为这里并没有确定的记号可以帮助他（她）作出证明。但从他（她）同事的角度来看，他（她）是一个在辨别不同的陶瓷碎片上非常可靠的人，因此他们完全相信，他(她)偶然间作出的对这些陶瓷碎片的辨别是完全可信的。因此，当在某些情况下，他（她）的辨别果然是对的时候，这些同事会认为，尽管他（她）坚持采用确定的科学的方法作为其信念的依据，而实际上，他（她）早已知道所要作出辨别的陶瓷碎片是托尔特克人的，即使之前他（她）动用了显微镜和各种试剂。根据这一例子，布兰顿得出了下述结论：

> 如果这样来看待这类情况是对的，那么，知识的归属就可以通过信念者的可靠性来担保，即使信念者对其信念还无法提供理由。如果他们能这样来担保，那么认识论中的辩护性的内在论，把知识的归属限制在下述情形的做法就是错误的：相互竞争的候选的认知者能用推理的方法证明其（真）信念。①

布兰顿十分欣赏的一点是，可靠主义不像内在论那样把知识的辩护限制在单一的推理性证明的范围内，而更多的是从信念的形成过程这一“外在的”因素去寻找使我们可以把信念当作真知识的理由。上述考古学家尽管自己并不十分相信他（她）辨别古陶瓷碎片的能力：他（她）并不十分相信它的可靠性，但他（她）本身所具有的经验形成了一种可靠性。对于可靠主义而言，这一点非常重要，如果信念者本身没有足够的资质（资格），我们就很难区分证明性辩护是可靠的还是不可靠的。信念者由经验或由加入共同的社会实践而形成的认知性承诺的资质，是一种信念是否可能是真信念的起点，在这里，起点不是抽象的推理性辩护，而是信念者作为认知者的资质(包括相关的其他外在条件)。布兰顿认为，可靠主义在这一点上是对的，即

---

① R.B. Brandom, *Articulation Reasons: an introduction to inferentialism*, P.99.

它把对真信念的甄别与对信念者的信念形成相关的资格及其种种外在条件的鉴定联系起来，而不是为真信念的证成抽象地设置证明性的辩护程序。

可靠主义不是把理由当作抽象的理由来理解，即它不是把理由当作信念的形成过程之外的某种推理因素来理解，而古典真信念证成论中的理由是抽象的，它完全独立于信念者的资质或资格以及种种对信念的形成至关重要的因素。具有一种好的理由，如果脱离了信念形成的过程也就变得没有意义了。古典真信念证成论要求信念者对其信念作出推理式的证明，但这会面临许多困难。可靠主义的优点在于，它向我们表明，信念是信念可靠的形成过程的产物，比如某种当下的感知性的东西。只要信念者知道或相信，它是一种可靠的东西，那么，可以说他(她）就是那种情况下的一个可靠的感知者，因此，他（她）也就可以把他（她）得到的这种可靠性当作其信念的理由。在这种情况下，这种可靠主义的“理由”就是与可靠的信念的形成过程结合在一起的。

经验内容是种种外在条件构成的：信念者的资质、资格和成功的经验等，在这里无需内在的理由，它的理由就是外在条件的可靠性，在这种情况下，信念者甚至不用去考虑其自身的信念是否可靠，只要各种的外在条件满足了，就可以不去作出此考虑。而传统的真信念辩护理论是内在论的，它们往往求助于信念者对内在的理性认知形式的遵循。但内在论仍没法逃脱基础主义的无限倒退的悖论，这使得它处于一个十分尴尬的位置上。布兰顿不愿接受内在论也是这个原因。在可靠主义身上，他发现了一个有助于他摆脱传统的内在论的知识辩护方法的途径。比如他说：“如果专家不仅是可靠的，而且相信自己是可靠的，那么，他就有了他的信念的理由，这样，情况就与辩护性的内在主义者不一样。”① 这就是说，信念者持有信念的资格，才是知识辩护的对象，信念者是否按照某种原则和规范思维并不是知识的辩护对象。

布兰顿承认，我们的认知信念（真信念）的形成，在一些方面的确像

① R.B.Brandom, *Articulating Reasons: An Introduction to Inferentialism*, P.102.

可靠论者描述的那样具有某种自然的（由非推理的实践本身的效果规定的）特性。布兰顿认为，下述现象是存在的，即在那些不把自己视为某种现象的可靠报告人那里，确实存在某种认知的不负责任，而他们却又愿意去相信他们所作出的报告这种矛盾的情形。但他并不认为，有什么确定性的理由可以否认，以这种方式获得信念的合理性。① 在这一点上，布兰顿批评了内在论。在他看来，内在论坚持认为真信念一定要有与之相关的合理性辩护（否则就不是真信念）的看法并不一定是有道理的。事实上，我们拥有一种我们无法给出理由的信念并不是不合理的。在信念中总是包含着相信，而相信并不一定伴随着它的资格承诺。如果像内在论那样要求认知的信念一定要有其可辩护的理由，我们可能就无法拥有信念——对于布兰顿而言，这意味着，如果我们坚持用一种内在论的方式理解认知信念，那么对认知的信念的解释就解决不了实际的问题，它仍然在绕圈子。包含相信在内的信念，不仅可以在相信者未知其辩护性的理由的情况下成为真的，而且它也可以从可靠的信念形成过程中产生（因此，没有理由认为，这样的信念不能构成知识）。

所有这些讨论都表明，在如何看待内在论的问题上，布兰顿的观点与塞拉斯的观点不同。塞拉斯要求非推理报告者必须首先对其报告作出辩护，然后才有进入理性的逻辑空间的资格，结果是，非推理的观察报告的权威性被夸大了，因为这等于认为，推理必须基于非推理的观察的条件之上，否则推理就是不允许的。因此，布兰顿认为，塞拉斯在反对可靠主义的自然主义态度上走得太远。② 布兰顿的看法是，重要的是理性逻辑空间中的交往性评价，而在此之前，我们完全可以假定非推理的观察报告具有某种权威性。

布兰顿接受可靠主义的洞见，但并没有抛弃内在论，而是要求对内在论重新作出解释，推翻它过于苛刻的一些不合理的要求。对于他而言，有

① R.B.Brandom, *Articulating Reasons: An Introduction to Inferentialism*, P.105.

② R. B. Brandom, *Making It Explicit: Reasoning, Representing, and Discursive Commitment*, P.215.

一点是肯定的，即非推理的报告或观察的内容不能作为不证之物加入理性逻辑的游戏中，除非报告者本身对它作出了承诺，并把它视为是有意义的（而不是把它视为一堆数据），这些报告才有成为知识的候选资格。① 假设莫尼卡是一个在植物学上受过训练的大学生，当她在辨别角树时，她不必视自己为可靠的有关什么是角树的报告者，即她不需要提供任何证明以便表明她认为有一棵树是角树的判断是正确的。但在这种情况下，莫尼卡观察的知识如果要成为一种知识的信念，就不能只停留在非推理的状况。知识的信念需要在具体的运用情境和应用后果上的推理的考虑。经验的感受性的东西是可错的也具有偶然性，因此需要他者的认定或承认。一些观察可能会受种种天气的影响而出错，或某些观察因素的影响（观察者的身体状况）。一个有经验的捕鲸人在太阳下山的傍晚报告远处的阴影是鲸鱼，这个报告也有可能出错（他有可能把海象误认为是鲸鱼），尽管他的经验足以保证某种可靠性，但这里的观察条件仍存在使观察失败的可能，这就是说，考虑到不同的观察条件，一种看起来是非常可靠的（捕鲸人有足够的经验）报告也是可错的，也可能是失败的。像这类带有可错性的观察报告，观察者本人也没有对观察条件的不同作出担保，其观察的经验可靠性只是被默认的，因为这类经验可靠的观察还有赖于作出评判性的推理，它进入由不同的对话者构成的推理理性空间接受相应的评判，以决定是否是可接受的（为另一对话者）。

如果只把外在论局限在外在的观察经验上，那么，这种外在论就是错误的。这就是说，外在论不能为了抵制内在论而完全否定观察的权威性的混合的性质。观察内容的可靠性还需要为他人（在说理中）所认定，因为这里可能存在不同的默认可靠的观察（观察条件和标准的不同）。尽管外在论关于认知的资格和认知的权威性是正确的，即使观察者或某种可靠经验的拥有

① “除非人们把自己的言语行为视为有这种意义（把它当作推理游戏中的一步），人们就不是在表明一种论点，也就是没有作出理解或承诺以表明这些言语行为具有知识状态。”见于 R. B. Brandom, *Making It Explicit: Reasoning, Representing, and Discursive Commitment*, P.214。

者并没有对可靠性作出辩护，也可以被认为拥有知识，但可靠性本身是一个社会性的规范概念，在缺少他人对其可靠性评价的情况下，一个可靠的报告也可以是不可靠的。真知识的认定还需要针对可靠性进行认定的推理，以便表明一种可靠的报告被他人所接受的过程，其中包括所做的陈述。就一种知识需要作出某种认定这一点而言，外在论是错误的，一种可靠的报告不等于获得了认知性的资格，认知性的资格是认定者的认定，但内在论坚持认为报告者也需要这种认知态度同样是错误的。

经验内容的非自然主义性质的一个最重要的特征是它包含了认知者的规范态度，它是认知者规范评价的产物，用布兰顿的话说就是，观察的权威性或具有真正的认知意义的感知经验，在其权威性的资格上是混合的(hybrid)，[①] 它的权威性的来源不是单一的，而是包含了可靠的外部形成机制和规范的话语认定或承认，它的权威性来自它们的组合。可以肯定的是，可靠主义在处理传统认识论的辩护主义难题上非常有创见，比如，它从具体的、本身在效果上明显可靠的信念形成过程中探究认知信念的真理性，揭示了真信念的形成与种种外在条件的关系，从而避免了坚持信念的内在合理性辩护而产生的方法论困境（基础主义的无限倒退的悖论等），但可靠主义毕竟在方法论上还是把认识论的问题简单化了，因为可靠主义认为那些无需推理辩护的外在经验（古陶瓷学家对不同文化的陶瓷碎片的辨别或有经验的养鸡人对小鸡性别的鉴定等）具有知识论的意义。与此相反，布兰顿强调社会性话语的辩护是一个不能省去的重要环节。如果把一些无需社会性话语辩护的经验现象当作一种普遍的经验现象来理解，那么就犯了以偏概全的错误。“我认为，从可靠主义引起我们注意的那些有关的知识的那类例子所涉及的冲突中，我们可以获得的适当教益是，不是这些例子是相互矛盾的，而是它们在原则上都是些例外。基于没有主体为之提供理由的可靠性之上的知识在局部的现象中是可能的，但它们不是一种普遍的现象。”[②]

---

① R. B. Brandom, *Making It Explicit: Reasoning, Representing, and Discursive Commitment*, P.227.

② R.B.Brandom, *Articulating Reasons: An Introduction to Inferentialism*, P.106.

四、可靠性与偶然性

在当代知识论中，可靠主义仍然有它的市场，比如，它的可靠主义的概念至少可以成为自然主义认识论发展其基本理论立场的依据。但从前面的批判来看，一旦我们意识到，知识仍然与某种可辩护的条件联系在一起，它总是需要一种好的理由，并需要有可辩护的资格或证明，那么，我们就不会对自然化的知识概念抱有太大的希望。再者，从可靠主义的角度看，一种信念形成机制之所以是可靠的，是因为它显示了一种特殊情况，它在客观上最有可能产生真信念。如果用物理的或自然主义的方式来解释信念或真理的观念，那么，所有的方法上的解释就会集中在一个问题上，就会集中在知识客观的可能性问题的解释上。但如果真是这样，方法论的解释只是对客观的可能性的解释，而不是对认知主体的确定性信念的解释，这样的方法论的解释就变得是一件十分容易的事。因为客观的可能性也是自然科学解释的基本对象，即使在一般的物理学中也是如此，但这也同时意味着，这里的客观的可能性带有偶然性。

因此，布兰顿认为，基于可靠机制的知识证明模式明显地带有一种自然主义的倾向。他以古德曼在 1976 年发表的那篇经典论文《分辨与感受性知识》① 为例，具体地讨论了为什么该文原本是用来支持可靠主义，反对当时占支配地位的知识的因果解释理论的（在当时那种情况下，可靠主义反倒显示出了方法论变革的意义），但似乎一件事情总有它的两面：古德曼文章中的“红谷仓”的例子在揭穿了知识因果解释理论的谬误的同时，又反过来，在不经意中暴露了可靠主义的弱点。

下面是古德曼红谷仓这一例子的基本内容：亨利假期与孩子在一个盛行用布景谷仓作为装饰的郡中旅行，天气晴朗，因此视线很好。亨利正在向他的孩子报告他所看到的红谷仓。因为之前他已见过这种红谷仓，他看到他前

① Alvin Goldman,“Discrimination and Perceptual Knowledge”, in *Journal of Philosophy* 73, No. 20 (1976).

面有一个红谷仓时，他相信自己看到的是一个红谷仓。但亨利并不知道，自己正旅行在一个盛行用布景谷仓作为装饰的郡中，亨利只是因为运气非常好，当他第一次向他的孩子报告时，他所看到的恰好是该地区唯一的一个真谷仓。但可以肯定的是，如果他继续向他的孩子报告，他看到的会是布景谷仓。即使如此，他一定也会认为它就是真谷仓。在这种情况下，亨利的真信念中有关谷仓的真信念是一种知识吗？因为亨利不过仅仅是凭运气获得了一个真信念，真正的知识不能等同于碰运气获得的信念，真正的知识的信念必须具有必然性。这里的糟糕情况是，导致亨利产生谷仓存在的真信念的过程非常的不可靠或者说完全不可靠。根据这样的情况，我们可能不会认为，亨利知道他看到的东西是谷仓。但这种情况完全是感知的因果理论无法解释的。一个人知道 P，只对他而言，当具体的事态中 p 是真的是清楚的和可分辨的，他知道在相关的情况下 P 是错的，但如果在相关的情况中 P 是错的，而他不能把它与真实的事态区分开来，那么他就没能对 P 有认识。在亨利的情况中，亨利并没有表现出他不能对任何相关的事态作出区分，即影响了他对谷仓的认知，所以，这里就存在两种情况：按照亨利没有受影响的假设（因为本身该区域也不是全都是布景谷仓），我们可以认为亨利知道所看到的是谷仓，但考虑到亨利的确进入了拥有许多布景谷仓的区域，无法排除亨利所看到的一定不是布景谷仓，因此又可以说，亨利并不知道他看到的是谷仓。

对此，古德曼会有何看法？他会因为经验本身的偶然性和不可预测性否定经验的可靠性吗？古德曼并不否认这一点，即经验知识的可靠性看来存在它自身不可避免的局限性，但他认为这不是一种致命的缺陷。“S 知道 P 表达了含糊的或不确定的命题（如果它们表达了‘命题’的话），它们可以但却不必通过对其他选择的具体化来使之变得更确定。”[1] 古德曼的意思是，一旦选择放弃形式语义学的要求（这本身也是形式逻辑的要求），这些疑惑

① Alvin Goldman, “Discrimination and Perceptual Knowledge”, in *Journal of Philosophy* 73, No. 20 .P.777.

都可以消除。尽管从真信念形成的角度看，认知者的“相关的知识”是极为重要的，他不可能缺少可能存在的与事实相反的情况的意识，我们完全可以假设亨利作为一个清醒的认知者有能力作出这种区分，因此纠缠于反事实的无限性就是多余的怀疑主义了。“……如果知识要求排除所有逻辑上的其他选择，这里就不会有知识（至少不会有具体的真理），但如果仅仅是相关的东西要加以排除，知识形成的可能性仍然是很大的。”①

不得不承认，布景谷仓的例子让人们重新考虑这一问题，即必须拥有何种因果的过程或机制，才能表明一个信念是知识？这是个长期有争论的问题，因果理论集中于感知感受性的真实性，它把这种真实性视为一个信念成为一种知识的基础或根据。但后来的许多理论都不满意这种说明。可靠主义的出现与反对这一因果理论有关，因为这一因果理论也正是传统的真信念的证成模式的主要组成部分。古德曼在反对因果理论的前提下提出的“可靠性”概念非常有代表性。古德曼相信，与因果理论所描述的感知性质不同，感知者面对的是一个充满了不相容性的现象世界，而世界事态的不相容性可以激发不同的认知反应。古德曼相信，在感知中这一现象是存在的，即感知机制的可靠性表现在，在环境中那些相互不同的性质的事态能使感官产生不同的感知状态（比如，作为一个红色的物体与一个黄色的物体的分别）。因此，从可靠主义的理论的角度看，“要做到可靠，一个认知机制必须使人能够在不相容性事态之间作出分辨和区分。”② 按他的说法：“一种认知机制或认知过程，只有不仅在真实的条件下产生真信念，而且会产生真信念，或至少会抑制错误信念的产生。”③这就是说，布景谷仓的例子中的亨利的真信念仍然是真的。古德曼认为可靠主义

① Alvin Goldman, “Discrimination and Perceptual Knowledge”, in *Journal of Philosophy* 73, No. 20 P.775.

② Alvin Goldman, “Discrimination and Perceptual Knowledge”, in *Journal of Philosophy* 73, No. 20 P.771.

③ Alvin Goldman, “Discrimination and Perceptual Knowledge”, in *Journal of Philosophy 73,* No. 20 P.711.

的知识论包含一种重要的与事实相反的因素在内。我认为一个人知道P，正因为他能从另一个相关的其他角度区分或分辨P。但他无需知道所有的其他的相关角度。因为我们不可能要求一个人认识一个事物需要了解所有不同角度。至少在直接的经验认识上没有这样的要求。非推理的观察的知识正是基于外在论所具有的真信念形成机制的可靠性之上的。

布兰顿如何看待古德曼在这个问题上的立场？首先，布兰顿同意古德曼的观点，即一种感知的经验是可靠的，即使感知者无法证明其是可靠的（我们无需要求感知者对其感知作出证明）。传统证明模式的错误完全是因为它对观察的感知经验的内在特性缺少真正的理解，因而认为真信念是可以通过某种证明程序来证明的。经验主义对非推理的感知内容的证明都属于传统的真信念证明模式，它从根本上没有一个正确的外在论意识，因而对感知的世界观察的性质是如何为外在的种种因素决定的事实一无所知。知识的外在性的不可缺少的事实是，在相互竞争的信念中，即使没有证明，一种信念也可以是真的。布兰顿把可靠主义视为一个在认识论的问题上具有洞见性的观点的理论，但拒绝了古德曼为此而建立的自然主义的方法论。当古德曼表明，我们不得不放弃方法论上狭窄的辩护性的内在论，而只能采用可靠主义的消解任何内在的辩护因素的方法论时，似乎有理由说古德曼的可靠主义洞见支持了自然主义，但其实不然。古德曼的例子的一个优点是，它从具体的（经验的）引用类的范围入手。这就给了可靠主义的“可靠性”论证留下了余地。在一个郡中，当布景谷仓占了绝大多数，感知者在这个范围内（这个郡内）的观察当然是不可靠的。但当我们设想一下，感知者不是在这个郡做这种观察，而是在更大的范围内做此观察；又假设使用布景谷仓的郡只是整个州的几百个郡当中的一个，在这个州中，除了它之外，其余的郡都没有用假布景谷仓的习惯，而是用真谷仓；在这种情况下，如果观察者在整个州的范围内进行观察，而不是只在郡中观察，那么他的感知信念的形成过程就是可靠的（尽管不是完美的）。若全州几百个郡中，的确只有一个郡有假的布景谷仓，那么这一点是无疑的，而一旦这一点被证实，那也就证明了，感知的知识是存在的。但求助于引用类既为可靠性保留了存在的空间，也为不可靠性留下了余地。假设在整个国家中的五十个州都有用假布景谷仓的习惯，在整个国家中除了某个州例外，使用假谷仓占了大多数，那么，在这种情况下，同样一种观察能力就会显得很不可靠，因此也就无法保证有感知的知识的存在。这样，又迫使我们反过来去寻找相反的引用类。如果情况相反，在整个世界中，使用真谷仓要远远多于使用假谷仓，那么，考虑到可观察对象（引用类）的扩大，观察者的观察能力反过来又会被认为是可靠的。但如果我们不是尽量扩大可观察项，而是相反，尽量缩小它，那情况也会完全不同。这样做的最终结果是回到真实的观察对象本身，并以此确定真正的观察能力。在这种最小的观察对象范围内，形成真信念的概率就是1，因为在这种情况下得到的独特的信念实际上就是真的（它是唯一的，实际上也就无所谓概率了，在这种情况下，因果论将是一个胜利者）。因此，从最小的引用类或观察对象的角度来看，形成信念的机制则具有最大的可靠性。

上述分析表明，信念形成机制的可靠性（以及知识）完全依据情况而定，即它是根据我们的信念形成机制和信念者是如何描述的。如果把感知者当作是一个真实存在的东西的感知者，他就是可靠的，但当把他当作是一个在整个国家范围内看到一个红色谷仓的人，他就不可靠；若他是一个在州的范围内作出观察的人，他又是可靠的，并且是知情的认知者。以此类推。对于这个感知者而言，这些描述对于他来说都是真的。但即使这样，"仍然存在如何决定相关的引用类如何作出选择的问题。对于对哪一个概率要作出选择而言，什么是正确的引用类？"① 古德曼对此的回答是，只要在特定的情境条件下，观察者对观察的情况有所了解，那么，观察者就可以作出选择，在哪一个引用类中，观察是可靠的。因此，尽管这个条件因情境变化而变化，它仍然具有一种客观的可能性。但正因为相信一种客观的可能性，并相信观察者可以作出选择，古德曼在解释这里的可靠性概念时陷入了自然主义的悖论。自然主义悖论与对自然主义的自反性运用有关。在不同的情境条件下，可靠主义不能确定哪一类引用类更恰当，因为可靠主义不能区分什么是

① R. B. Brandom, *Making It Explicit: Reasoning, Representing, and Discursive Commitment*, P.211.

“不可靠的”现象，这是可靠主义这一概念的临界点，否则，它将遁入一种“操纵”或“任意分区”（gerrymandering）的自反性悖论中。因此，就像规律主义不能排除什么东西是“不符合规律或符合规律”一样（它不做这种选择，也没有能力作出选择），对于规律主义而言，这也是它的概念使用的界限或临界点。①

可靠主义寄希望于在相关的情境条件下作出正确的判断，并相信我们的经验有助于作出正确的判断，但这样的要求对它而言完全做不到。实际上，这里的事情只有规范主义者可以做，即只有从一种规范理论的角度，借助规范的评价，在不同观点的评判中，确定哪一个引用类是可靠的。古德曼的红谷仓的例子是一把双刃剑：在它揭穿了知识因果解释理论的谬误的同时，又反过来在不经意中暴露了可靠主义的弱点。在古德曼的这个具有讽刺意味的例子中，布兰顿进一步表明了其推理主义的表象理论立场。实际上，古德曼的理论强烈地暗示了基于给出理由与要求理由的话语之上的推理主义存在的必然性。所有的问题都可以归结为这一点：放弃了内在论的证明模式，如何表明一种非推理的报告为真？实质推理采用了基于推理的情境条件的适当性和后果的适当性的推理模式。在这里，应用的情境条件与应用的后果的推理可以用来处理这些纯粹观察的内容或非推理的观察报告。这里的推理的不同是，它完全由推理的情境条件的适当性和推理后果的适当性所决定。比如说，对引用类大小的推理：在何种具体情况下，一个引用类是可靠的，在另一种情况下则是不可靠的。

可靠主义对认知的资格以及由此而来的认知权威的经验本体论的看法显然是正确的，但这不等于说可靠性可以通过自身来证明这一点：

> ……可靠主义关于认知的资格以及由此而来的认知权威显然是正确的，知识可以作出认定，即使所认定的那个被认定者，不能推理地证明所提出的论断的资格，比如通过向假定的认知者同意的其他论断作为引

① R. B. Brandom, *Making It Explicit: Reasoning, Representing, and Discursive Commitment,* P.211.

证来做到这一点，但这并不等于认为，离开了所有对认知者的态度和可靠性所做的考量，可靠性通过自身的观察足以可以拥有资格和认知的权威。①

可靠主义对古典内在论的因果理论做了正确批评，但其自身却没能构建一个完整的可替代的知识论。按照布兰顿的看法，可靠主义的洞见只要与话语的推理主义结合起来，就不会再出现古德曼的红谷仓的例子中所暴露出来的求助于引用类变化的可靠性悖论。在排除了内在论的威胁后：不用再为一种信念的理由提供另一种理由之后，把可靠性理解为一种推理的可靠性，把评价理解为一种推理，这样，非推理获得的感知信念就能够与不同的相关前提和附带的假设相结合，而不同的引用类恰好也能与之相应。因此，推理的前提和假设可以来自不同的引用类，就像它们可以来自非推理的感知的信念一样。在这种情况下，古德曼的引用类的变化也就可以作为推理的前提和相关的假设来使用。不同的认知者都可以从这种使用中获取其自身的推理的可靠前提。

五、"意义不在头脑中"：经验知识的社会推理的性质

上一节中已经指出，不同于内在论的理解，经验推理的性质是推理的社会性质决定的，即话语所确定的资格和态度决定的，而且这种社会性的话语论证与外在论并没有实质的矛盾，这一点可以在布兰顿所借用的普特南的孪生地球的例子中获得说明。② 假设存在一个类地行星或孪生地球，在这个孪生地球上存在一种看似水的物质，即存在看起来完全像是一种水的物质，但性质又完全不同，那么，水的概念就应该带来完全不同的应用结果，推理必须找到的可能是一种 XYZ 的物质形式，而不是 H_2O。这里任何本真的观

① R. B. Brandom, *Making It Explicit: Reasoning, Representing, and Discursive Commitment*, P.220.

② H. Putnam, "The meaning of 'meaning'", in *Mind, Language, and Reality: Philosophical Paper*, Vol. 2. 1975.

察（RDRD）或真信念的形成过程都无济于事（前者的“真”是表面的，后者的可靠性也并不可靠）。但就一种语言而言，意义总是它的一部分，一个词总有它的意义（不管是否是正确的意义）。1750 年之前的地球人并不知道他们所说的水是 H_2O，但这并不影响水在这之前一直就是一种 H_2O，也不影响水这个词具有某种意义或它表达了某种意义。但如果从知识论的角度看，情况就会有很大的不同。在这里，我们就不得面对普特南所说的那种“意义的意义”问题了。

孪生地球上的水实际上是一种非语言的东西或自然种类的东西，但与地球上的自然种类不同的是，在那里，水这个词并无意义或只有一种错误的意义，假设这个孪生地球上有类似地球上的人存在，这个词对他们而言只有错误的意义或无意义。[①] 地球上的语言并不能成为孪生地球上的语言，但推理则无限制。推理的力量正在于，即使在这种非语言的条件下，它也可以通过建立适当的推理情境条件和适当的推理后果进行推理。对于布兰顿而言，这一点非常关键，在广泛的或强的推理主义中，英语世界中的水（water）这个词是推理的（任何自然种类的词汇也都是推理的），它专门指 H_2O，而不是任何其他物质。同样运用水的概念，但在另一个地球上的人（假设他们也使用英语），他们只能通过推理的方式才能知道，水的概念指的实际上并不是地球上的人使用水这个概念所指的东西（尽管两种水的外表是相同的）。认知共同体在这里同样发挥关键作用。尽管在推理中，人们使用的是同一个词汇，说的是同一句话（“这是水”或“它是液体的”），在不同的情境条件下，推理的适当的情境条件与推理的适当的后果则完全不同。在这里，即使同样采用了推理，但所得出的结论是不同的。所以水这个概念是否相同并不重要，重要的是推理。[②]

① 这也就是为什么普特南认为，意义只能存在于大脑中（*brain*），而不可能存在于头脑（*head*）中。“意义不可能在头脑中”“‘meanings’ just ain’t in the head!” 见于 H. Putnam, “The meaning of ‘meaning’”, in *Mind, Language, and Reality: Philosophical Paper*, Vol. 2. 1975, P.227。

② R. B. Brandom, *Making It Explicit: Reasoning, Representing, and Discursive Commitment,* P.119.

在布兰顿这里，普特南的孪生地球上的水的例子说明了两点，第一，感知必须与推理结合，单独的感知不能揭示事物的本性（哪种水？H_2O还是XYZ？它们的感知都相同），因为本来就不存在“内在的事物的性质”，任何自然种类的事物都不是某种具有形而上的内在性质的东西。缺少相应的推理模式，感知并不能帮助我们真正解开词语与世界的关系。布兰顿特别指出了这里经验推理的复合因素，它需要推理的表达，而不仅仅是凭感知或经验，因为这里需要自我验证和他人的验证（比如在“water”和“H_2O”之间的可替换性推理）。第二，在这里依赖的推理就不仅仅是内在于个人的，而必须是某个特定的共同体内的推理。一个观察者在被当作被评价者时，他需要表明（向另一个观察者或对话者）他的水的概念是与H_2O关联，而不是与XYZ关联，如果他真正表明了他的水的概念指的是人类长期居住的这个地球上的水，他就必须让他的评价者相信这一点。在某种条件下，要认为某人是可靠的报告人，就要求让记分者接受相应的承诺（使他人也做了相同的承诺）。要成为一种知识的表达，一个报告不仅要有权威性，而且它的权威性必须在某种意义上为它所报告的人所辨认。知识性断言的认知性来自我们把它视为或当作是具有权威性的。要使“这是水”或“这是绿的”的观察成为知识，不仅需要它是一种真正地对事物的一种反映，还要求它是在一种对于观察而言是符合标准的条件下作出的感知，这一观察才有可能是知识。

一个根本的原因是，像“柠檬”“老虎”“水”或“黄金”这类术语，以及在自然科学的归纳中获得的概念术语：“电子”“原子”“动量”等自然种类的术语是不能定义的，即为之提供一种描述并不能帮助我们确定它们的指称（观察完全不能成为一个决定性的因素），这就是说，有关它们的词汇所构成的语言的意义是不完善的，甚至没有把真正的意义显示出来。按照普特南的理解，这些术语的意义不管有多么精确描述，也不能使它所指向的那个对象的一般特征显示出来。因为所有自然种类的事物都有其不能满足范式性的或类型描述要求的异常构成部分。一个绿色的柠檬也可以是一个柠檬，一只三条腿的老虎也可以是一只老虎等等，人们对此并不怀疑。这表明，与非直接指称理论认为意义（描述）决定指称（外延）的看法相反，名称的外延并不是由意义或描述性的概念确定的。对于意义的理解或概念的使用，从本质上来说是社会性的。所谓社会性，普特南特别指出了它索引式的结构，即它所具有的社会性的参照框架，它既包括特定语境中的推理，比如，说话者所做的断定的目的和背景，他与所谈论对象的因果联系等。——普特南称之为意义的向量（meaning-vector）的东西，其实指的就是一种话语的索引结构。①

布兰顿的话语理论与普特南的意义向量有异曲同工之处：它们的一个共同的特点是，不是直接去证明信念，或为信念设置某种独立的程序，然后依据程序加以证明，而是去授予资格。必须有某种机制，使它们在任何情况下都能受到检验。对于在塞拉斯那里多少被误解或没有作出清晰定义的观察的可靠性，其权威性是如何建立的，布兰顿做了更为具体的定义。这个定义的宗旨是把观察置于一种相互评价的关系之中："观察的权威性因此是另一种道义状态的混合：认定它们不仅仅涉及对它们的承诺和资格的认定，而且涉及通过同意它们的可靠性推理对它们的接受或承认。"②在这一点上布兰顿话语理论的一个核心观念是：一种合理的意义理论必然基于说话者或语言使用者对其所要表达或呈示的东西的理解之上，所呈示之物（由名称或单项词及其小句子所指示的对象物）不能当作直接的或原始的"证据"。

从达米特发展起来、布兰顿以激进的方式加以推进的语用主义的角度看，所有关于概念的经验来源的看法的错误都来自布兰顿称之为偏向"前半边"的语用主义，即它把经验的概念内容的证明基于它应用的适当情境条件，而忽视或否认存在"后半边"，即正确的应用后果的适当性（作出承诺的资格的获得或内容的可接受性）。③对于经验主义、自然主义和可靠主义而言，拥有应用的适当情境条件就足以说明一种信念为真。从完整的"两头"看，

① "……外延一般是由社会决定的——语言劳动的分工像'真正的'劳动的分工一样多——而且……外延部分是由索引的方式确定的。我们的术语的外延是基于作为范式的特定的事物的实际的本性之上的，而一般而言，这种实际的本性，对于说话者而言，并不是完全知道的。"（H. Putnam,"The meaning of'meaning'", in *Mind, Language, and Reality: Philosophical Paper,* Vol. 2, P.245）

② R. B. Brandom, *Making It Explicit: Reasoning, Representing, and Discursive Commitment*, P.227.

③ R. B. Brandom, *Making It Explicit: Reasoning, Representing, and Discursive Commitment,* P.121.

信念者持有信念的资格必须是知识辩护的对象（资格本身是需要被承认的），而这意味着在这一证明模式中，一个最根本和不可缺少的元素是他人的评价和认可，信念者是否按照某种原则和规范思维并不是知识的辩护对象。但康德式的混合的经验概念又不会否定任何一个经验的方面。假设大学生莫尼卡在森林中要通过树叶来分辨什么树是角树，如果她有过专门的训练，因而具备相应的知识，那么她往往能够直接分辨出哪一些是角树，凭借可靠的分辨性反应能力，无需借助任何概念性的推理。莫尼卡不必视自己为可靠的有关什么是角树的报告者（就像亨利不必证明自己是一个可靠的红谷仓的报告者一样），即她不需要提供任何证明以便表明她认为有一棵树是角树的判断是正确的。① 但在这种情况下，莫尼卡的知识如果要成为一种知识的信念，就不能只停留在外在论的非推理的状况。知识的信念需要在具体的运用情境和应用后果上的推理的考虑。因为这里所涉及的真信念的问题无法回避。如果做此理解，我们可以首先接受可靠主义所给予的某些提示，而根本不必像内在论那样，因为强调真信念的推理因素而否定感知性经验（非推理的方式获得的信念）。但与此同时，也必须给予可靠主义以某种限制：可靠主义的信念形成过程的可靠性需要在事后（ex post facto）发展出一种有关非推理性获得的信念的可辩护性理论。② 在这一点上，布兰顿把自己的观点与塞拉斯的观点做了区分，因为他认为塞拉斯错误地相信，一个观察报告的提出者必须证明其真实性。但布兰顿认为，这样的要求遁入了内在论的证明主义的恶性循环。真正的情况是，在这一点上，对一个观察报告的真实性的评价来自

---

① R. B. Brandom, *Making It Explicit: Reasoning, Representing, and Discursive Commitment*, P.220.

② 从古陶瓷辨别专家、小鸡性别鉴定者到超级盲视者，布兰顿相信这些"随意而来的经验能力"具有它们的可靠性，至少它们在大多数情况下很成功。但在小鸡鉴定的例子中，一个可靠的小鸡鉴定者应该知道或相信他是可靠的，他应把自己的鉴定的可靠性信念以及他对自己如何做鉴定的总结，与信念的适当的推理性辩护结合起来。另一例子中的情形也是如此：如果缺少相应的辩护，我们如何能想象一个不能对自己的行为作出说明的、仅仅依据非推理的报告（直觉性的观察或经验）进行古陶瓷分辨的专家是可靠的？即我们如何能表明一个在用化学试剂和显微镜给出证据之前，把某块陶瓷片认定为是托尔特克人的相关辨别是可靠的或真的？

评价者，而不是来自报告的提出者，报告的提出者并不需要担负此责任。尽管塞拉斯坚持一种混合的知识论，却错误地把可靠的推理的依据放在作出观察的人身上，而不是对观察者的观察作出认定和评价的人身上。① 从完整的“两头”看，塞拉斯的意见又是对的，推理主义应该把可靠性报告这类可靠的分辨性陈述视为推理的支点，而不是遵从，即推理主义并不以非推理的报告作为推理的前提，相反，推理主义把非推理的报告作为推理的对象，即对它们作出推理。因此，在这里，可靠性报告或陈述与推理的关系是推理的，而不是遵从的关系。②

布兰顿的话语具有完整的“两头”，它既具有经验默认的环节又有充分的推理挑战的环节，并且在它们之间建立了话语记分的理论。这种话语的默认和挑战的结构，印证了为什么布兰顿认为可靠主义有其洞见。令人想不到的一点可能是，在布兰顿的经验概念中，可靠主义的洞见被植入话语的理论要求中。根本的原因当然是，在布兰顿的话语中，可靠的报告人可算作是被委以了具有非推理的承诺的资格的人，因为经验的来源只能是外在的，它不可能以抽象的规则为起点。推理恰恰必须基于其他的观察报告或断言之上：以它们为推理的前提，即把它们作为一种结论而用于推理。

六、实践的意向性

从上述讨论的所有问题中，我们看到的是布兰顿对理论理性的经验可能性条件的论证，而在接下来的这一小节中我们将指出布兰顿是如何把这种论证拓展到对实践理性动机的讨论中。布兰顿已经表明，在观察中，围绕自

---

① R. B. Brandom, *Making It Explicit: Reasoning, Representing, and Discursive Commitment*, P.221, P.228.

② 布兰顿认为，塞拉斯在处理非推理的观察报告与推理的关系时并没有把这一点说清楚，以至于他在一些地方，把可靠的非推理报告视为推理的前提，把推理视为结果，这是极为错误的。见于 R. B. Brandom, *Making It Explicit: Reasoning, Representing, and Discursive Commitment*, P.218。

然的可靠的分辨反应能力（RDRD）的推理（作出断言）和承认（相互的记分评价）是知识的可靠性不可缺少的因素。从布兰顿对实践理性动机的论证来看，他显然认为，这两大领域（理论理性和实践理性的领域）一样都有它们的自然来源（这意味着，实践理性动机也需要它自己的 DRDR），而不是先验的或某种构造主义的东西，布兰顿似乎有意回避某些元伦理学的构造理论（类似于阿佩尔的先验语用学引导的话语伦理学和哈贝马斯的基于形式语学的话语伦理学）。按照他的说理模式，实践理性的关键还是实践者的动机，即行动的意向性，这里不存在理性的法则式的形式或程序。这也就是说，布兰顿显然对构造主义的程序性话语伦理学不感兴趣，他感兴趣的不是建立实践理性的普遍行为法则的康德（这是构造主义的程序性话语伦理学所感兴趣的康德），他感兴趣的是执着于实践理性动机的康德。但对于布兰顿而言，康德的实践理性动机仍然离不开一种先验意识，就像康德的纯粹理性也需要一种先验意识一样（规范调节论），因而，他要考虑的是如何即使实践理性的动机具有像康德所想象的那种力量，即不是虚弱无力的，而又不再需要依赖先验意识。布兰顿为此从最基本的世界感知感受性出发，探求感知感受性与行动意向性的关系，即把实践理性的动机与理论理性的信念进行比较。布兰顿所建立的这种比较得益于他把实践行动起点追溯到意向性状态，而在他的理论理性中，认知的认识起点也是意向性状态（由它产生命题内容），因而它与实践的行动的起点一样。从意向性状态上看两者是有关联的，或者说在这里它们两者是交叉的：一个是意向性的信念（believing），另一个是意向性的意愿（intending）。[①] 在实践的意向性行动的领域，布兰顿关心的是作为理性存在物的人的行动的意向性意愿（动机）的来源，以及这种意向性的行动如何是属于人的，它不是形式的理性规则所赋予的逻辑的东西，也不是约定（convention）所带来的。布兰顿打算在休谟与康德之间寻找一种说明，因为康德的实践理性动机的先验来源是布兰顿不接受的（因为它的彻底的内在论的性质），而休谟的纯粹外在论的解释（基于激情或情感

① R. B. Brandom, *Making It Explicit: Reasoning, Representing, and Discursive Commitment*, P.233.

性的实践动机的解释）也是布兰顿无法接受的。因此摆在布兰顿面前的难题是：如何既表明实践理性的动机的后天的或外在来源的性质，又避免这种外在来源性失去与实践理性的自主性意识的关联。

关键的问题是，何以一种实践理性的意愿是为外部的或实质的动机激活的，但同时又具有内在的自主性质？布兰顿主要想证明的一点是，支持我们的行动的意愿带有一种自然的必然性，它既不是来自先验规范（康德）也不是服从某种逻辑的必然性（休谟），而是来自我们对某种事物的承诺的承认。这就是说，具有实践意义的行动是与我们对世界的感知性的实践活动联系在一起的，就像理论理性的认知是感知感受性的经验活动联系在一起的一样。实践性的行动不是传统理性主义所认为的那样是排斥感知活动的结果。布兰顿认为，这一点是他两个新的理论想法之一。这个新想法在布兰顿这里带来了两种类型的话语承诺：认知的和实践的。前者对断言作出承诺，后者对行动作出承诺。对于布兰顿而言，这里的新想法必然会带来的另一个变化是，我们可以对作出断言的认知性活动与行动的实践推理进行比较，以显示行动的实践与断言的认知一样离不开一种理由。因为实践的承诺与认知信念的承诺相似，它们在本质上都是用推理来表达的，它们与信念承诺（doxastic commitment）都处于一种推理的关系中，换言之，虽然它们是完全不同的两种活动，但在形式上却共享一种信念承诺的模式，即它们都具有认知的特性。布兰顿证明他的观点的一个很重要的理论根据是，他发现，实践推理所处理的同样是一种衍生的范畴（derivative category），即一种外来的实质对象。这意味着，实践推理同样是一种实质的推理。

但这里有必要把布兰顿带有认知主义意愿的行动理论与认知伦理学的行动理论区分开来。黑尔的元伦理学取消了认知与行动的推理的区分，即否认实践说理有它不同于认知说理的区别，这是以黑尔为代表的元伦理学的观点。情感主义伦理学代表另一种倾向：它完全消解了说理，而把行动的规范化解为社会中基于个人喜好之上的意愿。对于这两种思考行动的理性动机的方法，布兰顿认为是对“逻辑上好的推理”和“工具上好的推理”错误的迷恋的产物。[①] 布兰顿在行动说理的规范理解的重建理论中，接受的是塞拉斯的观点，即从带有自身的认知信念（要求作出命题内容的表达的）的意向性的行动的前提与后果去揭示作为行动规范的东西。这要求探讨意向性的来源与它对行动的影响。

布兰顿区分了把什么东西或某事视为真的（taking true）和使什么东西或某事为真（making true）。前者是认知的信念，它相信或认为某事为真，而后者是实践的意向，它力图使某事某物成真。[②] 意向性的一个基本的也是最重要的特征是驱动实现某种目标或内容的动力（使某物或某事为真），有什么样的意向性便会存有什么样的意向性内容，即所希望去完成或实现的事情，意向性不是空无内容的。"今天晚餐我将节食"这是我的一个意向性愿望，不管是否诚心（也可能只是恰好厨房食物所剩无几了）。这里的意向性具有以言行事的力量，不管情况如何，我都会采取某种行动。具有意向性意图，人们才能根据一种理由行动。如果缺少意向性，我们也不可能对行动作出合理的解释。

但缺少理由，我们也无法真正认识什么是意向性或什么是一种意向性行动。意向性可以是一种认知的意愿，或它完全能够与认知理由的思考相结合。按照这一要求，布兰顿提出了三个条件：[③] 第一，根据认知的承诺来建立实践的承诺；第二，把与信念相关的实践说理当作前提，把意向性当作结果；第三，把行动融入社会性的话语中。关于第二点，布兰顿有一个专门的解释："认知承诺中所承认的事实，可以为实践的承诺提供理由。"[④] 这就是所谓"把与信念相关的实践说理当作前提，把意向性当作结果"的意思。实践推理由于它的意向性的启动机制的特殊性，它的推理总是趋向于它自身结果的方面，因此，认知的信念可以作为一种理由以表明一种行动的理由。布兰顿实践说理的行动理论因此关注的是意向性与认知所能提供的理由的结

① R. B. Brandom, *Making It Explicit: Reasoning, Representing, and Discursive Commitment*, P.231.

② R. B. Brandom, *Making It Explicit: Reasoning, Representing, and Discursive Commitment*, P.236.

③ R.B.Brandom, *Articulating Reasons: An Introduction to Inferentialism*, P.93.

④ R. B. Brandom, *Making It Explicit: Reasoning, Representing, and Discursive Commitment*, P.245.

合，虽然他认为，理由并不一定能伴随着意向性，而意向性也并不一定是有理由的。但他仍相信这一点：即一个人可以按照理由行动，即为某种承诺所驱使。

但布兰顿不得不承认，实践推理不同于认知推理，因为在意向性的行动中，没有作出承诺但拥有资格的行动在实践推理中是被允许的，比如，同一件事情如果从功能主义的角度看，只要所采取的行动有利于达到目的，那么，哪一种方法都是可以被允许的。实践推理不同于认知推理的一点正是，它具有“承诺和允许的双重性”,[①] 即它既依赖于行动者的承诺与资格的严格关系，又允许行动者在没有承诺的情况下自由选择，即拥有某种资格。“承诺和允许的双重性”在布兰顿给出的三种基于意向性之上的实践推理中得到了体现：

α. 只有打开我的伞才能使我不被淋湿，所以我应该打开我的伞。

β. 我是一个要去上班的银行职员，所以我应该戴上领带。

γ. 不断地说闲话会无故伤害别人，所以我不应该不断说闲话。

这里的 α（只有打开我的伞才能使我不被淋湿，所以我应（shall）打开我的伞）属于实践推理允许的范畴的行动，因为它的手段与目的性是相结合的，即它的理由带有个人的性质，一个人也可以选择不打伞（可以想象一个人认为不打伞而像吉恩·凯利在电影《雨中曲》中那样雨中舞蹈是件美事），而选择打伞是因为一个人不想被淋湿。在这里，实践的行动可以有多种选择。β 和 γ 则都属于实践推理中的承诺的范畴。作出承诺也是一种认知信念（就像在允许的范畴中存在认知信念一样），它是由认知的相信到意向的推理过程。不同的是，它的资格由它的承诺所赋予，它不像在第一种类型的行动中那样，资格是不带承诺的，因为这种行动本身是不相容的信念的结果。

① R. B. Brandom, *Making It Explicit: Reasoning, Representing, and Discursive Commitment*, P.237.

这是一个具有弹性的策略，对于第一人称的我而言，“我”只要选择一种担当（undertaking）就可以了，这意味着，这里的担当随时可以撤回，因为并不要求行动者作出保证。但一旦加入给出理由与要求理由的游戏，情况就不同了，对于一个记分者而言，一种行动若被认为是应该做的，就不是 shall 而是 should，这里的要求不同，因为记分者从规范上作出评价，而行动者则从意向性上作出行动。从第一人称的行动者“我”的角度看，这里表现为是：“我会（shall）”，即行动者作出一种担当；从记分评价者的角度看，这里则表现为：第三人称的“他应该（should）”，作出一种评价是一种规范的评价，因而这里使用规范词汇。如果具有独立的意向性的主体都能用一种记分的姿态来看待他人和自己，那么，实践理性意志的来源就可以有一个解释，它远比因果的解释更符合主体意向性行动的特征。① 这里的第一人称的担当符合意向性行动的特征，即实践意志本身的虚弱性（因而留有某种余地）。②

从表面上看，β 像是一个规范性的命令，但其规范力量并不来自规范本身，而是来自一种社会事实。因此，布兰顿说，对话者之所以认同戴领带的规范要求，并不是因为规范本身的推理的形式的逻辑力量（比如，单一性的形式性），也不是因为它与某种欲望或承诺有关，而是因为它所揭示的社会事实。“在这里，规范隐含地对推理作出保证的东西是与作为一个银行职员所拥有的某种状态联系在一起的，而不是与显示某种欲望或偏好联系在一起的。一个人是否有好的理由戴领带取决于一个人是否处于银行职员这种状态。”③ 这也就是说，是共同处于一种社会制度状态中的社会成员使一种规范获得了认同。只要我们指出一个人是银行职员，就可以认为，β 对于他是一个好的推理，只要能保证不弄错这一点（比如，不会把不是银行职员的对话者当作银行职员）。与从对话者是否具有一种欲望或是否承认一种承诺的做法相反，现在是从对话者的身份，即对话者所扮演的社会角色来认定的。

① R. B. Brandom, *Making It Explicit: Reasoning, Representing, and Discursive Commitment*, P.245.

② R.B.Brandom, *Articulating Reasons: An Introduction to Inferentialism*, P.95.

③ R.B.Brandom, *Articulating Reasons: An Introduction to Inferentialism,* P.91.

因此，在某些情况下，并不是对话者自己的意识决定了眼前这条规范的意义，一个对话者可能并没有意识到这一点（没有这样的意愿或愿望），他也没有作出承诺，但这并不能改变这一事实：他处于某种社会状况，因此为某种社会规范所规定的事实。只要一个对话者准备到银行去上班，这里戴领带的规范对他而言就是一个好的推理。这里规范的约束力与对话者是否意识到它并没有直接的关系，因为存在一种社会的打分机制（评判体系），只要是一个对话者，他自然会获得有关其行为的记分（评判）。γ 赞同的实践说理方式，与上述两种推理模式，即与 α 或 β 有所不同。如果我们认为 γ 对于某个对话者而言是有规范作用的，那么，它对于任何人而言都是有规范作用的，这就是说，它并不为个人的欲望或偏好所限制，也不为社会状态所限制。

把实践说理置于实质的推理中处理，显示了布兰顿概念宽泛的康德式的实践理性的性质。在认知性的实质的推理中，对一个断言作出承诺是提出一种真论断，它要求相关的每一个人都应该接受（如果一切都符合要求），但加入一个行动中的承诺的实质推理则不同，它并不要求每一个人都需要这么做，只有道德类型的实践，它的承诺和允许两个方面独立于人际间的区别，① 即它在人际关系上没有什么区别，而是对所有不同类型的行动有共同的要求。除此之外，一般的实践行动是与人际间的共同要求无关的，它们可以各有选择，"解决一件事情的方法不止一种"。② 所以，在除了道德类型的实践之外，实践的行动的承诺不同于认知中的断言承诺，后者表明自己的真是需要他人的同意或大部分人的同意，但在实践行动的承诺中，表明自己的真则无需满足这种要求，这里不需要一种每一个都应该遵循的规范。③ 但这并不完全意味着，实践承诺与社会或他人的看法无关。在实践承诺的社会性的话语中，即在实践说理的给出理由与要求理由的游戏中，一个人的实践行

① R. B. Brandom, *Making It Explicit: Reasoning, Representing, and Discursive Commitment*, P.240.

② R. B. Brandom, *Making It Explicit: Reasoning, Representing, and Discursive Commitment*, P.237.

③ R. B. Brandom, *Making It Explicit: Reasoning, Representing, and Discursive Commitment*, P.239.

为可以为另一个人所影响。[①]“因此，除了求助于推理内在于个人的资格继承之外，在实践中和在认知信念中（doxastic case），这里也可以有一种求助于听从的人际间的资格继承模式。”[②]

相较于银行职业对佩戴领带的服从（但这种听从非常有限，它只限于职业性的要求这个有限的情境中），更广泛的康德的实践理性的解释还包括对社会共同体的一种去中心化的理解，即打破社会共同体作为各种子共同体（社群）的上层结构与子共同体之间的不平衡的关系。[③]社会共同体和下属的子共同体之间固然存在一种不平衡的关系，但这里的不平衡关系在任何时候都不是静止不变的，下属的子共同体（社群）可以挑战上层的共同体，在这里，上层的共同体的规范并不是法则性的或神秘不可挑战的。这一点与认知领域中断言的话语中的情形一样，作为个人或作为从属于某个子共同体（科学团体）中的一员，他（她）或子共同体与上层共同体的关系是一种默认与挑战的关系。在任何时候，上层的观点都是可以挑战的，尽管上层的观点在某些情况下是被默认的。一种在概念上宽泛的康德式的实践理性的解释也促使布兰顿认为，“一种实践的承诺应该理解为是基于这一模式之上的，即不是保证什么（promising），而是认为是什么（claiming）。”[④]这也就是说，实践理性的行动不是作出一种保证的服从性行为，它是为行动者的认知能力所引导的，行动者作出断言，以便确定可以做什么（不可以做什么）。实践理性的行动不一定要保证做什么，而是认为可以做什么。人们在有理由和没有理由的情况下都可以按意向性行动，人们也可能按照他（她）拥有的理由行动，也可能不按照他（她）拥有的理由行动。[⑤]

布兰顿认为，他有关实践理性的行动动机这一部分理论的根本目的是

---

① R. B. Brandom, *Making It Explicit: Reasoning, Representing, and Discursive Commitment*, P.240.

② R. B. Brandom, *Making It Explicit: Reasoning, Representing, and Discursive Commitment*, P.241.

③ R. B. Brandom, *Making It Explicit: Reasoning, Representing, and Discursive Commitment*, PP.242–243.

④ R.B.Brandom, *Articulating Reasons: An Introduction to Inferentialism*, P.93.

⑤ R. B. Brandom, *Making It Explicit: Reasoning, Representing, and Discursive Commitment*, P.262.

“对意志作为一种理性能力提出广泛的康德式的解释，通过比较行动上的话语的退出和感知上的话语的进入的转换，使对理性的意志的理解，可以像我们认识红谷仓和红色的事物一样，不再有哲学上的神秘性。”① 布兰顿做到这一点了吗？不得不说，布兰顿的实践说理中的“理性的意志”的分析仍然是一种范围有限的分析，因为它明显没有把实践理性中的核心观念（关于人的价值观念或维护人与人的平等的道德观念）放进来。但如果排除这一点不谈，有一点是肯定的，布兰顿成功地让认知的信念与意向性成为实践理性意志的动机，而不再依赖康德的实践理性的动机的先验来源。意向性这一概念与理性的概念的关联不再是形式上的一种关联，而一种自然的关联。认知的信念使行动的动机或意向性不是空的东西。在认识或辨认红谷仓或红色的东西时，我们的可靠的分辨性反应能力把我们引向的同样是推理的认知。推理的认知帮助我们确定我们是否拥有一个正确的红谷仓的概念或红色的概念。在行动的意向性行为中，我们可靠的分辨性反应能力把我们引向的也是推理的认知。推理的认知同样帮助我们分辨和认识为什么我在下雨时撑开伞（或不撑开伞）或为什么我作为一个银行职员坚持每天打领带，或为什么我不能在背后说别人的坏话。传统意义上的信念（认知的和意向性的）必须按照一种目的在于作出一种断言性推理表达的承诺来理解，即信念不应与进行断言性推理上的承诺分开，不能拥有一种信念，而没有推理性的表达的承诺，因为只有把信念置于断言性的推理表达的话语活动中，才能摆脱表象主义和认知主义的形式推理的立场。布兰顿由此成功地把实践推理也转换成实质推理，而也正是实质推理的衍生的推理形式帮助他摆脱了康德式的理性实践能力的抽象。

感知经验是语外的东西，但布兰顿必须置于语言内部来处理（这存在一个语言进入的转换），正因为它不能发挥一种语义构成的作用。这个问题关系到如何让推理和话语既保留感知性的经验内容，又以推理和话语的方式建

① R. B. Brandom, *Making It Explicit: Reasoning, Representing, and Discursive Commitment*, P.233.

立这种感知的经验知识。

概念的经验性质也涉及意向性行动的领域，在这个领域要求语言的退出，因为意向性本身就是意向性认知和行动的来源。意向性行动是语外的问题（因此，这里要求有一个语言退出的转换），这就是说，它是建构性的，它直接促成了一种合理的认知和实践。这要求完全回到意向性行动的领域。这里需要两种不同方法：那种本身并不是属于话语的世界的感知与经验需要语言的进入，而关注意向性行动又意味着语言的退出。“的确，就引导我们的生活对于一般的概念内容而言，这一点是根本性的，即它处于塞拉斯称之为的在感知中的‘语言进入转换’和在意向性行动中‘语言的退出转换’对所做承诺的承认的两种关系之间。”①

“在感知中的语言—进入转换”和“在意向性的行动中的语言—退出转换”是两种不同的现象，一个发生在感知的领域，另一个发生在意向性行动的领域。在讨论语言进入感知的领域的问题上，布兰顿所碰到的一个最大的对手是可靠主义，因为可靠主义也与布兰顿的推理主义一样反对因果解释理论，但它在外在论上采取的是一种激进的方针，即彻底转向一种规律主义，并为规律主义做了自然主义的辩护。因此，布兰顿需要表明，可靠主义为规律主义辩护的自然主义为何站不住脚。在语言—退出转换的方面，布兰顿的对手是保守的实用主义，保守的实用主义把意向性行动的信念仅仅与效果相联系。在意向性行动的动机（实践理性的动机）方面，布兰顿则面对着逻辑主义和工具主义的挑战。②

在感知的经验领域澄清可靠主义的负面影响上，布兰顿主要强调几点：第一，经验既有其自身的内容，即具有一种非推理的被赋予的内容，但它又是一个动用了推理的认知的过程。第二，经验之所以为经验，内容一定是被赋予的（外在的），但经验内容需要被命题化，否则它将无法被称为经验，特别是如果我们把这种经验视为可靠的。第三，经验在某种意义上可以具有

① R. B. Brandom, *Making It Explicit: Reasoning, Representing, and Discursive Commitment*, P.222.

② R. B. Brandom, *Making It Explicit: Reasoning, Representing, and Discursive Commitment*, P.231.

独立的意义，可靠主义意义上的可靠的或屡屡成功的经验的确是可靠的，它在某种意义上不必作出资格的证明，要求这种可靠性作出证明本身是自相矛盾的，但这种可靠的经验还不足以成为知识，这种“可靠性”带有经验本身的偶然性，它需要通过概念的解释才能证明其普遍性，这就是说，自然主义的规律并不存在。

在传统哲学中，由于受经验主义形式推理的影响，意向性行动被当作形式逻辑的推理的对象，在实用主义中则为工具主义所占据。布兰顿接受了塞拉斯和戴维森在这个问题上的基本观点，即要求任何语言的规则的东西退出这个领域，接受意向性在行动的解释，亦即把意向性视为行动的来源，而不是把工具性的欲望和规则的意识视为行动的来源。——这与经验内容这个领域正好相反，根据推理主义，经验内容不能作为命题内容的来源，在这里，不允经验内容作为语义的原始词汇发挥语义构成的作用，所以，在经验的领域需要语言—进入转换。意向性是通往人类行动的自我抉择的一条道路，它涉及认知和实践两个部分。两者都涉及外部世界，一个是针对世界的认知，另一个是针对世界的合理性实践。

第八章　何种实用主义？——话语逻辑的实用主义的本性

布兰顿的推理和记分的理论的一大特点是超越语境主义，断言的推理是超越一般经验的语用学所描述的意义与话语的关系的。布兰顿用规范语用学的概念抵制经验语用学，其目的也在于表明，在语言的实践中，自主的话语是主要的或根本性的，没有这种自主的话语，也就没有真正的认识。但自主话语的理想话语游戏的设置也是一个经常受到批评的对象。布兰顿并不想也不愿意接受概念柏拉图主义或纯粹的语言认知主义的观点，即那种认为语言的思想表达是独立于已有实践的认知主义观点。用布兰顿的语言说，只有概念柏拉图主义相信我们可以直接作出断言，即认为我们的断言是无关任何所做事情的语言系统的。对概念的说明，必须借助于对概念内容的先验的理解，这就是一种概念柏拉图主义。① 但人们还可以建立一种相互补充的解释策略，从有关概念的使用活动和实践来形成对概念的解释。这就是实用主义的策略。这里采用的实用主义，从实际的断言的过程的特征中，寻求对什么是作出的断言的东西的解释，通过具体要求的过程中寻找什么是要求，通过具体判断的过程确定什么是判断，通过对信念者的信念了解什么是信念，即通过行为的内容而不是其他方式来确定内容。

布兰顿的新黑格尔主义促使他试图表明下述两个世界是相互交织在一起的：一个是具有人类学、社会学、历史、文化和科学意义的、由语言实践构成的概念的世界，另一个总是遵循某种规范作出断言和承诺的话语推论的

① R.B.Brandom, *Articulating Reasons: An Introduction to Inferentialism*, P.4ff.

世界。可以说，任何使用语言词汇的言语活动都体现了它的实践来源性，它所使用的词汇的意义都是由某种具有人类学、社会学、文化或科学的实践史所赋予的；脱离这些已存在的实践史，我们就不知道相关词汇的意义是什么。这也就是说，正是概念的实在世界使我们在运用任何词汇时带有它的特定的含义。

一、走向一种积极的意义—使用分析的理论

在语言的规范认识的问题上布兰顿接受了实用主义的基本原则（基础实用主义的部分），但并不等于他完全认同实用主义（特别是美国古典实用主义），因为他始终有这样的看法，即基础实用主义对经验语用实践的依赖表明它对规律主义做了某种承诺，而规律主义与规范主义是不能共存的。把隐含于实践中的隐含的真信念用规律主义的方式还原为实践中的行为的倾向性（disposition），必然会消除行为正确和错误的对照（把倾向性当作就是规范性的东西，对错的二分法就不存在了），但这种对照正是我们有可能规范地评价一种行为的基础。如果把人们做事的倾向性看作是合理的（仅仅因为它是行为的倾向性），所有关于对错规范的区别将不复存在。因此，彻底的规律主义不可能坚持一种不做任何选择的规律性理论，这就是说，它不可能通过求助于一种行为的倾向性挑出或赋予一种规律以特殊地位，它用这种基于行为倾向性之上的规律性选择抵制规范主义可能存在的独断论，并不能摆脱规律主义特有的两难困境。规律主义试图建立一种客观的规律性解释，以代替在它看来总是主观的规范主义的解释，但规律主义反概念柏拉图主义的意图同样不能成立。布兰顿很清楚，只有走出把规范还原为行为规律的规律主义，才有可能坚持一种规范的话语推论的承诺。

蒯因对实用主义理论的最大贡献是，他在语言哲学中提出了意义—使用的分析。蒯因之后的实用主义理论达成了一种共识：意义始终是不确定的，我们不能认为语言的词汇相对于外部的语义内容而言意义固定，从表面上看，最简单的指称式专有名词不会有不确定性（树、山和水这种词汇的所

指），但从根本上说，任何语句所使用的词汇都是不确定的。一方面，它为使用它的人在特定条件下表达的命题内容所制约（主观的语义）；另一方面，任何词汇都受制于语境，它不是超语境的，诸如指示和表达各种专业领域中的词汇像加法中的加（+）一样具有特殊的所指语义。如果我们把这里的词汇不确定性现象联系到法律文本、科学研究文本、文化理解和其他任何人类社会实践活动中的语言运用，那么，许多词汇的意义都是不确定的，它始终随着理解它或解读它的语义赋值而改变。像“原子”，文化中的“艺术作品”，甚至包括“美”这样的概念都没有固定不变的外延性所指，它们似乎始终是反固定外延的。在人类法律、科学和文化实践的不断发展的过程中，相关的运用性词汇的意义也会作出改变，因为有大量新的证据和新的思想观念作为理解改变的根据。

意义与使用的关系所带来的意义不确定性给哲学带来了挑战：一方面，这似乎给了哲学以一个特殊的使命，即揭示何以使用会使意义处于不确定当中；另一方面，这带来了一种对哲学本身的否定：如果意义始终处于不确定状态，那么，哲学就不必费心思去弄明白什么是意义这样的问题了（即不必去关心“做”与“说”的区别），因此，是否还需要带有认识意图（认识论）的哲学？哲学为什么不能满足于做这样的工作：直接去观察语言是如何使用的（“做”），它在使用中是如何被理解的？

直接去观察语言是如何使用的，它在使用中是如何被理解的无疑也是有意义的，关键的是，这种观察和理解是否把意义通过使用而展示自身的方式真正揭示出来，换言之，这种观察和理解是否把语言在其使用中认知的意图和能力揭示了出来？我们是把语言实践当作一种相互交流和理解的语言游戏，还是把它视为带有其求真的竞技性的功能目的的游戏？功能主义的视角决定了布兰顿的语义实用主义不会满足于只是去描述语言在使用中的意义传达的过程。功能主义要关心的是，在语言的实践过程中，系统（实践主体）是如何运用概念对语言的使用进行干预的，因为功能主义并不认为在语言的实践中系统没有发挥其判断能力或断言能力。如果我们承认系统本身是一个具有自我调节能力的自主的功能装置，那么，语言的运用便涉及两个部分：

一方面是概念的使用和判断，另一方面是吸取环境信息的非概念使用的生物工具性的干预活动。这就是说，这里存在最基本的两种意义使用的关系：一种是语言实践本身的实践当下情境与实践的关系，它总是使用特定情境条件下的语言，在这种情况下，一种语言的意义总是当下的实践情境条件的工具性的干预活动赋予的；另一方面是概念的使用和判断，即主体使用通行的当下情境条件下的语言所做的解释和说明，在这种情况下，意义发生了改变，它更多的是由概念的干预活动（解释和说明）决定的。①

布兰顿对意义与使用的关系的理解的不同之处是，他把整个经验语用的过程当作一个由不同层次的语言运用过程的组合，而不是把经验语用的实践视为只有单一层次的非概念的过程或概念介入的过程。这是一个相互关联并产生不同的反馈而在语用能力上提升的过程。在经验和行动中存在的反馈过程表明，修正和更改同样是经验和行动不可或缺的部分，因而这里必然存在改正或修复了的经验和之前的经验的区别。话语与行动或"说"与"做"的区别也只能在这个意义上做一个划定。而这里的界线划定实际上是一种分层，即相对低一级层次与高一级层次的区别。布兰顿用"语用表达的启动"（pragmatic expressive bootstrapping）来指任何一种语言表达都需要概念的语用词汇的介入的情形。② 比如，完全由当下的回指性回应对直指的或索引类词汇的干预。这个时候，这里的非直指的回指性词汇和规范词汇都是作为语用的元词汇发挥作用的。再比如，在自然主义的词汇占据主要位置的非概念介入的语言实践中，规范的词汇会（完全可能）以一种元词汇的方式介入，即规范词汇可以作为自然主义词汇的元词汇发挥解释的功能。

用语用词汇在实践的对象词汇之间进行调节（把语用词汇视为对象词汇的元词汇），表明实践中的语用主体（系统）具有一种积极的认知态度，这

① 布兰顿关心概念的使用和非概念的使用的区分（*differentiation*），即试图区分两者，而其他一些语言学家（福多、德尔特斯克和密里坎等人）则关心它们二者的融合（*assimilation*）。

② R. B. Brandom, *Between Saying and Doing: Towards an Analytic Pragmatism*, P.11.

种认知态度被视为是嵌入整个语用实践中的。语用词汇调节实践中的对象性词汇决定了意义不是一种出自单一来源的东西，因为把语用词汇当作实践中的对象词汇的元词汇，这本身是一种概念的介入。实用主义者和蒯因认为不存在的区别（对象词汇与语用词汇的区别）在这里被做了重要的区分。

所以，意义使用理论中所讨论的“使用”不是一个简单的东西，上述讨论表明，它绝对不可能只是一种非概念介入的、完全与实际使用中的经验（“概念”）一致的使用词汇的方式。考察一种词语是如何在实践中被赋予了意义的，需要同时考察实践能力和使用词汇的关系。什么是使用一个句子去表达一种意义，即人们应该怎么做，以便算得上是用词语在说某物某事。毫无疑问，语言的使用者必须首先会使用实践词汇（在这一点上，基础实用主义无疑是对的），即一种通行的实践中的词汇，因为只有这样，使用者才有可能说他（她）想说的东西。布兰顿用 PV-sufficiency（实践词汇的充足性）来指这种情况下意义与使用最基本的关联形式。但如果认为使用者仅仅掌握实践词汇就行了，那又太小看语言实践以及它可能具有的意义了。如果使用者只知道数学上的波浪符表示否定，用“红色”一词意指红色，或“电子”一词指称电子（即使是意指它），那就完全还没有真正进入一种语言实践，意义与使用的关系完全还处在一种假定性的关系上。要深入地或真正理解或揭示意义与使用的关系，就必须看到，有能力使用何种词汇极为重要，掌握一种实践词汇和能够使用这些词汇是两种不同的要求。有鉴于此，必须考虑第二种意义使用的关系，以表明人们有能力使用特定的实践词汇表达自己的观点或作出评价。布兰顿称之为 VP-sufficiency（词汇实践运用的充足性），指的就是这种能力，它从一个更深的层面揭示了意义与使用的关系（意义在很大情况下就是运用实践词汇进行相应的评价的产物）。

PV-sufficiency 和 VP-sufficiency 是两种基本的意义—使用关系（meaning-use relations MURs）。据此，就会有两种词汇：PV-sufficient 使用的词汇和 VP-sufficient 使用的词汇，前者可以标注为 V，后者可标注为 V′。使用词汇对实践使用中的词汇作出说明，只要它们在实践中表明了它们之间的关系，对于词汇 V 而言，V′ 就是它的语用的元词汇。[①] 在词汇之间进行语用的调节，对原本只是实践中的言语行为（“做”）采取评价或主题化立论（“说”）的方式。[②] 但这也是一种运用词汇的实践能力（因为它所要评价的正是实践中已有的词汇的内容）。VP-sufficiency 本身就是一种在实践中运用实践词汇对实践词汇作出评价的实践能力。

相比于传统的（蒯因的）意义理论，布兰顿为此展开的意义—使用的分析因此有了它自己的目标：语用能力（系统的功能）成为分析的根本对象。布兰顿把经验语用的不同功能之间的转换可能性与语用的调节机制联系起来，以表明意义是如何离不开语用词汇的运用的。语用的启动机制下的语言使用，正是高级的思维形式与一般人工智能的根本区别的一个最好说明。从图灵机到今天更复杂的人工智能，似乎都没有突破这一界限，即如何可能在特定的语境中作出断言和推理的能力。[③] 布兰顿始终认为，语言实践是一种特别的形式，因为某些具体的语用实践不仅仅具有“做”的意义还具有“说”

① R. B. Brandom, *Between Saying and Doing: Towards an Analytic Pragmatism*, P.10.

② 人类的语言实践有两个方面的“意义”：一个方面是布兰顿称之为“做”的，即类似维特根斯坦指出的由各种语言游戏构成的言语实践，比如，由特定的文化、生活和技术实践方面呈现出来的语言实践，它是语言在人类学的、自然历史的和社会实践中的显现；它也类似于洪堡、伽达默尔和海德格尔提出的语言的世界揭露（Welterschlieβung）的观点：海德格尔通过使用语言的世界揭露这一概念，把世界生成的原发性去先验化为存在的历史状态（在这里，语言不是具有先验的“说”的能力的体现，它本身是不带任何先验预设的，它亦不需要有自身的先验逻辑）；另一方面是布兰顿称之为的“说”，它是一种断言主义的或表达主义的语言实践，它是与说话者隐含的知识联系在一起的，用布兰顿的话说，它是由意向性词汇及其实质的推理构成的，但这个“说”同样必须理解为是语用词汇的调节之下的“说”，它必须与概念柏拉图主义意义上的“说”区分开来。从这种意义上说，语用的元词汇正是布兰顿把他的话语理论置于“说”与“做”之间的一个根本手段。

③ 人工智能研究、认知和发展心理学等所有认知科学，都只是在概念应用等级的不同层面上作出研究，它们的目的只是揭示概念运行机制的内在秘密。在研究概念应用的不同等级顺序的早期阶段方面，它们取得了一定的成效，比如通过句法复合性的研究所展示的概念运用能力方面。但问题还是被简单化了。因为概念应用的最重要的阶段，即概念应用的从含义向语力的过渡、由简单推断和复杂推断的发展所带来语义复杂性的问题被完全忽略了。

的意义。这也就是说，即使是经验的语用实践也可以是一种语言或话语的东西，它并非不存在断言或论断。整个的经验语用世界自身的功能性系统的自我调节性，决定了你既可以从“说”的角度去观察和理解它，也可以从“做”的角度去理解它，因为“可以视为是说的最小化的做就是断言……”① 关于系统作为一种自动装置的功能主义的观点决定了这种理解经验的语用世界的方式。用布兰顿的语言说，没有脱离“做”这个经验的语用实践的“说”，只有概念柏拉图主义相信我们可以直接作出断言，即认为我们的断言是无关任何所做事情的语言系统的。但“说”正因为它是“说”，它的语言使用方式超出了“做”的语言概念，这里不存在概念同化论，即不存在“说”的语言的概念与“做”的语言概念是同一的情形。

对于分析哲学本身而言，不应把意义与使用关系的揭示视为消极的。布兰顿认为，意义与使用的关联把意义视为实践的产物是一种积极的理论观点，它本身具有人类学的、自然—历史的和社会—实践的探究意义，而且在去话语神秘化，抵制哲学体系性的理论僭妄上具有重要的作用。② 另一方面，它是我们摆脱分析哲学教条的最好方式。按照古典分析哲学观点，我们所能关注的不是不同的语言能力（从简单地使用语言到复杂地使用语言的能力），我们所关注的只是意义的组合关系：由简单直指的意义到复杂指称的意义关系（意义已被事先假定为词语的意义）。这种被布兰顿称为语义逻辑主义的观点的一个基本的信念是：正是逻辑词汇使词汇组合之间的意义表

---

① R. B. Brandom, *Between Saying and Doing: Towards an Analytic Pragmatism,* P.42.

② 当代语言哲学家都有在这两种不同的处理意义理论的哲学之间划上一个清晰界限的习惯，对于那些在数学的方法激励下的形式的意义理论传统会认为，弗雷格、罗素、卡尔纳普和塔尔斯基的意义理论，以及它的最终的成果：模态理论的和可能世界的语义学，整个是与那些目的旨在去话语神秘化，抵制哲学体系性理论野心的人类学的、自然—历史的和社会—实践的探究意义理论的方式对立的。这也就是说，当代语言哲学家视这两种方法相互排斥，因此，总是认为我们应在这两种类型的意义探究方法之间作出选择。这种做法反过来孤立了这些原本应相互补充的理论，并且造成了它们彼此分属不同的学科的这样的错误的学科分类的后果。见于 R. B. Brandom, *Between Saying and Doing: Towards an Analytic Pragmatism,* P.8。

现或显示出来。但在意义与使用的关系被揭示之后，分析哲学就不可能固守这种语义逻辑主义的信念。语义学必须与语用学相结合，任何分析哲学一直认为可以由语义分析解决的意义的问题，现在都必须把它与语用实践的分析联系起来。这也就是说，分析哲学必须考虑语言实践与语义的意义生成的关系，而不是只考虑词汇与词汇之间的关系。

从某种意义上说，布兰顿是把意义—使用的分析视为意义—使用中的“思想”能力的分析，因为他考虑的首先是思维的能力或思维的不同能力，以及不同的能力是如何协调从而“生成”一种意义的问题。借助于人工智能的发展以及相关用语，布兰顿认为，人类作为一种话语的存在物，犹如人工智能上的自动装置，它具有把不同的语用功能，由低级别向高级别转换的能力。用计算机语言来说，自动装置算法的演算能把简单的原始能力提升为复杂的能力，而且它支持对多层次意义叠加的理解（不只是句法上的或符号上的解读）。这种理解的关键就是语用的调节，即在具体的使用语境中建立语用的元词汇。这种语用调节是分析哲学完全不考虑的东西（它也是后期维特根斯坦和蒯因的语用分析不考虑的东西）。

不管是意义—使用分析也好，还是意义—使用中的思想能力的分析也好，布兰顿都成功地把他的意义理论与实用主义、后期维特根斯坦和蒯因的意义理论区分开来，并通过语言实践中的多功能转换中的概念介入，在语义学中避开了意义混合型理论（古典分析哲学），从而以一种全新的方式处理语义学与语用学的关系。布兰顿区分“说”与“做”，并强调它们之间存在不可分割的关系，实际上已经提出了他自己的一种特别的意义理论。对布兰顿而言，实用主义的意义理论无疑具有它的理论突破性，它使意义理论的研究终于有了一个正确的方向，但实用主义的意义理论也可以成为一个陷阱，即它有可能会带来语义虚无主义。因此，重要的是必须意识到意义与使用之间存在间隙，它们并没有直接的同一性的关系，意义与使用之间仍然存在一个理论的问题，我们仍然必须把我们的语用态度置于“做”与“说”之间，只有这样，我们才能最终弄清楚，什么样的“做”才能算得上是“说”，即什么样的语言实践是有意义的或真正表达了一种意义。

二、从原始的刺激反应到语义判断

布兰顿改造意义—使用分析的理论，所要证明的正是一个作为一种感性存在物的我们的存在。话语存在物对于布兰顿而言是一个功能主义的概念，它不同于行为主义意义上的感性存在物这个概念。从功能主义的角度看，没有什么能力（哪怕再高级的能力）可以不是系统自身的一种能力，而且它总是与其他能力相关联的。但系统何以可以做到这一点，即它的功能转换的能力来自何处？简单地说，布兰顿揭示了系统三个方面潜在的能力之间的相互制约和调节的关系，第一种就是他称为算法的自我提升能力（algorithmic elaborating abilities），第二种是他称为逻辑表达的能力（explicating abilities），第三种则是系统的训练或学习的能力。这里我们主要讨论布兰顿关于这里的三种能力的简单的说明，特别是前两种能力。这一小节首先关注系统的自我提升的能力。

什么是布兰顿称为的自我提升的能力？布兰顿把语用的系统从一种状态进入另一种状态的能力称为 PP-sufficiency，他并在与人工智能的自动装置相比较的意义上称这种能力的来源为算法自我提升的能力（algroithmic elaboration）。这里的“算法自我提升的能力”的重要性是它有能力把一组初级的（符号编辑状态）状态提升到更为复杂的状态（作出语义判断的状态）。对于布兰顿而言，这一点是清楚的，系统的功能性存在着一条生成轨迹，即它从句法的自动装置（乔姆斯基已证明了的）到转换性的自动装置（一种算法）再到语义生成，其过程可以从人工智能功能主义的角度加以说明。

从人工智能的角度看，自动装置（automata）是算法（algorithms）在实践上的体现。算法表示某些最基本的能力是如何通过精致化的内展而成为更高等级和更复杂的能力。这看起来似乎是系统本身的学习的能力。自动装置是一种元能力（meta-abilities），一种能够把原始能力扩展或提升为某种更复杂能力的东西。把这种说法运用于对经验语用系统的功能特性的分析，则可以说，一旦表明加入一种实践意味着同时有能力加入另一种实践，我们就可以称这一现象是 PP-sufficiency 现象。这里的元能力提升或扩展最有意义的地方是，它不仅说明一种能力的提升或扩展的可能性，它还表明了更高层次的能力是可以还原为更低一级的能力的，如果任何高一级的能力都可以还原为最初的原始能力，那么，这就说明了它本身是有来源的或者说不同能力只是一个系统的不同状态。

自我提升的能力把语用系统最基本的能力精细化并提升到一个更高水准的能力，这个最高水准就是语义判断或断言。布兰顿承认，elaborating abilities 使用了一些理想化条件，因此，它只能“在原则上”证明转换的可能性。① 但一个实际可信赖之处是，布兰顿从最基本的句法上的词汇使用开始，即他把语用语境中词汇运用的发生看作是自动装置的语用引导机制的第一步。他称为 PV-sufficient 的词汇使用能力中，具体的实践词汇的使用是最基本的，它用特定实践经验中的语言现象促成。自动装置具有把简单的词汇运用功能复杂化的能力，通过组合或演算，即在语用语境的刺激或调节下的演算，自动装置组成了高一级形式的词汇运用，它不只是描述性地运用词汇，而是运用词汇构建语义现象。从加减法的运算到长除法的演算能力的发展便是一个由经验调节的自动学习的过程，这就是自动装置的一种演算能力。这种演算能力最基本的特征就是从最简单的向复杂的阶段和水准发展，一种基于另一种，以逐渐提高的方式到达它的极限。而这意味着，必然是首先具有加减运算能力，然后才有可能会长除法，而不可能是倒过来的。② 布兰顿希望表明的是这种自动装置的演算能力如何与基本的智力能力的构成相似。

能够从一种能力提升到另一种更高水准的能力，具体经验语用实践的主体（自动装置）具有跨领域的能力，它表现在它作为一种元能力（最基本的实践能力），能够向更高实践能力展示的过程所涉及的方面可以是多种的，比如，从最基本的读写能力向更复杂的语义释义和评价能力的转换，

① R. B. Brandom, *Between Saying and Doing: Towards an Analytic Pragmatism*, PP.37–38.

② R. B. Brandom, *Between Saying and Doing: Towards an Analytic Pragmatism*, P.26.

或由最基本的“看起来是……”到“是……”的辨识和阐释能力的转换。后一种区别涉及从一般的非符号式的识别（比如，对一个红色的球的辨认）到辨别一个断言性句子。这些跨界能力都是 elaborating abilities 的能力。我们还可以通过对象性词汇与规范的意向性词汇的结合，引入可能世界的模态性使用中的模态语言，从而表明断言的客观性。布兰顿根据塞拉斯，把直接的表征语义学（现象词汇）视为没有说服力的，它的语义的逻辑元词汇的运用同样需要语用词汇作为语用元词汇的调节。比如在“看起来是……”与“是……”之间的调节，根据塞拉斯必须先有事物是什么的知识，才能对事物看起来是什么的知识作出界定，后者无法单独回答实在论所需要的真问题。经验主义盲目相信，我们可以在没有对事物有能力作出断言（它是什么）的情况下，可以直接对事物看起来是什么作出分辨。由‘looks’—ϕ talk 转换到‘is’—ϕ talk 的必要条件便是语用词汇作为元词汇的介入。在语用的调节中，即通过把对象词汇转化为语用词汇可以说的东西是根本性的，而这里真正重要的功能是作出断言的能力，那种通过对事物的陈述所表明的事物的原因的言语行为，而不是信息传输或符号表征的能力。人类语用实践的复杂性正在于它远远超出了作为一个系统所拥有的信息传递或符号表征的能力。用布兰顿功能主义的语言来说就是，只有断言称得上是“说”的最小化的“做”（“可以视为是说的最小化的做就是断言……”①）。从“做”的角度看，不能进行能力转换的就无法做到这一点，但功能主义的能力转换理论只认为在“做”（具体的语用实践中）中才能做到这一点。

自动装置功能的“算法的提升就是一种实践能力的逻辑”。② 这就是说，在布兰顿的语用分析中，表现在所谓算法上的能力的提升发挥着一种核心的作用，它类似于在分析哲学中，只有逻辑分析才能扮演的那种角色。因此，对于布兰顿而言，在语用分析中，一直以来人们习惯的依赖方法改变了，所

① R. B. Brandom, *Between Saying and Doing: Towards an Analytic Pragmatism*, P.42.

② R. B. Brandom, *Between Saying and Doing: Towards an Analytic Pragmatism*, P.33.

使用的工具也不同了，这里不再有可以直接作为一种元词汇来使用的逻辑，现在依赖的是语用系统的功能性的自我提升的能力，而逻辑则完全成为表明这种系统功能性提升能力的语言（详后）。

对于非计算机的语用装置（语用主体）而言，使语用实践能够在唯物主义和心物二元论之间保持一种平衡的关键因素还是来自积极的实用主义。语用自动装置的自我提升能力既不可能仅仅是一种物理阈值之间的相互作用的能力（生物性的刺激反应），又不可能仅仅是心物二元论意义上的一种语用自主性，这种能力只能来自它们之间的某种关系。实用主义很好地处理了这种关系，如果我们正确理解实用主义的话。布兰顿相信，正是在实用主义中可以看到一种平衡，它促使我们把语用主体的自我提升的能力与实际的语用实践的情境条件联系在一起。

三、语用主体的逻辑阐述和学习的能力

语用自动装置所进入的更为复杂的层次，是一个运用了条件句这种标准的或具有普遍语义揭示力量的词汇进行推理的层次。布兰顿继承了逻辑表达主义的传统。用他的话说，“逻辑词汇必须能够让说话者说那些没用逻辑词汇便无法说的东西。”①“……条件句可以让一个人在之前只能做某事的地方说些什么。”② 条件句像其他逻辑词汇一样，在这里完全不是行使在对象或目标词汇之间的分析功能。

使用条件句之所以是确保我们能说些什么（作出断言）的关键，是因为条件句这样的逻辑词汇的运用，不仅可以判定一个推理实质上的好坏，还可以对推理作出不同的反应，即用一个新的推理取代所面对的推理。很明显，如果我们只能接受一个推理或只知道该推理的好或坏，而不能提出另一个推理作为替代，这里就不存在断言或我们就没有断言的能力。条件句推理

① R. B. Brandom, *Between Saying and Doing: Towards an Analytic Pragmatism,* P.53.

② R. B. Brandom, *Between Saying and Doing: Towards an Analytic Pragmatism,* P.45.

的可能性是建立在基本的意义—使用关系上的，通过真实具体的语用调节的方式，使经验的原始词汇与使用条件句的词汇结合在一起。① 这也就是说，通过作出断言来拒绝或接受一个断言，以便提出断言性的新句子，而这个新句子在布兰顿的推理语义学中正是针对前一个原始句子所做的回应，它只是用一个新的断言句代替另一个断言句（即替换原理中的替换）。这里的替换性要求符合运用一个条件句适当的运用条件，以及运用一个新条件句的适当后果。

很明显，用同一个原始句子不能同时带来这两种反应，我们只能把新条件句与新的刺激反应下产生的新句子联系在一起，否则我们将没有作出断言的基础。系统必须对“如果 p 那么 q”的条件句断言，通过推出从 p 到 q 的推理是好的推理来作出回应，但这也意味系统必须具有不同层次的刺激性反应能力：从最基本的推理或与其相关的非逻辑词汇的使用到推理的条件句的逻辑词汇的使用，所有这些都是在语用的真实情境条件下所需要的假言性推理的因素。很难想象一个没有这种综合能力的系统可以对一个推理前提和后果的适当性作出判定。

能听懂或理解什么是论断或断言，系统必须在语言所表达的句子中“读出”论断和断言的意思。而能读懂断言的句子，系统也就必须知道一个句子做了一个断言，它不同于另一个做了断言的句子，因而系统能通过推理的方式把不同的两个句子联系起来，排斥一个句子，授权另一个句子。这里推理联系的复杂之处是系统需要有能力作出一个实质的推理，一个完全基于判断和断言的合理性（而不是基于同一性推理的形式的完善性）的非同一性推理。② 系统可以通过接受和拒绝，对从 p 推论到 q 作出不同的反应，那么也

① R. B. Brandom, *Between Saying and Doing: Towards an Analytic Pragmatism,* P.44.

② 千万不能把形式推理的“如果……所以”的推理模式的形式同一性要求视为这里的条件句的推理。实质推理是一种反事实的模态推理，它本身有一个推理的范围，它推理的反事实的模态性质有强有弱，而不是有或没有（对或错）。布兰顿担心的是人们把根据经验法则的隐含推理，误用为一种可以根据同一性的因果推理模式来进行的推理。布兰顿明确指出，每一个推理，无论它是基于隐含的经验法则还是由偶然因素控制的，都可以具

可想象它有能力使用 p 和 q 的符号来进行断言，基于这种能力就非常容易让系统使用类似“如果 p，那么 q”的条件句推理形式。进而所需的便是一种把先前的基于刺激性反应而来的好的推理（系统通过选择后）置于新的推理的条件句形式之上，不是简单地接受一个推理，而是对已接受的推理作出一种替代性的补充。用布兰顿的话说，在对好和不好的推理作出分辨后，现在要做的就是“把这一回应与新的刺激联结。”在新的观察的刺激性反应中，对这里的已经有了好坏分辨的推理作出延续性的替换。通过把从 p 到 q 的推理视为一个好的推理，对条件句的“如果 p 那么 q”的断言作出回应。①

具体点说，条件句的使用可以让人们原本只是会做的地方说些什么，即进行一种主题化的说明。比如，当人们刚发现一种称为铜的物质，在这个时候并没有把它与导电性强这一性质联系在一起。通过新的分辨和推理，人们发现了它的强导电性的性质。因此，这里就会有一个新的推理：“如果它

有某种程度的反事实性。所以，这里再次证明了，区分形式逻辑的同一性推理和实质推理的非同一性推理的重要性。非同一性推理的性质是：从 *P* 推出 *q*，可能是实质上好的推理，即使从 *p&r* 推出并不是。实质推理所具有的非同一性推理的性质，也表明了它与具体科学中的推理大多都是可以推翻的事实相一致。物理学的推理从测试开始，它的发现和探究经常可以使用一些“除非”什么条件下的特例。实质推理在任何时候都保持一种非同一性的开放性（不确定性和可修正性），即它允许大量地使用“除非”这种一个推断在什么条件下可以被推翻的条件，而且也不一定需要在做实质推理时把所有这些特殊的例外条件都找出来或作出证明。

① 形式语义学的同一性推理中经常被求助的“在相同条件下”的形式限定，现在被用于“除非”什么条件下的限定，这里的变化是实质的。在形式语义学中，“在相同条件下”或“条件相同”（ceteris paribus）这一拉丁语用的限定，是为了使推理在任何情况下都保持它的形式的同一性，但在具有模态性质的实质推理中，“除非”什么条件下这个限定用语并不是扮演一个平复内乱的角色（参见本书在第三章中的讨论）。“条件相同”的限定不可能是一个在任何时候都可以使非同一性推理变为同一性推理的工具。“条件相同”这一拉丁词不应赋予一种神秘的性质，不能认为，它具有某种神奇的力量可以移除任何非同一性的实质的推理；也不能认为，它可以把一个同一性推理变为另一个同一性推理，相反，它的使用应该反过来理解：它表明，一种推理不管在何种情况下都是一种非同一性推理。这一拉丁词的出现只是暗示：在一个推理中，推理本身具有某种潜在的重要的可推翻的因素，但又没有作出说明和具体地指出。实际上，处于这种状态的推理正是一种非同一性的实质的推理。

是铜，它就具有导电性”。从另一个角度看，一些事物的性质是隐含的，条件句可以把它显示出来。用布兰顿的话说就是：“原本我们只能在实践中认为它是好的或不好的推理，在通过算法的方式引入条件句形式之后，我们就可以通过说些什么，即对相应的条件句作出断言或否定，同意或拒绝一种推理。”① 由于条件句的使用具有把原本只会做的隐含经验以严格的推理方式表达出来，系统在这里实际上就把自己提升到了一个更高的功能水平上。因此，这里实际上实现了一种双重的改变：它既在功能上提升了，同时也实现了解释性表达的目标。因此，最终的结果是，断言与推理结合：所做的断言本身就是一种推理，而推理本身也来自一种断言。用布兰顿的话说就是：“条件句在这里既出自于推理的断言性表述（elaboration），又是推理实践的阐释（explication）。”② 但没有系统的功能在算法上的提升，系统也就没有能力使用条件句，一旦获得能力，条件句的使用就成了一种推理实践阐释性的工具。布兰顿不仅把 elaboration（L）和 explication（X）两者组合的语用调节的语义的词汇关系称为 LX relation，而且把所有满足了这种关系的词汇称为经验的语用世界中的逻辑词汇，或称为 universal LX-vocabulary。③

布兰顿所揭示的第三种潜在的能力是通过训练或学习达到实际的提升。如何理解话语的能力从非话语的能力中产生？前面谈得很多的是算法的语用提升能力，另一种可以依赖的方法是，通过训练使算法的语用能力提升。从这个意义上说，可分解性的话语追溯并非唯一可用来证明话语能力的方法，可以考虑通过训练或一般所说的经验或学习的过程来证明这一点。④ 语言生产的本性和语言的发展演变，都可以成为话语存在的理由。后期维特根斯坦已经注意到了语言自身的逻辑使用能力，它极为类似于布兰顿的算法能力。生活世界中的语言实践带有训练的功能，它培养了人们使用词汇表达观点的

---

① R. B. Brandom, *Between Saying and Doing: Towards an Analytic Pragmatism*, P.46.

② R. B. Brandom, *Between Saying and Doing: Towards an Analytic Pragmatism*, P.47.

③ R. B. Brandom, *Between Saying and Doing: Towards an Analytic Pragmatism*, P.47.

④ R. B. Brandom, *Between Saying and Doing: Towards an Analytic Pragmatism*, P.86.

敏感性，以及扩大了原有的语言使用范围，并在原有的词汇用法上增加了新的用法。黑格尔和杜威的“经验”无疑也带有训练的功能，因为它们都具有在感知的反馈中形成新的意识和回应的功能。

四、逻辑的语用的性质

概念柏拉图主义的一个错误是，它根本没有看到逻辑的语用性质，相反，它相信一种语义逻辑主义，把逻辑视为一般基础词汇的元词汇。逻辑被视为一般基础词汇的元词汇会带来何种结果？一个最典型的表现是，一旦逻辑词汇被确定为元词汇，基础词汇就被认为是已经表达了某种内容的，它们都是完全语义透明的词汇。有许多实际的认知可以揭开这里语义逻辑主义“习惯性信念”的假象。比如说，如果认为厨房用语是附随于化学用语之上的，这样的论点并无太大的意义，但如果人们发现在学习家政学时，这里词汇的附随关系有助于表明两种不同词汇的结合是有益的，那么，这里至少暴露了传统语义学分析的一种幻觉，即任何语言的使用在词汇的运用上都必须是完全透明的，似乎不同的行当所常有的行业术语的特殊性是不存在的。但家政学描述烹饪现象，只有在使用具有特殊语义内容的餐饮词汇时才有内容。因此，基础词汇在内容上的空洞性是其在不同目标词汇的运用中暴露出来的。传统的逻辑词汇的使用是不稳定的，在缺少实质内容和缺少辅助性词汇的协助情况下，它的使用充满了不确定性，尽管它语义透明性似乎达到了它的语义分析的特定目的。

这里讨论的问题反映了 20 世纪人们在看待形式性的逻辑词汇上的态度。如果逻辑总是关注于思想的形式性而不是内容，那么逻辑词汇就必须挖空其词汇自身的内容（由于内容的特定性总是被认为在思想的形式分析上是有妨碍作用的），语义的透明性就会完全成为传统语义分析所追求的那种透明性（而不是一种理解上的透明性）。语义的透明性在一般语义分析中具有很大的吸引力，但即使在分析哲学内部，人们也逐渐开始意识到追求这一目标的难处。因为，“何以认为形式与内容之间的区别是确定的，以至于我们可为逻辑词汇的区分划一个分界标准？”①

但弗雷格从未认为逻辑是形式的东西。所以，布兰顿的观点是，语义透明性是一种好现象，但前提是，不能把语义透明性理解为形式与质料（内容）假定的一致性或理解为数学等式之间的可替换性的透明，相反，语义透明完全应该从实质的内容上去要求，把它视为对内容解释的透明性。逻辑词汇的两难正在这里：一方面，逻辑词汇本身不能不要求一种透明性（否则将丧失作为逻辑词汇的功能）；另一方面，它必须接受内容的杂多性，即必须保证它在实质的内容的解释上是有效的，即能有效地作为一种辅助性词汇发挥促进认知的作用。这里的逻辑词汇的两难，既可以看作是逻辑词汇本身的一种困境，也可以看作是它所面对的一种挑战。自弗雷格以来，这里的现代认识论的困境已经被普遍地感觉到了。即使我们可以认为弗雷格之后，经过分析哲学的发展，逻辑词汇的形式性似乎已经明确存在，即我们拥有了可以称为纯粹形式的逻辑词汇，但如何把这种逻辑词汇运用于实质推理中使其发挥强大的分析的功能仍然是没有什么特别方法的事情。的确，维特根斯坦在其早期的理论批评中提到了他对逻辑形式性的反感，但所有的问题仍然存在，人们仍然试图在这种两难困境中寻找出路。

如何走出这里的困境，即如何能使逻辑词汇的运用与实质推理拥有同样的使命？布兰顿为了回答这里的问题煞费苦心。《在说与做之间》这本书中，这一综合两类不同词汇的努力构成了一个极其艰难的任务。当然，布兰顿从一开始就寻求在语用学上获得一种突破，通过语用学的语用话语进行一种调节，以实现在不求助任何预设规范的前提下实现统一。而这种语用的能力是布兰顿极为看重的能力，它不只是经验地运用词汇，而是同时进行评价性的运用。布兰顿相信，这种语用的语言能力完全可以扮演在分析的逻辑词汇运用中的那种角色，即它完全可以替代逻辑词汇在语义分析中的作用。布兰顿已经表明，这里的语用词汇的运用能力是一种能力的两个方面：首先是说话者能够在实践中运用实践所需的词汇，并能把说话者对实践词汇的运用，转

① R. B. Brandom, *Between Saying and Doing: Towards an Analytic Pragmatism*, P.50.

化为说话者对这种实践的陈述，一种使用了逻辑词汇的陈述，因而多少满足了逻辑词汇运用所要求的透明性；一个人如果能对自己所从事的实践作出陈述，即“说”，那么这也就表明他有能力做这些事，以便在逻辑词汇允许的条件下把它“说”出来。布兰顿相信，如果能以这种方式使用逻辑词汇，也就表明可以使用任何类型的词汇，这是一种隐含于逻辑使用者的逻辑使用能力之内的一种能力。

逻辑词汇促使实践中隐含的词汇运用显示出来。逻辑词汇必须证明自己的艰难任务就是表达这个任务。现在我们已经知道，这个所谓表达的任务是：“逻辑词汇必须能够让说话者说那些没用逻辑词汇便无法说的东西。”①什么是没有逻辑词汇便无法说的东西？按照布兰顿推理语义学的观点，没有逻辑词汇便不能说的东西有两个方面，一是原初的意向性状态下的意向性，二是说话者身处于其中的已经成为某种习惯的经验知识。但必须注意布兰顿在这里的思考不同于他在其他地方的思考，在这里，他考虑的是逻辑词汇必须如何使用才称得上是逻辑词汇，他完全是针对逻辑词汇的功能性质的问题而来。布兰顿要改变的始终是传统分析哲学的观念，即逻辑词汇不存在两难而是自我解释的幻觉。而提出逻辑词汇必须具有表达的功能，正是因为看到逻辑词存在难以否认的两难，所以，布兰顿把表达，即与实质推理内容相结合的说，视为是走出两难的唯一途径。一句话，逻辑词汇只有运用于实质的推理的推论中（只有在这种情况下），我们才可以说，逻辑词汇的使用是有效的，它不再是陷入形式与质料或内容的杂多与单一透明的两难困境的逻辑词汇。一旦这一条件得以存在，逻辑词汇就完全可以摆脱其似乎与生俱来的两难，而成为具有真正认知意义的逻辑词汇。

对于能够用目标词汇说的东西，还必须能够用不同的词汇去说它，这正是逻辑词汇具有表达能力的一个重要方面。传统语义学可能会认为，所描述的东西只能用目标词汇来表示（这保证了语义透明性），但这样做完全不能帮助我们从质料与形式或内容与概念的组合中建立一种真正的关系，既然

① R. B. Brandom, *Between Saying and Doing: Towards an Analytic Pragmatism*, P.53.

形式语义学没有否认它必须谈论内容（这里并非与实质内容无关的数学等式的关系）。——逻辑学家不应该忘记的是，逻辑词汇真正的功能作用正表现在它对于一种说理活动形成推理和判断的帮助这一点。比如，一个推断的理由是什么，什么是这一推断可以得出的结论这类论辩说理，也只有在这里，逻辑词汇的语义透明性的特征才有用武之地。

作为分析哲学根本特征的语义逻辑主义不是不能成立，而是只有在下述意义上才能成立，即它能够把在目标词汇和基础词汇中只是隐含的与实质推理以明确可显示的方法表达出来。这里布兰顿煞费苦心讨论的问题也就是达米特提出的隐含知识如何显示的问题。达米特意识到语言理论的一个最大难点是如何证明语言与思想的关系，如果只把语言自身规定为交往的工具，则似乎语言与思想没有关系，但语言除了交流又无可非议地与观点和看法（断言和判断）有关，因为人们正是使用语言来表达观点和看法。但达米特更多的是从语言的表达而不是从逻辑的表达上证明他的意义显示性原则，达米特谈到了在心理主义与行为主义之间的词汇运用的重要性，既避开主观心理的词汇的隐晦性，又不以具体的目标词汇作为表意的方式（蒯因的自然主义的方式）。因此，从整个理论上看，达米特太偏向实用主义的经验语言理论，他并没有通过对逻辑词汇的实质推理断言的功能去展示他的意义显示性原则。

逻辑主义自身的两难是令人震惊的，达米特对形式语义学的真值理论的批判已经揭示了形式逻辑的空洞性。布兰顿则进一步从逻辑词汇的两难中把这个问题以更加强烈的方式凸显出来。如果我们把逻辑视为形式的东西，那么它就应该是没有内容的（内容具体的个别性与形式单一的普遍性不能相容），但如果我们又认为形式的逻辑词汇的运用必须是有效的，即有助于对认识作出某种说明，那么，它又必须是有内容的。这一逻辑主义的两难当然是因为把逻辑学和逻辑词汇仅仅视为一种语义学的语义分析工具有关，它并没有去联系语用的关系，从而也就意识不到逻辑与语言表达的关系。把语义学与语用学分开（把逻辑词汇的运用仅局限在语义学中）的一个最大错误是，它假定了人们在实际的推理判断中没有使用逻辑词汇或不会使用逻辑词汇（因而实际的语言使用完全缺少逻辑）。但这完全是一种假象，因为“说”（用逻辑词汇表达）与“做”是相互关联的，也是互为条件的，实际上，一个人之所以能用逻辑词汇表达（说），也正是因为他知道如何做，即他掌握了他所要表达的事物。这是一种语用的潜在能力。因此，是否可以认为，逻辑词汇的运用能力一旦被认为是存在的，它就并非一种逻辑学家手中的工具（想象一下，它作为类似科学家手中或案头上的显微镜或任何其他工具），而是布兰顿称之语言的表达者潜在的语用能力（pragmatic potential）所显示的东西。[①] 那么，所有与逻辑主义相关的两难就消失了，这里存在的只是潜在的运用逻辑词汇的能力和实际表现出来的能力的区别。这意味着，逻辑词汇并不是扮演一种语用表达的纠正者的角色，这里不存在这种语用表达需要逻辑词汇加以纠正或明晰化（精确化）的要求。

布兰顿对逻辑词汇的两难困境以及它的可能出路的论证，既有语义学的意义也有语用学的意义。从语义学上说，他揭示了语义学在分析哲学的语义逻辑主义的一种被扭曲状态，即被形式化变异的状态；从语用学上看，他重新解释了意义即使用这一从蒯因以后被树立起来的语用主义观念，特别是重新解释了什么是语言的使用。实用主义变向之后的语用学有用语用学取代语义学的企图，尽管从表面上它似乎也不反对语义学。但问题的根本是，意义即使用这一原理中的使用一词如果仅仅指遵循习惯性的行为或经验，那就没有任何与语义学和平共处的可能性了，只有把这里的意义使用原理中的使用一词理解为是说话选择一种词汇的表达或表意性的活动，语用学与语义学才能和平共处。而语义学如果不能把它的句法和语义意义的分析与说话者运用词汇的能力和所表达的内容结合起来，它就永远跳不出语义学的形式分析固有的两难困境。

逻辑的两难困境是逻辑词汇无法胜任元词汇这一角色的原因，而直接给分析哲学内部带来了一种系统坍塌的正是它对逻辑词汇使用的失败。[②] 分

① R. B. Brandom, *Between Saying and Doing: Towards an Analytic Pragmatism,* P.54.

② R. B. Brandom, *Between Saying and Doing: Towards an Analytic Pragmatism,* P.48ff.

析哲学从来没有提出这样的问题，即什么时候使用逻辑词汇可以接受，或在何种情况下可以使用，而不需要使用其他词汇。逻辑词汇的使用在分析哲学中被认为是理所当然的。这样的语义逻辑主义的信念，使分析哲学从根本上不考虑逻辑词汇的特定使用情境条件，即如何适当的使用逻辑词汇。在这种情况下，我们就根本不清楚使用逻辑词汇的结果会是什么，以及从语用学上考虑逻辑词汇的使用是否能被接受的问题。分析哲学使用逻辑词汇的通行方式是布兰顿称为语义逻辑主义的方法，它用一个逻辑词汇来解释另一个逻辑词汇，把在不同的逻辑词汇之间建立起语义等值关系视为运用逻辑词汇的目的。但分析哲学的逻辑词汇使用方法背后的认知方法论的依据是什么，为什么不使用模态词汇，即为了满足语义逻辑主义数学化的语义等值关系的分析，可以拒绝使用模态词汇？特别是，为什么逻辑词汇的使用可以不受限制，即可以事先假定逻辑词汇已经具有它的语义值，因而可以随意使用？进一步的问题必然是，逻辑词汇为什么可以不用去分析它与经验的关系，即那种从经验主义和自然主义的自然科学的词汇才能获得某种解释的词汇的语义关系？语义逻辑主义如果是合理的一种方法，就必须考虑这些问题，否则它便只是一种片面的形式语义分析，从而根本不能进入真正的认知世界。

实际上，关于这个问题，布兰顿已经有了答案。布兰顿已经对不同词汇的运用特殊性做了划分，比如他从语用学上对不同类型词汇的划分，以及他从一种推理主义的认知角度把两种语用词汇 LX（elaborated-explicitating）组合在一起，并把会使用这两种词汇视为基本的词汇运用能力，即具有能够在蒯因称为意义不确定的世界自由航行的能力（关于这一点，具体的讨论见下一小节）。只有假定使用者拥有这种能力，并且使用这种方法作为一个辅助条件，那就可以表明语义逻辑主义是可取的，即我们运用逻辑词汇作为语义分析的工具就是正确的。

五、话语的普遍的语用元词汇对一般逻辑词汇的替代

布兰顿的解决方案正像他自己说的抱负很大，他实施了一揽子的语言

改造计划。布兰顿获得了在句法上由语境独立的词汇转换为带有语用的真实性的词汇，即语用元词汇的证明。进一步的要求便是，这种具有真实的语用性质的词汇所构成的句子，如何可能在一个新的层面上构造带有认知性断言和推理的句子。换言之，语用元词汇如何成为具有断言和推理能力的词汇？这个问题对于布兰顿而言，也可以这么说，一种系统的能力如何能持续地转换为另一种能力（PP-sufficient）？布兰顿对这里的问题的解答分为两步，第一步是改变分析哲学传统中的逻辑词汇的功能（或对其固有的功能作出新的解释），以便让逻辑词汇首先获得这样的功能特性；第二步是扩展分析哲学仅仅局限于单一逻辑词汇的词汇范围，把模态词汇和规范词汇纳入其中。因此，布兰顿不仅对传统意义上的逻辑词汇做了全新的功能解释，而且分析了什么是模态词汇和什么是它真正的认知意义，以及解释了为什么需要规范词汇，它的功能性作用是什么。

布兰顿的分析带来的一个基本结论是：逻辑词汇是属于由条件句展开的语用主题化解释（elaboration）和逻辑推论（explication）所构成的词汇的一种词汇类型，这一定义等于认为，逻辑词汇不再是一个可以独立使用的元词汇。对于为什么选择条件句，以及条件句的本质是什么，布兰顿做了下述说明：

> 条件句是逻辑词汇的一个范型。……我所做的提议是，意义—使用分析恰好表明，条件句说明了一个种类，而逻辑词汇是作为其中的一种。这一种类可分为以下三种特性：(1) 由实践或能力的运用从算法的提升而来的，(2) 对于每一个自主的词汇（因此，无论是哪一种词汇），都具有 PV-necessary 实践或能力，以及 (3) 能够对那些 PV-necessary 实践或能力作出具体的阐明。任何词汇符合这种条件，我将称之“具有普遍意义的解释和推论的词汇”（universal LX-vocabulary）。①

① R. B. Brandom, *Between Saying and Doing: Towards an Analytic Pragmatism*, P.47.

第一个特征是具有算法提升能力的语用实践，这可以包括作出实质推理断言的能力（它与使用形式语义分析词汇的能力相反）；第二个特征是所有的自主使用的词汇，无论是哪一种词汇（目标词汇、逻辑词汇和规范词汇），都必须具有必然的实践能力，即作出断言（实质推理）和逻辑推理（使用条件句）的能力。这是一种满足了 PV-necessary 的要求的能力，它不同于 PV-sufficient 那种满足于基本的经验实践的要求的能力。① 第三个特征是能把断言和推理用主题化的论题表现出来。符合这种条件的词汇有“不相容性”这种模态词汇、四种逻辑词汇（否定性、连接性、可能性和必然性）和规范词汇和意向性词汇。这些词汇在布兰顿这里都可以是普遍的 LX 词汇的一种类型，因为它们可以在一种符合上述语用特性的条件下使用。

在布兰顿这里，尽管逻辑词汇完整地保存了下来，但现在只有作为 Universally LX 词汇的逻辑词汇才能发挥作用，而没有原先扮演语义分析的语义元词汇角色的逻辑词汇（因为逻辑词汇也已经被当作 Universal LX 词汇这个“种类”（genus）中的一种，因而改变了其功能）。在布兰顿这里，只有作为一种 Universally LX 词汇的逻辑词汇，才有传统分析哲学所认为具有的那种“神圣的”的认知意义。语义逻辑主义对逻辑词汇的认知功能的神化并不是真正的原罪，真正的原罪是，语义逻辑主义使逻辑词汇完全脱离了整个语用经验系统的运作方式。布兰顿结束语义逻辑主义对逻辑词汇神化的方式是建立一种普遍的 LX 词汇，并把逻辑词汇视为这类词汇的一种。

形式语义学或语义逻辑主义把逻辑在认知中的使用视为独立的，布兰顿所做的一切就是要废除这里的教条。布兰顿表明，逻辑的使用是在拥有语用知识（隐含的知识）情况下的使用。这里的区别是，普遍的 LX 词汇是一种解释性的工具，它并不是康德意义上的范畴。功能主义的话语理论分析不会离开功能系统之间的关系理解任何一种系统的能力，语言释义的能力总是被置于整个系统的功能性关系中来解释。这里功能上的转换关系极为关键，我们必须首先正确理解已有的句子，并在此基础上运用逻辑句子加以释义。

---

① R. B. Brandom, *Between Saying and Doing: Towards an Analytic Pragmatism,* P.28.

转换这一复杂的逻辑演算要处理语义寄生和再生的内在关联性。根据语用调节的概念，没有寄生就不可能有再生，而再生总是出于它所寄生的语义内容。在所有可能发生的解释或评价中，新的经验总是会融入其中。实际上，布兰顿在这个问题上遵循了达米特的看法，后者明确地把语义寄生与再生视为一个不能分开的过程：没有人能说他通过说意指了什么，除非他理解了他所要说的；其次，只有在一种派生的意义上，才能说一种话语说了说话者没有说过的某物。独立地看，寄生的意义是次要的，对于逻辑表达而言，它是不重要的，重要的是它所带来的派生的含义。

必须看到，对下述实在论问题的解答也是普遍 LX 词汇需要回答的问题。首先，我们如何能够不需要传统形式逻辑的真或真值这个概念对语义的命题内容的“真”作出证明？一个不再是基于形式语义学的真概念之上的“真”是什么？由于推理语义学的对象世界的概念已按照实用主义做了彻底的新解释，这里不存在符合论的概念解析的需求。如果真不是单个句子或语言词项的一种属性（形式语义学的真概念的基本观念），那么，这里就不必再讨论真或真值。布兰顿在他的语用调节的推理语义学中讨论的是由不相容性（incompatibility）所指向的一种实在，并由它代表真这个概念（作为模态实在）。因而，不相容性是一个普遍 LX 词汇，而不是一个一般的逻辑词汇。不相容性被假设为或被确证为是与世界相关的一种属性，确切地说，客观世界确定性的本质就是模态上强的排他性（它亦是一种实质的不相容关系），它带来了模态上的强的实质推论关系。因此，作出推理或概念上的表达，就是把自身置于实质的不相容关系和推理的推论关系之中。在这里，只有不相容关系表明了模态逻辑存在的必要性，在语义学方面，不相容性是隐含的模态观念。

规范词汇（承诺、资格、担当和责任）也是一种普遍的 LX 词汇。根本的原因是，布兰顿完全没有按照真值或真这个概念来处理普遍的逻辑词汇，即不是去探讨它们的指称式的对象性的构成性意义（在形式语义学的最基本的分析中所要求进行的），相反，它们是被置于由规范的语用词汇指导条件下来使用的，比如具有排他性的语用承诺和语用资格是在规范的语用行为中来探讨的。所以，否定性、连接、必然性和可能性的基本的语义学解释方式是围绕着不相容性原则（由不相容性显示的承诺和资格的行为来解释四种普遍性词汇）来进行的。尽管不相容性语义学对否定性、连接性、可能性和必然性的分析不依赖真概念，但布兰顿和他的助手阿克尔（ Alp Aker）却证明了，这四种逻辑词汇都具有与真概念相同的作用。①

有关四种逻辑词汇的不相容语义学讨论的不是一般语义学上的命题内容，而是实质的（以语用的方式说出的）命题内容，因而它不是在任何没有真实语用实践的语境条件下说出的句子，而是处于真实具体的语用实践中的话语。而且，它所提出的一个实质的推理，总是面对一个已经提出的推理或被认为是符合经验的语用习惯的句子。根据布兰顿的语用原则，它在这种与先前已经存在的话语的对话中，是处于一种解释性继承或再生的关系之中的。因此，这里的逻辑词汇的运用服务于由不相容原理指导的句子解释，这一点似乎非常类似于戴维森的解释原则。换言之，除了用不相容原理代替形式语义学的真概念之外，这里服务于自动装置的语义学的一个重要特征是它解释和评价的性质。不相容性语义的逻辑使用离不开已经存在的句子或任何真实存在的规范的语用实践（因为只有在这里我们才有可能被认为“说”了些什么），这也就是说，它不能独自地进行任何逻辑词汇的运用，这里不存在任何语义构成性的问题。对于布兰顿而言，使用逻辑词汇的目的是使那些在不使用逻辑词汇的情况下便无法显示出来的语义内容（命题内容）显示出来。

布兰顿统一分析哲学和实用主义的目的是尽可能清楚地表明这一点：话语实践如何可以从语用主体的能力上来理解，即话语实践如何可以在不依赖任何概念柏拉图主义的情况下建立起来。这种结合促使布兰顿不是把语用的活动仅仅当作卷入当下的语用情境的经验行为，而是把语用的活动真正从语言（词汇）运用的角度加以分析，探求经验吸取过程中的语言反馈，即在对

① R. B. Brandom, *Between Saying and Doing: Towards an Analytic Pragmatism*, PP.141–175.

经验进行测试时的语言运用。这些语言运用包括以条件句为引导的逻辑词汇的运用、规范词汇和模态词汇的运用。

但要说明这一点并不是一项简单的工作，一种非自主的经验条件的有限性如何上升到普遍性是不容易说明的一种能力。布兰顿称为算法提升和推理的能力（包括系统自我训练或学习的能力）都不完全是物理的自然主义词汇可以说明的，尽管这些能力都离不开它们与作为自动装置的语用系统最初的能力（比如句法上的读写和辨析能力）的关系。布兰顿仍然需要在唯物主义与心物二元论之间保持一种平衡。对于布兰顿而言，这里似乎没有选择的选择无疑是功能主义固有的一种困难。但记分可以作为一种算法来表明话语本身的功能主义的性质，似乎给布兰顿带来了希望。布兰顿所能做的仍是深化语用的元词汇作为调节手段的方案，并寄望于他称为的作为普遍的话语词汇（LX 词汇）的认知意义。

重要的是，话语的逻辑不是形式逻辑的演算而是对 LX—词汇的运用，布兰顿因此改变了传统逻辑的地位。通过比较人工智能的功能主义的研究，语用的主体在没有加入任何语言游戏的条件下，也可以加入一种语言游戏，即运用自主性词汇在经验的语用世界中说什么的语言游戏。嵌入语境的词汇并不是简单地被重复，语用的主体总是有能力运用这些词汇说些什么。从这种意义上说，语用主体的“说”与内嵌的语言实践的“做”始终处于一种张力关系之中。而这同时也意味着，自主的话语词汇具有经验的语用（做）的基础，它不是外在于做的经验语用的过程的，因为它本身来自经验的语用实践。

通过抵制概念柏拉图主义并揭示逻辑话语的实用主义的本性，布兰顿也对其话语理论做了一个补充性的说明，这种说明也可以看做是对理论静默主义的批评的回应。麦克道尔拒绝布兰顿的推理主义认知外部世界的方法，因为他认为，布兰顿的推理主义剥夺了作为认知主体的个人的地位，在布兰顿的话语建构的方法中，“一个理性的动物在拥有概念能力的情况下却不能运用其概念的能力，除非他把自身紧密地与社会实践结合起来。但按我的理解，概念能力已经是一种个人的能力，他可以通过自己的努力立足于拥有资格的空间中……”① 对于麦克道尔而言，这里存在一种特殊的个体主义：个人多少是通过张开自己的眼睛而立足于社会性的理性的空间之中的，他(她)并不是什么都需要一种社会性的推理；布兰顿的话语理论有遁入怀疑主义的嫌疑（整个语用实践处于被怀疑的境地）。布兰顿借助于实用主义本身的行为反馈理论给予了正面的回答。个人的真实存在，他（她）作为语言实践中的语用存在物无疑具有不可怀疑的真实性，但这并不意味着，他（她）不需要在理性的社会话语空间表达自己的观点。人们在使用一个概念时也是在表达一个概念，用布兰顿的话说，“做”与“说”是同时存在的。如果说“做”可以由个人能力表现出来，或者说，它主要是一种个人能力的运用，那么“说”则是这种个人能力的社会性的表现。如果实践本身在功能上具有从一个阶段转换为另一个阶段的能力，比如，一种实践既可以显示自己“做”的性质，同时又可表达一种“说”的性质，那么，话语实践能力就不是强加给语用实践者的理想化的东西，而是实践自身固有的一种能力。

① J. McDowell, “Knowledge and the Internal Revisited”, in *The Engaged Intellect*, 2009, P.287.

第九章　意义的客观性与交往

布兰顿要求以话语推论的方式展开的推理主义的基本特点是，它要求说话者的断言不仅作出承诺，而且还能为听者所接受，以便所做的断言能成为接受者断言的前提。在布兰顿如此设计的推理模式中，一个推理断言者之所以能够把另一个推理断言者的断言当作其推理前提，是因为他们在评价断言内容上拥有共同的标准，他们所共有的规范承诺保证了他们之间能够形成一种相互理解的关系。如果不同的断言者彼此之间附带的承诺不同，而又不能找到交流的方式，给出理由与要求理由的话语游戏将根本不可能展开。

交往有多种不同的形式，比如，我们有最基本的信息交往（交流）、观念的交往（对同一可观察的经验现象的交流），以及不同的观点和看法的交往。布兰顿关心的当然是不同观点和看法的交往，因为认知主义的知识论模式使他必然把不同的断言视为最基本的知识项。尽管在这种认知主义知识论模式中，信息和经验可观察的观念分享同样重要，但它们都最终服务于观点和看法的认知性的交往。

但一直以来人们就发现，这里始终存在断言者附带的规范承诺完全不同的情形。“只要对于句子所表达的论断哪一个需要作出评价的附带承诺有区别，同一个句子，在一个人的口中说出的含义就与在另一个人口中说出的含义不同。因此，即使在较为融洽的交流情境中，如果你想知道我所说的是什么，你就必须了解，一个句子在你口中所表达是一种意思，而我说出它表达的则是我的意思。”[①]尽管从表面上看，所有方面都表明，在话语推论中能够形成交流是话语具有客观性的前提条件，但问题正在于，交流是否有助于推理性断言在不同的理解者之间达成观点或意义的分享？布兰顿要解决这里的交往问题，就必须在蒯因—戴维森的交往概念之外寻求交往概念的解释，即重建交往概念，因为前者的交往概念不解释具有不同的附带承诺的对话者之间的相互理解，它关注只是一种表征性的指称交流的可能性。

一、一个基于交往的三层结构：话语表征、外延与内涵

出自背景的信念之不同意味着一个评论对于说话者而言可能会有一种推理的意义，而对于说话者的听众则会有另外一种推理的意义。交往的概念必然涉及理解这一概念，这看起来需要求助内涵，但求助于内涵不可行，如果“假定一种论断的推理意义是相对于能够作为辅助性的前提来使用的随带承诺的语境，那么，推理的意义就不会保留在交往中——不会从说出者向交往行为的接受者传达和转移。”[②]不同的附带承诺会有不同的推理的意义和不同的理解和意义，它们不可能共享。就像针对这个问题的许多讨论所揭示的，内涵的概念在共时性和历史性上的意义沟通方面都存在问题。也正因为如此，蒯因放弃了他认为的带有这种困难的内涵概念：他用整体论的意义理解方式替代内涵的理解的方式。蒯因这样做的优点是，我们不用再费神去分辨一些永远无法分辨的问题。——在蒯因看来这一点是做不到的，即在我们的推理和认知的信念中，把在理解的前提下的相互理解与各自附带的信念区分开来是做不到的。

但蒯因的整体论有一个缺点，即它仍然是一种两层的设计（a two-leveled scheme），比如，蒯因只是把内涵替换为一种本体的经验，而外延与内涵对立的观点并没有真正被放弃。在这种基础上的指称交流就缺少真正认

① R.B. Brandom, *Making It Explicit: Reasoning, Representing, and Discursive Commitment*, P.510.

② R. B. Brandom, *Making It Explicit: Reasoning, Representing, and Discursive Commitment*, P.480.

知推理的特点，即话语推论的（discursive）因素。推理在两层的设计中没有发挥任何系统的作用，这里不是依赖不同说话者的推理意义的不同，而是依赖不同的可能世界外延的不同。① 两层的设计完全不是以论断推理的意义为核心。布兰顿的提议是，我们应走出这种仍然带有传统认识论模式特点的、基于对一般的内涵与外延的两分法之上的标准两极的理论框框，转而采用三层设计（a three-leveled scheme）。三层设计借助各种记分式的实践解释，从不同观点的推理意义开始，然后涉及外延，这样也能从指称的意义上升到命题的或概念内容（它以某种方式与内涵相关），它也能够以系统的方式与不同对话者相应的不同观点相联系。与此相反，两层设计的实在论模式使蒯因等人只能依赖于一种非推理的指称交流的模式，这是一种缺少认知因素的方法，因为它以不顾及推理的命题内容为代价，即把推理的命题内容视为认识中不需要的东西。当我们把指称的公共标准当作一种指证的时候，意义的辩护就失去了它的推理认知的特性。

在三层的设计中，布兰顿对外延的使用完全不同于蒯因。对于布兰顿而言，谈论表征的东西，就是谈论是什么东西使我们能够在推理中使用另一个判断作为前提和作为理由来获得交往，即使是作为假设对在我们自己的附带承诺的语境中它们的意义作出评价。在不同对话者的社会观点所表达的不同做一个初步的评价方法，它所考虑的是真理的评价是如何进行的。

布兰顿如此处理表征的方式，即把表征当作不同的话语者在社会交往中的表达，使表征成为一种命题态度，从而把它与所有其他类型的命题态度并置。这样一来，布兰顿也就可以去作出分辨，哪一种表征的命题态度可以真正发挥它的作用。由于说出的表征的可公度性质（尽管它本身也带有命题态度），它可以打破那些由于附带承诺的影响而受阻的交往。布兰顿与戴维森和蒯因的最大不同是，他不认为客观的概念规范可以仅仅通过对表征性内容的量化而得到。

① R. B. Brandom, *Making It Explicit: Reasoning, Representing, and Discursive Commitment,* P.482.

布兰顿对交往的关注完全是因为推理主义的话语真理论需要交往，而不是因为交往需要通过话语的知识论才能建立起来。推理主义把表征理解为是一种带有意图的表征，它被从语言上视为一种 de re 的命题态度，这里作为一种命题态度的表征，恰好有助于那些为不同的附带承诺所阻碍而难以达成相互理解的概念建立共同的话题。布兰顿谈论交往的目的是表明，带有命题态度的表征如何可以通过在不同的交往主体之间的分辨，跨越附带承诺所带来的对不同的概念内容（命题内容）相互理解的障碍。布兰顿对带有命题态度的表征的可交流的关注，从另一个侧面也反映出，他显然认为，交往的社会语言行为本身具有重要的认知意义。

对不同的对话者的社会观点所表达的不同做一个初步评价的方法，所要考虑的是真理的评价如何进行。这种评价传统出现的主要语境是知识的归属。按照传统的 JTB 的说明，知识是被证明的真信念，对于为一个和另一个人的承诺和资格记分的对话者而言，可以认为他拥有这种知识，这样的解释要求，为了使记分者认为另一个人具这种知识，记分者就必须采取三种类型的实践态度。首先，记分者必须认定一种进行推理的表达，即进行具有命题内容的东西表达的承诺，这等于与知识上的信念条件。其次，记分者必须认定作出一种推理的承诺资格，这等于知识上的证明条件。那么，什么等于第三个条件，即知识上的真理条件呢？对于记分者而言，把某种认定论断视为真的，也就是记分者同意了这一论断。这也就是说，第三个条件是，记分者自己承担了归属于候选的认知者的同一个承诺。

在布兰顿这里，话语表征（de re 的命题态度）、外延（作为一个限定性概念的客观的表征）[①] 与内涵（de dicto 的命题态度）构成了交往的话语结构，它可以在说理中针对不同的观点建立起一种相互理解的交往，以确定哪些观点具有普遍的意义，因而是相对客观的。对于布兰顿而言，真理的客观性是视角的，这意味着，它是基于相互理解和相互评价（记分）之上的，这里没

① “客观的表征”的对象世界是独立于每个人的视角的（具体讨论见下一章），布兰顿在实在论问题所真正承认的只是这一点：这里有一个独立于某个人或某个视角的表征的对象世界，所有的表征都指向它。这种客观的表征是“超越态度的”（transcends attitudes ）。

有其他方式来表明一种视角的真理性（客观性）。

与一般的内涵与外延两分法的标准两层次理论不同，布兰顿的方法是三层次的：它由论断推论的意义开始。这个理论然后向下，用替换性推理的承诺来对话语的外延层面作出定义。与表征相对应的相等同的表达部分（所谈论和所想到的东西）作出定义。这种方法所借助的各种记分式实践的解释特征，从观点推理的意义到外延的意义，所以有可能从这种意义上升到命题的或概念内容（以某种方式与内涵相关），它以系统的方式与不同的对话者相应的不同的观点相关。从这个观点来看，对外延与内涵的传统处理方法所遗漏的正是人际间的交往层面（interpersonal communicational dimension）。① 然而正是在这个层面上，可以使外延与内涵的辨别力与推理的实践联系起来，因此通过它们所表现的解释功能，才能适当地称为所辨别的语义学的相互关联。说话者和听者分享的并不是一种作为功能发挥作用的内容（蒯因的整体论的不足之处），而是一种记分式的实践。把表达式当作相互可替换的，从推理走向外延。

二、作为一种命题态度的 de re

传统区分了与命题态度的归属相关的两种解读或两种含义。归属性的 de dicto 用一种断言（dictum）或一种说法（saying）来认定信念，而归属性的 de re 则用具体的事物（res）来认定信念。蒯因强调，两种归属关键的语法区分涉及出现于它们之中的单项词替换的性质。在归属的 de re 部分（在严格使用“of ”算子的范围内）出现的表达式具有它们术语使用上的指称透明性：共同指称项可以互换而真值不变，即不会改变整个归属的真值。与此相反，在归属的 de dicto 部分（在严格使用的“that”算子的范围内），这些互换就会改变整个归属的真值。从句法上看，de re 的归属可以认为是从 de dicto 的归属那里形成的，通过从“that”从句中输出单项词，加上“of ”，

① R. B. Brandom, *Making It Explicit: Reasoning, Representing, and Discursive Commitment*, P.485.

并在原来的位置上加上代词作为开始词来做到这一点的。

S 相信 that x……

变为 de re 的形式

S 相信 of x that

这两种命题态度的混合显然会带来一种语义的含糊性。但蒯因认为导致 de re 的指称透明性的丧失，即不再具有共指的功能（可替换但真值不变）的原因不是 de re 作为一种命题态度与另一种命题态度，即 de dicto 的混合，而是另有原因，这个原因是 de re 作为一种命题态度仍容易产生非量化的或不严格的指称性。因此，蒯因在其理论放弃了讨论 de re，而是转向完全可量化的外延。但在布兰顿看来，蒯因对 de re 的看法完全是自然主义的。关于二者归属之间的关键区别的基本观察的意义取决于下述情形，在这里，共同指称替换的可允许性为符合外在性的考虑遮掩了：(1) 蒯因认为单项词不是必须的，从而他把量化的表达式视为指称承诺的真正的词汇的独特观点，使他只关注量化的归属，使他的讨论陷入了外延性承诺的问题当中，并把他引向了对什么时候“输出”是合法的担忧之中。(2) 这种强调反过来导致了对一般的 de re 归属分析的忽略，而只使用可量化的强的 de re 的归属。采取这种方法对于我们理解和证明行为的反应（某种外部刺激）有很好的作用，特别是在模态的情境中，但对于一般地理解某物（aboutness）而言则偏离了方向。

蒯因对强 de re 的承诺可以清楚地从下述这段话中看出：“指称、外延曾经是确定不疑的，而意义和意向性则是不确定的，但现在，翻译的不确定性使我们视外延与意向性一样是不确定的。”① 蒯因的意思很清楚，他要取消对意义、指称和语义的依赖。蒯因的语义取消主义使任何命题态度失去了在科

① W. V. Quine, “Epistemology Naturalized”, in *Ontological Relativity and Other Essays*, New York and London: Columbia UP, 1969, P.35.

学理论中的作用。按照蒯因的逻辑，没有一个指称可以决定它们之间谁是唯一的真理性指称。因此，没有指称这样的东西，没有人指向任何东西。这样也就带来了对命题态度的否定：没有一般的意义和指称也就没有一般的信念或断言。

布兰顿的看法是，只有作为声称的表征才有可能得到另一个说话者通过话语的接收而作出相应的反馈（评价）。这也就是说，在这里，也只有被蒯因所遗弃的 de re 可以重建由于不同的说话者各自不同的附带承诺所阻断的交往。布兰顿并未否定严格意义上的事物和对象索引性关系是存在的，① 即他并未否认可量化的强的 de re 是存在的，他只是认为，强的 de re 并不能单独在认知上发挥作用，更不能单独在交往中发挥作用。指称事物和对象可以有多种方式，而它们的不同正在于它们是可分辨的。因此，只有在"我说"或"我认为"的概念性归因活动中，认知才真正开始，即我们才指称了某物或对象。强的 de re 的表征类似于直接指称，它完全没有语义的中介项，因而完全没有可帮助理解的概念和含义。布兰顿的观点是，任何内容的记号反身表达，都基于它所产生的内容之上。只要索引词具有卡普兰—斯塔纳克尔的语义学类型，也就有安斯康博—佩里的语用学的类型。这里不存在独立的类型，因此反过来说也一样：任何反身记号表达的记号具有安斯康博—佩里的语用意义特征，都具有由开普兰—斯塔纳克尔的方式所规定的那种语义的内容。② 这实际上也就是为什么，de re 与 de dictor 的命题态度具有联系在一起的可能性。一个 de re 的命题也可以用 de dicto 的命题来重新作出陈述。两层的设计使蒯因只能使用可量化的表征，从语言的理论上说，它所使用的只能是一种强形式的 de re 来对应整个的理论（概念的总体），但强的 de re 的信念归因涉及存在承诺（existential commitment），因此，蒯因默认了一种存在承诺，而这恰恰是弱的 de re 的信念归因可以避免的（它无需这样的承诺）。③

① R.B. Brandom, *Making It Explicit: Reasoning, Representing, and Discursive Commitment,* P.551.

② R. B. Brandom, *Between Saying and Doing: Towards an Analytic Pragmatism,* P.57.

③ R.B. Brandom, *Making It Explicit: Reasoning, Representing, and Discursive Commitment*, P.569.

布兰顿把声称的表征视为一个重要环节，因为他认为，只有 de re 的指称形式既带有命题态度，又可以对事物对象性的性质作出一种指示或说明，这就是说，de re 可以作为一种“我说”的表征形式进入给出理由与要求理由的空间中。即使从语言本身来看，这一点也是明显的：在具有独立语义的句子表达中，我们谈论和思考某物和某种事态都必须应用“of”和“about”这样的词，这些词汇在我们的语言中显然发挥一种带有意向性的语义表征的表达符号的作用，通过使用它们，我们可以对所要表达的事物或事态做一种命题性的判定，即表达一种带有意图的表征。比如，在下述具有其真值条件的语句中，它们都属于 de re 的命题性使用，即它们都有意向性表达的含义：“托马斯·杰弗逊相信（believed of）海王星并不存在。”带有“of”和“about”的表达式，从自然语言的角度看是拥有一种认知上的灵活性。考虑到它所具有的命题态度，一个 de re 的归因可以有双重任务，即它可以包含双重目的：它可以是一种真正的认知承诺，但与此同时，也可以对所做的归因承担一种责任或作出一种担保。

蒯因对刚性指示的确认或表示是一种量化的处理，他这样做的目的就是避免“of”言语性质的语境约束的可变性。蒯因之后的一种趋势是不使用这些在自然语言中具有灵活性的表征词汇，而改用强形式的 de re 的表征用语（关注量化的外延）。De re 的表述形式在蒯因以后仍然是在非常严格的指示性意义上使用的。蒯因式的表征的优点是，它可更严格地使用指示词或 de re，它不仅仅可以用“of”表示一个特定的不变的或具体的事实，还可以严格到量的规定，因为“of ”的语句涉及说话的人当下的情况，因此仍有可变性。实际上，“of”后面的语言指示既可以是一种事实也可以是某个具体的存在物，这也容易产生命题态度上的歧义。所以，布兰顿注意到了这里的问题，因此，他做了三个方面的补充：第一，布兰顿承认，弱的 de re 命题归属形式与 de dicto 的有关联，它只能作为记号（tokenings）来使用，而不能作为类型（types）使用，因此它不是一种直接引语的形式。第二，这里必须用替换性关系的使用代替明确指示关系的使用。第三，对弱的 de re 整个的描述必须置于社会—观点的框架中进行，它依赖于不同的说话者之间的认知信念的承诺和交流，比如，通过交往，从一个话语者的承诺到另一个承诺的转换，它要求适当地处理弱的 de re 和 de dicto 的混合命题表述形式。①

自弗雷格以后，另一种方式就是不再坚持外延性的存在论承诺，即不再认为有外延与内涵的二元性矛盾和对立，以及它们之间的矛盾是表征需要首先解决的问题。这是达米特根据其对早期作为一个推理主义者的弗雷格哲学诠释的结果。布兰顿是这一传统中的一员。弥补外延性的存在论承诺的含混性使蒯因动用了一种强的 de re 的表征概念，但这么做的代价是一种量化的刚性指称或指示物失去了任何可能具有的认知的意义。索引和专名以及限定性摹状词如果以这种量化的刚性指称在不同语境之间翻译，就会像弗雷格所批评的那样，在 A=A′ 之间满足了它们的同一性，但这种量化的刚性指称是毫无认知价值的，因为只有在 A=A′ 的推理中，一个表征与另一个表征的关系衍生才有认知的价值。指称一个事物不是扫清它概念理解的差异，而是建立不同的概念认识的关系，以达到真正指称一个事物或对象的目的。蒯因只关注量化的归属，这使他陷入了外延性存在论承诺的问题当中，强的 de re 的表征形式会出现只有描述而实际上没有一个对象的情形。② 如果强的 de re 的表征形式或那种一定必须“触及”物体的量的概念被视为刚性要求，那么，弗雷格关于含义的意义理论就可以取消了。如果量化的刚性指称原则保留下来，那么，涉及物体表征的思想就必须被理解为直接“挑选出”它的对象，而不需要卷入任何含义的概念（量化的刚性指称的保留意味着，不再存在含义与指称的区别）。取消含义与指称的区别，否定含义具有认知的功能的观点，正是弗雷格之后的另一种“弗雷格释义”的理论立场，该理论把指示词、单项词、索引和专名都视为具有直接指示对象的功能。

① R.B. Brandom, *Making It Explicit: Reasoning, Representing, and Discursive Commitment*, PP.548–549.

② R.B. Brandom, *Making It Explicit: Reasoning, Representing, and Discursive Commitment*, PP.569–570.

三、两种命题态度的关系

只有通过第一人称意义上的“我”的语言表达和推理性指示的方式，真正的对象才是可以谈论的。从这里的知识的性质角度看，区分被认为是正确的与客观上是正确的就是一个基本标志。de re 的命题形式所具有的特征正是这里的知识所固有的，因为它的命题形式正是反映一个事物客观上正确的观念。[①] 但 de dicto 也是一种命题态度，它与 de re 一样是一种谈论知识或显示概念内容的方式，而且，在一些情况下，这两种命题态度是交织在一起的。布兰顿强调它们之间的区别是命题态度上的，而不是概念内容上的。同一个概念内容，我们可以有两种不同的命题态度，即表达和指出它的方式。de re 的命题态度关注的是真或事实这一方面，de dicto 的命题态度关注的则是意义或内容的方面。前者可以称为一个表达的客观方面，后者则可以被认为是一个表达的主观方面。但问题在于，de re 和 de dicto 的命题态度并不是在任何时候都是清楚地分开的，在大多数情况下，de re 命题态度的背后，决定它命题承诺的是一个 de dicto 的命题态度（它总是先于 de re 的命题态度)，因而概念内容总是会在某些条件下显得含混不清，在理解上产生歧义。客观的事实与主观的观念在这里是交杂在一起的。

从语言的角度说，没有理由否认这一点，即我们的断言往往可以有两种不同的命题态度：de re 的命题态度与 de dicto 命题态度。问题的复杂性还在于，在每一个 de re 的命题态度背后都有可能是一个 de dicto 的命题态度(正因为它是一种命题态度)，在一般情况下并不容易区分它们。而且整个思想史或实践思想史都可以视为是带有 de dicto 的表达形式的内容，这就是说，这里并没有谈表征。因此，在这个领域，理解本身便是一门艺术，因为正像伽达默尔说的，这里没有我们所习惯的那种方法（逻辑的或经验的）可循。实践的概念内容与实践者意图的关系，概念内容与历史的关系，以及实践者的视角或视域与概念内容的关系等都不是容易解释的。“de dicto 的思想史是

---

① R.B. Brandom, *Making It Explicit: Reasoning, Representing, and Discursive Commitment*, P.595.

一门要求很高的学科。”① de dicto 命题内容的表达方式本身也是一种解释的方法，即把握本概念内容的一种方法。比如，相比于与具体事实相关的 de re，它关注的是内容或意义。

De dicto 作为一种命题态度肯定存在弱点，它在概念内容的解释上总有一些不能令人满意的地方。de dicto 是解读本文或概念内容的一种方式，在布兰顿这里，它特别被用于概念内容的解释和推理上。从实用主义的角度看，一切解释和推理都与现有的概念相关，推理所需要的概念是多种的，从蒯因所引用的杜恒的整体论的角度看，意义本身是处于不同概念之间的整体关系之中，不可能只有一个概念的理解，而是需要许多辅助性的概念，只有这样，才有可能进行一种意义的理解。在这里，de dicto 的释义方式实际上也就是一种整体论视域下内在的解释方式（它不借助于外围的观念）。但正因为 de dicto 的释义方式的内部性质，它也容易产生对意义解释上的不确定性或含糊不清。因为对不同概念之间关系的理解本身就是一种推理，而且这里的推理不是形式推理，而是实质的推理（这也是带来 de dicto 的释义的难度的根源）。如果我相信，康德推崇哈曼，而且我也相信，哈曼是北方的占星师，那么，不管这个事实如何来讨论，我都会相信，康德推崇北方的占星师。在这个推理中，这里的“相信”带有随意的性质或是对形式推理的一种依赖。在概念与概念之间的关系的解释中，de dicto 的内部解释还会碰到对概念本身提出者意图的解释，如果你不能前后一致地理解作者的意图，你就不能借助理解进行相关的推理。在一些情况下，推理的情境条件是清楚的，比如，你知道，对于树莓而言，一旦红了，就表明它熟了。而对于黑莓而言则不然，红了表示它还没熟，黑莓只有呈黑色时才成熟。这一基本推理的情境条件帮助你在树莓和成熟的树莓这两个概念之间建立了联系，或者在黑莓与不成熟的黑莓这两个概念之间建立了联系。但一旦解释涉及概念内容的意图，即那些由概念内容所表达的观点和思想时，一些情境条件就不会如此清

① R.B. Brandom, *Tales of the Mighty Dead: Historical Essays in the Metaphysics of Intentionality*, P.99.

晰。比如，在康德推崇北方占星术的例子中，一个人也可能会选择不同意，即不认为康德推崇哈曼。但如何理解这里的否定？可能的情形是，一个人选择不同意这一推理，并一定表明他不同意康德推崇北方的占星师，也可能另有原因。

在“我相信……”或“我认为……”的命题形式中，由于不存在命题内容的归属或判定，其意义的客观性是无法确定的。但一旦进入了命题内容归属的交往关系中，情况则完全不同。假设一个命题态度的归属者认为，“亚当相信（that）发明避雷针的人没有发明避雷针”，这里用了带 that 的 de dicto 的命题形式，但亚当可能完全未承认他这么认为，所以，de dicto 的 that 命题归属完全是主观的，因此我们只能说，“亚当相信（of）发明避雷针的人没有发明了避雷针”用 de re 的命题归属形式是对的（因为一个命题内容的归属者可以认为亚当这个人可能这么认为）。de re 的命题归属方式也有可能出错（被误用），我们可以考虑一下布兰顿的另一个例子①（因时代差异稍做改动）：“美国总统到 2024 年会是一位黑人”这句话用 de re 的命题态度来读就完全可能弄错，因为当前的美国总统是拜登，他不可能在那时成为黑人。在这种情况下，de dicto 的命题归属则是有可能的，即把这句话解读一个句子：人们相信（belive that），届时美国总统会是一位黑人。

从 de dicto 的命题归属形式上看，de dicto 对概念内容的具体说明不清楚的原因是，人们使用它时完全没有考虑它的后果。但“对归属性承诺的概念内容作出具体说明的 de dicto 想要做的事是，推理的情境条件必须通过文本带来的结论来提供。”② 这意味着，文本的概念内容的推理实质性并不只是文本作者的承诺决定的，因为这个“结论”到底是什么，并没有任何“事实”的真可作为证明，它是由作者与读者或归属者与解释者之间彼此的某种联系决定的。用布兰顿所举的例子来说，人们普遍认为“意义即使用”是维

① R.B.Brandom, *Articulating Reasons: An Introduction to Inferentialism*, P.170.

② R.B. Brandom, *Tales of the Mighty Dead: Historical Essays in the Metaphysics of Intentionality*, P.98.

特根斯坦对意义理论所进行的语用学革命的一个经典理论，但他并未直接说过这一句话，他只是说："不要关注意义，要关注的是使用。"尽管针对性的理论意义的归纳并非全无道理，但这里多少还是能看出，de dicto 的意义解读方式的随意性。

不同于解释学传统的意义决定指称的理论，布兰顿承认 de dicto 的命题态度的概念内容归属是单一的，它并不是概念内容得以显示的唯一方式，从其所存在的概念内容归属上所难以避免的含糊性和理解的不确定性看，它并不能独自撑起对意义的解释。布兰顿强调的是概念内容归属的双重性：它既可以是 de dicto 的归属方式，也可以采用 de re 的归属方式。这两种命题态度对概念内容的归属并不是指向两种不同的内容，相反，它们指向的是同一个内容(由上述例子可见)。"它们并不用两个不同的内容来归属信念。相反，它们把同一个概念内容和同一种信念，用两种方式和两种不同的视角，具体解释为辅助性承诺的两种不同的语境。"① 主观意图与客观后果也是评价概念内容的一种方式。两种不同的命题态度使同一个概念内容既可以从主观的意图上去看，也可以从实际的后果去看。一个人的信念和他实际上的意图与成功实现的东西是不同的。de dicto 可以非常具体和深入地说明一个人的信念和意图。尼科在森林中扣动扳机是因为他想杀一头鹿，而眼前他认为正是一只鹿在晃动。de dicto 的命题态度在这里是具体行为信念的基础。但尼科真正看到杀死了的猎物时发现它实际上是一头母牛。但为什么尼科扣动扳机的意图是他的信念，即他相信他看到的是一头鹿。实际的后果，或者说他成功实施的行为却是杀死了一头母牛。在这种情况下，只有 de re 的命题方式才能说明他真正做的事。尼科成功地做的事才是真的，而他的意向性则不是。他意向中所要做的事（de dicto）与他实际上所做的事（de re）是不同的两回事。②

De re 的事实性和它的真也显示了知识的另一种性质，即概念内容推

① R.B. Brandom, *Tales of the Mighty Dead: Historical Essays in the Metaphysics of Intentionality,* P.102.

② R.B.Brandom, *Articulating Reasons: An Introduction to Inferentialism,* P.182.

理性质的特殊性。概念内容是一种被认定的东西，而不仅仅是被采纳的东西。采纳或接受一个概念内容，并不等于这个概念内容具有被认定的事实性。事实上，有许多概念内容是被采纳并被接受的，但却没有真正获得认定，因而这类概念内容本身就是成问题的。按照布兰顿的看法，"……de re 的命题态度上的归属表达功能，就是去说清楚所说的哪个方面所做的承诺是被认定的（attributed），以及所表达的承诺的哪个方面是被接受或采纳的（undertaken）。"①

布兰顿作为分析哲学的一个热情的改造者，在吸取了康德和黑格尔哲学的精华之后，使他看清了知识所具有的思想的性质。无论是哪种命题方式都很难说能单独地对意义作出说明，也不存在一种说明好于另一种说明的情形。实际上，这两种方式必须同时存在：对一个概念内容的认定，必须表明这是概念内容的提出者所承认和做了承诺的（对概念内容的解读必须证明它或提出相应的说明，即表明这一概念内容是可以作为 de dicto 的意义表达的一种附带的前提）。而与此同时，解释者也必须证明他对概念内容的解读具有某种真实性或事实上的依据，即证明它可以作为 de re 说明方式的一个附带前提。de re 的命题态度的重要性是，它可以提供一种约束或在 de dicto 的命题解读中形成一种摩擦力，以便解读随时可以回到某种普遍的具体事实之上。而且在 de dicto 的意义把握和推论解释学的话语逻辑中，de re 可以扮演一个事实和经验推理的角色。在布兰顿的推理模式中，推理性断言者根据其推理的前提作出承诺并提出相应的断言，而表明他断言意义的条件是，他的断言能成为听者的推理性断言的前提。而一个推理性断言者之所以能够把另一个推理断言者的断言当作其推理的前提，是因为 de re 保证他们在评价断言内容上拥有共同的标准，他们所共有的规范承诺保证了他们之间能够形成一种相互理解的关系。

只有命题内容具有推理和真理性的要求，它既需要作出推理，即给出理由，又需要表明它所做推理的理由是真的。从推理和真理（真值条件）两

① R.B.Brandom, *Articulating Reasons: An Introduction to Inferentialism*, P.177.

个方面去规定理智人（sapience），我们可以当作理由提出的我们认为是真的东西都是具有命题内容的东西。我们可以用陈述句来表达以及用“that”短语来指出东西。命题内容处于推理的关系之中，而且它们具有真理条件。这就是智人与一般的生命存在物（Sentience）的区别。试想一只狗与它主人之间的关系，狗知道它的主人在家，但狗知道史密斯先生（狗的主人）或银行行长（还是狗的主人）在家吗？狗肯定不知道。这也就是说，狗没有能力知道那个被称为银行行长的名叫史密斯的人是它的主人，它所知道的只是那个在家的人是它的主人。[①] 但作为逻辑存在物和拥有自己的语言的我们，却可以通过推理替换，确定那个被称为银行行长名叫史密斯的人（de dicto）正是那个在家与狗相伴的人（de re），而不是另外一个不在家的人。同一个信念，我们可有 de re 和 de dicto 两种说明，这正是思想的复杂性之所在。狗没有语言，它只知道它那个与它在一起的主人在家，而没有“史密斯先生”或“银行行长在家”（作为一种信念）的 de dicto 的观念，而在这种情况下，狗也就没有真正的 de re 的判定能力。如果我们能假设狗也有“银行行长在家”的观念，那么，我们就必须有对狗的两种形式的意向状态作出解释的办法。

人类与动物不同，正在于他具有两种判定能力，因此，在这里，可以针对一个语句的内容进行一种判定。一旦我们需要对一个所提出的声称的表征（de re）作出判定，这个时候，这里的问题总是，所提出的表征事物的真实性是什么，以及他人所做理解的真实性是什么？表征（de re）的真实性是如何认定的？如果这里不存在被给予的神话，即表征并不是原始的为真，那么，认定就不可或缺。同样地，运用了表征的命题式推断是如何表明其是真的？这是一个摆在布兰顿面前的根本性任务，一个人的判断何以能成为他人判断的理由？我们需要从给出理由和要求理由的游戏的社会层面来处理我们表征的语言。如果要避免歧义和任意性，就必须弄清楚，命题内容的表征方

---

① R. B. Brandom, *Making It Explicit: Reasoning, Representing, and Discursive Commitment*, P.710. Notes.95.

面是如何通过给出理由和要求理由的游戏的社会实践在我们的思想和言谈中表露出来的。

四、消除意义的歧义性：de re 的推理替换的功能

de re 和 de dicto 这两种归属的关键语法区分涉及出现于它们之中的单项词替换的可能性的问题。问题来自它们性质上不同所带来的差异：在 de re 部分（在严格使用“of”算子的范围内）出现的表达式具有它们术语使用上的指称透明性：共同指称项可以互换而真值不变，即不会改变整个归属的真值。在 de dicto 部分（在严格使用的“that”算子的范围内），这些互换就会改变整个归属的真值。在第二小节中我们已经提到，从句法上看，de re 的归属可以认为是从 de dicto 的归属那里形成的，通过从“that”从句中输出单项词，加上“of”，并在原来的位置上加上代词作为开始词来做到这一点的。例如：de dicto 的形式（S 相信 that x……）可以变为 de re 的形式（S 相信 of x that ……）。

之所以可以有这种变换，是因为 de dicto 的命题方式在概念上要先于 de re 的命题方式，尽管不是在所有情况都是如此。① 但这仍然带来了需要解决的困惑，因为这表明，尽管一个断言句使用了语义上透明的 de re，却并不是完全在语义上清晰的（它可以做不同的解读）。有鉴于此，每一个 de re 的命题形式都需要替换，即在两个或更多的 de re 的命题形式之间进行替换推理（这意味着社会交往是必须的），以确定一个被做了认定的东西不只是认定者自己的行为，同时也能为另一个记分者所认定。关键的是，必须区分或分辨这两种关系：在一个做了承诺的归属性句子中所归属的内容或所做的承诺，但记分者可能并不同意，这个内容的归属和承诺就是属于 de dicto 范畴。归属者同意并做了认定，但命题的整个断言句的内容并没有这样作出同意的，就属于 de re 的范畴。因此，de re 受制于替换推理原则。实际上，也

① R. B. Brandom, *Making It Explicit: Reasoning, Representing, and Discursive Commitment*, P.526.

只有在做了正确的分辨之后，我们才能真正明白这一点，即在共同指称的互换下可保值（其真值不变），这种小句子替换的句子就是 de re 句子，如果小句子的替换不能保真，那么，这个句子就是 de dicto 的句子。不得不说，正是因为弗雷格意义上的含义与指称的区别被认为是存在的，语言在基本的命题形式上就必然可以找到两种似乎完全对立的形式。de re 和 de dicto 的命题形式，典型地反映了语言在含义上的表意功能和它指称上的（语义的和实质的）功能的关联。这就是说，这里绝不可能只有一种命题形式存在（不管哪一种）。而这也强烈地暗示了，命题态度本身的混合性似乎是认知本身的一种需要，或者是达于对事物认知的过程中必不可缺的因素。

而交往之所以是可能的是因为这里存在一种推理—表征的关系。这里不需要使用特别的表征性词汇，因为一切都是建立在理由之上（人们谈论或以推理的方式把表征内容纳入说理中）。毫无疑问，任何具有命题内容的东西都有表征性的内容，但表征却不是作为一个外来因素在推理中作为证明发挥作用，相反，它是一个被释义项。在社会性的交往中，交往往往是（在大多数情况下也只能是这样）这样展开的：一个对话者用另一个对话者对表征的判断作为一个理由提出相应的理由，或者把一个对话者的表征判断当作一个理由，然后据此作出自己的推断，他有可能把它当作自己推断的一个论断的前提（如果他接受了这一理由的话）。对话者以此作为一个假设，去判断他们自己的附带性的承诺（他固有的理解视域）。在交往中，得分的高低主要集中在表征内容的说明上，因为对表征内容的说明是所有可能的交往产生的前提。de re 的命题方式的重要性正在于此。

De re 的表达形式不仅能够清楚地显示所要谈论的东西是什么，它还是论断真理性条件的表达形式，即真理性条件正是通过它来显示的。在布兰顿这里，成功的交往就是真值条件得到了满足，或者说，交往的成功也就是真理的实现。根据上述论证，有这样三个方面是 de re 的推理替换必须采纳的形式：第一，记分者认定一种认知性承诺，认定它是出自道义态度的认知，即具有实质推理表达的形式特性（这等于传统真理论中的确定一种真信念的部分）；第二，记分者证明这种认知性承诺拥有其推理的资格，即从其基本的推理前提的证明上认定断言者有资格作出承诺（这相当于传统真理论中的证明的部分）；第三，记分者在可选的竞争性认知承诺的方案中最终确定一种承诺，即记分者不约而同地接受或同意一种承诺的命题内容（这等于传统真理论中的真理性条件的部分）。彼此“不约而同地”同意或接受，既是达于真理的条件，又是成功的交往的条件。只有对认知性承诺的内容，即论断的内容做 de re 的说明，才能满足这里的真理性条件的要求，因为只有这种说明能达到为不同的记分者都能接受或同意的要求。

必须注意到的是，同意一种断言性承诺，并不是同意或认为该断言性承诺赋予事物以某种性质，而是从一种规范的立场去认定它。传统的形而上学观点混淆了认定承诺（断言）具有某种性质与同意或承认一种承诺（断言）之间的不同，用布兰顿的话说，即混淆了“认定”（attributing）与“接受”（undertaking）的区别。认定一种承诺或断言具有认知的信念还不等于接受或同意它。比如，“本杰明·富兰克林发明了双光镜是真的”这样一句断言，即使我们认定它出自某种推理，也还不足以使每一个对话者都接受或同意它。因为在这句断言中，并没有 de re 的表述形式（我们完全有可能混淆同名同姓的人）。而这一点十分重要。只有通过某种“显而易见的”的事实，我们才能同意或接受这一断言为真的承诺。比如，通过“发明了避雷针的人”这一可以为 de re 所确定的事实，我们才有可能同意或接受这一断言。它的表述形式就必须相应地转化为在“of”所指定的范围内的 de re 形式：“发明了避雷针的人发明了双光镜是真的。”在布兰顿看来，对于真理性评价而言，在认定一种承诺与接受或承认一种承诺之间的差异是重要的。“本杰明·富兰克林发明了双光镜是真的，”这句断言对富兰克林发明了双光镜的承诺所做的担保，必须通过承认富兰克林是避雷针发明者的承诺来做担保。

传统的知识论满足于“……是真的”（“……is true”）这样的认定（attributing）方式，但这种方式的单独使用并没有任何意义，因为它并不能提供任何真理性评价。只有从信念的归属者接受或承认（undertaking）的角度才能展开真理性的评价。基于某种认知信念之上的对事物的认定性归属只是表达社会观点不同的一个方面，还有一个更重要的方面是把对事物的认定转化为一种承认或接受。但在这两个方面，即我们是如何对事物和对象进行规范性的（道义的）认定的，以及我们是如何承认或接受一种规范认定的，都存在观点的不同，它们涉及布兰顿称之为“社会观点”（social perspective）的区别。我们可以对认知者做一种“信念的承诺”（doxastic commitment）的认定（attribute），把认知者所作出的承认或接受（undertaken）视为一种替换性的承诺（substitutional commitment）。De re 的命题归属方式（如果我们对它作出恰当的理解的话）恰好是一种能对二者不同作出区分的认知方法，因此它具有通过对命题归属的承认或接受来满足一种真理性评价要求的交流功能。这首先主要是因为，de re 可以作出区别，我们在对一个论断内容作出命题归属时所使用的词语是认定性的（它不一定能交流）还是承认或接受性的（亦即替换性的、可交流的）。认知性的信念承诺是对事物或对象的认定，它不是接受或承认。只有通过赞同句的形成算子才能确定这种信念在什么情况下为真。认知信念的承诺不具有人际间的接受和承诺的因素，只有在具有交流特性的间接引语的表述中，所采取的立场（de re 的表述形式或一种信念）才能与确定的结构（de dicto 的表述形式）结合，从而反映出不同的认知者对同一信念的态度。只有这样，de re 所做的表征或指称才能超出它原本所处的纯粹信念的（doxastic）范围。de re 的归属并不是独立的认知信念表述形式，它实际上是由许多附带的承诺所决定的。这也充分地显示了交往的重要性。如果记分者相信，双光镜的发明者就是避雷针的发明者，那么，记分者也会相信，双光镜的发明者说法语，那么避雷针的发明者也说法语。如果说双光镜的发明者说法语是真的，那么，记分者也会认为，避雷针的发明者说法语是真的。由此可见，de re 中内容的具体说明有赖于另一个内容的具体说明，只有这样才能表明是真的；记分者在断言他所认定的信念为真时，他必须运用他所承认的辅助性假设，因为认定一个论断为真就是同意（endorsing）它。

> 对它们的（论断的）内容做具体说明的 de re 形式，就是运用记分者或解释者所承认的替换性承诺，而不是运用归于某个人的承诺，因此

是用一种易于作出真理性评价的方式对所呈示的命题内容具体化。这样，一个论断潜在的所交流的信息，在为真理性条件把握的意义上它表征的内容，就是 de re 对命题内容做具体说明所要表达的内容。①

布兰顿通过 de re 所提供的是相互理解和相互接受彼此看法的可能性条件，因此，他解决交往问题的方式是不同于蒯因的交往概念所提供的方式。蒯因的交往概念不解释具有不同附带承诺的对话者之间的相互理解（他们只是寻找某种方式加以妥协或包容），它关注的只是一种表征性指称交流的可能性。这也就是说，即使蒯因的指称交流理论突破了不同的附带承诺的范围，它也只是在纯粹指称的范围内谈论一种共指，而布兰顿的断言性推理中交往所要进行的是命题内容的交换，它要求的是至少在不同的对话者之间达成某种相互理解。

De re 也可以帮助消除不同观点之间的差异或对立。比如一个政治家说："爱国的自由战士解放了村庄。"如果另一个政治家不同意这样的断言，他可能会做这样的"替换性推理"：他会说："那些'爱国的自由战士'屠杀了所有的人。"在这样的情况下，替换性推理就完全颠覆了原本的断言的语义，这是在承担了原表达式中的断言性承诺的情况下，又赋予它另一种责任。正因为意识到仅仅从语义学上进行替换性推理不能正确解释"引号中的话"的情况（从语义学替换性推理的角度看，这些带引号的话完全符合推理的规则），布兰顿的替换性推理借助于语用学的方式来进行。布兰顿担忧的是，替换性推理完全可能是一种个人的行为，从而失去它的普遍的可理解性。弗雷格在关于一个好的推理决不会因为替换性推理变成不好的推理的论断中并没有作出这样的区分。但对于布兰顿而言，这个问题不能回避，即在解释具体的信念承诺的后果时，谁的替换性推理承诺是被允许求助的是一个关键的问题。

要回答这个问题，要做的事情就是用 de re 的方式对包含在断言中的信

① R.B.Brandom, *Articulating Reasons: An Introduction to Inferentialism*, P.157.

念作出解释，并明确它的替换性推理的真正用意。在这种情况下，替换性推理作为一种解释虽然不能认为是按照明确的法则式的规则来进行，但它也有隐含的规则，即由具体的语言实践构成的规则。在“带引号的话”的替换性推理中，语言实践隐含的规则并没有受到尊重或者说它篡改了真实存在的生活形式，如果把这一推理视为一种解释，它就是一种典型的策略性的解释。维特根斯坦的“遵守规则”的解释把隐含于实践中的相互可理解的条件视为根本性的东西，这也是一种解释可以代替另一种解释而意义的真值保持不变的原因。对于布兰顿而言，这一理论的意义在于它清楚地表明，我们并不能随意作出一种推理性断言（解释），我们只有在把（社会实践中的）相关的承诺当作辅助性假设的情况下才能作出一种断言，即作出一种可以被理解的断言。缺少这样的条件，断言或解释都是不能理解的——在这种情况，替换性推理也是不可理喻的。从另一方面看，只有 de re 的表达形式有这样一种优势，即它的命题归属形式采用的是可以表征的归属形式，即它不是一般的带有声明性的归属形式（它总是带有断言者的“隐知识”的特性）——“可以表征的”词汇具有公共的含义，因此它的替换可以使两个句子保持相同的意义真值。因此，“可以表征”的词汇在布兰顿这里，也等于维特根斯坦的社会语言游戏中的具有公共含义的词汇。从这种意义上说，正是 de re 的表达形式决定了一种推理性断言是否是可以传达的，即是否能得到普遍的承认，因为只有这种表达形式不带有“隐知识”的特性，因此是可以用于交往的，但 de re 表征性的指示特性是社会性话语认定并接受的，它作为一种命题态度并不具有“明摆着的”的表征性指称的意义，这反过来说明了为什么社会性的交往（I-thou 的交往的形式）是如此重要的原因。

五、回指与不同语境中的观点分享的可能性

达于相互理解的交往之所以可能，还有一个重要的原因是，交往之所以能逾越不同的附带承诺所带来的理解的沟壑，乃是因为我们的语言具有下述功能：诸如直指这类包括单项词、索引和限定摹状词，甚至包括专名等都

可以作为回指的先行词在交往中发挥作用。在本书前面的讨论中（见第五章），我们已经看到回指的两个重要功能，即打破直指的语义垄断性和通过不同记号的推理替换的功能，现在必须了解的是回指的第三个功能，即它所具有的形成一个意义的话语辩护结构的交往功能。实际上，回指的三个功能是分不开的，它们彼此之间有密切关系。打破直指记号的垄断性是走向推理替换的前提，而在不同的记号之间，通过把直指回指性的重复（记号重现）走向的正是交往的建立，它由此形成的回指链也就是一种交往链。

回指涉及不同的对话者之间对先行词的承诺性继承的推理关系，因为要使回指具有推理的意义，而不只是修辞性的表达，回指对先行词的承诺性继承的推理就必须能成为一种能为其他对话者接受的推理，即它就必须提供一种可以被其他推理者接受的理由。回指的语义内容的意义也就在于它能作为另一种推理的理由而存在。回指不是修辞式的回应，也不是自然记号的因果链，它处于给出理由和要求理由的话语推论的游戏之中，是由这种游戏所构成的一种推理的交互关系之网。布兰顿的名言是：交往是理由的社会生产和消费。[①] 对于一个要传达的信息而言，不管它是真的还是假的，要达到传达的目的，就必须作为一个推理的前提从其为一个对话者所接受转向为另一个对话者所接受。因此给出理由和要求理由的交往必然涉及有关内容（语义学和语用学的社会表达的内容）的推理性表达的相互作用。

回指可以打破直指的语义垄断性的作用（打破形式语义学的语义外在论），回指还可以用于推理，并由此形成一个意义的话语辩护结构。回指这三个方面的特征都有助于说明什么是交往，特别是布兰顿所强调的或刻意追求的那种交往。因此必须看到的是：布兰顿讨论回指与他讨论 de re 的交往功能有一个共同的目的，那就是弄清楚表征如何具有在不同的概念持有者之间进行推理的功能。因此，问题的复杂性在于：一方面，具体的可指示之物和直指是打破基本的交往障碍的根本因素，因为只有它们可以从说话者不同的附带承诺的多元不可比性中生存下来；另一方面，具体之所指和直指又是

① R. B. Brandom, *Making It Explicit: Reasoning, Representing, and Discursive Commitment*, P.474.

以推理的方式发挥作用的，它们不是从推理的理性空间外部硬塞进来作为一种“无需证明的证明物”进行指证的。布兰顿小心地处理了这两种关系。求助指称是正确的选择，但如果不是以推理的方式运用表征（回指正是一种对表征内容的推理）就会误入歧途。把表征性的词汇按照因果的和还原论的方式理解带来了两种结果：要么完全不需要任何交往的语言形式，要么交往只能作为一种附带的东西从属于语义整体论的翻译。如果表征不能以一种推理的形式而作为声称的表征，表征就不会有任何表征所能发挥的认知作用。

由于采用了回指的推理的方法，“共同分享对某种共同事物的占有的”交往模式就为一种“实践中相互合作的”交往模式所替代。只有后一种交往模式是认知的、具有推论性的要求；而前一种则没有真正的认知的或推论的因素。正因为后者是真正认知的或推论的，所以它采取去本体的记分实践方式。在前一种交往模式中，说话者和听者分享的东西不是观点集合的内容，而是对共同拥有或承诺内容的分享，因此，这种共同的内容不是视角的(perspective)。而对于布兰顿而言，“推理的内容在本质上是视角的——它们在原则上只能通过一种观点（a point of view）具体化。所分享的是驾驭和横跨不同观点的能力，以及从不同的观点对内容作出具体解释的能力。”因此，一方面，通过把不同的表达当作相互可替换的（具有共同指称的），从而由推理的意义走向外延；另一方面，通过把这些推理的意义看作是相对于出自背景承诺的所有信念的，而把推理的意义与内涵联系起来。这样就能够通过道义的记分的方式揭示有关外延和有关内涵的区别和相互之间的推论关系，从而把带有视角的、真正认知模式的交往模式的特点显示出来。

回指正是实现这一目标的一种方法。外延在回指中被作为可以通过回指重复的记号式的语言现象。语义学上的或哲学上的回指的前提条件是前置词（直指的指示词等）的存在以及它们是可重复的。回指也正是基于直指的可重复性之上，但反过来说，也正是通过回指，直指实现了它从一种不能重复的语言现象向可重复的语言现象的转变。虽然布兰顿强调“直指以回指为前提”，但首先必须有直指的关系。从这个意义上说，回指涉及两个与自身相关的条件：一个是它作为它者的条件和它本身受制于它者的条件。因此，这里的回指是话语的回指（discourse anaphora）而不是句子内的回指（intrasentential anaphora），话语的回指涉及的是句子之间的回指（intersentential anaphora）和在特定的语用环境下的人际间的推理关系，即人际间的回指（interpersonal anaphora）。从表征的原始层面，即记号的角度看，回指的一个最大的功能是使那些不能重复的记号（指示词和代词等）可以重复。回指把这些不能重复的记号挑出来加以重现，使它们变得具有概念的意义，也就是具有推理的意义。

布兰顿希望表明的是：直指的和其他索引记号必须被重复（回指），如果没有这种重现，就不会有任何的语义意义出现。直指记号的重要性是它们是经验语言的一种形式，在非推理的报告中，通过可靠的分辨性反应能力所捕捉到的或直接作出反应的观察的经验内容，正是使用这些记号加以记录的，这些记号要具有或获得权威性，就必须通过替换性推理来获得。“听者的能力就是以回指的方式挑出说话者的记号，并把它联系到他自己的替换推理的承诺上去。这种方式可以使听者从说话者的话语中获取信息并理解说话者的言语。”① 在不同的说话者的记号（非推理的观察报告中具体指称的东西）之间进行回指式的联系（通过各自的替换推理的承诺），也就可以把不同的说话者针对同一个记号的替换推理以及它们之间的关系展现出来。因此，回指的推理行为本身也是一种解释。它基于下述两个原因：第一，不同说话者之间的不同替换推理承诺都受到说话者自身的附带信念的影响，因而需要通过回指的方式解释这些不同；第二，推理主义语义学的基本要求是：一个替换推理的承诺必须建立在另一个替换推理承诺之上，因此，一个推理是否可以作为另一个推理的前提便极为关键，而回指的实现正是把一个推理的后果作为它自身推理前提的方法。

所以，回指的交往同时具有认知的目的。一个不太确切的有关交往一

① R. B. Brandom, *Making It Explicit: Reasoning, Representing, and Discursive Commitment*, P.474.

词的理解是达于某种共识，但实际上，交往更重要的是实现对彼此观点的相互承认，并在引用的基础上提出自己的观点。在回指所构成的交往中，交往的回指链并不是以 a=a 的方式联结的，而是以 a=b 的方式联结的。前者的联结不是推理的联结，而是先验的形式性的（分析的）联结，只有后者的联结才是真正推理的，因而是有内容的实质性联结。布兰顿的例子表明了回指的实质性联结的推理的意义："交通灯开始变为红色的，"按照推理模式，可以作为推导出一个结论的前提，它可以以下述条件句的形式清楚地表达出来："如果它变为红色的，它很快会变为绿色的。"同一个对话者可以完成这样的推理，即当说这句话的人经过一番再观察后，也可能会独自完成这里的推理。但从一个报告性的非推理的非重复的句子推出可重复的结论，更重要的是它在人际间的社会性的推理中的出现。这里所运用的回指重现承诺（"它很快会变为绿色的"）清楚地表明，回指是可以对话语实践作出贡献的，即它可以在人际间的信息交流的社会语境中发挥作用，而这里所发挥的交往作用实现了一个推理向另一个推理的实质性的或认知性的联结。回指的记号重现不是简单的记号重复，而是具有把不同的对记号的推理重现联结在一起的作用。

有一点是肯定的，即无论是在有关事态的交流，还是以实践的方式谈论人和事物，主体只有从这一回指的记号重现结构的语用学前提出发，他才能谈论某物。特别是从记号的角度看，正是语言实践方面固有的特征表明，我们必须有这样一种"客观的"世界的假定。自然语言的记号指称的体系显示，任何说话者都可以事先设想一个指称所指的可能的世界。说话者相互就这一可以设想存在着的指称世界达成相互的理解或相互提出不同的看法。为了能够准确有效地指称，即获得可靠的语义指称，说话者可以保证以相同的方式指示同一个对象。回指最基本的功能无异于使不同的观点总是基于一个共同的所指（coreference），在获得某种类型的共指上，回指是其中的一种引导性的方法。如果说话者相信，美国的第一位邮政总督是双光眼镜的发明者，而听者并不这么认为，那么，"双光眼镜的发明者法语说得很好"的论断的推理意义就会有不同的观点。问题是，作为听者的一员的人如何能对说话者的同一论断具有同样的态度，同意它或不同意它，而不是像对待同一种响声或印迹那样作出各种不同的反应。假定说话者和听者对论断是否是关于第一位美国邮政局长发明了双光眼镜有不同的看法，那么，他们又怎么能维护谈话的共同的主题，以便对他是否法语说得很好达成相同的看法？布兰顿的看法是，回指的表达方式的使用，隐含地用回指的先行词（它以语义的方式所依赖的）规定了共同指称。比如，在这里，它指向“双光眼镜的发明者”，因为它才是共同谈话的主题或共同的所指，即使听者不同意“他法语说得很好”也不会排除这一话题具有共同的指称这一点。在这里，“双光眼镜的发明者”是语言类型的一种记号，它在这里起着一种对象指称的功能，它与“他的法语说得很好”这一推理句不同，因为推理句只是一种记号重复的承诺，它本身有一个基点作为承诺的来源，而承诺本身是会有争议的，因为会有不同的承诺。所以这里因为附带承诺所产生的观点的歧义，如果缺少一个记号式的共同指称物，不同的承诺不仅不能达于相互理解，甚至彼此的对话都是不可能的。所以回指的记号重现结构在这里具有重要的作用，它保证了交往。作为一个具有言语行为能力的主体，如果希望在交往中达于相互理解的话，或在实践交往中成就某事，语言的使用者就必须能够从他们共享的生活世界的视域内指称客观世界的事物。正是在这种意义上，布兰顿指出：

> 人际间的回指所达到的效果，正是有关在面对附带承诺的不同时拯救交往的问题。……回指用来在一个对话者认为是可互换的表达式的对等类，与另一个对话者替换性承诺所产生的对等类之间进行联结。由于说话者可能会有与听者不同的替换性承诺，所以在人际间的语境中就需要这种回指的机制。①

记号不是用来表达什么的，即它不是行使一种一般的语义的功能，记

① R. B. Brandom, *Making It Explicit: Reasoning, Representing, and Discursive Commitment*, P.486.

号是在命题的层次上发挥作用的。只有在命题的层次上才可能谈论表达同一个论断的不同记号。在这种意义上，它才分享同一种内容而不是行使描述或指示的功能。——而在一般的语义学分析中，像“词语”或“句子”也常常被认为是表示一个在词汇上是单个的词语。与此相反，布兰顿的语义学对记号的使用，不是把它当作描述或指示对象的词汇来使用，即不是把它当作词法上的术语来使用，而是把它当作能分享同一内容的记号来看待的。

人际间的回指以及句子间的回指的重要性在于，经验的语言是那些包含了非推理报告的实践在内的语言，这些报告的权威性是基于来自可靠的经验性反映倾向的不可重复的记号上的。若这些记号要具有认知的权威性，其意义就必须由可替换承诺所制约，这种承诺与可重复的重现相关，在这个情况下必须回指性地来建构，因此，回指在话语实践中是完全服务于有关信息的人际间交往的，正因为“交往是理由的社会生产和消费”，在话语实践中，对于一个要传达的信息而言（不管它是真的还是假的），达到传达的目的，就是作为一个推理的前提，从其为一个对话者所接受转向为另一个对话者所接受。在布兰顿这里，交往就是一种给出理由和要求理由的说理活动。交往涉及语义学断言的推理性表达和语用学的社会表达的相互作用，也正因为如此，在填平由听者和说话者的不同承诺所产生的认知信念之间的沟壑上，人际间的回指能发挥重要的作用。回指性的把说话者的记号加以显示的能力，保证他们能把说话者的表达与他们自己的替换性推理承诺联系起来，并确保他们通过获取信息能理解说话者话语的关键。由不同的对话者说出的记号之间的回指性联结，提供一种使他们的不同替换性承诺相互渗透的方法，而这也保证了每一个说话者，当他（她）作为一个记分者（评价者）的时候，可以对每一个伴随的承诺的相互关系作出跟踪性记分。

记号的回指对于能使用他人的判断作为自己推理前提的交往实践而言是不可或缺的，即对于一个记分者接受的相互的替换性推理的承诺和他归属于其他人的承诺是不可少的。即使共享同一种语言，这样的关联性的解释也是需要的。交往需要这种解释的理由有两个方面：首先，说话者和听者典型的具有不同的附带承诺，如果没有这样的不同，交往就成为多余的了。其次，论断的推理意义是基于那种可以用来作为附属前提的辅助性假设之上的。出自于背景的信念之不同意味着一个评论对于说话者而言，可能会有一种推理的意义，而对于说话者的听众的每一个人则会有另外一种推理的意义，在这种情况下，回指链是打破所有隔阂的一个基本条件。

交往是布兰顿规范语用哲学中的一个重要的概念，是否存在成功的交往决定了话语的真理证明模式是否可行。布兰顿的话语真理证明模式依赖的是断言者之间的相互作出承诺和相互评价的关系。但这种规范的现象主义的真或客观性证明也有自身的难处，依赖不同观点的评价是一种视角主义的东西。从视角这一范畴看，事物可以是“看起来是真的”和“被认为是真的”，但永远也不可能是“实际上是真的”。后者（“实际上是真的”）不是视角主义的东西，实际上，我们也无法有实际为真的视角。这里存在的问题有：如何限制视角的主观性，即一种作出了承诺却没有拥有资格的或被错误地赋予了资格的视角？如何避免视角本身遁入社会共同体的“被认为是真的”视角，从而丧失视角本身的透视的力量？De re 和 de dictor 之间的推理转换是布兰顿认为可以避免视角主观性的有效方法之一，对于布兰顿的交往机制而言，有两个阻碍需要跨越：指称交流的非相互理解模式（蒯因的交往模式）和实用主义的交流模式。前者把语义意义还原为第三人称意义上感知刺激，以平衡不同时空中的指称可能有的语义之间的关系，而后者则通过共同体的观念作为调节，把交往视为是对共同体的观念的认同。布兰顿的交往模式不是它们中的任何一种，他的基本目的是在不同的信念承诺之间实现一种意义理解上的相互认同。为了证明这一选择是正确的，布兰顿首先证明了这一点，即我们并不只是在第三人称“他”的意义上的感知刺激方面有共同性，因为这里还存在着我们在第一人称的“我”的视角上的世界指称行为，即布兰顿称之为的 de re（弱的）指称行为，而且它们是可交流的，即充分具有共同性。但布兰顿也注意到，第一人称意义上的“我”的指称行为若要表明它的共同性，就必须摆脱它的 de dicto 的命题态度的主观性。de dicto 的命题态度与 de re 不同在于，它不只是纯粹指称性的，而且是带有强烈的断言性判断在内的，传统语义学区分了 -of 和 -that 的命题态度，de dicto 的命题态度属于后者。由于带有强烈的断言性判断，它也因此带有说话者的种种附带承诺和个人特性，因而会有种种争执。造成不同的语言共同体之间的交流障碍的不是指称透明的 de re 的命题态度，而是 de dicto 的命题态度。布兰顿交往理论的一个主要目的就是寻求打破这种命题态度的区别所带来的交往阻碍。一个根本性的方法是通过 de re 的推理替换的功能在不同的 de dicto 的命题内容之间进行一种沟通，使它们之间的命题内容的不透明性变得透明。而这样做要求有一种积极的交往态度，寻找不同观点之间的可以替换推理的联结十分重要，在填平由听者和说话者的不同的承诺所产生的认知信念之间的沟壑上，人际间的回指也能发挥重要的作用。

第十章　客观性是视角的

回到第一章开始我们对布兰顿的语用语言哲学基本特征的概括，布兰顿所分析的言语行为是一种以意向性表达的命题内容为中心的规范的推论活动。因此，在第四章和第五章中，我们看到，布兰顿对传统的“真理性条件”的理解极为不同，他对真理概念进行了解构与建构，这个解构与建构的逻辑可以概括为：“从真理性条件到可断言的规范条件再回到真理性条件。”这就是说，布兰顿首先解构了传统的真理性条件中的所有相关的语义词汇和理论，然后做了重构，即为可断言的规范条件的创立重新赋予了这些词汇新的意义，从而使这些真理性条件的词汇既满足了可断言的规范条件，又不失其仍然作为一种真理性条件下的词汇的意义。因此，可以这么说，在这里，我们看到的是两个目的相反的努力：一个是解构，另一个是建构。如果解构的目的是使传统真理性条件的真理词汇转变为可断言的规范词汇，那么，建构则是使这些看起来是可断言的规范词汇同样具有或能够发挥真理性词汇的功用。内嵌的真理概念（非简单推断的外显的真值条件）、替换、语义紧缩论和回指—赞同句理论，都是布兰顿真理性条件的理论重构的产物。这些“重构”很好地说明了，传统意义上的真理条件中的真理概念和词汇是如何可以在断言性内容的客观性证明中发挥作用的。

但所有布兰顿在这些规范条件下的重构或证明都有赖于一点，即把语言实践视为一种规范的语用实践。但我们在何种意义上或在多大程度上可以把语言实践视为是在一种规范指导下的实践？布兰顿通过其记分的设计回答了这个问题，这里只有一种方式，即“从头到尾的”彻底的话语的规范实践。

彻底的话语的规范实践使布兰顿需要依赖他称为的规范现象主义的方式。布兰顿的“给出理由与要求理由”的语言游戏和记分都是一种规范现象主义的方式。一方面，概念的客观性是通过规范的视角和记分来证明的；另一方面，规范的视角和记分本身只能理解为是趋向于真，它并不能被等同于客观的表征，因为它完全是一种主体的态度。这就是说，这里始终存在两种不同性质的情形：一种是通过话语的承诺和资格及其道义的态度来表示的真，另一种是那些通过非推理的观察或附随的推理来证明的方面，即“还有一种事物是如何正确的是取决于事物是如何被表征的。一种概念的运用是否正确或错误，在这种意义上是独立于人们运用概念的态度的。”①

布兰顿相信，即使“……断言的理论的最大挑战开始于断言的适当性的观念，而这个观念是基于说话者和听众之上的，并且只有在这一基础上才是能理解的，但它还是足以在一种超越参与者的态度上是客观的意义上建立规范的评价。”② 布兰顿在这个问题上的自信是有道理的，因为从一开始，他的整个理论建构就没有忽视这里的问题的存在（规范性与真实性的两难），通过把承诺—保存的推理与资格—保存的推理紧密相扣，布兰顿已经牢牢地把规范现象主义的记分与一种历史视域或概念的整体论联系在一起。为了应对一些批评，布兰顿进一步加强了对这种关系的论述和证明。从他后来的一些后续著作的论述中可以看出，他更为全面地阐述了规范现象主义的客观性与黑格尔的回顾理性的关系。

一、话语的真理论的两难

布兰顿构建规范的语用哲学的基本意图已经可以看得很清楚：对于布兰顿而言，客观性的真理不是从“外部”，以表象主义的方式或符合论（因果理指称的理论）的方式来讨论的，它是从实用主义的角度，把客观性真理置

① R. B. Brandom, *Making It Explicit: Reasoning, Representing, and Discursive Commitment*, P.280.

② R.B.Brandom, *Articulating Reasons: An Introduction to Inferentialism*, P.198.

于断言者或话语的参与者的视域，以及现有的实践概念的规范前提之下来讨论的。从这种意义上说，布兰顿坚持一种语义（真理）紧缩论（semantic deflationism）。对于布兰顿而言，这也是一种与表象主义相反的实用主义真理观，或他称为理性的实用主义或分析的实用主义的真理观。

视角主义的真给布兰顿的话语理论带来的难处是，话语始终存在一种内在的紧张关系：为了使人们的基本说法尽量显得可理解的，人们总是想把可论断性尽量与说话者的态度联系起来，即与说话者认为的可断言的东西联系在一起，这里不受任何具有规范的特定要求的句子可断言性条件的制约；但另一方面，这里又存在对断言性态度做规范理解的压力，即话语的参与者如何按照他所接受的句子的可断言的规范说话。很明显，一个断言越是带有说话者的断言性态度，即说话者对句子的可断言性规范的应用越是从他自身的态度出发，在具体的表征对象时就越有可能远离客观性的束缚。对于布兰顿而言，这是一个关键的问题。如果“可断言的”在客观的意义上的理解能像所需要的那样正确，那么，可断言性的条件随之就成了真理性的条件，而对那些使用句子作出论断的参与者的态度和实践（它保证使句子与语义内容的关联变得可理解）的联系也就相应地减弱了。① 这也就是说，虽然断言性句子必然带有断言者的态度，但为了更接近客观的要求，又必须超越个人的态度。这是“可断言性的条件”转化为“真理性的条件”的根本前提。一旦意识到这里的客观性概念的两难，我们就不得不再次转向求助前述承诺和资格的理论，以便令人放心地证明，事情是像所说的那样真实的，所做的论断是正确的。

> 从参与者的态度的角度看，人们首先会问，一种言语行为是否是恰当的，即是否把所有可以得到的证据都考虑进去了？是否做了一种参与者所能知道的好的推理？一般而言，话语者是否遵守了说理游戏的规则，因此不会因为作出断言而受到指责？另一个评估不再关注于参与者

---

① R.B.Brandom, *Articulating Reasons: An Introduction to Inferentialism*, P.198.

的态度，而是关注对于可运用的规范而言作出了哪一个论断这种与主体相关的事情。在这里，中心的问题是：所做的断言是否像所说的事情是真的那样是正确的？①

断言的理论只能依赖话语者之间的话语评价，但这里的话语评价似乎又并没有真正穷尽客观性这个概念。因为认为某物具有某种性质的规范断言是真的，不能否定一个没有说话者的断言而为真的事物的存在，即语言的可断言性无法真正排除事物作为一种非语言存在的性质（基于实在论的观念）。因此，在断言的理论中总是会存在由说话者态度而建立起来的规范评价，与那种超越了说话者的态度的意义上的真实性之间的区别。这里的矛盾正在于，断言的适当性来自在说话者与听者之间话语的规范评价的适当性，但与此同时，这里仍明显地存在一种超越了话语评价态度的规范客观性。

布兰顿采取视角主义的真概念的一个重要的原因是，他反对下述真理的可接受性条件：理想化的条件，理想的认知者，最大限度的证据的提供等等。布兰顿认为这是一种毫无希望的方法。求助“理想化的条件”与可靠主义求助于可靠性经验的条件是一样的。皮尔士式的理想共同体的理想的观念，以及把个人的观点视为是从属于共同体的规则的倾向（实用主义）都不是布兰顿所能接受的。② 我们看到，布兰顿对话语的本质的理解，决定了他用说理的游戏来确定话语的断言性的意义。布兰顿把断言性的概念分为两部分：a 可以断言或作出了断言，b 获得了资格或被承认。这是两种规范状态：承诺和获得资格。这种方法是保证断言具有适当意义的最好方式。获得这种适当性，也就是获得客观性，因为通过了资格证明，它就超出了具体的态度。这是一种具有社会维度的证明方式。

这里有关语言游戏的一个关键概念是：具有断言性的语言活动，只有在塞拉斯意义上的给出理由和要求理由游戏的社会实践的语境中，才可以被认

① R.B.Brandom, *Articulating Reasons: An Introduction to Inferentialism*, P.197.

② R.B.Brandom, *A Spirit of Trust: A Reading of Hegel's Phenomenology*, P.16.

为有断言意义。断言性的东西既可以作为理由，也需要理由。命题内容可以作为推理的前提和结论来使用。布兰顿认为，这种推理主义可以称为“语言学的理性主义”。要满足“语言学的理性主义”的要求，还必须认识到语言实践的话语推论有两个不可或缺的条件：只有承认两种规范状态，即承诺和资格，给出理由和要求理由的游戏才真正存在，即不同的对话者才能相互打分。理解一个论断的意义，要理解它的后果是什么：作出这样的论断意味着什么，它同意了什么，做了什么保证，即一种后果性的承诺，说出的话要有意义。缺少这种“后果性的承诺”，话语推论就缺少可以让他人理解的条件。

二、“认为是真的”与“……是真的”

布兰顿并未接受融贯论的客观性解释，即他没有在实在论问题上退却，接受一种没有表象的实在论，相反，他反对把观点的组合视为概念客观性的基础，因此，他坚持区分“认为是真的”与“……是真的”，否认“真就是认为是真”的实用主义融贯论。布兰顿的话语理论不同意客观性真理可以基于“认为是真的”的现有的概念解释之上。布兰顿的一个基本观点是，在“认为是真的”和“……是真的”之间不能缺少真正的视角，即每一个与实在世界处于一种真实关系中的个人的视角（它的推理判断）。融贯论是一种实用主义的理论，这种理论把“认为是真的”的当作就是“……是真的”。视角主义则不同，它不仅区分（跟随康德）“认为是真的”与“……是真的”，而且把认知者的概念视角视为获得客观性真的唯一条件。而融贯论倾向于认为，“认为是真的”与“……是真的”是一致的，但这只是一种出自信念的一致性。如果真总是认为是真的，而不是描述为真的，那么，在“认为是真的”与“……是真的”之间就不具备真正紧密的关系。如果说经验主义相信观念与实在的一致性，因而带来了一种符合论意义上的“真”（这是一种过分的要求），那么，融贯论用“认为是真的”替代“……是真的”（或者认为两者没有区别），这种大胆的现象主义的观点使真与实在的关系显得太随意，太过于松散。

在“认为是真的”的评价中，主体的视角必须置于其中，这是因为概念内容在本质上是视角的。从表面上看，实用主义转向了一种视角主义的实在论，但它实际上是错误地把社会共同体的视角当作视角（这违反了视角的透视规则），即社会共同体的视角替代了由不同的个人的概念表达所指明的那种认知视角。如果一种概念内容不是某种观点的表达，它们就不会有意义，至少它不会有那种通过命题内容的方式表达的意义。实用主义相信“认为是真的”具有实际上是真的意义，或就是我们所能知道的“……是真的”，从基于实践主体的态度理解真的方式上看，这一理论转变在实在论去先验化理解中发挥了重要作用，实用主义的错误是，它在社会共同体的语用经验上所建构的视角，没有清楚地把人的自主性或每一个真实具体的个人视角突显出来。在实用主义的“认为是真的”整个语用活动中，是离不开“真实具体的个人的视角”的。实用主义（用布兰顿的话说）所表明的“认为是真的”的视角实际上是一种跨视角的东西，即它的视角是没有真正个人视角的社会共同体的视角，从这个意义上说，它走向了视角主义的反面。

回到个人的主体性的视角上是康德哲学的贡献，因为康德说明了一个有关后来的视角主义的关键概念，即视角所表明的“观点”是主观的（主体性的），但它不是笛卡尔意义上的“我”的那种主观性，而是主体所体现出来的由规范态度所决定的主观性。① 但这并未否定这一点，即所有“认为是真的”的“我”的规范态度是与客观性的论题联系在一起的。如果一种断言的客观性来自断言者本身的态度，即他们推断性的看法或理解的视角，就必须从另一个方面表明这种态度是客观的。对于断言主义的客观性概念的证明而言没有第二条道路可走，它既不能从完美的真值条件中寻找支持，也不能从经验主义的角度直接把被给予的表征视为证据。规范的态度，即断言者作出承诺和获取资格的说理如何是客观的？回答这个问题有两种方法可循：第一，断言者必须把自身置于社会的说理之中，通过交往性给出理由和要求理由的话语活动，使自身基于主观态度上的断言经由某种认可形成一种立场；

① R. B. Brandom, *Making It Explicit: Reasoning, Representing, and Discursive Commitment*, P.594.

第二，严格区分承诺与资格，即始终区分被认为是真的与实际上是真的标准。——这里断言的客观性不包括实践哲学的断言客观性（在面对实践者带有实质的不相容的承诺时，它依赖的是感知和行动的作用）。

布兰顿认为在《使隐含之物显现》第八章中，他已经给出了一个可以理解的客观性概念。当然还有许多可商讨的空间，比如，在所谈到的客观性是否足以称为客观的，即是否还有要求更高的客观性，还有它是否是一种正确的客观性，是否有助于我们理解成熟的自然科学中的概念应用所必需的客观性概念。断言主义的客观性概念对传统表征的真的“解构”并没有消解断言与表征之间的内在联系，布兰顿对表征采取了语义学上的解构，它只是促使我们以一种完全不同的方式来理解表征。这也就是说，表征并没有消失，它现在只是以不同的方式被理解。但这样处理表征的方式也带来了一个问题，我们如何能把表征还原为所有不同的表征者的态度或视角？布兰顿并没有否认存在一个超出任何断言者的态度的客观表征的存在，而这一表征的世界是独立于任何断言态度的。但布兰顿始终认为，外部世界只是作为一种规范约束而存在，它并没有构成一种因果约束。但不能否定的是，“客观的表征”的对象世界是独立于每个人的视角的，这意味着：个人的视角只可以指向它或趋向它，但永远不可能“代表”它！布兰顿在实在论问题所真正承认的只是这一点：这里有一个独立于某个人或某个视角的表征的对象世界。① 这种客观的表征是“超越态度的”（transcends attitudes）。② 因此，每一个话语者都应该有这样的意识，任何一个表达的话语都只是趋向于客观的真，真是认为是真的，但这里永远存在着认为是真的与事物实际上是真的区别。——从记分的角度看，这也就为什么记分是一轮紧扣另一轮的，没有终极的分数，也不存在终极的记分。

对于布兰顿而言，视角主义才是回答怀疑主义的最好方法，特别是对于揭示作为一种事实的本性，即对于揭示事实所代表的那种“真实性”而言。

① R. B. Brandom, *Making It Explicit: Reasoning, Representing, and Discursive Commitment*, P.280.

② R.B.Brandom, *Articulating Reasons: An Introduction to Inferentialism*, P.189，P.198.

按照布兰顿的看法，事实的真实性在本质上是一种视角才能解释的东西。传统理论（真值语义学分析与基础实用主义）都假定了事实是一个可以直接触及的客观性概念：前者把感知性的表征视为与事物发生必然联系的途径，后者把卷入经验的信念和欲望视为是把握客观真理的途径。这两种理论的一个共同点是都没有从客观性的概念上区分被认为是真的与事物实际上是真的，即二者都把被认为是真的当作就是事物实际上是真的。视角主义的观点则不同，它明确地认为，概念内容的事实性在本质上是视角的，所以，如果认为在对象的指称上存在绝对的真的或绝对的错，那么，真就只能是非视角的东西。

在布兰顿这里，客观性必须是记分者记分的产物，即客观性是被承认的结果（这要求对可能存在的记分作出完整的解释），它不可能是每一个个人的断言所能表明的。“对于记分者而言，区分为客观正确的和仅仅是被认为或被当做是正确的区别，就是记分者归属一种承诺所被承认的东西和那个被归属的人所承认的东西的区别。”① 区分客观的规范状态和主观的规范态度，是通过一种在不同的规范态度之间的社会性视角的分辨来进行的。客观性是概念内容的社会视角形式的一种结构性的东西，而不是社会经验的内容（这只是非视角的经验的东西），因为，能被看作是一种视角的东西，都是作为认知主体的个人做了认知性承诺，并有可能被证明是有资格的一种认知承诺。

承认存在一种不是由某个人的视角所能指明的客观表征，与认为这里的客观表征不能被视角所把握是两回事。之所以必须假定存在一个客观的表征，乃是因为若没有这个超主体的态度的客观表征，我们就无法认为所有的规范话语对表征的规范谈论的态度是趋向真的。这就是说，在没有一个客观表征这样一个规范约束的情况下，任何态度就失去了其保真性，尽管它符合规范，是一种推理承诺或可以获得资格的承认的表达。在彻底驳斥了经验主义的被给予的神话之后，布兰顿不会再以因果的方式理解主观表征与客观表

① R. B. Brandom, *Making It Explicit: Reasoning, Representing, and Discursive Commitment*, P.597.

征的关系，对客观表征的承认只是设置一种规范约束，通过这一约束去建立一种规范意识，即那种在任何条件下都始终把认为是正确的观点或断言仅仅视为一种视角、一种不同于实际上是真的视角。所以我们看到，具有主体间性意义的话语形式在布兰顿这里是由规范引导的（它是一种道义记分的模式，——这也可以理解为一种约束）。对于布兰顿而言，话语的形式不可能是任意的，因为它要达到的目的非常明确，那就是确定哪一个视角（话语者所提出的观点）超越了自身的限制，即超出了仅仅认为是真的主观视角，而可能具有“……是真的”客观的性质。

三、视角的形式性

布兰顿坚持客观性的视角主义立场，但这也意味着，他必须区分话语者的视角和客观表征的视角。由于视角总是个人的，这里就存在什么是那个既是个人的又是客观的视角，即客观的表征世界。布兰顿与语言学转向之后的语言实用主义（罗蒂）的观点不同，他遵从康德的立场，坚持区分“认为是真的”和“……是真的”。这种划分的前提是承认存在一个“客观表征的概念内容”的世界。① 这意味着，这里总是存在一个客观对象的表征和一种适当的客观对象的表征的区别和关系。② 不同于经验主义，也不同于实用主义，布兰顿承认，我们所具有的只是适当的客观对象的表征，而客观对象的表征只是一个假定存在的对象（因为根据康德，我们永远不可能有客观对象的表征）。这里的区别或这里的张力关系（客观表征与适当的客观表征的张力）正是话语理论必须存在的原因，因为只有话语推论才能确定什么是适当的客观表征。话语理论的使命正在于，如果哲学的语言学转向之后，我们不可能拥有一个赤裸裸的非语言的世界的假定，那么，那个语言所指示的世界如何表明自己是客观的，即如何表明自己就是客观表征的世界的表征？这里

① R. B. Brandom, *Making It Explicit: Reasoning, Representing, and Discursive commitment*, P.280.

② R. B. Brandom, *Making It Explicit: Reasoning, Representing, and Discursive commitment*, P.280.

仍然存在这样的问题，即语言指称的实在就是实在吗？我们必须这么问，在任何时候都不能认为，由语言所表达的信念就一定是真的。必须有一个对每一个说话者都一样的世界的观念，尽管语言—世界的关系是通过语言来显示的，因为世界并没有它自身的语言，但这里仍然必须接受一个超越我们语言的世界存在的观念的合理约束。我们必须有这样一种“客观表征的”世界的假定（经验语用学往往不做此假定），以便区分“认为是真的”与“……是真的”。

把世界看作仅仅是语言所指示的世界是不恰当的，似乎语言所指示的世界就是外部世界之所是（语言实用主义的错误）。我们所认定的客观世界与作为客体出现在它之内的事（事态、事物和事件）并不相同。自然主义倾向所带来的一个不好的后果是，世界的假定前提并不是作为一种调节的观念或合理性约束的观念发挥作用，而是一个被取消了外在与内在区分的单一世界的观念，它是对于任何可能建立某种事实的事物作出指称的“构造性的”观念。与此同时，在实用主义的世界假定中，世界的观念保留了某种形式化的特性，以至于可能的指称体系并不能事先符合一般事物的任何特定的性质，这就是为什么实用主义认为，为可能的指称对象而进行的所有实质意义的重构（事先对指称作出描述，以便使它可以指称对象）都是必然要失败的。布兰顿在实用主义的问题上，不仅仅把实用主义作为一种方法论来使用，而且提出了一种语义实用主义的要求，而一个作为调节的观念或合理的约束的世界正是语义实用主义的在语义客观性上的保障。

布兰顿的“一个超越我们态度的客观表征的世界”的观念，决定了他不可能是一位真理最小化论者或真理冗余论者。而之所以会产生这种变化（真理概念在功能上的变化），一个根本原因是，布兰顿通过直接的模态语义学，用不相容性代替了真这个概念，这就是说，布兰顿的推理语义学是基于不相容性这一概念之上的。在这里，不相容性通过合理性约束发挥一种调节的作用。布兰顿已不再把真理视为一种与谓词相关的概念，“真理”不是一个谓词所构成的判断，“是真的”并不表示事物的性质（property），它只代

表一种规范的关系（因为不相容性是一个规范的词汇）；从回指的解释来看，它们只是一种语法上的词汇“是真的”（真理）只是一个赞同句的算子，它在句法上和语法上非常不同于述谓，它只是表面上类似于量化的带有真实单项词的表达式与谓述断言的关系。

布兰顿把我们所能达到的“真理”视为一种临时性的东西、一种可以再确定的东西。布兰顿的话语模式用他自己的话来说，是对主体间性的话语进行一种形式上的建构，而不是对它进行一种内容上的建构。把两个不同的观点并置，是对两个主体之间的观点的形式（观点之间的关系）的关注，而不是对它的内容的关注。

> 重建一种包含了观点的形式，而不是一种包含了非视角或跨视角的（a nonperspectival or cross-perspectival content）内容的客观性，对于所有的话语的视角而言，这一点都是一样的，即在概念运用上，存在着客观正确的运用和仅仅是被认为是正确的运用，所考虑的不是它是什么，所有的考虑都是这里的形式上的划分，即考虑的是结构而不是内容。①

考虑的是结构而不是内容的意思是，从话语解释的理论要求的角度看，必须首先具有下述话语的条件：一方面有被认为已作出了认知性承诺的人的断言，另一方面有对该断言者的承诺作出认定的人的评论。话语必须在我的断言意义和一个对我的断言的资格作出鉴定的人的评论之间进行协调，以便寻找一个可确定的评论的意义的平衡点。“我们对概念规范的客观层面的实践把握（对论断的客观真理和概念应用的客观正确性的评价），取决于我们的记分中，对那个作出了承诺并接受认定的人的观点的意义，与作出认定的人的观点的意义之间的协调。”②

对于布兰顿而言，这样做也就是用说理的话语游戏来确定话语的断言

① R. B. Brandom, *Making It Explicit: Reasoning, Representing, and Discursive Commitment*, P.600.

② R. B. Brandom, *Making It Explicit: Reasoning, Representing, and Discursive Commitment*, P.598.

性意义。我们可以把断言性的概念分为两部分：作出承诺和获得资格的规范状态。这种方法是保证断言具有适当意义的最好方式。区分了两种不同的命题态度，也就相当于获得客观性，因为通过了这种分辨，就超出了具体的态度。① 区分主观地认为是真的与客观的实际上为真的断言，只能用规定性的话语记分的方式，只有被一个对话者所承认的（认为是真的）认知性承诺，能够与另一个对话者所认为的具有认知性的承诺进行比较和对照，才真正是话语解释的。布兰顿重视的是，在形成"公共真理"上不同的对话者的话语在相互解释中的"比较"或"交锋"的效果。如果最大限度的同意仅仅是某种共同的决定，那么，它事实上就仍不可能与信念区分开来，即它就仍无法证明它是一种"仅仅被认为是真的"信念，还是一种"正确地被认为是真的"信念。

记分的使用实际上表明了，话语对话语形式结构的关注远大于对话语实质内容的关注。话语的评价是建立在相互认定，即相互打分的话语评价活动之上的，比如，对认知性承诺的认定（是否是建立在 doxastic 的信念之上）、资格的认定（是否具有语义推理的基础）和两种命题态度归属的认定（它主要针对一般断言句的语义的可替换性的认定）。"客观真理条件的概念，使我们在把握错误信念的可能性，以及把握仅仅被认为是真的，与正确地被认为是真时，把所隐含的东西清楚地显示出来。但它们只有在解释的语境，即话语推论式的记分中，才能显示出来。因为这是一种一个对话者承认的（认为是真的）承诺与记分者一开始认定的另一个对话者所承认的（被认为是真的）承诺进行比较和对照的实践的活动。"②

记分的使用表明，布兰顿关注说话者积极的话语应用能力，他很清楚这一点，所需要的是那种积极的话语表达或推理的能力。戴维森曾认为，"……一个人不可能有思想，除非他是另一个人的话语的解释者。"③ 但如果

① R.B.Brandom, *Articulating Reasons: An Introduction to Inferentialism,* PP.188–189.

② R. B. Brandom, *Making It Explicit: Reasoning, Representing, and Discursive Commitment,* P.599.

③ D.Davidson,"Thought and Talk", in *Inquires into Truth and Interpretation,* Clarendon Press, Oxford,1985, P.157.

我们的话语能力只表现为相互对他人的话语进行解释的能力，那么它就不是进行相互评价的那种积极的语言能力。从这个角度看，戴维森的一个明显错误是没有区分作为解释者的人与作为话语者的人，由于没有做这种区分，他无法阐明何以真的和错误的观念能够在具体解释的语境中显示出来的问题。当戴维森说，“真理的信念和错误的信念之间的不同，只能出现在解释的语境中，”以及要显示真理与谬误——真理性的信念和错误的信念——之间的不同，我们就必须回到公共真理的客观观念的解释语境中，① 他的表述含糊不清，因为他并没有把认知性的话语辩护与传统意义上的带有融贯论承诺的话语辩护区分开来。

在布兰顿这里，作为解释者的人与作为话语者的人是统一在一起的。没有一个作出断言的话语者，解释是缺少命题内容的。只有话语者才是一个作出断言的主体，没有作出断言，就不可能是一个话语者。从另一方面看，布兰顿的最大不同是（正像我们在前面相关章节所指出的），他虽然没有放弃具有表征维度的实在论，但他也不认为客观的概念规范可以仅仅通过对表征性内容的量化而得到。他坚持一种由早期弗雷格建构的语义学推理主义，他希望把可推理的语义内容与表征性的语义内容结合起来。通过单项词及其小句子的语义替换或语义代入来表明一种同时能够在两个方面都得到满足的论断形式——他把这种形式视为能够达到客观的概念规范要求的真理性的论断形式。因此，布兰顿区别了一个对话者自己的观点与别人对他的观点的认定。

话语的形式性观点表明，解释者与被解释者的话语状态和态度是对称的。每一个话语者的观点都保留着，不仅两者的态度需要满足同样的认知的要求，记分者和被记分者也都保留了自己的视角，一切都暂时的被确定，即某一方的观点的确立不是永远的。重要的是，这里并不存在一种知性直观（有如康德所认为的），也不存在观点被遗弃的可能：“……虽然这里并不是所有的论断都一样有价值，但在那些注定是占优势的观点所带来的相互竞争

① D.Davidson, “Thought and Talk”, in *Inquires into Truth and Interpretation*, P.170.

的论断之上，并不存在一个鸟瞰一切的视角，也没有从当中得出的必然的和充足的条件可以形成被遗弃的观点。”①

四、I-thou 与 I-we 的主体间性话语

布兰顿强调关注于话语的视角的形式性表明，他在话语推论的实用主义的方法论上，并没有接受那种传统的缺少特定话语者的特殊视域或命题态度的“跨视角内容”（cross-perspectival content），即没有把语言共同体的概念作为客观性真理的基础。②——布兰顿要求对“I-We”对话模式作出限制，以便最大限度地让位给他称之为由对话者彼此不同的观点构成的“I-Thou”的对话模式。对于布兰顿而言，保证概念内容客观性的话语方式也与我们采用何种主体性的话语模式相关。如果我们采用的是基于 I-thou 的主体间性话语之上的话语模式，那么，在话语中将能够有效地把“认为是真的”与“……是真的”区分开来。实用主义的话语模式是基于 I-we 的主体间性话语模式之上的，这一话语模式的缺陷是不能有效地把个人的观点保留在话语中，即它的主体性是一种缺乏视角的主体间性。布兰顿认为只有 I-thou 的主体性话语是视角的，因为它的主体间性没有为一种抽象的“我们”的观念所约束。在 I-thou 的话语形式中，话语的主体间性表现在两个话语者的相互记分或推理评价上，它与表现在固有的意向性系统为背景的 I-we 式的相互评价模式完全不同。I-thou 的主体间性模式与社会评价论，以及与其他许多理论家所求助 I-we 的主体间性模式形成了鲜明的对照；I-thou 的社会性是建立在原初意向性的相互认定这种强烈的认知性之上的。按照 I-thou 主体间性话语，这里应该是一种“我”和“你”的评价关系，它必须首先避开基于共同体的内在规范的“我”和“我们”的关系，它应该由每一个具有原初的意向性的话语主体构成“我”和“你”的评价关系，组成一种“我”和“你”相互记分

① R. B. Brandom, *Making It Explicit: Reasoning, Representing, and Discursive Commitment*, P.601.

② R. Brandom, *Making It Explicit: Reasoning, Representing, and Discursive Commitment*, P.600.

的交往。在 I-thou 的对话中，每一个对话者都是平等的，在判定客观的正确的概念使用与仅仅是主观上认为是正确的使用时，没有哪一个观点具有占优势的地位。这种平等主义的观点看起来是把什么是正确的判断推后了，除非它求助于共同体的观点。但这么做的实际意图是在不同视角的形式中重建客观性，而不是根据非视角的或跨视角的内容来确定这一点。布兰顿的主体间性模式一个非常特殊的性质是，它的客观性视角的结构是对称的，即在归属者和提出承诺的被归属者之间具有一种对称性。这种 I-thou 的交往模式的根本目的是，在我的评论的意义和一个对我的评论资格作出鉴定的人的评论意义之间进行协调，以便寻找一个可确定的评论意义的平衡点。在这里，只有个人的观点，而且每一个个人的观点都会得到尊重，都不会失去。——I-we 的话语模式也有它的意义，但 I-we 的话语只能随 I-thou 话语的存在而存在。

道义记分的关键是如何避免记分为某种社会共同体已有的观念制约，即如何避免融贯论的语义整体承诺而放弃前瞻性推理。这里的问题涉及“我们”是什么，或什么是共同体的观念，它在相互记分中起何种作用。实用主义把“我们”理解为某个实践共同体的存在，而不是一个处于宇宙论意义上的世界中的“我们”。布兰顿遵循康德的宇宙论观点，把“我们”视为同属于一个外部世界的存在。在这个宇宙论意义上的“我们”中，每一个人都以话语推论的记分姿态对待其他人，使用共同的逻辑词汇，接受共同的理论与概念。在这里，作为逻辑存在物（logical creature）、作为彼此都具有规范态度（自己作出承诺和对他人承诺予以承认）的存在物的“我们”是话语的存在物（discursive creature），因此也是规范的存在物（normative creature）。每一个人以话语推论的记分方式彼此对待，以保持一种解释的平衡，这里不存在以某个共同体的观念为中心的不平衡的言谈。

实用主义之后，一种普遍的观点是把共同体的观点视为真理，而不再去分辨什么是客观为真的和被认为是真的。从交往的理论看，这带来了一种由共同体的观点引导的交往，即一种话语者通过把自身置入共同体的观点以达成相互理解的交往。由于共同体的观点在这里具有规范调节的作用，话语者自身的观点显得不再是独立的，因为话语者只有把自己的观点融合在共同体的观点中，交往才有可能。这种交往是不平衡的，每一个说话者的观点都没有自身的绝对独立性。用布兰顿的话说，这是一种不平衡的 I-we 式的交往。话语者在交往中不是面对每一个话语者自己的观点，而是面对处于“我们”观点中的话语者的观点。

对布兰顿而言，我们所要追寻的是事物实际上是怎样的，即有关事物客观性的观点，而不是寻求我们认为事物是怎样的观点。因此，这里不存在不可以推翻的共同体认定的观点。

> 即使共同体所同意的、在共同体中具有普遍性的什么是正确概念的应用立场或调节性规范，也仍然可以是错误的：即使我们所有人都同意或总是同意宇宙的质量还足够小，它因此永远会不断扩张，也存在我们所有人都错了的可能性，还有许多未被我们发现的事物，通过引力摧毁它。①

区分一个句子被认为是真的与它实际上是真的区别是一个必然的要求。真理与信念联系在一起，一个人只有理解了错误的是什么和正确的是什么，他才真正有一种信念，否则，他若真的有一种信念，也只是非认知的信念。这也就是说，认知的信念是建立在对真信念和错误信念的区分之上的，没有这种分辨，就不可能有认知的信念。I-we 的交往观念的局限性是，它用社会共同体（我们）的承诺来替代真的信念。I-we 的主体间性解释模式错误地假设了一个先在的或具有优先地位的观点存在，即赋予“我们”或共同体的观点以优先的地位。论断的客观的正确性，即它的真理性以及概念的应用都是根据这一具有优先地位的观点来衡量的。这种把客观性等同于主体间性的解释模式有一个致命的缺点：它从根本上不考虑被认为具有优先地位的观点是否也有可能是错误的问题，它认为共同体认为是正确的就

① R. B. Brandom, *Making It Explicit: Reasoning, Representing, and Discursive Commitment*, P.594.

是正确的。

I-we 的主体间性解释模式必然会带来不平等的话语解释：如果共同体的规范解释被赋予了优先的地位，那么，一个句子的使用或说出在何种意义上是有意义的，其后果或可接受性的条件由共同体的规范解释决定。如果这样的话，在评价“我”的观点（一个句子的使用）的时候，我们就不可能在“我们”的观点之外采取第三人称的评价标准，即我们就不可能从“外部”作出比较，区分什么只是被认为是真的，什么是实际上为真的，相反，在具体的概念应用中，我们会把符合“我们”的观点的应用视为真的或客观的。把认为是真的或客观的等同于共同体中的所有人的观点、等同于共同体中专家的观点，或等同于一直这么认为的观点、在某种理想的条件下我们同时会接受的观点。这样理解必然会在句子的应用情境中排除什么是实际上为真的思考。真正具有客观性的概念应用应该是在不同视角的话语推论中的应用，任何一个用来区分事物被认为怎样和事物实际是怎样的观点都没有特殊的权威性，因此，我们应根据不同的观点来对什么被认为是真的，什么实际上是真作出分辨。

真正的能分辨信念真假的交往是建立在一个解释者与另一个解释者之间的“我—你”的对话方式之上的，即 I-thou 的交往模式之上的。这是一种完全平等的交往，没有任何先在解释的介入，一切都围绕着话语者的观点。在这种意义上，这种交往甚至可以同时是记分的交往。不同的话语者作为记分者或被记分者以记分的方式交往。它具体地表现为这样的关系：一个记分者解释另一个记分者所接受的承诺和记分者把承诺归属另一些记分者之间的关系。在 I-we 的主体间性话语，也可以有记分，但记分的评价是从外部进行的，即一个记分者把被记分者视为一个处于简单意向性状态的话语者作出记分。在这一点上，布兰顿坚持康德的立场，因此，在他看来，个人是加入具体的话语推论的主体，在语言的交往中，我们不能直接把语言共同体的观点当作就是个人的观点。把语言共同体的观点当作概念规范的客观性基础，绕过了那种不可行的规范调节论，但 I-we 的主体间性模式走出调节论的代价是，它使概念运用成为规律主义（regularism）的附属理论一部分。① I-we 的主体间性的理论把共同体的内容视为规律性的经验积累的东西。I-we 的主体间性的理论，用语言共同体现有的观点代替真的或具有客观性的观点（概念同化论）。但我们认为事物是怎样的观点不等于有关事物是什么的客观观点（这里必须给怀疑留下一定的空间）。

无数的个人之间的观点的一致性不是布兰顿考虑的主体间性，他甚至直接反对这种主体间性，因为在他看来这种主体间性并不能真正反映出或决定一种概念规范应用的客观性，相反，它还可能损害对概念应用客观性的判定。无数个人构成的主体间性的一个不好后果是，它往往是少数服从多数或个别依附全体，因而达不到概念应用的客观性的辨析要求。布兰顿称为 I-we 的主体间性正是这样一种丧失了两个话语主体在给出理由和要求理由的话语中交锋的话语模式，而一旦丧失两个话语主体之间的观点和意见的交锋，这里的话语也就完全起不到判定哪一种概念规范应用是客观的作用。I-we 的主体间性使犯错既不存在也不能解释。此外，这种模式还将只依赖专家的观点或仅仅从概念规范应用的前提和后果去考虑客观性问题。

I-thou 的主体间性话语的强势是，个人的观点永远是第一性的，是必须首先予以考虑的，从 I-thou 的话语模式的角度看，把客观性等同于主体间性意味着，任何一个解释视角在具体的概念应用情境中都具有它特定的优先性，因为承认不同观点的优先性，就等于把不同的观点并置，这样就能够避免把客观正确的概念应用与主观认为是正确的概念应用混淆起来。当然，把不同的观点并置的平等主义，并不是要放弃或取消对唯一的客观正确性的观点的寻求，之所以对不同的观点采取平等主义的态度，是因为 I-thou 的话语模式试图寻求的客观正确性，正是一种基于不同视域的组合之上的观点。概念的规范可以是同质的观点直接构成的，也可以是不同的观点经过组合间接构成的，前者的构成方式是非话语的，因为它并不是通过不同的视域协调形成的，而后者之所以是话语的，正因为它是由不同的观点的协调后构成的。

① R. B. Brandom, *Making It Explicit: Reasoning, Representing, and Discursive Commitment*, P.594.

I-we 的主体间性的话语取消了什么实际上是客观正确的规范及其应用，什么被认为是客观正确的规范及其应用——它把被认为是客观和正确的规范当作规范，I-thou 的主体间性话语则试图对此做分辨，并把客观正确的规范当作是不同的解释视域相互协调的结果。——显然，在 I-thou 的话语模式中，“我”“你”作为不同的对话者处于一种平衡的关系中，而在 I-we 的主体间性的解释模式中，“我”和“我们”的话语关系则是不平衡的（“我”从属于“我们”）。

I-thou 的对话强调对话主体的地位的不可剥夺性，并不是要否认对话主体不是从属于一个整体的，或否认他（她）是整体的一分子。I-thou 的话语模式并不认为，没有一个每一个对话者处于其中的“我们”的概念，它要证明的是应如何理解这里的与每一个对话者（我和你）不能分开的“我们”，即概念的整体，从而不至于因为对整体的概念系统的承认而剥夺作为认知主体的个别性存在。因为，每一个对话者都处于一个概念的整体关系中，这一点是无法否认的，问题在于，这里的个别与整体的关系应如何理解，这种理解如何不会损害个体认知的自发性，以使得概念的整体看起来是服务于这一自发的认知过程的。

I-thou 的主体间性模式并没有排斥整体的观念，即那种概念具有无数，且概念是一系统的经验观念，而是表明了这一关键的问题，即我们应从哪里开始，从个人在特定听众中的话语（话语者的断言）开始，还是从社会共同体共享的话语内容开始。对这里的问题，I-thou 的话语模式已经作出了回答，真正具有认知客观性的话语应从个人在特定听众中的话语开始，即从对话者对“什么是实际上是真的”和“什么是认为是真的”分辨开始。这里的解释，用戴维森的术语是一个解释的主体对另一个说话者话语的解释，用布兰顿的术语就是一个断言的记分者对被记分者的断言的记分（记分本身也是一个复杂的解释过程）。不管是戴维森的解释还是布兰顿的记分，如果要表明自己具有认知性或本身就是一种实质的认知，解释或记分就不能只是说，它必须是带有自身的理解的说。

五、理性的穿越性视角

布兰顿的话语记分关注每一个话语者的观点，但如果一种规范的话语所处理的只是观点上形式有效的东西，那么它就只是一种形式上的东西，而一种意义的客观性必须是实质的，而不能仅仅是形式的。但既然如此，为什么布兰顿坚持发展这种完全依赖视角的客观性？我们已经知道，一个根本的原因是，布兰顿所做的一切努力都是在传统实在论已不再发挥作用的前提下进行的。如果我们仍用一种传统实在论的观点来看待客观性的问题，忽视实在论在布兰顿的整个话语理论中具有新的形式这一事实（布兰顿对实在这一概念做了不同的理解），那么便会陷入规范与客观性的两难中。从传统实在论的角度看，视角主义的完全依赖视角的观点不能反映真实的客观性的内容，因为真实的客观性总是非视角的确定的东西（它具有事物自身的形而上学的性质）。

视角主义的方法在话语结构中所带来的问题是，尽管在记分中，一个话语者有可能接受另一个话语者的记分而收回自己的断言（如果这个分数太低，就会出现这种情况），从而修改或放弃自己的断言，但即使在这种条件下，记分也无法保证这里交往性的遵从关系一定是对的，因为每一个话语者都会出错，没有哪一个话语者可以表明他（她）掌握真理。布兰顿解决这里客观性问题的方法之一是用黑格尔式的理性历史意识作为补充：把历史理性的视角与规范现象主义的视角紧密联系在一起。

布兰顿致力于用黑格尔的方式把历时性视角纳入共时性的话语规范视角中，这也是他称之为回顾性理性的一项工作。根据布兰顿的看法，在整个概念的话语生成的过程中，完全可以通过回顾性理性的穿越性视角，联系一个阶段的观点与另一个阶段的观点。理性认识形态的整体性思维具有一种视角的穿越性，它不仅在不同的语义内容之间穿梭，它也穿越于现象世界和历史的种种对立关系之间。在黑格尔的理性认识类型中，理性认识视角的穿越性往往在典型的两极之间进行，比如在同一性和非同一性，直接性与间接性、自为的存在和自在的存在等之间。这里的所谓“穿越”（traversing， durchlaufen）也就是一种语义整体论所形成的一种视角。在理性穿越性视角中，概念内容是它的历史来源和它的前瞻性共同构成的，其中，纵向的理性穿越性视角揭示的是概念内容的过去、现在和未来的视域之间的关系。布兰顿打消了这里的视角之间必然产生矛盾的疑虑，① 即他表明，只要我们从一种语义整体论的角度去运用视角，回顾性视角就不能理解为是与前瞻性的视角对立的，相反，它们两者相辅相成。常见的对立的观点是，一种观念一旦属于历史过去的观点，那就只是过去的观点，它对于今天的观点而言没有实际的帮助，因为今天的观点是当下情境条件中的事，因此，历史中的概念要么是对的，要么是错的。如果是这样，那么，回顾性的概念史的经验就不可能给我们带来什么。知性认知概念的一个根本缺陷是，它感觉不到它受某种规范约束，这是一种错误的意识，因为任何一种承诺都与它所处于其中的概念体系有“摩擦”，因而是受制约的。② 错误的观念是：知性只从它自己的角度看问题，在它看来，只有对当下的情境事件或经验作出判断的前瞻式视角才有认知意义。对于知性认识而言，客观性或真理必须在逻辑上是唯一的东西，换句话说就是确定性的东西（而回顾性的视角的客观性或真理是不确定的观念）。

理性的知识概念围绕着“经验”的历时性，因而带来了一个不一般的历史概念，从它的角度理解的历史视域与历史主义的观点不同，因为历史主义

① 而这样理解的确带来了人们的一些怀疑，比如规范的断言主义记分的前瞻性（*prospective*）视角，是否能与反思性或回溯性的（*retrospective*）的视角兼容的怀疑，一些观点最终认为，这两者是不能相容的。这些怀疑和反对性的意见可以在下述著作和文章中见到：J.Habermas,“From Kant to Hegel: On Robert Brandom’s Pragmatic Philosophy of Language”, in *European Journal of Philosophy*,8:3; Rosen, Gideon “Who Makes the Rules Around Here?”, in *Philosophy and Phenomenological Research,* 57/1: PP.163–171.1997; Hattiangadi, Anandi. “Making It Implicit: Brandom on Rule Following”, in *Philosophy and Phenomenological Research* 66（2）: 419–431. 2003; Laurier, Daniel “Pragmatics, Pittsburgh Style”, in P. Stekeler-Weithofer（ed.）, *The Pragmatics of Making It Explicit*. Amsterdam, Philadelphia: John Benjamins Publishing Company, 127–146. 2008; Wanderer, Jeremy, *Robert Brandom*. Acumen Publishing Limited . 2008.

② R.B. Brandom, *Reason in Philosophy: Animating Ideas*, P.96.

也可以是非视角的，如果只把历史视为一个时间概念，那么，这里就没有能够作出判断或推理的视角。若从单纯的历史主义的角度看，概念内容要么是始终是正确的，要么，在过去和现在都是错的。只有从带有认知者视角的历史的角度看，才有可能得到一个合理的概念。布兰顿所引入的黑格尔的历史视角不是历史主义的视角（时间的或编年史的视角），而是带有认知者特定的判断和推理的视角。可以说，从一种真正的视角主义的角度看，概念内容是历史的东西，它是确定的，但同时又是可以再确定的东西（不存在不确定的概念）。① 这也就是说，从真正的视角主义的角度看，说概念内容是不确定的也是错误的（这是一个相对主义的陷阱），在不同的阶段，概念内容都是确定的，只是它同时是一个可以再确定的东西。

要反思性地把过去纳入历史的整个过程中不是件容易的事，即建构仅仅以回顾性的反思为主体的语义学是有难度的，正像仅仅依赖前瞻性的预判性语义学也会面临种种困境一样。解决它们各种的难题的唯一方法是把它们统一起来。基于知性的确定性思维之上的语义学（比如康德—卡尔纳普的语义学）只能是前瞻性的，整个语义的内容是被决定的，它取决于概念的运用。多视角的或基于理性的反思性思维之上的语义学不再仅仅依赖对单个概念的前瞻性运用，即它不再把概念内容的真实性视为只是由一种概念所决定的，而是转向使用多种概念的运用和它们之间的不相容性：把概念内容的真实性视为是不同概念之间的关系决定的。在整体的语境中，所有相关的承诺构成了一个整体的关系，即过去的反思性视角（对已有的概念承诺的理解）与当下的概念承诺和前瞻性的视角构成了一个概念的整体关系。实质推理与不相容性都涉及各种多样的前提，而不是单一的概念运用，一些先前被认定的前提因此是可以直接运用的，在当下的推理中这么做是可以接受的，但完成一个推理必须假定它还有可能未被认定的前提，因而运用也仅仅是暂时的，它会因以后更多的信息的出现而发生改变。概念构成的整体体系是一个开放的体系，它不是封闭的，一切都在概念运用的回顾性反思时间关系中扩

① R.B. Brandom, *Reason in Philosophy: Animating Ideas*, P.93.

展，它实际上是一个始终处于运动中的体系。

概念建构的进程是趋于完善的，所有的变化都是一种新的变革，也都是理性合理性一种持续的显现。偶然的、无序的或不相容的东西逐渐为必然的、有序的和互为前提的概念所替代。趋于真理、理解和正确的表征过程，是由概念这一整体的关系背后的理性所驱动的，它使一切偶然性成为必然性。——必然性并不等于整个生成过程中的概念之间的整体历史联系是完全同质的，即没有质的变革的，相反，一些变化是对过去已有概念的否定。在经验方面，这种情况是常见的。后来的经验往往不同于先前的经验。因此，这里与其说是一种静态的渐变性的生成，毋宁说是一种对过往概念的沿用（整体的关联）和当下的前瞻性视角的修正之间的张力关系中的变化。一方面，整体概念体系中的隐含的东西，随着对它们的反思性或回顾性的运用而得以明确的显示；另一方面，这一发现（历史回顾和反思）的过程，又随着新证据的涌现而得到改进或修正。随着前瞻性的概念运用所呈现出来的新的不相容性，以及一些获得承认的推断或断言，确定概念内容的过程会显示出一种短暂的中断，对以往的概念和经验的评价也会有变化，因而往往总是揭示了原本隐藏于已有的概念和经验中的未被认识到的秘密。开放性的概念内容的确定过程，因此在这种连续性的反思性回顾的空间中存在。概念内容的一些瑕疵和不能自圆其说的理论和观点需要这样的反思性回顾来弥补和修正，对历史中的经验的延续性使用应该看起来像是一种发现，一种对新解释和新观点的发现（而不是被动地或呆板地运用）。

这一切也是因为布兰顿的视角主义包含对不同视角的视角融合性质的承认。话语记分从作出承诺到获取资格，既包括了历时性的概念形成史的过程，又包括了相互承认的概念关系，康德的自主性在布兰顿这里是作为一种责任来理解的，只要站在概念史的角度，自主性同时也具有了一种权威性（被承认的自主性承诺）。责任与权威构成了历时性和共时性的视角的统一。换言之，视角主义的视角因此具有回顾性的和前瞻性的维度。话语的整个断言和记分是一个合理性的统一体，概念内容在每一个阶段都是确定的，它由回顾性的重建（每一个断言者的新的断言承诺）和相互之间的评价促成概念由一个确定性阶段走向另一个再确定的阶段。

布兰顿的视角主义的真理或事实的概念是通往断言主义客观性的另一条道路。它们从一个侧面形成了对自主性话语规范的客观性建构的一种补充，从而对断言性行为的必然性（作为具有认知意义的典型性言语行为）做了说明，并加强了这种言语行为的命题内容的客观性的可信度。布兰顿并没有完全分开来谈两者，而是把它们结合在一起谈，这使他的话语理论显得是一个综合性的体系或一个系统性的结构。这与实用主义没有视角的整体论中的客观性完全不同。布兰顿的视角主义是与他所采用的社会—现象主义有关真和事实的说明紧密联系在一起的。

一旦看清这种关系，也就不难理解，黑格尔的概念形成史是一个合理性的统一体，在每一个阶段都是确定的，它用回顾性的重建（每一个断言者的新的断言承诺）而由确定性的概念的一个阶段走向再确定的另一个阶段。这也就是为什么我们说，黑格尔视角主义的视角因此有回顾性的和前瞻性的维度。概念本身是有内容的东西，不是空的概念，而与此同时，概念本身又不是固定不变的，它在外部压力的作用下，由它自身的一个阶段的确定性向另一个阶段的确定性发展，而实现这一变化的正是处于这种关系中具有自我意识的主体。这意味着，在黑格尔的整体论中，概念的经验使用过程是一个自我分辨的认知过程，而不是一个非反思的单纯适应环境的工具性行为。这就是说，黑格尔并没有像实用主义那样，因为强调概念使用的规定性而牺牲概念的认知和理解的规定性，相反，他把概念认知和理解视为概念不能缺少的部分。换句话说，在黑格尔所描述的语义整体关系中并不存在这样一种关系：由句子的指称构成的含义（语义）一定处于整体的语言网络之中，相反，推理是以个别的语句为中心的。——黑格尔保留了康德以断言为中心的推理主义思想，但他把个人内在的断言推理推向断言者相互作出承诺和相互评价的关系中。这种完全基于带有断言者相互作出承诺和相互评价的真理分析模式，给认识论带来了新的选择。重要的是，布兰顿默认了一种以往的视角和未来的视角的存在，因此，对他而言，对于什么是正确的没有最终的答案，一切都基于话语推论的回顾性的理性的过去—当下—未来的视角的评价、质疑和辩护。①

六、普通法的判例法作为视角穿越的一个实例

必须承认，如何表明一种内容在形式上是规范的又具有实质的权威性不是件容易的事，找到它们之间的某种平衡或把不同的视角有机地统一起来是一种最高的认知智慧。布兰顿在讨论这个问题时引用的有关普通法的判例法的规则，很好地说明了这种认知智慧何以重要。普通法的判例法是一个贴切的例子，因为普通法在使用判例法原则时正是试图统一形式的规范性和实质的权威性，它既有意识地照顾法本身的历史实践和语义上的权威性，又尽力避免损害法运用的规范性。与成文法不同，英美普通法非常注重固有的以往的法律判决的先例，它视法律为某种经验的东西。在普通法中，法律作为一种由法律经验（成功的判例）构成的法，其自身具有一种很大的应用的扩展性空间。法官在面对手头需要判决的案例时，普通法给予了很大的应用灵活性：法官可以把以往案例的判决理由作为某种参照，这就是说，以往的判例可以把法律条文的应用与实际案例的裁决理由展示出来。如果说以往的判决本身决定了这一法律概念的确定内容是什么（法律概念内容的确定性），那么，法官在应用这一概念时，他就必须承认有这样一个概念内容确定的法律。当然，这只是普通法的判例应用的第一步，一旦法官需要借助这种由先前的判例构成的确定的法律概念，他就必须作出比较：比较同一类型案例的相似性和不相似性，以及相关判决的应用是否会带来推理上的不相容性（包括与其他的法律概念的不相容）。在这种情况下，可能出现的情形是：法官要么扩展固有的确定的法律概念的应用范围，把原先不考虑或没有考虑的条件包括进来，要么对这种内容确定的法律概念作出批评性的修正，拒绝先前

① R. B. Brandom, *Making It Explicit: Reasoning, Representing, and Discursive Commitment*, P.647. 根据黑格尔，布兰顿相信，概念内容是历史的东西，它是确定的，但同时又是可以再确定的东西（这排除了不确定的概念的存在，但又没有堵死概念内容是可以被不断改进的道路）。

的判例在相关条件下的判决，指出它的判决在提供判决理由上的不相容性和矛盾。

普通法的应用表明，任何确定的概念内容都是在其使用中获得不断的确定的，一种确定的概念内容是语义上确定的，但并不意味着它不可以再次作出确定，实际上，如果它是一个活的处于应用中的概念，它就始终处于由一个确定的阶段走向另一个确定的阶段的变化过程中。所以，在普通法的实践中，法官对照当下的案例以及到目前为止的整个法律概念体系的进展，对作为先例的某条法律确定的内容的扩展和修改，正是一种使处于确定状态的法律概念作出再确定的方式。法官在这里所做的并不是主观任意的行为，因此，认为法官是在制造法律是不对的，这种看法是对普通法的判决方式的一种误解。法官对判例的理解和解释具有十分重要的意义，法官所做的工作并不是任意地创造法律，而是通过对先前的法律应用的理解并结合新的案例形式，在充分考虑现有的法律概念体系的系统性的情况下应用它。

从前一方面看，法官在其对确定的法律概念内容的应用时，他必须保证法律的应用具有权威性，因为他不能在不考虑任何先例的情况下应用任何他认为是正确的法律：法官必须保证他的法律解释是基于已经获得实践证明，并已经提供了理由的法律实践之上的；从后一方面看，法官在对法律的应用和解释时必须承担一种责任，他不能把法律的应用先例视为一种可以直接挪用的范例，法官应该考虑的是，他对判例的应用如何可以不同于其先例，即是否可以根据当下的案例，用先例中所没有的方式应用相同的法律。法官甚至必须保证，自己的判决可以成为未来法律应用的一种先例。如果他的法律运用不能成为未来的法律应用的一部分，那么，这里法律运用的历史的衔接性便不存在，因此，这里也就不存在一种理由的证成条件可以由未来法官来负责的情形（因为它可能被后来的运用否决）。从这两个方面看，普通法对先例的运用是一个合理性重建的过程。合理性重建意味着，各种因素都被纳入了法官的考虑当中，先前判例中的确定的法律概念的语义内容并没有被丢失，因为当下判决对诸种实质推理的相容性与不相容性的考虑，都没有离开这里的确定的法律概念内容；法官的判决仍然动用了超出先例的新解释，他是在当下的案例的特定情境中作出推理，因此它排斥了不相关的先例中的推理。在法律判决中，过去的法律判例在今天的法律判决中获得引证，这表明它被承认而不是不再有意义；而与此同时，法官当下的判决又希望获得将来的法官的承认。所以，没有最终的权威，相关的解释永远是开放的。“这是因为将来是与今天联系在一起的，就像今天是与过去联系在一起的一样，所以，没有最终的权威，每一个法官都是相同地被承认和对别人作出承认。”①

普通法的成功的法律实践背后是对传统的知性认知概念的知性确定性原则的否定。这不仅在法律实践中有重要的意义，在整个知识论中亦有重要的意义。知性的概念确定性作为知识的标准在康德哲学开始得到了明确的规定，尽管黑格尔在康德之后已经指出知性确定性是片面的，它并不能真正说明知识的客观性质，黑格尔提出了理性的知性确定性概念，他把知性的确定性视为理性的社会历史实践维度中的一个环节，知性的确定性如果真正是一种知识的客观性标准，它就不能独立于整个历史的知识实践过程，它就必须表明它是某种历史的东西。一方面，它必须显示它与过去的相同的知识概念的关系：先前的知识概念是否作为一种先例发挥了作用，还是因为理由的不相容而被排斥；另一方面，知性的确定性概念还必须表明它是否具有一种前瞻性，即它是否可以为应用它或认识它的其他推断者所认可或接受，这就是说，它必须非独断地假设自己的确定性概念是否不能被接受或被他人否决这种可能性，而不能以语义的客观内容的封闭性名义，把知性的确定性神化为某种绝对的东西，排除或完全不顾它应用上的可变性。

普通法在法律的应用上给出了一个非常好的例证，它鲜明地显示了知性上的法的语义内容的局限性。普通法的法律实践可以很好地区分两个相互对立的观点。在普通法之外，法律确定的概念内容被视为一个严格的语义文本，它被视为是知性认知形式的一部分，因此，在这种情况下，法律实践和法律判决被理解为知性认知的表现，即法律实践和法律判决被视为一个与知

① R.B. Brandom, *Reason in Philosophy: Animating Ideas*, P.88.

性的认知逻辑相符合的有关事实的一种认知；每一个事实相对于一个规则，在这里，法律在语义上是封闭的，相应的事实之外的可变条件（具体应用情境）不能对它构成影响。对事实的预测是法官必须遵守的一种常态化的立场。因此，法律事实是由法官对事实的解释构成的，如何解释完全是由法官对这里的事实的理解决定。

但对知性的认知规则绝对性的排斥，并不是要推翻知性认识可以作为理性认识的一种手段的互补原则。因此，下述极端的反认知主义的观点是不恰当的。再以法律实践为例，法律实在论或法律现实主义（Legal realism）所倡导的那种法律实践缺少对这种互补关系的认识。从法律现实主义的角度看，法律并非简单的条文，法律本身就是社会实在的一种存在形式，这里不存在形式的或凌驾于社会现实之上的法律，要了解什么是一种正确的法律运用，就必须了解实际的社会现状；现实存在的社会现状决定了什么是正确的法律运用。但这种只考虑适当的社会情境的现实主义的法律实践是不恰当的。就像实证的法律解释完全倒向对知性的依赖，法律现实主义走向了彻底的反认知主义。成功的普通法的合理性重建让这两种观点显得极为片面，实证的法律解释只强调法律的权威性，忽视相应的责任（法律应用的后果和情境条件的变化），而法律现实主义则只考虑法律应用的情境条件，忽视法律的权威性。在成功的普通法的合理性重建中，权威与责任是统一在一起的（适度的保守），它们实际上一个离不开另一个。对旧有的经验概念的反思和作出新的承诺，两者不可缺一。这样做将帮助我们了解概念形成中的多面性（在不同的阶段），以及了解概念在历史的不同阶段的表达过程中的相互关联。

从成功的普通法的实践中可以获得的教益是：理性的暂时性的或动态的确定性（它给解释、辩护和修正留下了空间）并不以损害或拒绝知性确定性的作用为代价，因为即使是理性的动态的确定性概念也不等于我们只能有一个不确定的知识概念，尽管从某种角度上来说它似乎是不确定的，即我们似乎只能拥有一个不确定的知识概念。知性确定性概念的重要性在法律实践中表现在，法律本身必须有一个语义上完整的概念，任何法律判决都不是任意的，任何判例首先都是基于某种确定的法律概念，只有在一个语义上确定的法律概念之下，才有可能构建新的判例（适度的保守）。在知识论中的情形也一样，任何一个确定性的知识概念，不管从哪个角度看，它首先都包含世界指称的意图在内，因此，它包括实质的推理、不相容性与相容性的确定，以及实质的命题内容与表征的确定性关系等，所有这些都可以用知性的确定性来表示，而对这里知性的确定性的追求是从康德开始的知识论的一个主题。但正像普通法的成功的实践是合理性的法律重建，不是一种构造主义的重建，而是基于以往确定的法律概念之上的重建，在知识论中，当我们用知性概念进行确定性的语义建构时，同样需要通过经验或回顾性的反思，把自己首先置于整个经验史的确定性概念之上，因此，合理性重建包括“新承诺的合理嵌入和对旧承诺的合理回顾。”① 布兰顿在这里提出的是一种“在理性的整体视域约束下的客观性”，这是他根据黑格尔从知性的知识概念走向理性的知识概念方法论变革所走的重要一步。

七、“在手的东西”和“手头所发生的东西”

布兰顿所发展的黑格尔式的规范现象主义具有一种综合的维度，它不仅仅是主体之间的一种相互承认的关系，同时也是主体与社会—历史之间的一种相互承认的关系。也正是根据黑格尔，布兰顿区分了事实（fact）与规范的事实（normative facts），② 前者是没有通过规范的认定和承诺的东西，而后者则是为规范的认知所建构起来的东西。规范的事实是真的规范的可论断物，是一种与众不同的事实。宇宙具有质量大到足以造成重力系统崩溃的（如果是真的）物质是非规范的事实，因为显露它们的并不是概念，比如类似承诺或资格这样的概念，它们没有通过证明是在规范的实践说理方面发挥了作用的事实。规范的事实应被理解为是社会建构的。根据分析哲学的传统，事实是一种指称之物，它是语言的世界指称的一种形式，但在接受了黑

① R.B. Brandom, *Reason in Philosophy: Animating Ideas*, P.95.

② R.B. Brandom,“Fact, Norms, and Normative Facts: A Reply to Habermas”, in *European Journal of Philosophy* 8:3.

格尔哲学之后，布兰顿并不以这种狭隘的方式来看待指称，相反，他认为语言的世界指称与语言的世界表达(揭露）相辅相成，甚至后者决定了前者(意义决定指称)，如果缺少语言的表达的功能，即那种通过概念的规范所引导的表达，事实就不可能作为一种规范事实而存在。

从这个角度看，分析哲学需要改变的一点是，它不能只关心句子与事态的语义分析，而应对有关世界的整个表达活动中的自然语言实践作出解释。布兰顿从分析哲学的角度实施了这一变革。为了实施这一变革，他不仅关注黑格尔哲学（他试图把分析哲学从塞拉斯的康德阶段推向黑格尔阶段），也关注海德格尔哲学。① 对布兰顿有极大吸引力的是，海德格尔也对意识哲学进行了批判，尽管他并没有因此给语言哲学带来某种新的理论，他仅从语言的角度对人类的存在做了存在论的分析。海德格尔不仅借用了狄尔泰的思想，而且从胡塞尔哲学出发，对洪堡“世界只是语言的世界”的理解做了一种特殊的发挥。在海德格尔那里，意义的问题是一个基础本体论的问题或解释学的问题，这里存在一个自身显露的“世界”，它由“在手的东西”(Zuhandensein）到“手头所发生的东西”(Vorhandensein)，从闲谈到话语。从形式上看，海德格尔的意义理论的概念划分非常类似于黑格尔的整体论的划分。黑格尔的语义整体论的观念是，没有意识的过程所显露的东西，也就没有自我意识和理性思维，意识是与感知联系在一起的（它是对经验内容的意识)，它本身就是一种经验的东西，而自我意识和理性则是与感知相对的东西（它是统觉或一种判断)。但这也是相对而言的一种“对立”，因为黑格尔不认为自我意识和理性可以超越意识的世界而发生。对于海德格尔而言，“在手的东西”是一切此在所拥有的存在的形式，但从某种程度上来说，它与“手头所发生的东西”是难以理解的分离的，因为后者总是表现为一种独立性，类似作出断言，它往往抛开“在手的东西”。这种分离还包括，闲谈与话语的分离，语言的言语行为与断言的分离。在黑格尔那里存在的是许多

① R.B. Brandom, *Tales of the Mighty Dead: Historical Essays in the Metaphysics of Intentionality*, P.324ff.

的“对立”，但同样表现出了一种相同的存在关系的事实。布兰顿从这里的“对立”和“分离”所发现的一个理论的历史事实是，无论是黑格尔还是海德格尔，他们都倾向于把这里的“分离”与“对立”视为偶然的，他们的观点是，它们是趋向一致的；而这种趋同或统一，正是此在的真理或概念的真理。海德格尔哲学的目的就是要证明，“手头所发生的东西”来自“在手的东西”，没有后者，前者就是非本真的东西。这就像在黑格尔那里，概念是有内容的，概念不是主观的东西，而是一种为其概念发生史的内容所决定的东西。海德格尔和黑格尔在这里似乎都倾向于一种推理的解决问题的方式：一种手头发生的断言或一种理性的自我意识，只有通过假定它是由某种具体实在的内容推理而来的，才能表明它是一种真正有意义的行为。①

当然，单独地看，对于如何理解“在手的东西”是有争论的。这里有两种理论或两种解释。这两种解释都试图把“在手的东西”融入“手头所发生的东西”中，从而可以用一种整体论的关系对“在手的东西”和“手头所发生的东西”的意义作出规定。第一种解释是蒯因的整体论的解释。蒯因的整体论是一种特殊的类型。蒯因的整体论是一种指称整体论，它对“在手的东西”融入“手头所发生的东西”之间的关系做了一种反认知主义的解释（因为蒯因不再相信基于指称的语义内容具有任何认知的意义），因此，蒯因对于解释我们如何做、如何理解新句子不感兴趣。相反，蒯因的指称整体论颠覆了外部与内部区分的隐喻，特别是，对于演绎何以有用做了一种苍白无力的解释：它只是通过说它能得出结论，甚至得出最简单的逻辑形式的方法来证明它有用。指称整体论也不能解释我们如何使用语言作为交流的工具，除非接受某种附带的承诺。但矛盾的是，指称整体论的附带承诺使我们无法了解一个人所相信的任何东西，除非我们知道他所相信的所有事情。在布兰顿之前，达米特为了反对蒯因的指称整体论提出了一种建构性的整体论（他称之为分子论的整体论）。达米特在区分不同的整体论时，揭示了不同的整

① 布兰顿认为海德格尔哲学实施了一种推理主义。见于 R.B. Brandom, *Tales of the Mighty Dead: Historical Essays in the Metaphysics of Intentionality,* P.79。

体论所可能具有的两种意义：如果一种整体论出于整体无法分离的事实，那么，它就只能是一种在不同的事实之间建立指称关系的“指称依赖的整体论”，而如果一种整体论强调的是一种语义派生的整体的认知关系，那么，这种整体论就是在不同的事实之间建立一种意识依赖的关系的“意识依赖的整体论”。前一种整体论是蒯因式的，它的基本信念是，句子指称的含义是不可分的整体的（理论或意义的）一部分；后一种整体论是布兰顿所追求的，它的意思是：由于句子指称的含义被置于整体的网络中，因此没有任何经验可以排斥任何句子，并且没有句子能免除被修正。

布兰顿所追求的整体论，也就是黑格尔式的语义整体论。该整体论指的就是一种用理解或解释来获得句子意义的整体论，它强调，单个的词语和句子的真值，不是简单或单方面地由出自于语言整体的真理论指派的，它还包含了语言说话者的理解。这意味着，“手头所发生的东西”并不是简单由“在手的东西”决定，这里并不存在基于前者的整体关系的一种意义指派性，相反，“手头所发生的东西”是基于它对“在手的东西”的一种理解建立了它们之间的一种整体关系。可以说，这就是一种基于理解的整体论，而不是基于整体指派的整体论。由此也表明，布兰顿在放弃了因果—功能的真理证明模式后所做的选择与一般实用主义的选择不同。

但选择语义整体论并强调“手头所发生的东西”的相对独立性，并不是要回到概念柏拉图主义。对概念的说明必须借助于对概念内容的先验理解，这是一种概念柏拉图主义。各种概念的柏拉图主义，总是使用世界的信念、论断性的句子或真理条件，而不是很具体地表达这些概念。但语义整体论由于同时顾及“在手的东西”的实践知识，它仍然要求从如何做某事的知识出发。

实际上，在反对概念柏拉图主义的问题上，布兰顿的态度是坚决的，因为他意识到，概念柏拉图主义切断了“在手的东西”与“手头所发生的东西”的任何可能的关联（实际上，它本身是拒绝思考这里的关系的）。如果说任何一种陈述只有在推理中才是适当的，才是具有内容的（一个陈述的适当性或是否有内容，不能脱离具体的推理而由某种真值条件来决定），那么，这里的理论路线必然是，从对人们做什么或通过人们“在手的东西”（语言或语言的实践活动）的考察进入对人们的意图或“手头所发生的东西”（态度、命题内容）是什么的考察——从人们的实践进入他们的意向性状态和表达的内容的考察。布兰顿相信，实践的知识是一种在实践中把握规范的能力，而推理有赖于这种能力。我们不能外在于实践给予推理者一种规范的知识，推理者必须在实践中隐含地拥有这种知识（knowing-how），否则，推理将无以展开。早期理性主义把规范视为被给予的而不是推理者和理解者自己意识到的，这是错误的。断言性的知识，即对某物某事是什么作出断言的知识（Knowing-that），只能是由隐含的实践知识来完成，因为推理主义已经把断言的知识视为一种与表达分不开的知识。这也就是说，断言性的知识实际上就是推理者隐含的实践知识的一种明晰化形式，它是由具有隐含的规范理解能力的主体清楚明白地说出来的（explicit）知识。没有前者就没有后者，脱离了实践的知识，什么是断言性的知识就是不可知的，因为没有独立于或超出隐含的实践知识的断言性知识，断言性知识建立在隐含的实践知识之上。在这里，布兰顿表达了一种他称为的理性主义的实用主义观点：我们只能依据理解者或推理者所具有的隐含的实践知识，来判定我们到底能拥有何种断言性的知识，超出了这个条件，一种断言性的知识就是不可理解的，因为，并没有一个“实在的对象”能作为断言性知识的判定标准。这样的理解就使语用学变得十分重要了，因为除了对隐含的知识如何能把握规范作出解释之外，还必须对在规则、原理或断言的形式中表达的知识，是如何从隐含的实践能力中以清楚明白的方式显示出来的作出独立的解释。

黑格尔的概念知识和海德格尔“在手的东西”的知识都具有公共的意义，但这并不等于理性的自我意识或“手头所发生的东西”不能产生派生的知识，即那种寄生于公共知识，但又带有其自身的推理断言的理解的知识。这一点似乎是不言而喻的，逻辑推理运用的是一种理性的推理能力，而不是逻辑演算的能力，逻辑推理能力表现在它通过理性实践的形式把隐含于表达式中的意义清楚地表达出来的能力上。

布兰顿的规范语用哲学的基本特点是它在任何意义上都假定，在语言学的范式中，没有任何真理命题可以看作是与世界上某物相对应的（如果融贯论认为融贯的命题是自足的，可以代表真理，它就会陷入这种幻觉），如果那样认为，我们就在使用语言的同时走出语言之外了。但一些布兰顿著作的批评家仍然认为，布兰顿致力发展的规范现象主义因此很难说是成功的，如果一种规范的话语所处理的只是观点上的形式的东西，那么它就只是一种形式上的内容，而不是实质上的内容，这也就是说，它就没有实在的意义。而一种意义的客观性必须是实质上的，而不能仅仅是形式上的。① 但这种对规范现象主义的批评忽视了一个重要的方面，即为什么布兰顿坚持发展这种规范现象主义，一旦理解布兰顿做此选择的意图，就会有不同的理解。批评性观点的一个根本性的错误是，它仍用一种老式的实在论的观点来看待客观性的问题，忽视了实在论在布兰顿的整个话语理论中已经改变这一事实。从老式的实在论的角度看，规范现象主义完全依赖视角的观点不能反映真实的客观性的内容，因为真实的客观性总是非视角的确定的东西。但布兰顿已经明确地否认了实在是非视角的（就像所有断言主义者一样），他把实在视为一种模态的东西，它只有话语规范的语言（视角）才能触及的，因为真势模态只有道义模态的规范语义描述才能显示出来。从这个角度看，布兰顿后来在一些后续著作中对黑格尔哲学的再次运用都是视角主义的，他突出强调了一种语用学的策略。这也就是说，布兰顿明确了这一点，规范现象主义的客观性证明需要把黑格尔式的历史理性的证明视为一种重要的补充。在规范的话语中，每一个话语者的记分视角，即话语者的回顾性的、当下的和前瞻性的视角，都可以成为一条通往概念内容的客观性证明的道路，它们都可以从一个侧面形成对自主性话语规范的补充，从而对断言性行为的必然性（作为具有认知意义的典型性的言语行为）作出说明，并加强这种言语行为的命题内容的可信度。

---

① 典型的反对意见有勒夫勒的反对意见见于 Ronald Loeffler, *Brandom,* First published in 2018 by Polity Press, P.201ff；王德勒尔亦持同样的反对的观点见于 Jeremy Wanderer, *Robert Brandom,* First published in 2008 by Acumen, PP.206–208。

如果说那种我们可以直接面对的、非语言接触的实在本身是没有的，那么，如何从语言上证明我们的描述与对所有观察者而言都是一样的客观世界之间的关系？即如何证明，一种独立于我们描述、对所有的观察者而言都是一样的世界的观念，与那种从语言的视角看，认为我们不可能有一个可以直接面对的、非语言接触的“赤裸裸的”实在世界的观念相协调？

在这个问题中，有两点值得特别注意。首先，在话语的规范实践（记分）或规范现象主义的客观性问题上，布兰顿讨论的方式是辩证的，他考虑了问题的两个方面。为了避免陷入规范性与真实性的两难，他要求话语的视角具有历史性，必须把视角与概念经验史的过程联系起来，但与此同时，他在话语推论的实用主义的方法论上，并没有接受那种传统的缺少特定的话语者的特殊视域或命题态度的概念，即没有把语言共同体的概念作为客观性真理的基础。——布兰顿反对基于现有概念内容之上的“I-We”的对话模式，而是要求采用他称之为由对话者彼此不同的观点构成的“I-Thou”的对话模式。在布兰顿看来，也只有采用I-thou的对话，才能区分“……是真的”和“认为是真的”，避免把后者混同于前者。实用主义不讨论这里的区别，因为它认为，真就是被认为是真的，不存在一种实在论（……是真）的约束。

其次，“理性的视角穿越性”论题显示，布兰顿在其意义的客观性证明机制中对理性的认识论形态的依赖。推理性断言由最基本的承诺开始，这里需要的是回顾性理性，而作出断言则又是一种前瞻性的思维。这里的回顾性和前瞻性构成了一种穿越性的视角，避免了断言的独断。黑格尔式的理性的认识论类型的整体视域构成了布兰顿话语理论的一个非常特殊的方面，它带来了一种统一前瞻性视角与回顾性视角的方式。如果说断言者各自都需要在前瞻性和回顾性上作出承诺和担保，那么，这本身就对断言者提出了很高的要求，这里的推理能力实际上要求有很高的认知智慧。布兰顿认为，英美普通法的判例法原则很好地说明了这一点：没有独立存在的单一的前瞻视角（它完全基于可能存在的或更多他人观点的认同），如果没有回顾性的视角（对概念内容的权威性来源和概念历史性的理解），前瞻性的视角就是空洞的，所获得的概念也就没有真正的内容。

结语　推理主义的限度

布兰顿的推理主义是一种强的推理主义，它提出了广泛的推理的要求，它要求对表征的内容进行推理的还原。作为一种强的推理主义，它坚持认为，表征的内容和断言性表达的内容是分不开的。“表达的推理主义承认，没有任何东西可以处于真正的推理关系之中，除非它也包含有表征的内容。没有指称也就没有推理。”① 但在推理主义中，表征始终处于命题内容的意向性表达中，表征不能像在经验主义那里那样发挥语义构成性的作用。布兰顿为了表明我们拥有一种不同于经验主义的表征，他重构了最初出自于塞拉斯的观察两层次的理论。该理论认为，观察不同于推理观察，前者被视为一种可靠的分辨反应能力（RDRD）。RDRD 是一种与一般生物分享的一种感性能力，因而它既是真实的又是不完整的，它不在理性的逻辑空间之内，因为知性的自发性完全没有参与其中。但由于只能对表征的作用做一种非构成主义的理解，在推理主义中，只有实质的命题内容才能发挥推理的作用（inferential roles）。在给出理由与要求理由的游戏中，只有带有命题内容的推理才能作为进一步推理的前提和结论，这也就是说，只有这种实质的推理才能在给出理由与要求理由的游戏中走出一步。在布兰顿的推理主义中，表征的内容必须被带入推理的命题内容之中。正因为有这种双重的性质，布兰顿在其推理主义中，不仅建构了有关表征的推理主义的理论（表征如何成为声称的或带有意图的表征），而且建构了

① R.B. Brandom, “Inferentialism and some of its challenges”, in *Reading Brandom*, P.166.

一个带有整体论意图的有关命题内容的话语证明的理论。问题的难处正在于，推理主义的话语证明理论是倒立着的，它不能“自下而上地”基于任何表征的原始词汇所给予的内容，它只能基于不同的话语者的观点或视角，也只有通过不同的话语视角所达成的某种一致性获得一种证明（成功的记分）。但这样做也暴露出话语者本身的弱点：话语者的观点，除了基于一种道义的认知态度和依赖相互之间的评价之外，它什么也不能依靠。布兰顿也意识到，这是一种彻底的规范的话语实践，它不仅要求话语者具有规范的态度，还要求话语者处于一种规范的状态中。布兰顿因而根据黑格尔哲学，把这里的规范状态视为话语者的视角客观性的保障。为此，在话语记分中，布兰顿建构了一个围绕着话语者的附带的承诺的规范状态的记分。

布兰顿彻底的推理主义容易引起争议的地方首先是它的表征理论。布兰顿观察的两层次划分是一个有争议的划分，关键是这一划分难以通过实证的方法来获得证明，即观察（RDRD）是否是纯粹的或没有任何概念介入的这一点无法作出证实。一种理解是，人类之所以是人类，正是因为它不与一般生物分享同一种感知（人类的感知绝不是鹦鹉的感知可比的），因为人类的知性自发性能力使它的感知与知性是结合在一起的，知性的自发性使感知成为可能。这里存在的争议是值得重视的。有鉴于此，我想首先对布兰顿观察的两层次理论提出质疑，看看它的分子论的感知理论和由此建构的多元的理性的逻辑空间是否是一种没有选择的选择。布兰顿的彻底的推理主义容易引起争议的第二个方面是：布兰顿把推理视为一种需要作出整体论承诺的推理，尽管话语记分的理论表明，作出承诺与直接挪用是两回事，因为话语记分涉及断言，因而有其自身的命题内容，但这里的话语记分仍会由于其所作出承诺的对象而受到限制。如果一切“手头所发生的东西”都多多少少与“在手的东西”概念内容有着某种关系，那么，这里就仍然会使话语记分为自然的倾向性（disposition）所制约，话语记分的理论就不会拥有其真正的独立理由的来源（这里扼杀了理论重建的可能性）。

一

布兰顿从一开始就反对他称为的实用主义的“没有表象的实在论”或实用主义的“大胆的现象主义的立场”。① 为了一方面坚持实在论的承诺，另一方面能从经验认知上避开经验主义的原子论和唯名论的错误，布兰顿提出了下述三点原则：首先，对表征的说明必须提供对表征的理解和把握，它必须说明人们是如何看待它对事物的表征的，对表征的存在必须有权威性的保证，以便表明人们谈论它的规范性；其次，对表征的解释不能违背推理的原则，它必须总是带有意图的表征；最后，必须承认语义内容的表达与社会评价是联系在一起的。在这三个原则的引导下，布兰顿对推理的结构做了三个方面的区分。在观察的可靠性分辨能力和推理能力之外的是话语推论的能力。可靠的分辨性反应接受刺激并可以作出相应的可靠反应，它属于人类身体远端(离心脑思维最远）的一种生物能力。布兰顿把这种能力视为可靠的，其意思正是指它是一种输入和输出的感应，它的可靠性由信号的性质的强弱所决定。但这种可靠性仅仅是就这一刺激性的神经范围而言的，这意味着，可靠并不等于不会出错，比如，约翰在领带店中面对在灯光下领带颜色的变化的“可靠的假象”，以及这种真实的假象所带来的错误。因此，这里需要人类作为特有的理性存在物（Rational beings）的推理的能力和话语推论的能力。话语推论的能力是一种综合的能力，它使人能够加入给出理由与要求理由的语言游戏，展开与他人的说理活动并表达自己的观点，同时也审视和评价他人的观点。使只有简单的可靠性分辨反应能力的生物上升到理性存在物的最基本的能力正是话语推论的能力，它是说话者对自己的思维和他人的断言作出评价的根本保障。一个典型的话语推论的特征是，一个人有能力对是否自己能够承担一项职责作出清楚的评估（这包括承担这一责任的后果的考量）——这是寻找根据然后作出推理并给出结论的过程。

观察的可靠的分辨能力不同于其他两种能力，但它却是不可或缺的，

① R. B. Brandom, *Making It Explicit: Reasoning, Representing, and Discursive Commitment*, P.322.

它发挥重要的感知触发的作用，但根据布兰顿的看法，这种能力又是有缺陷的。对于感知触发是否是一种独立的能力一般没有太多的争论，人们要么承认它是一种重要的能力，要么否认它的重要性。但如果认为这种能力既是重要的，又是有缺陷的或不完整的，那么就难以避免会有争论。首先，感受性经验到底有没有自我的感受性意识的参与？它是知性自发性的一个死角或盲区吗？还是说，知性自发性本身就参与了直观的感受性经验？布兰顿的推理主义的表征理论有赖于前一种推测，即知性自发性没有任何能力进入这个领域，因而没有在这个领域发挥任何作用，而只有当主体以反思性的理论推论的方式存在时，即在感知感受性的外部"谈论"这些直观的感受性经验时，它才发挥了经验的作用。但布兰顿如此对待感知观察的方式是否使经验内容成了完全不能理解的东西？人们似乎有理由提出这样的质疑。① 如果这种观点迫使我们只能接受一个易错的和不可自我修复的感知感受性，那么，如何保证与此相关的概念推理不会使经验失去作为一种主体自我感受性的本性？在观察的两层次理论中，我们与外部世界接触的感知观察不能真正进入理性空间，只有观察的概念应用(有关RDRD的推理式评价）才能进入理性空间。这样的结果导致了我们只能把相互评价的推理模式当作真理的替代概念，但这种推理模式会不会出错？如果它本身也可能会出错，那么，它又如何能够担当这样一个角色，即表明和判定一个感知性的表征是错误的？因此，有理由认为，推理主义的内在化有使我们丧失类似"我看见那"这样的直接感知证明形式的危险。

上述争议触及了目的旨在对表征做推理主义释义的话语理论的核心问题，即表征是否可以用话语推理的方式来解释，或者说，表征本身是否需要一个额外的话语推理的解释。这里争论的关键问题显然与什么是我们感知世界的方式的问题相关——如果按照麦克道尔的康德哲学释义，那么情况会完全不同（即这里完全没有加入话语推论的可能性和必要性)。按照麦克道尔

① "我认为，布兰顿处理观察报告的方式，使经验内容成为了不可理解的东西。"见于J. McDowell, "Brandom on Representation and Inference", in *Philosophy and Phenomenological Research* Vol. LVII, No. 1, March 1997, P.161。

的理解，康德明确地指出，表象并不是阻碍我们认识实在的障碍，相反，表象正是我们认识实在的途径（除非我们弄错了）。康德哲学的一个基本观点是，关于世界的真理就存在于生活在表象世界中的人可企及的地方。① 如果这一对康德哲学的理解是对的，那么，它带来的后果是，它使哲学不再需要存在于表象与实在之间的桥梁，即哲学不再需要去探究如何在表象与实在之间架构联结桥梁的问题。因为，我们似乎有理由认为，康德已经在认识论中取消了笛卡尔和不列颠传统的二元论的隐藏世界，把客观性、世界的真理置于人所感受的现象世界之内。在这种情况下，哲学已不再需要扮演一个调解祭司的角色。再者，如果我们把罗蒂对传统认识论的批判与对传统认识论带有隐藏世界的概念的二元论批判联系起来，那么，我们就更有理由相信，康德完全不是一个试图使传统认识延续下去的修正者，即他的哲学革命的目的完全不再是使传统认识论获得重生这一点上。相反，康德可以被视为一个当代哲学家，一个同样试图以全新的方式诠释和理解哲学的认识功能的哲学家。康德根本没有把感知意识与动物的感知联系起来做任何发生学意义上的解释。在分析感知意识时，康德并没有刻意区分作为理性的人与作为生物的人。这就是说，康德并没有形成这样的概念：高级的概念思维能力能让我们知道我们的感知来源，即让我们明白，感知与概念的高级思维能力的来源完全不同，前者只是我们与动物分享的一种能力。如果人类作为理性的人，但又与动物分享同一种来源的感知，这将迫使我们把人类的感知意识理解为是一个原子论式的多层次的复合结构。受塞拉斯的科学实在论的影响，布兰顿对康德哲学的解读也像塞拉斯一样把科学的视觉上的（无论是宏观的还是微观的）观察报告作为一个不可或缺的引入条件。根据这样的要求，感知的感受性必须带有具体的内容，处于世界中的人的一种具体的观察，类似对颜色的光谱分析，必须有具体（纯粹外部实在的）光谱长短的可视记录。但对经验的带有原子论视角的分析实际上与布兰顿的整体论相矛盾。如果感知只是一种感性意识，它只是一种没有明确的意向性对象的感性意识，那么，它必

---

① J. McDowell, *The Engaged Intellect,* Harvard University Press,2009, P.208.

须与具有明确的表征对象（意向性对象的感受能力）相结合，比如，与具有明确的视觉上的物体特性的感性相结合。这就是为什么布兰顿追随塞拉斯把经验和直观视为复合的，即认为它必须至少有这两个层面：具有意向性对象的思考或推理，以及在感知意识中置入的具体感知意识的感性。

布兰顿的推理是与给出理由与要求理由的话语联系在一起的，因而他也把社会性的话语视为一种重要的客观性证明的途径：社会性的相互推理的记分所表明的对表征内容的确证（这是一条从说理到表征的社会道路），但布兰顿的黑格尔式的整体论思考又促使他提出了另一种客观性证明的视角，即从概念史的角度展开的回顾性的推理证明方式。这表明，布兰顿并没有否定第二自然的概念，但按照第二自然的自然这一概念，在心灵与世界之间并没有想象的那种沟壑，相反，心灵与世界具有某种有机的结合关系。换言之，如果我们有第二自然的概念，并从这一自然的角度审视这里的问题，那么便会发现，布兰顿的可靠的分辨性反应能力（RDRD）作为一种感知，本来就处于心灵的理性的逻辑空间之中，它们并不是与理性的逻辑空间不兼容，因而是处于之外的东西。这意味着，我们的心灵状态和事件是直接指向世界的，即直接指向经验的。对于经验思维的世界直接性而言，使之变得可理解的唯一方式是，把它想象为其正确性是可以对经验世界作出回答的，而且我们可以把对经验世界的回答理解为一种经验的检验，它也可以通过世界直接作用于我们的过程来想象。

布兰顿在处理实在论的问题上把康德表征的观念放入黑格尔的社会现象学中来求证，因此，他既保留了他所理解的康德的身体感知的真切性假定（先验触发的理论），又要求对它进行一种黑格尔式的社会—现象学的证明，这样的组合似乎有相互矛盾的嫌疑。如果黑格尔的社会现象学是正确的，它的第二自然的基础是真实可信的，那么，这里康德式的表征的社会确证（记分）就会是另一种形式，它将不会是功能主义的分析形式。而如果我们认为黑格尔明确地把一种类似第二自然的精神科学自身的概念，视为其社会现象学的基础，那么，这似乎又可以证明，在黑格尔的哲学中，经验的可判定性标准（真理）完全是内在的，即完全是内在于经验的历史的，这意味着，不存在理性的逻辑空间之外的纯粹感知。

这里的问题回到了对黑格尔哲学的理解的问题。到目前为止，在黑格尔哲学研究中可以看到两种不同的倾向或两种不同的解释（粗略地概括），一种是以辟宾、哈贝马斯和布兰顿为代表的解释，另一种是泰勒和麦克道尔等人的解释。在第一种解释中，尽管三位解释者的解释仍有差异，但这一解释的一个共同点是：三位理论家都把黑格尔哲学视为由两个根本的部分组成的，一个是相互承认的理论，另一个是概念史回顾性的理性，因而这种解释认为黑格尔在康德之后发展了一种具有理论的建构性意义的哲学。但在泰勒和麦克道尔的研究中，黑格尔哲学则更多地被视为是一种对现代性问题进行诊断的哲学，它的目的并不是重建一个新的认识论体系。所以，选择哪一种黑格尔哲学解释会导致对这里的认识论的评价产生巨大差异。如果接受泰勒和麦克道尔的黑格尔哲学释义，那么，黑格尔哲学给我们的教益是：意义和真理的标准或作为评价的尺度是内在的。作为尺度的东西是内在的，这就是说，它不是在经验之外构造的东西。始终处于经验中的意识（心灵或概念能力）是自己给它自己提供尺度，一个由实践本身所塑造的理性的世界早已存在。这就是说，理念世界中的"理性"早已存在，它是实践本身塑造的东西，不管我们是否认识或感受到它，它都在那里。因此，值得关注的是，人类的社会实践是如何在历史的积淀中构建了一个带有其自身的规范特征的世界和具有概念思维能力的主体的问题，而不是人作为自然的感性存在物如何与一般生物分享同一种感知的问题。历史积淀完全是一种经验的历史积淀，这一世界完全不同于现代理性主义意义上的理性的世界。从实用主义的角度看，黑格尔哲学也一直被认为存在这样一种思想，即观察与观察推理或经验与概念本身是统一的或融合的，我们并不能区分它们两者，因此，完全不存在真实的信念需要上升为知识的要求，我们完全没有必要去证明一种信念是否是一种真知识。因此，我们不再需要像传统认识论那样把经验视为与理论结合的东西，即经由可检验的证明程序获得的东西。

这么说来，如果人类的感知能力到底是如何构成的并没有实证的答案，那么，布兰顿的原子论式的解释就并不代表唯一的解释，他由此而转向话语理论和推理语义学只是可能的理论选择的一种选择，或者说它并不一定是没有选择的一种选择。认知科学和哲学认识论对人类自身的认知能力的分析仍然是开放的和没有最终结论的。

二

布兰顿遵循达米特对语义整体论所提出的要求，即不能把语义整体的推理关系理解为一种指称式的关系，不能像蒯因的整体论那样区分外围和内部的核心，并把后者视为不变的或只能接受某种解释的本体性的存在，而是应强调整体关系中单个命题所做的断言意义，即应接受一种“分子论的”整体论，以免单个的命题陷入整体的自我解释和自我修正的怪圈。因此，布兰顿在讨论黑格尔的语义整体论的时候特别强调了他对整体语义之间的关系的理解是“意识依赖的”而不是“指称依赖的”。这意味着，需要把命题的形成视为一个感知判断的问题，而不是指称关联的问题。但如果这里的整体论缺少批判和更新式的替换的能力，即使是“意识依赖的”也无法突破其所做的承诺。布兰顿没有概念的体系革命的思想，即他没有概念体系挣脱自身为自己设置镣铐的可能性的思想，尽管他承认需要一种挑战。

因此，布兰顿的保守主义立场主要体现在他对规范隐含性质的理解上。布兰顿认为，规范是隐含于实践中的，规范在实践中早已存在，“我们与规范相遇，它是我们的规范”。布兰顿从来都不想否认固有的实践及其对世界的揭露与建构，这也正是因为他认为规范早已存在，我们只是与它相遇的原因。从这个意义上说，布兰顿绝不可能接受任何概念规范范式转换的革命（一种规范代替另一种规范），因为规范已被假定为由它的历史和社会性所决定，这里没有在这一决定性因素之外的规范。当然，这里存在对规范的反思，我们用一种规范的认知态度对规范作出反思和修正或批判，但这里决不存在推倒规范的可能，即决不存在用一种明示的规范代替隐含的或固有规范的可能。这里只允许存在一种现实的态度，即把自身置于隐含的规范中，努力与它相遇，任何从外部考虑的理想的规范要求都是不合理的。布兰顿称他的代表著作（《使隐含之物显现》）是一本黑格尔的书，[①] 这个说法有多重意思，其中一种意思就是它对规范隐含性质的承认是黑格尔式的。

布兰顿从黑格尔那里继承的当然不只是规范的历史的观念，他称为规范现象主义的社会相互承认的主体间性的观念也是黑格尔式的。正像我们已经知道的，规范现象主义最重要的观念是：客观性的真理不是从外部，以表象主义的方式或符合论（因果指称的理论）的方式来讨论的，它是从实用主义的角度，从话语的参与者视角来讨论的。对于布兰顿而言，这也是一种与表象主义相反的实用主义真理观，或他称为理性主义的实用主义的真理观。但问题是，如果一种推理主义先天地带有基础实用主义的承诺，那么所带来的转变也不会是真正的视角的。问题正在于，视角主义的观点与非视角的立场是不融贯的，一旦带有附带的承诺，一种观点就不再是视角的。布兰顿的意图是从视角主义上证明资格的可接受性，同时为视角主义奠定一个本体论的基础，即基础实用主义这个条件。尽管这么做避免了直接从意向性讨论命题内容的心理主义，但视角主义本身固有的观点的无界性却受到了约束（它总是被一种附带的承诺所制约）。

布兰顿在规范实践中的保守性立场，正是促使他在洛克讲座中对话语实践做了一种功能主义理解的原因。布兰顿根据一种黑格尔式的观念，认为所有客观的概念内容都与它之前的概念相关，因此，低一级的概念形式（单一性思维）总会向高一级的概念形式（多维的或关系性的）转化，从形式上说，这是一种功能主义的假设。但问题是，功能主义存在其自身的问题，它并不能解决物理主义和心物二元论的问题，因为它本身就是介于两者之间的东西，这也是布兰顿所承认的。布兰顿的看法是，我们可以在两者（物理主义与心物二元论）之间走一条中间道路；这条中间道路，就是一方面相信我们首先是存在于现实的经验世界中的存在物，人类就是一种对外部环境具有吸取信息和反馈的能力的“自动装置”（automtan）；另一方面强调，人类

---

① R.B. Brandom, “Fact, Norms, and Normative Facts: A Reply to Habermas”, in *European Journal of Philosophy* 8:3.

远不只是一个自动装置，它不是简单地对吸取的信息作出反馈，它还有作出断言和推理的能力。但问题是，如果一种能力总是来自另外一种能力，高一级的能力来自低一级的能力，而且高一级的能力总是可以还原为低一级能力(类似长除法可以还原最简单的乘除法)，那么，这种功能主义的能力转换即使可以理解为一种学习所带来的变化，它也不能完全用来证明一种总是需要视角并总是基于视角的认知活动。

这里的矛盾是，一方面，布兰顿把话语视为是一种与特定的语用实践不同的东西，因为他并不认为，话语可以来自自然的倾向性，相反，话语总是表现为对自然倾向性的对抗（或某种有限的否定）；另一方面，布兰顿始终并未放弃话语与历史实践的关系，这就是说，他始终试图把话语视为某种历史的东西，而不是纯然理性重构的东西。因此，在某些方面，话语与自然倾向性的对抗性质被取消了，更多显示的是自然倾向性与话语生成之间的一种功能主义的结构关系。布兰顿似乎认为，我们可以从功能主义分析中找到解释人类认知智慧的方案，就像我们可以把语用调节的功能主义版本的人工智能研究当作可能成功的方法的绝对候选一样。必须看到的是，功能主义的还原论性质，使它只能把一切自发的话语都视为由自然的倾向性开始的；功能的提升和相关的反思性的语用行为尽管处在了一个高层次的阶段，但所有的反思都不能离开由自然的倾向性而来的语言行为所提供的语用的世界，——语用规范的要求把这一纽带牢牢地拴死了。布兰顿对自然的语用行为以及它所展示的语用世界的信任，与他继承的康德—塞拉斯的由实质的推理引导的断言是难以相容的，后者的推理的出发点显然是某种与原初的意向性相关的思想倾向性。

从某种程度上说，布兰顿这么做也有他的原因，因为功能主义是一种还原论，它本身可以避免哲学的独断或理论的僭妄，它在某种意义接近布兰顿仍十分珍惜的分析哲学的“分析”的方法论原则。功能主义是一种准科学的或接近实证科学的方法，它对布兰顿也是有吸引力的。

参考文献

一、布兰顿著作

R.B.Brandom, *A Spirit of Trust: A Reading of Hegel's Phenomenology,* The Belknap Press of Harvard University Press, 2019.

R.B. Brandom, *Tales of the Mighty Dead: Historical Essays in the Metaphysics of Intentionality,* Cambridge, Mass.: Harvard University, 2002.

R.B. Brandom, *Reason in Philosophy: Animating Ideas,* The Belknap Press of Harvard University Press,2009.

R. B. Brandom, *Between Saying and Doing: Towards an Analytic Pragmatism*, Oxford New York: Oxford University Press, 2008.

R. B. Brandom, *Making It Explicit: Reasoning, Representing, and Discursive Commitment,* Harvard University Press, 1994.

R.B.Brandom, *Articulating Reasons: An Introduction to Inferentialism,* Harvard University Press, 2000.

R.B. Brandom, "Fact, Norms, and Normative Facts: A Reply to Habermas", in *European Journal of Philosophy* 8:3.

Reading Brandom,On Making It Explicit, Edited by Bernhard Weiss and Jeremy Wanderer, Routledge, 2010.

R.B. Brandom, *Perspectives on Pragmatism: Classical, Recent, and Contemporary.* Cambridge, MA: Harvard University Press. 2011.

R.B.Brandom, *From Empiricism to Expressivism: Brandom reads Sellars,* Harvard University, 2015.

R.B. Brandom, "Inferentialism and some of its challenges," in*Reading Brandom*, *On Making It*

Explicit, Edited by Bernhard Weiss and Jeremy Wanderer, Routledge,2010.

二、其他参考著作

C .Lafont, *The linguistic turn in hermeneutics philosophy,*The MIT Press, 1999.

D.Davidson, *Inquires into Truth and Interpretation,* Clarendon Press, Oxford, 1985.

D. Davidson, "The Myth of the Subjective," in *Subjective, Intersubjective, Objective,* Clarendon Press, Oxford, 2001.

G. W. F. Hegel, *Phenomenology,of Spirit,* Translated by A. V. Miller with Analysis of the Text and Foreword by J. N. Findlay, F.B.A., F.A.A.A.S.Oxford University Press 1977.

G.Frege, *The Foundations of Arithmetic*：*A logico-mathematical enquiry into the concept of number,*First Harper Torchbook edition published 1960, P.71.

Huw Price,"Naturalism without representationalism," in *Expressivism, pragmatism and representationalism,* Huw Price with Simon Blackburn,Robert Brandom, Paul Horwich, Michael Williams，Cambridge University Press 2013.

H.E. Allison，*Kant's transcendental idealism*，Yale University Press, New Haven and London，2004.

H. Putnam, "The meaning of 'meaning'," in *Mind, Language, and Reality: Philosophical Paper,* vol. 2.

Immanuel Kant, *Groundwork of the Metaphysics of Morals,* Cambridge University Press. 1998.

Immanuel Kant, *Critique of Pure Reason,* Translated by N. Kemp Smith, Macmillan and Co, Limited, 1929.

J. F, Rosenberg, *Linguistic representation,*Published by D. Reidel Publishing Company, P.O. Box 17, Dordrecht, Holland, 1974.

J.Habermas, *Truth and Justification,* edited and translation by Barbara Fultner. The MIT Press, 2005.

J. Habermas, "From Kant to Hegel: On Robert Brandom's Pragmatic Philosophy of Language", in *European Journal of Philosophy* 8:3, P.322.

J.Habermas, *On the Pragmatics of Communication,* edited by Maever Cook, The MIT Press, 1998.

J. McDowell, *Mind and World, with a new introduction,* Harvard University Press, 1996.

J. McDowell, *The Engaged Intellect*, Harvard University Press, 2009.

J. McDowell, "Another Plea for Modesty," in *Meaning, Knowledge, and Reality,*Harvard

University Press 1998.

J. McDowell, "Knowledge and the Internal," in *Meaning, Knowledge, and Reality,*Harvard University Press,1998.

J. McDowell, "Brandom on Representation and Inference", in *Philosophy and Phenomenological Research* Vol. LVII, No. 1, March 1997.

L. Wittgenstein, *Philosophical Investigations*, translated by G.E.M. Anscombe, P.M.S. Hacker, and Joachim Schulte. — Rev. 4th ed. / by P.M.S. Hacker and Joachim Schulte.

L.Witigenstein, *Tractatus logicao-Philosophicus,* Kegan Paul, London, 1922.

M. Dummett, *Truth and the Past*, Columbia University Press,2004.

M.Dummett, FREGE: *Philosophy of Language*.Harvard University Press 1981.

M. Dummett, What is a Theory of Meaning? (II) in T*he Seas of Language*, Oxford, 1993.

M. Dummett, *Truth and Other Enigmas*, Harvard University Press, 1978.

P. Grice, "Meaning," in Paul Grice, *Studies in the Way of Words*. Cambridge, MA: Harvard University Press, 1989.

R. Rorty, "Pragmatism, Davidson and Truth," in *Truth and Interpretation: Perspectives on the Philosophy of Donald Davidson*, edited by Ernest LePore.Oxford, UK; New York, NY, USA: Blackwell, 1986.

W. V. Quine, "Epistemology Naturalized," in *Ontological Relativity and Other Essays*, New York and London: Columbia UP, 1969.

W. V. O. Quine,*Word and Object,*The MassachusettsInstitudeof Technology, 1960.

Wilfrid Sellars, *Empiricism and the philosophy of mind* ; with an introduction by Richard Rorty, and a study guide by Robert Brandom, Harvard University Press, 1997.

P. Redding, *Analytic Philosophy and the Return of Hegelian Thought,* Cambridge, 2007.

索　引

自主性（Autonomy） 11, 47, 54, 61, 62, 63, 64, 65, 66, 67, 68, 69, 70, 71, 72, 74, 93, 101, 102, 103, 134, 241, 277, 297, 311, 347, 364, 365, 375
自主的（Autonomous） 36, 37, 38, 50, 64, 91, 105, 107, 162, 205, 229, 230, 242, 247, 249, 286, 288, 307, 311
回指（Anaphora） 10, 11, 111, 173, 174, 180, 181, 186, 194, 196, 197, 198, 199, 200, 201, 202, 203, 204, 244, 289, 333, 334, 335, 336, 337, 338, 339, 340, 341, 342, 352
真势模态（Alethic Modality） 59, 62, 84, 85, 86, 95, 222, 223, 226, 227, 228, 229, 231, 375
分析的实用主义（Analytic pragmatism） 344
概念实在论（Conceptual realism） 44, 45, 46, 47, 48, 82, 84, 87, 95, 97, 226
跨视角内容（Cross-perspectival content） 355
承诺—保存（Commitment-preserving） 11, 216, 217, 221, 222, 343
话语实践（Discursive practice） 13, 17, 22, 31, 35, 38, 39, 47, 125, 140, 146, 171, 175, 213, 215, 218, 230, 239, 246, 310, 312, 337, 339, 378, 385
道义模态（DeonticModality） 59, 84, 85, 86, 95, 222, 229, 375
直接模态语义学（Directly modal semantics） 224, 225, 226
资格—保存（Entitlement-preserving） 219, 220, 221, 222, 343
基础实用主义（Fundamental pragmatism） 20, 74, 98, 223, 258, 287, 290, 349, 385
功能主义（Functionalism） 123, 230, 279, 288, 292, 294, 296, 308, 311, 382, 385, 386
给出理由与要求理由的游戏（Game of giving and asking for reasons） 36, 37, 230, 232, 280, 281, 377
意向性（Intentionality）——原初的意向性（Original intentionality） 4, 6, 14, 15, 16, 18, 21, 25, 26, 27, 30, 32, 33, 35, 36, 37, 39, 40, 41, 42, 43, 44, 50, 54, 55, 56, 59, 61, 62, 65,

66, 68, 73, 84, 97, 100, 105, 106, 107, 112, 114, 115, 116, 117, 118, 122, 125, 126, 129, 134, 145, 188, 193, 206, 211, 215, 225, 232, 240, 241, 243, 244, 245, 246, 247, 248, 249, 256, 275, 276, 278, 279, 280, 282, 283, 284, 285, 291, 296, 303, 308, 318, 320, 325, 342, 355, 358, 374, 377, 381, 382, 385, 386

不相容性（Incompatibility） 11, 48, 57, 77, 78, 83, 84, 86, 87, 94, 95, 163, 203, 216, 220, 221, 222, 223, 224, 225, 226, 227, 228, 230, 234, 266, 308, 309, 310, 351, 352, 363, 364, 366, 367, 370

推理主义（Inferentialism） 2, 11, 12, 27, 45, 52, 55, 59, 73, 76, 79, 80, 92, 97, 98, 105, 106, 107, 108, 109, 110, 111, 112, 115, 117, 119, 120, 121, 122, 125, 126, 134, 145, 146, 147, 148, 151, 153, 154, 166, 168, 169, 172, 173, 175, 176, 177, 179, 180, 181, 186, 187, 194, 203, 204, 206, 214, 218, 219, 242, 243, 244, 245, 249, 256, 258, 269, 270, 271, 275, 284, 285, 306, 311, 313, 316, 321, 336, 346, 354, 365, 372, 374, 377, 378, 380, 385

推理的语义学（Inferential semantics） 141, 145, 149, 186, 235

语言实用主义（Linguistic pragmatism） 2, 48, 350, 351

被给予的神话（The myth of the given） 45, 106, 108, 112, 113, 115, 119, 120, 121, 145, 147, 242, 244, 249, 250, 251, 253, 327, 349

实质的推理（Material inference） 10, 57, 88, 106, 107, 108, 111, 129, 130, 132, 134, 135, 138, 139, 142, 162, 203, 216, 230, 277, 281, 291, 298, 299, 303, 310, 323, 370, 377, 386

意义—使用分析（Meaning-use analysis） 7, 23, 24, 38, 287, 293, 294, 307

模态实在论（Modal realism） 11, 48, 59, 82, 83, 84, 87, 95, 97, 225, 226, 227, 231

规范现象主义（Normative phenomenalism） 32, 34, 35, 37, 38, 39, 44, 49, 87, 93, 105, 343, 361, 370, 375, 376, 385

规范语用学（Normative pragmatics） 11, 13, 14, 25, 32, 49, 50, 235, 286

规范的语用哲学（Normative Pragmatic Philosophy） 2, 4, 6, 14, 15, 18, 44, 49, 52, 343

客观唯心主义（Objective idealism） 45, 47, 53, 87, 88, 89, 90, 91, 93, 94, 96, 97, 99, 102, 105

视角（Perspective） 11, 32, 37, 42, 45, 49, 52, 60, 81, 87, 93, 97, 98, 104, 105, 156, 174, 176, 204, 226, 243, 288, 316, 317, 322, 325, 335, 340, 342, 343, 344, 345, 346, 347, 348, 349, 350, 352, 354, 355, 356, 358, 359, 361, 362, 363, 364, 365, 366, 375, 376, 378, 381, 382, 385, 386

理性主义的实用主义（Rationalist pragmatism） 49, 53, 88, 89, 91, 92, 96, 97, 99, 103, 104, 374, 385

指称依赖（Reference dependence） 82, 95, 99, 373, 384
调节主义（Regulism） 17, 18, 19, 33, 39, 52, 53
规律主义（Regularism） 18, 38, 39, 244, 269, 284, 287, 358
可靠主义（Reliability） 243, 244, 258, 259, 260, 261, 263, 264, 266, 267, 268, 269, 270, 273, 274, 275, 284, 285, 345
语义整体论（Semantic holism） 12, 48, 53, 75, 76, 77, 78, 79, 80, 81, 87, 88, 89, 90, 91, 93, 96, 97, 99, 102, 105, 107, 125, 227, 237, 335, 362, 371, 373, 384
记分（Scorekeeping） 11, 25, 27, 31, 33, 34, 35, 36, 37, 41, 42, 45, 98, 103, 137, 143, 144, 146, 155, 166, 171, 184, 190, 192, 197, 205, 206, 207, 211, 212, 213, 215, 217, 218, 219, 220, 221, 224, 225, 226, 230, 231, 232, 233, 234, 235, 236, 240, 241, 242, 243, 272, 275, 276, 280, 281, 286, 311, 315, 316, 317, 328, 329, 330, 331, 335, 339, 342, 343, 348, 349, 350, 352, 353, 354, 355, 356, 358, 360, 361, 362, 364, 375, 376, 378, 382
意识依赖（Sense dependence） 81, 82, 89, 90, 99, 373, 384
替换（Substitution） 10, 11, 76, 108, 111, 117, 128, 147, 148, 149, 151, 152, 153, 154, 155, 156, 157, 158, 160, 161, 162, 163, 164, 165, 166, 167, 168, 169, 170, 171, 172, 174, 175, 176, 177, 179, 180, 181, 182, 183, 184, 185, 186, 188, 189, 190, 191, 192, 193, 194, 196, 197, 198, 199, 200, 201, 204, 244, 272, 298, 299, 302, 314, 317, 318, 320, 327, 328, 329, 331, 332, 333, 334, 335, 336, 338, 339, 341, 342, 353, 354, 384
言语行为（Speech act） 1, 6, 7, 10, 14, 15, 23, 25, 26, 27, 28, 30, 31, 34, 39, 49, 128, 129, 138, 143, 150, 155, 156, 199, 206, 207, 208, 209, 210, 211, 212, 213, 217, 218, 222, 232, 240, 241, 262, 291, 296, 338, 342, 344, 365, 371, 375
证实主义（Verificationism） 206

后　记

关于布兰顿的规范语用哲学，作者曾在拙著《真理的话语理论基础》一书中结合真理的话语理论的主题分析做过一个专题考察，而这本著作则尝试对布兰顿的规范语用哲学做一个相对完整的研究。由达米特从分析哲学内部，阿佩尔和哈贝马斯等人从分析哲学外部（解释学的角度）所发展的规范—功能的话语的真理证明模式是重要和有意义的，这里的话语理论的发展本身带有分析哲学和解释学统一的特征。布兰顿追随达米特以一种更为全面和系统的方式发展了这种真理的话语理论，在许多理论的细节方面，布兰顿的著作作出了巨大的贡献。

本书使用了一些概念框架也只是希望借此能展示布兰顿的哲学意图和基本的理论思想。再次感谢 Lydia Liu 及时惠寄所需书籍，免去了时间的拖延。

责任编辑：李之美
封面设计：石笑梦

图书在版编目（CIP）数据

精神的概念表达与话语视角的世界：布兰顿的规范语用哲学 / 刘钢 著 . —
北京：人民出版社，2024.6
ISBN 978 – 7 – 01 – 026516 – 2

I. ①精… II. ①刘… III. ①语用学 IV. ① H030

中国国家版本馆 CIP 数据核字（2024）第 097188 号

精神的概念表达与话语视角的世界：布兰顿的规范语用哲学
JINGSHEN DE GAINIAN BIAODA YU HUAYU SHIJIAO DE SHIJIE
BULANDUN DE GUIFAN YUYONG ZHEXUE

刘 钢 著

人民出版社 出版发行
（100706 北京市东城区隆福寺街 99 号）

中煤（北京）印务有限公司印刷 新华书店经销

2024 年 6 月第 1 版 2024 年 6 月北京第 1 次印刷
开本：710 毫米 ×1000 毫米 1/16 印张：25
字数：370 千字

ISBN 978 – 7 – 01 – 026516 – 2 定价：98.00 元

邮购地址 100706 北京市东城区隆福寺街 99 号
人民东方图书销售中心 电话（010）65250042 65289539